梁启超作品系列

梁启超家书
南长街54号梁氏函札

汤志钧　汤仁泽　编注

中国人民大学出版社
·北京·

本书为国家社科基金重大项目
“梁启超全集”（批准号：14ZDB042）阶段性成果

梁启超（1873—1929）

梁启超摄于巴黎

梁启超和子女

1906 年，梁启超和长女梁思顺、长子梁思成和次子梁思永合影

1910 年，双涛园群童

1934 年，梁思宁、梁思懿、梁思礼、梁思达（左起）在天津“饮冰室”前

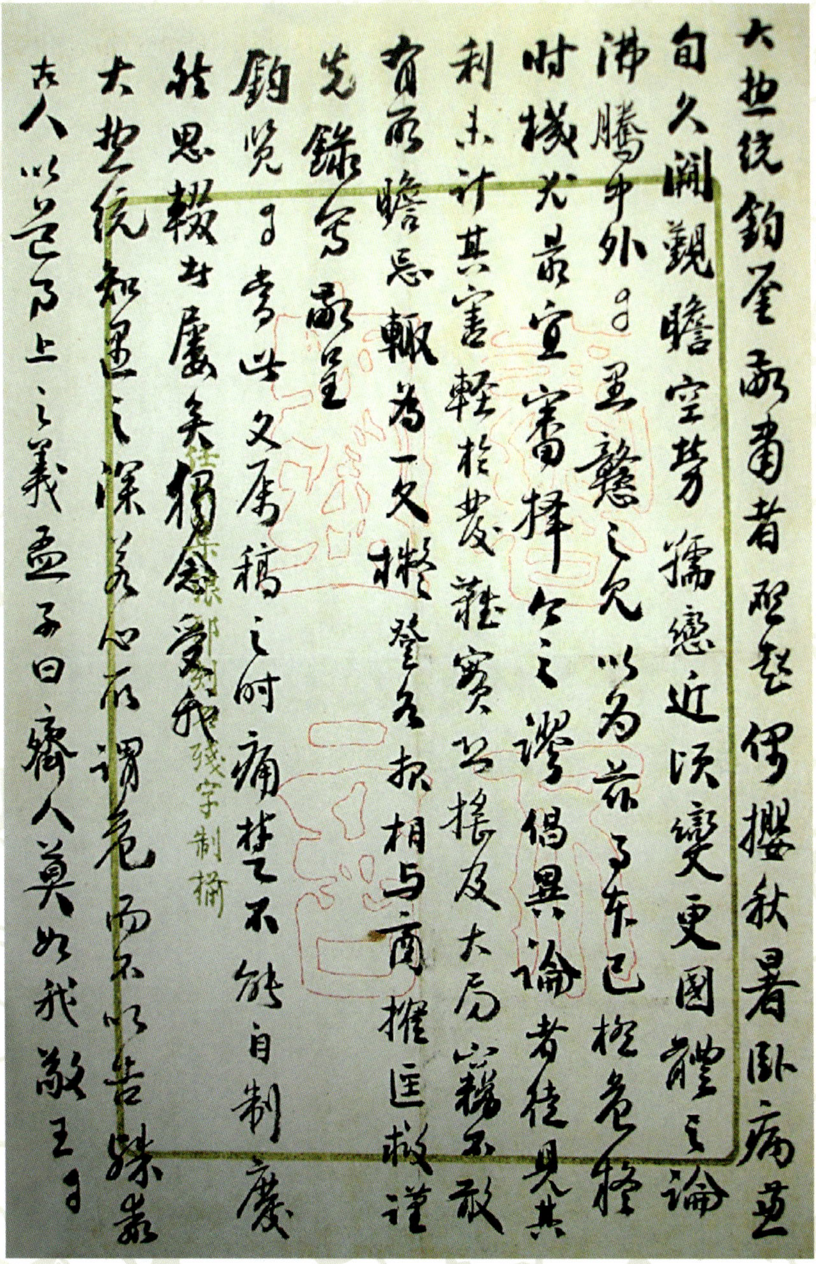

"'南长街 54 号'梁氏重要档案特展"之《上大总统书》[1915 年 9 月 1 日]（部分）

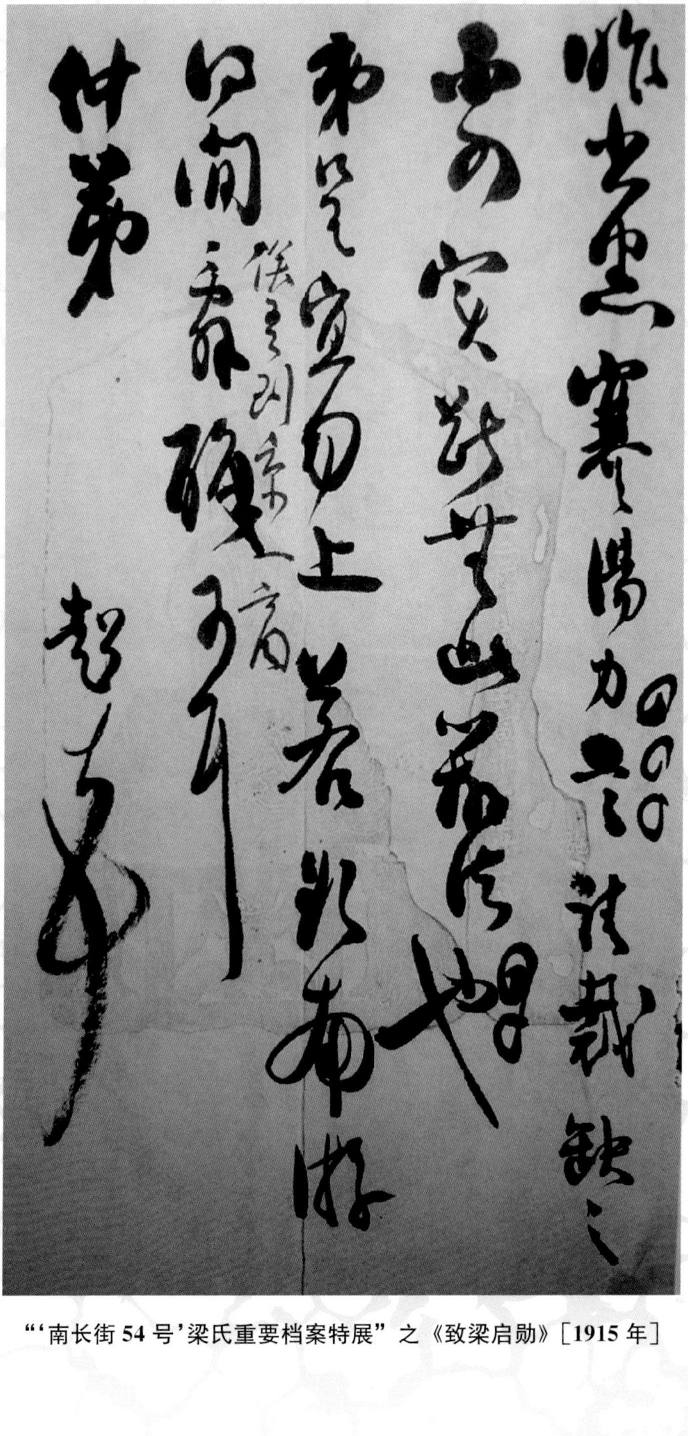

"'南长街 54 号'梁氏重要档案特展"之《致梁启勋》[1915 年]

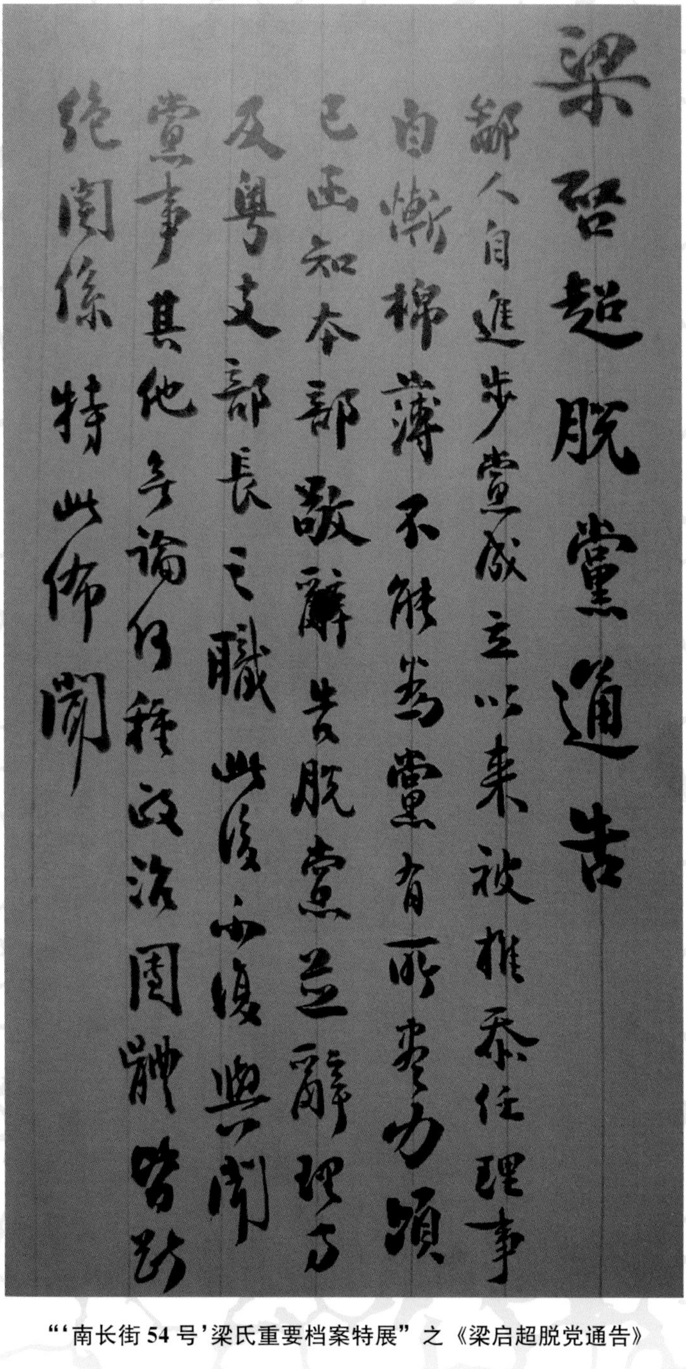
梁啓超脫黨通告

鄙人自進步黨成立以來被推委任理事自慚綿薄不能為黨有所盡力頃已函知本部敬辭告脫黨並辭理事及粵支部長之職此後不復與聞黨事其他無論何種政治團體皆斷絕關係特此佈聞

“‘南长街 54 号’梁氏重要档案特展”之《梁启超脱党通告》

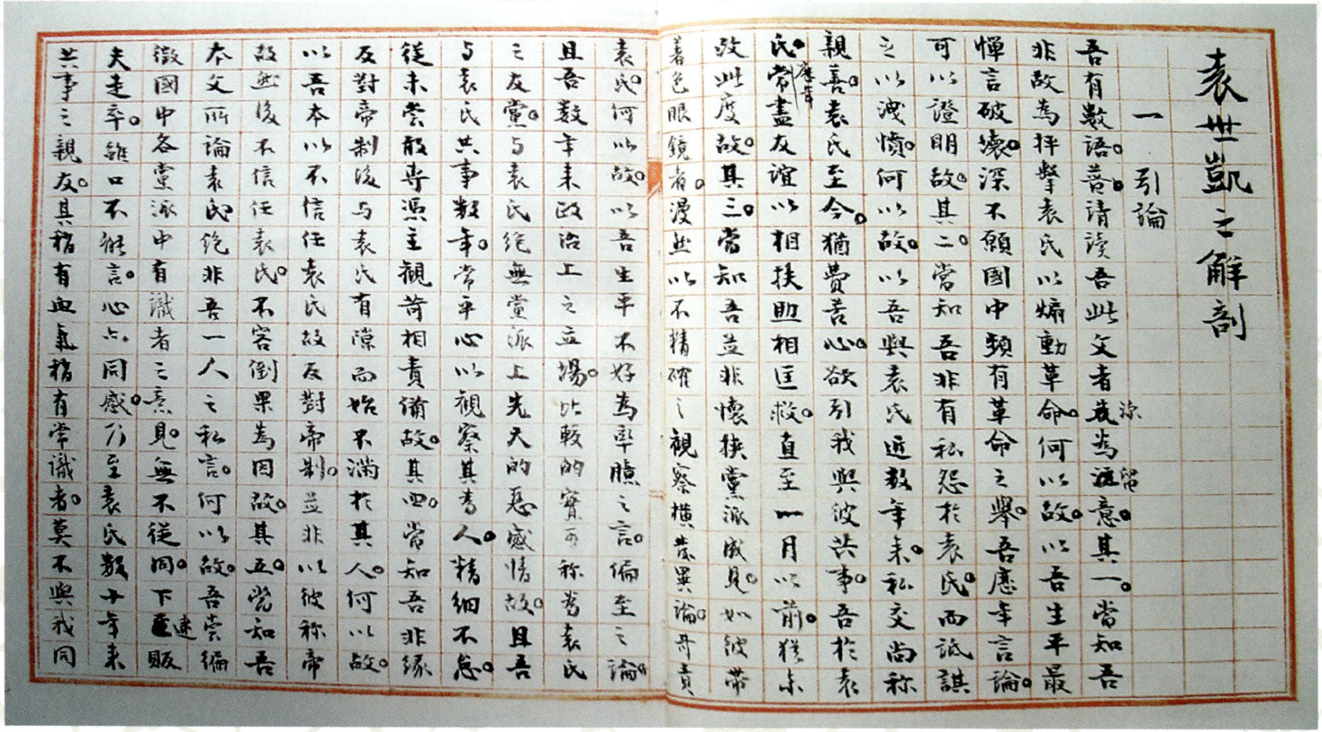

袁世凱之解剖

一 引論

吾有數語。吾請讀吾此文者盡滌為除意。其一。當知吾
非敵為抨擊袁氏以煽動革命。何以故。以吾生平最
憚言破壞。深不願國中頻有革命之舉。吾歷年言論。
可以證明。故。其二。當知吾非有私怨於袁氏而詆譏
之以洩憤。何以故。以吾與袁氏通數年來私交尚稱
親善。袁氏至今。猶費吾心。欲引我與彼共事。吾於袁
氏。常盡友誼以相扶助相匡救。直至一月以前。猶未
致此度故。其三。當知吾並非懷挾黨派成見。如彼帶
著色眼鏡者。漫然以不精確之觀察橫發異論。妄責
袁氏。何以故。以吾生平不好為率臆之言。偏至之論。
且吾數年來政治上之立場。比較的實而稱譽袁氏
之友黨。與袁氏絕無黨派上先天的惡感情。故。且吾
與袁氏共事數年。常平心以觀察其為人。精細不忽。
從未嘗敢專憑主觀苛相責備。故。其四。當知吾非緣
反對帝制後與袁氏有隙而始不滿於其人。何以故。
以吾本以不信任袁氏故反對帝制。並非以彼稱帝
故然後不信任袁氏。不容倒果為因。故。其五。當知吾
本文所論袁氏。絕非吾一人之私言。何以故。吾嘗徧
徵國中各黨派中有識者之意見。無不從同。下逮販
夫走卒。雖口不能言。心亦同感。乃至袁氏數十年來
共事之親友。其稍有血氣稍有常識者。莫不與我同

“‘南长街 54 号’梁氏重要档案特展”之《袁世凯之解剖》(部分)

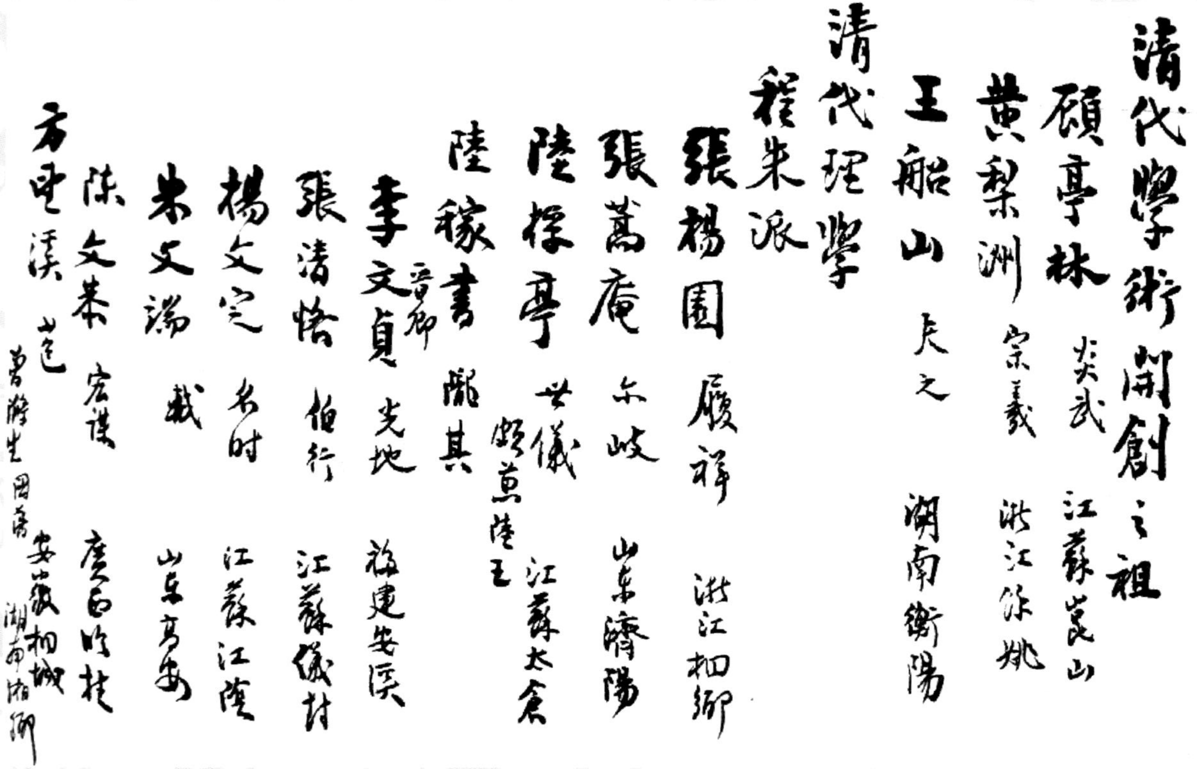

清代學術開創之祖
顧亭林 炎武 江蘇崑山
黃梨洲 宗羲 浙江餘姚
王船山 夫之 湖南衡陽
清代理學
程朱派
張楊園 履祥 浙江桐鄉
張蒿庵 爾岐 山東濟陽
陸桴亭 世儀 江蘇太倉
陸稼書 隴其 [illegible]陸王
李文貞 晉卿 光地 福建安溪
張清恪 伯行 江蘇儀封
楊文定 名時 江蘇江陰
朱文端 軾 山東高安
陳文恭 宏謀 廣西臨桂
方望溪 苞 安徽桐城
曾滌生因之 湖南湘鄉

“‘南长街 54 号’梁氏重要档案特展”之梁启超手稿（一）

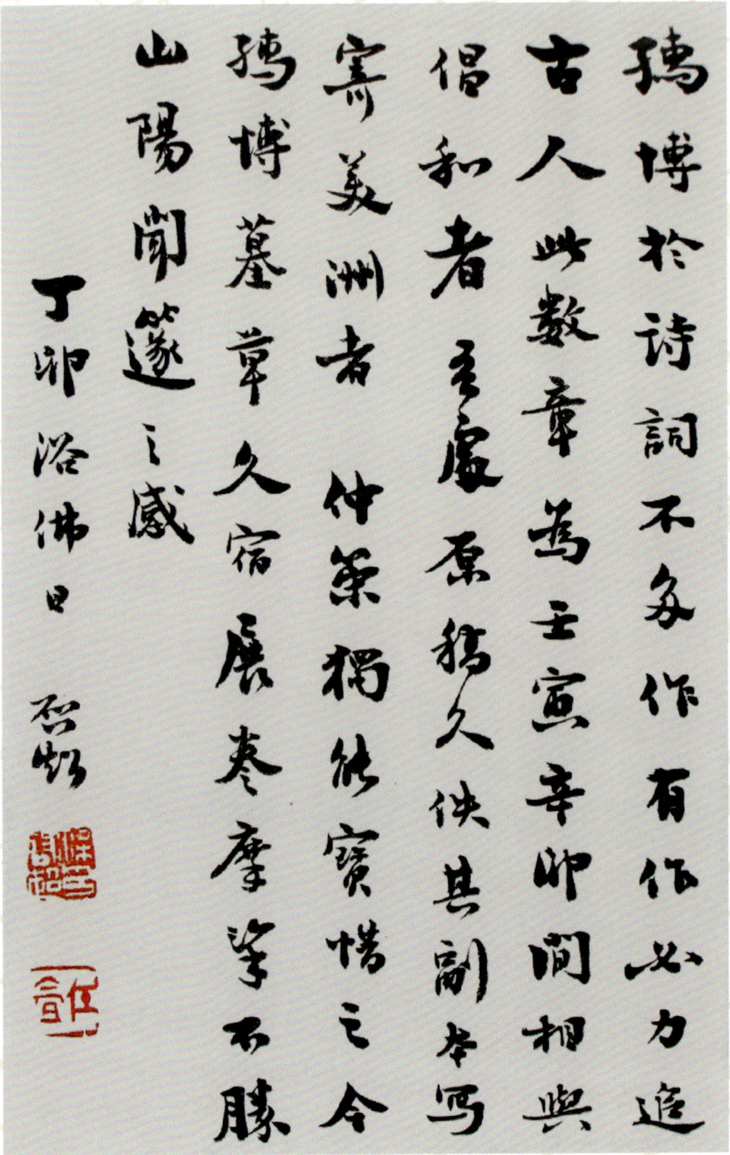

“南长街 54 号”梁氏重要档案特展”之梁启超手稿（二）

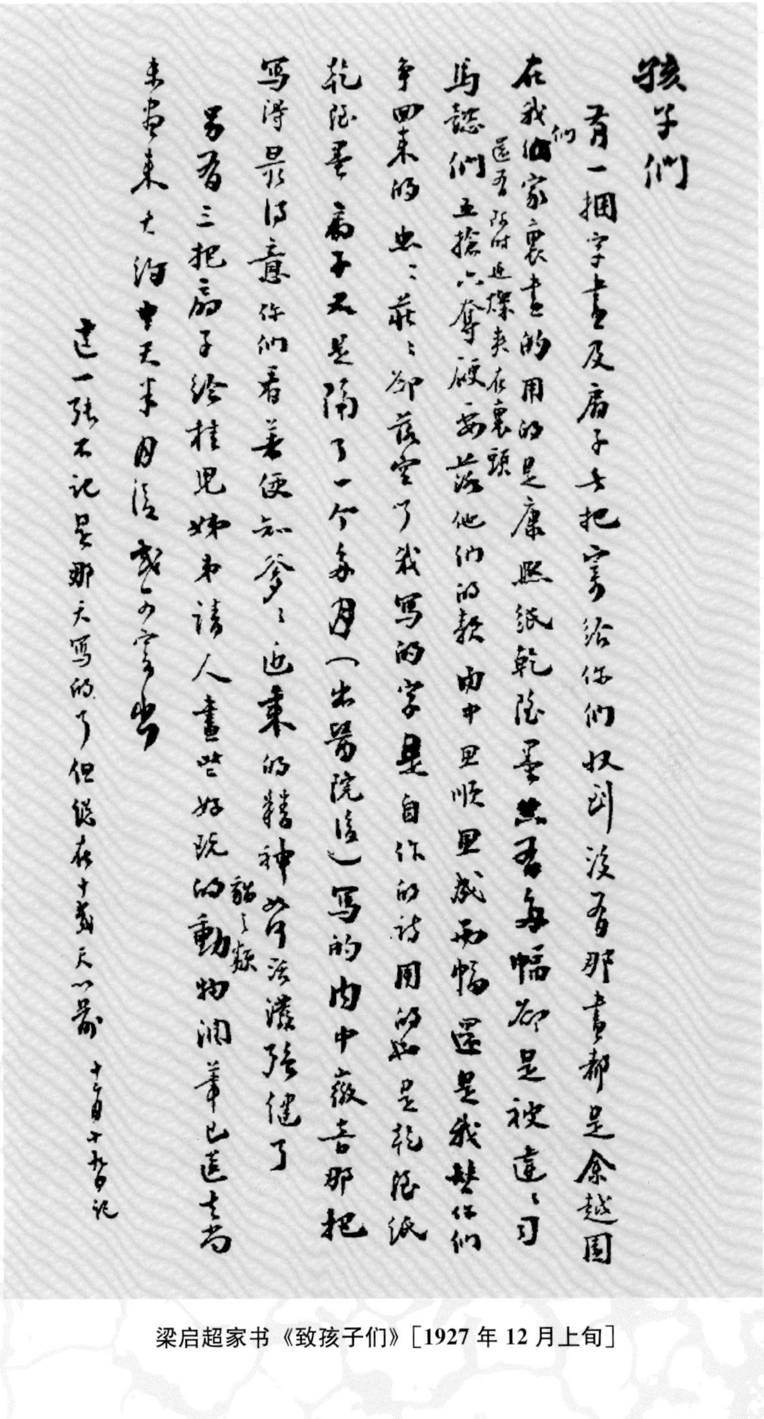

孩子们：

有一捆字画及扇子七把寄给你们，收到没有？那画都是徐越园在我们家里画的，用的是康熙纸乾隆墨，每幅都是被达达、司马懿们（连及附近孩子夹在里头）五抢六夺，破费他们的款。内中思顺思成两幅还是我替他们争回来的，忠忠庄庄却落空了。我写的字是自作的诗，用的也是乾隆纸乾隆墨。扇子不是隔了一个多月（出医院后）写的，内中徽音那把写得最得意，你们看着便知爹爹近来的精神如何活泼健了。另有三把扇子给桂儿姊弟，请人画些好玩的动物，润笔也还未寄来，要来大约中天来月后能够寄出。

这一张不记是那天写的了，但总在十几天以前。十二月十五日记

梁启超家书《致孩子们》［1927年12月上旬］

2005 年 10 月，汤志钧与夫人郁慕云在天津梁启超故居前

2012 年 10 月 25 日，汤志钧在北京清华大学开幕的
“‘南长街 54 号’梁氏重要档案特展”上演讲并剪彩

2012 年 10 月，汤志钧、汤仁泽父子在“‘南长街 54 号’梁氏重要档案特展”上

2012 年 10 月，汤志钧在“梁启超与现代中国”研讨会上作报告

2012 年 10 月，汤志钧在“‘南长街 54 号’梁氏重要档案特展”上

前 言

一

今年 4 月 14 日，梁启超九个子女中最小的儿子梁思礼与世长辞，享年 91 岁。梁启超逝世时，梁思礼只有 5 岁。梁启超特别疼爱他，称“老白鼻”（老 Baby）。在回忆父亲时，梁思礼说：“我出生时父亲已 51 岁，虽然他非常爱我，但我没有机会能像我的大兄姐们那样亲身从父亲那里获得直接教导。……有人曾问我：‘你从父亲那里继承下来最宝贵的东西是什么?’我回答：‘爱国!’‘爱国’也是我们全体兄弟姐妹们所继承下来的宝贵遗产。我们九人中有七人在海外学习，个个学业优秀，但是我们没有一个留在国外，个个都学成归国，报效祖国。”[①]

在“致孩子们书”中，不乏梁启超告诫子女认真读书、学成报效祖国的话语，可谓情深意长，但没有鼓励孩子读名校，去升官发财，也没有强迫孩子去学所谓的“热门专业”。如 1927 年 8 月 29 日信中，梁启超叮嘱女儿思庄学成后早日归国，“可以做爹爹一个大帮手，我将来许多著作，还要请你做顾问哩”。此时思庄正在国外攻读生物学，一年预科读完，升二年级，梁启超非常高兴，因为此前“你们弟兄姊妹，到今还没有一个学自然科学，很是我们家里的憾事”，“中国女子还没有人学这

---

① 梁思礼：《〈梁启超家书〉前言》，见林洙编：《梁启超家书》，11 页，北京，中国青年出版社，2013。

门……因为这门学问与一切人文科学有密切关系”[1]。梁启超多么期盼几年后女儿学成归国，与女儿共同探讨、研究学问。

梁启超的九个子女人人成才，又各有所长，被誉为：“一门三院士，满庭皆才俊”，其中梁思成是 1948 年中央研究院院士，梁思永、梁思礼是新中国成立后的中国科学院院士。

二

梁启超信札的另一亮点是：梁启超在世的最后三年，不顾重病缠身、党派纠缠，夜以继日地工作。“致孩子们书”中，处处流露出梁启超爱国救国的心声，他说：“所以我打算在最近期间内把我全部分的主张堂堂正正著出一两部书来，却是团体组织我绝对不加入，因为我根本就不相信那种东西能救中国。”[2] 梁启超深知“开民智”的必要性和迫切性，他以著书立说、授课演说的一贯做法救中国。

摧残梁启超身心最直接、最严重的，当属北京协和医院对肾病的误诊。伍连德医学博士很快就知道割去右肾是误诊引起的，“致孩子们书”中这样说：“已证明手术是协和孟浪错误了，割掉的右肾，他已看过，并没有丝毫病态，他很责备协和粗忽，以人命为儿戏，协和已自承认了。这病根本是内科，不是外科。”伍连德对梁启超“下很严重的警告”，他说：“割掉一个肾，情节很是重大，必须俟左肾慢慢生长，长到大能完全兼代右肾的权能，才算复原。”“当这内部生理大变化时期中，左肾极吃力，极辛苦，极娇嫩，易出毛病，非十分小心保护不可。”他还下了戒令：“节劳一切工作，最多只能做从前一半。”[3] 这次意外的误

---

① 《致孩子们》[1927 年 8 月 29 日]。本文所提书信，均见本书。

② 《致孩子们》[1927 年 5 月 5 日]。

③ 《致孩子们》[1926 年 9 月 14 日]。

诊和医疗事故，给身体造成的伤害是巨大的，但无论病情多严重，忠告多严厉，对于真正的工作狂来说，若无其事。他自己说：“大抵我这个人太闲也是不行，现在每日有相当的工作，我越发精神焕发了。”① 在他给子女的信中，每每隐瞒身体每况愈下的实情，总以报喜不报忧的言辞来安慰儿女们。

肾部手术满一年后，梁启超去协和医院住院“切实检查一番”。在1927年4月2日致梁思顺信说：“据称肾的功能已完全回复，其他各部分都很好，‘赤化’虽未殄灭，于身体完全无伤，不理他便是。他们说惟一的药，只有节劳，此亦老生常谈。”② 梁启超不遵医嘱，旧疾复发，且益厉害，几天后在信中道出苦衷：“我近来旧病发得颇厉害……本来近日未免过劳……在学校总是不能节劳的。”③ 梁启超对自己的身体状况还是清楚的，6月14日信中说：“你爹爹已经是上年纪的人，这几年来，国忧家难，重重叠叠，自己身体也不如前。”④

1927冬季，夜以继日地伏案写作，使梁启超身体受到极大伤害。11月14日致梁启勋函说：“日来旧恙微发，大抵因连作两文一、《〈王静安纪念号〉序》，二、《张子武〈墨经通解〉序》。之故。”⑤ 12月12日，再次证实医生所说过劳的危害：“我的病本来已经全愈了二十多天，便色与常人无异，惟最近一星期因做了几篇文章，实是万不能不做的，但不应该接连着做罢了。又渐渐有复发的形势。如此甚属讨厌，若完全叫我过‘老太爷的生活’，我岂不成了废人吗？我精神上实在不能受此等痛苦。”⑥

---

① 《致孩子们》[1926年10月14日]。
② 《致梁思顺》[1927年4月2日]。
③ 《致孩子们》[1927年4月19、20日]。
④ 《致孩子们》[1927年6月14、15日]。
⑤ 《致梁启勋》[1927年11月14日]。
⑥ 《致孩子们》[1927年12月12日]。

次日，给梁思顺的信说："我的体气底子本来极强，这点小病算什么。况且我已经绝对采用你们的劝告，把养病当一件大事了，你们还有什么不放心呢?"又告诉女儿："近来著述之兴大动，今晚本又想执笔，被王姨捣乱干涉。"看似挺矛盾的信前信后，实际不矛盾，梁启超"养病"只是说说而已，著书立说才是首要。病情无情地加重，梁启超并没预感到所剩余的时光不多，他还劝在加拿大的女儿不要急着回国探亲，说："外交部又不调动你们，你索性等到我六十岁时才回来祝寿也不迟哩。"① 一贯乐观的梁启超，认为再过五年才六十岁，过六十大寿是理所当然的事。

瞒得过别人却瞒不过自己。12 月 17 日致梁启勋函说："一昨又小小发烧，静眠廿余小时乃愈。老态渐露，动辄有小病，殊可厌也。"② 月底再函："吾数日来旧恙又剧发。"③

在国外或身边的子女无不规劝父亲以养身为重，工作的事可缓就缓。梁思成事后说："家人苦谏节劳，然以学问欲太强，不听也。"④

梁启超对自己的身体状况是清楚的，1927 年 7 月 1 日给梁启勋的信说："至于病的远因，恐怕总是因为一个腰子，分泌力到底差些，所以易出毛病。"⑤ 自 1928 年起，身体每况愈下，发病不断。

四月初，"头晕接连两日，呕吐只一次，今日已全愈了。原因是在四五日前，精神太好，著述兴味太浓，一时忘了形，接连两晚破戒，晚上也做些工作，以致睡不着，而早上又已起早惯了，因此睡眠不足，胃

---

① 《致梁思顺》[1927 年 12 月 13、21 日]。

② 《致梁启勋》[1927 年 12 月 17 日]。

③ 《致梁启勋》[1927 年 12 月 30 日]。

④ 丁文江、赵丰田编：《梁任公先生年谱长编（初稿）》，779 页，台北，世界书局，1958。

⑤ 《致梁启勋》[1927 年 7 月 1 日]。

的消化力便弱起来。头晕全是胃的关系。”[①] 过劳导致头晕呕吐，都是旧疾隐患、体弱多病的表现。

六月中旬，还是因过劳，“因为批阅清华学生成绩，一连赶了三天，便立刻发生影响，真是逼着我做纯粹的老太爷生活了”[②]。万般无奈之下，梁启超不得不辞去清华研究院和北平图书馆的工作。

辞去北平图书馆馆长职务，还继续操劳《中国图书大辞典》的编纂，1928 年 8 月 22 日在给梁思顺的信中说：“这件事我本来做得津津有味，但近来廷灿屡次力谏我，说我拖着一件有责任的职业，常常工作过度，于养病不相宜。”此时的疾病已相当严重了，“一个不提防，却会大发。一次发起来虽无妨碍，但经两三天的苦痛，元气总不免损伤”，所以“已决意容纳廷灿的忠告，连这一点首尾，也斩钉截铁的辞掉”[③]。

北平图书馆的职务是 6 月辞去的，同时，还辞去清华研究院的工作，在 5 月 8 日给梁思顺的信中述说心中的极不情愿，想继续撑着。“我清华事到底不能摆脱，我觉得日来体子已渐复元，虽不能摆脱，亦无妨，因为我极舍不得清华研究院。”[④]

1929 年 1 月 29 日，梁启超在北京协和医院逝世，享年 57 岁。梁启超在世的最后三年，虽已重病缠身，又备受工作、党派纠缠，但他仍以自己一贯的做法——著书立说、授课演说救中国。

梁启超的家书，不是一般的家书，而是充满爱国爱家的家书。在“家书”中可以看到他对祖国的爱，也可以看到他对孩子们的爱。只有祖国强大，孩子们才能更加茁壮地成长，他的“著书立说”，正是为了

---

① 《致梁思永》[1928 年 4 月 3 日]。
② 《致梁思顺》[1928 年 6 月 19 日]。
③ 《致梁思顺》[1928 年 8 月 22 日]。
④ 《致梁思顺》[1928 年 5 月 8 日]。

救中国。

三

本书的第二部分是“南长街54号梁氏档案”中的梁启超函札。

南长街54号，是梁启超、梁启勋兄弟在北京的故居，梁启超经常往返于京津之间，南长街54号便是梁启超著述、会客、休息的地方，也遗留下一批书籍、手稿和信札等物件。由梁启勋及其后人珍藏，尘封近百年，经整理后，公布于世。

2012年10月24日至26日，汤志钧出席由清华大学主办，中华书局、北京匡时国际拍卖有限公司协办的“梁启超与现代中国”研讨会，作题为“关于梁启超遗著”的学术报告，并为新公开的“南长街54号梁氏档案”作鉴定，在“‘南长街54号’梁氏重要档案特展”开幕仪式上演讲并剪彩。

汤志钧在研讨会上说：“今天有幸看到‘南长街54号’里面收藏的东西，感到非常重要。梁启超一生年龄不大，但是留下来的东西很多，而现在看到的珍藏材料就感觉到非常珍贵。第一封信谈关于广智书局的情况，澳洲的情况；《时报》当时是上海的第二名，第一名是《新闻报》，也谈到《国风报》的情况，都是梁启超非常重要的报纸。另外比如说1914年对冯国璋的情况，关于林长民所做的一些事情。”还说：“手稿当中我感觉最有价值的东西、最重要的东西就是《清代学术概论》之前的准备工作。里面提出清代学者开山之石的一些人物，下面有很多派别，清代的新派、文学派、浙派、易理派等等，从这里边看出梁启超在写书时候的准备工作，也正是写《清代学术概论》时候的准备工作，可以很好地在这些方面研究一下。”

“南长街54号梁氏档案”中有梁启超信札241通，许多信札是首次披露的。汤志钧在中华书局出版的《〈南长街54号梁氏档案〉

序》中说："《档案》搜录了大量手札，其中很多是写给他的弟弟梁启勋的。梁启勋追随兄长历时甚久，从书信中不但可以考察梁氏行踪、交谊，还可看到他在晚清、民初'家事、党事、国事无不令人气尽'的感受。"新发现的梁启超信札，为即将出版的《梁启超全集》增添了新内容，为学界提供了弥足珍贵的文献资料。

中国人民大学出版社的领导和编辑们为此书的顺利出版付出了辛勤劳动，在此表示衷心的感谢。

目　录

梁启超家书

［1898年10月29日至1928年10月17日］

本部分包括梁启超给夫人李蕙仙及孩子们的书信，除注明者外，均录自《梁启超未刊书信手迹》，中华书局1994年11月影印出版。这些书信手迹，是中华书局准备编辑梁启超集时，经吴晗先生商请梁氏哲嗣梁思成教授借交中华书局，据以印行的。虽然大都辑入《梁任公先生年谱长编（初稿）》，但有的只是节录择录，文字亦有更改，上下款也时有删节。今依手迹，一一录排；原信小注，今用小一号字排印。

给夫人李蕙仙的八通书信，是戊戌政变后，梁启超逃亡期间所写，起1898年10月29日，迄1900年6月30日。给孩子们的书信，则起1911年11月9日，迄1928年10月17日。

这些书信，是由南开大学文学院刘运峰教授标点整理，并经汤志钧、汤仁泽校核补充的。

《梁启超未刊书信手迹》另有《致杨度书》等少量致友人书，则辑入即将出版的《梁启超全集》。

需要说明的是，个别书信对以孙中山为首的资产阶级革命派，以及中国共产党领导的新民主主义革命，都有许多诬蔑之辞，但为了全面反映梁启超的思想活动，本次收入均保持原貌。

致李蕙仙*

［1898 年 10 月 29 日］

南海师来，得详闻家中近状，并闻卿慷慨从容，词色不变，绝无怨言，且有壮语。闻之喜慰敬服，斯真不愧为任公闺中良友矣。大人遭此变惊，必增抑郁，惟赖卿善为慰解，代我曲尽子职而已。卿素知大义，此无待余之言，惟望南天叩托而已。令四兄最为可怜，我与南海师念及之，辄为流涕。此行性命不知何如，受余之累，恩将仇报，真不安也。

译局款二万余金存在京城百川通，我出京时，已全交托令十五兄，想百川通不至赖账。令兄等未知吾家所在，无从通信及汇寄银两，卿可时以书告之，需用时即向令兄支取可也。闻家中尚有四百余金，目前想可敷用。我已写信吴小村先生处，托其代筹矣。所存之银，望常以二百金存于大人处，俾随时可以使用，至要。若全存在卿处，略有不妥，因大人之性情，心中有话，口里每每不肯说出，若欲用钱时，手内无钱，又不欲向卿取，则必生烦恼矣。望切依吾言为盼。卿此时且不必归宁，令十五兄云，拟迎卿至湖北。因我远在外国，大人遭此患难，决不可少承欢之人，吾全以此事奉托矣。卿之与我，非徒如寻常人之匹偶，实算道义肝胆之交，必能不负所托也。

我在此受彼国政府之保护，甚为优礼，饮食起居一切安便。张顺不避危难，随我东来，患难相依，亦义仆也。身边小事，有渠料理，方便如常，可告知两大人安心也。

---

* 此函《梁启超未刊书信手迹》无，录自《梁任公先生年谱长编（初稿）》“光绪二十四年戊戌，二十六岁”，末署“光绪二十四年九月十五日”，当 1898 年 10 月 29 日。梁氏于光绪十四年己丑，广东乡试中举，主考李端棻尚书爱其才，请另一主考王仁堪做媒，以堂妹蕙仙许之。光绪十七年，梁氏入京会试，与蕙仙成婚。

致李蕙仙

［1898年11月19日］

前信想已收，吾在此情形，详与二弟信中，可取观。大人当此失意之时，烦恼定不知几多，近日何如？不至生病乎？吾今远在国外，侍奉之事，全托之于卿矣。卿明大义，必能设法慰解，以赎吾不孝之罪，吾惟有拜谢而已。家中情形如何？望常寄信告知。依吾与二弟信中所问各事，详复为盼。吾之起居，家中不必悬念，卿素明达，必能自宽解。二弟亦慷慨激昂，必不忧悲，吾亦不为念。母亲不甚□，不知忧悲，亦不足为念。但念父亲之苦楚，不知若何耳。若因念我而生病，则致一电，我当即归，若尚平安，则吾正二月间必归。因现时在东方应办事甚多，未能即行也。卿我之患难交，非犹寻常眷属而已。虽想思甚切，不敢涉私情也，惟望信甚急，乞即写回信，至要。

致李蕙仙

［1898年11月26日］

九月二十三日书悉一是。吾在此乃受彼中朝廷之供养，一切丰盛，方便非常，以起居饮食而论，尤胜似家居也。来书问有立足之地，当速来接云云。立足之地何处无之，在此即无政府之供养，而著书撰报亦必可自给。然卿之来，则有不方便者数事：一、今在患难之中，断无接妻子来同住，而置父母兄弟于不问之理，若全家接来，则真太费矣，且搬动甚不易也。二、我辈出而为国效力，以大义论之，所谓匈奴未灭，何以家为？若以眷属自随，殊为不便。且吾数年来行踪之无定，卿已知之矣。在中国时犹如此，况在异域？当无事时犹如此，况在患难？地球五大洲，随处浪游，或为游学，或为办事，必不能常留一处，则家眷居于远地，不如居于近乡矣。三、此土异服异言，多少不便，卿来亦必不能安居，不如仍在澳也，此吾所以决意不接来也。此间情形及我心事，具见于大人安禀及二弟书中，可以取观。来书谓想吾必非一蹶不振之人，然待吾扬眉吐气时不知卿及见否云云。卿本达人，志气不同凡女子，何必作颓唐语乎？此次之变，以寻常理势论之，先生及我皆应万无生理，而冒此奇险，若有神助，种种出人意外，是岂无故哉？益信天之所以待我者厚，而有以玉成之也。患难之事，古之豪杰无不备尝，惟庸人乃多庸福耳，何可自轻乎？卿固知我，然我愿卿之自此以后，更加壮也。先生之教，道理极多，吾间未以语卿，卿如有向学之志，盍暇日常与二弟讲论之。卿家居无甚事，经此变后，益当知世俗之荣辱苦乐，富贵贫贱，无甚可喜，无甚可恼，惟有读书穷理，是最快乐事。有时忽有心得，其乐非寻常所可及也。卿盍从事于此乎？若有志则常就二弟及薇君相与讲求，久之当想吾言之不谬也。

致李蕙仙

［1898 年 12 月 10 日］

我在此创报馆已成，下月十一日出报。现时未领薪，为俟其报销行后乃领也。在此一切起居饮食，皆日本国家所供给，未尝自用一钱，间有用者，惟做衣服数件，买书数种耳。行囊存银尚多，因家中目前敷用，故未寄来，今既大人愁穷，故日间即当先汇四百元归也。庶母弟妇若到，当加意和谐，免触老人之烦恼。二弟尚知大义，无事可与之谈学问，亦足稍解烦闷也。卿日来心绪何如？烦闷否？望告知，想必烦闷，不待问矣。然我深望卿之不烦闷也。

十月二十七日　由横滨大同学校发

致李蕙仙

[1899 年 3 月 13 日]

蕙仙鉴：

前寄一信，想失落。家中事一切已悉。令四兄得人陪伴，私心稍慰。鄂款既到，家用亦渐可无虑矣。余之心事议论，具于禀帖中，请取观之。……卿近日心事如何？无烦恼耶？余归期稍缓，所见之事，亦只得缓之，请卿暂耐可耳。卿来信不信我十一点能睡，真真被卿料着，盖两月以来，早已一切依旧矣。胡庆能如此尚好，渠若欲求荐地方，则可以荐之。渠现住何处耶？张顺我已收为门生，教渠读书尚好也。令十四兄书已收。望为我谢之，言我不便写信，恐累他也。令十四兄能来东游最善。我等读日本书所得之益极多极多。他日中国万不能不变法，今日正当多读些书，以待用也。望即以此意告之。

致李蕙仙*

[1899 年 5 月 3 日]

蕙仙鉴：

三月三日来书具悉。家居愁闷，此是意中事。然境遇如此，无可如

---

* 此函《梁启超未刊书信手迹》无，录自《梁任公先生年谱长编（初稿）》“光绪二十五年己亥，二十七岁”，末署“三月二十四日”，当 1899 年 5 月 3 日。

何，惟望善自排遣而已。来同居之说，我初接来信时亦有此意，因横滨开女学校，欲请薇君为教习，故我之意欲令卿与同来也。惟昨日忽接先生来一书，极言美洲各埠同乡人人忠愤，相待极厚，大有可为。而金山人极仰慕我，过于先生。今为大局计，不得不往，故又不能接卿来矣。

广东人在海外者五百余万人，人人皆有忠愤之心，视我等如神明，如父母，若能联络之，则虽一小国不是过矣。今欲开一商会，凡入会者每人课两元，若入会者有一半，则可得五百万元矣。以此办事，何事不成？今即以横滨一埠论之，不过二千余人，而愿入会者足二千人，其余各埠亦若此耳。此事为中国存亡之一大关键，故我不辞劳苦以办之。美洲各埠情形，先生来信详之，可向仲策取阅也。

先生与我，志在救世，不顾身家而为之，岂有一跌灰心之理。望以此意写信告十四哥，并言吾因避嫌不写信与彼云云可也。

岳母年高，卿之乡思，不问可知。今大人及家人皆团聚澳门，卿虽离膝下，亦无不可。惟此时安得有人送卿归宁乎？若再以劳诸令兄，窃恐甚难，若能有人来接，则归宁甚善也。我已禀诸大人，惟须卿写信往问定乃可耳。寄来照像一片，衣冠虽异，肝胆不移，贻此相对，无殊面见矣。

致李蕙仙*

［1900 年 5 月 20 日］

本埠自西五月初一日，始弛疫禁，余即遍游各小埠演说。现已往者

---

* 此函《梁启超未刊书信手迹》无，录自《梁任公先生年谱长编（初稿）》“光绪二十六年庚子，二十八岁”，末署“光绪二十六年西五月二十日”，当 1900 年 5 月 20 日。查是时梁氏居檀香山，识华侨女子何蕙珍，演说时由何翻译，“由敬爱之心，生出爱恋之念”，而写此函。信首“本埠自西五月初一日……可笑”、信末“下田歌手之事……大人闻尚在香港云”二段补自《梁启超家书》（北京，中国文联出版社，2000）。

两埠，未往者尚三埠。檀山乃八岛布列于太平洋中，欲往小埠，必乘轮船，航海而往，非一月不能毕事，大约西六月杪始能他行也。来檀不觉半年矣，可笑。

女郎何蕙珍者，此间一商人之女也。其父为保皇会会友。蕙珍年二十，通西文，尤善操西语，全檀埠男子无能及之者，学问、见识皆甚好，喜谈国事，有丈夫气。年十六即为学校教师，今四年矣。一夕其父请余宴于家中，座有西国缙绅名士及妇女十数人，请余演说，而蕙珍为翻译。明晨各西报即遍登余演说之语，颂余之名论，且兼赞蕙珍之才焉。余初见蕙珍，见其粗头乱服如村姑，心忽略之；及其入座传语，乃大惊，其目光炯炯，绝一好女子也。及临行，与余握手，檀俗华人行西例，相见以握手为礼，男女皆然。而言曰："我万分敬爱梁先生，虽然，可惜仅敬爱而已，今生或不能相遇，愿期诸来生，但得先生赐以小像，即遂心愿。"余是时唯唯而已，不知所对。又初时有一西报为领事所□嘱，诬谤余特甚，有人屡作西文报纸与之驳难，而不著其名，余遍询同志，皆不知。及是夕，蕙珍携其原稿示我，乃知皆蕙珍所作也。余益感服之。虽近年以来，风云气多，儿女情少，然见其事，闻其言，觉得心中时时刻刻有此人，不知何故也。越数日，使赠一小像去，渠报以两扇。余遂航海往游附属各小埠，半月始返。既返，有友人来谓余曰："先生将游美洲，而不能西语，殊为不便，亦欲携一翻译同往乎"？余曰："欲之，然难得妥当人。"友人笑而言曰："先生若志欲学西语，何不娶一西妇晓华语者，一面学西文，一面当翻译，岂不甚妙？"余曰："君戏我，安有不相识之西人闺秀而肯与余结婚？且余有妇，君岂未知之乎？"友人曰："某何人，敢与先生作戏言？先生所言，某悉知之，某今但问先生，譬如有此闺秀，先生何以待之？"余熟思片时，乃大悟，遂谓友人曰："君所言之人，吾知之，吾甚敬爱之，且特别思之。虽然，我尝与同志创立一夫一妻世界会，今义不可背，且余今日万里亡人，头颅声价，至值十万，以一身往来险地，随时可死，今有一荆妻，尚且会少离多，不能厮守，何可更累人家好女子。况余今日为国事奔走天下，一言一动，皆为万里人所观瞻，今有此事，旁人岂能谅我？请君为我谢彼女郎，我必以彼敬爱之心敬爱彼，时时不忘，如是而已。”友人未对。余忽又有所感触，乃又谓之曰：“吾欲替此人执柯可乎？”盖余忽念及孺博也。友人遽曰：“先生既知彼人，余亦不必吞吐其词，彼人目中岂有一男子足当其一盼？彼于数年前已誓不嫁矣，请先生勿再他言。”遂辞去。

今日距友人来言时五日也。又有一西人请余赴宴，又请蕙珍为翻译，其西人即前日在蕙珍家同宴者。乃蕙珍之师也。余于席上与蕙珍畅谈良久，余不敢道及此事，彼亦不言，却毫无爱恋抑郁之态。但言中国女学不兴为第一病源，并言当如何整顿小学校之法以教练儿童，又言欲造切音新字，自称欲以此两事自任而已。又劝余入耶稣教，盖彼乃教中人也。其言滔滔汩汩，长篇大段，使几穷于应答。余观其神色，殆自忘为女子也，我亦几忘其为女人也。余此次相会，以妹呼之，余曰：“余今有一女儿，若他日有机缘，当使之为贤妹女弟子。”彼亦诺之不辞。彼又谓余曰：“闻尊夫人为上海女学堂提调，想才学亦如先生，不知我蕙珍今生有一相见之缘否？先生有家书，请为我问好。”余但称惭愧而已。临别，伊又谓余曰：“我数年来，以不解华文为大憾事，时时欲得一通人为师以教我，今既无可望，虽然，现时为小学校教习，非我之志也。我将积数年来束脩所入，特往美洲就学于大学堂，学成归国办事。先生他日维新成功后，莫忘我，但有创办女学堂之事，以一电召我，我必来，我之心惟有先生。”云云。遂握手珍重为别。

余归寓后，愈益思念蕙珍，由敬重之心，生出爱恋之念来，几于不能自持。明知待人家闺秀，不应起如是念头，然不能制也。酒阑人散，终夕不能寐，心头小鹿，忽上忽落，自顾生平二十八年，未有如此可笑之事者。今已五更矣，起提笔详记其事，以告我所爱之蕙仙，不知蕙仙闻此将笑我乎？抑恼我乎？吾意蕙仙不笑我，不恼我，亦将以我敬爱蕙珍之心而敬爱之也。我因蕙仙得谙习官话，遂以驰骋于全国；若更因蕙珍得谙习英语，将来驰骋于地球，岂非绝好之事？而无如揆之天理，酌之人情，按之地位，皆万万有所不可也。我只得怜蕙珍而已。然吾观蕙珍磊磊落落，无一点私情，我知彼之心地，必甚洁净安泰，必不如我之可笑可恼。故我亦不怜之，惟有敬爱之而已。蕙珍赠我两扇，言其手自织者，物虽微而情可感，余已用之数日，不欲浪用之。今以寄归，请卿为我什袭藏之。卿亦视为新得一妹子之纪念物，何如？

鸣呼！余自顾一山野鄙人，祖宗累代数百年，皆山居谷汲耳。今我乃以二十余岁之少年，虚名振动五洲，至于妇人女子为之动容，不可为非人生快心之事。而我蕙仙之与我，虽复中经忧患，会少离多，然而美满姻缘，百年恩爱，以视蕙珍之言，今生不能相遇，愿期诸来生者，何如？岂不过之远甚！卿念及此，惟当自慰，勿有一分抑郁愁思可也。有檀山《华夏新报》此报非我同志所记新闻一段剪出，聊供一览。此即记我第一次与蕙珍相会之事者也。

下田歌手之事，孝高来书言之。此人极有名望，不妨亲近之，彼将收思顺为门生云。卿已放缠足否？宜速为之，勿令人笑维新党首领之夫人尚有此恶习也。此间人多放者，初时虽觉痛苦，半月后即平复矣。不然，他日蕙珍妹子或有相见之时，亦当笑杀阿姊也。一笑。家中坟墓无事，可勿念。大人闻尚在香港云。

致李蕙仙*

［1900 年 6 月 30 日］

蕙仙鉴：

得六月十二日复书，为之大惊，此事亦可以禀堂上？卿必累我挨骂矣；即不挨骂，亦累老人生气。若未寄禀，请以后勿再提及可也。前信所言不过感彼诚心，余情缱绻，故为卿絮述，以一吐其胸中之结耳。以理以势论之，岂能有此妄想？我之此身，为众人所仰望，一举一动，报章登之，街巷传之，今日所为何来？君父在忧危，家园在患难，今为公事游历，而无端牵涉儿女之事，天下之人岂能谅我？我虽不自顾，岂能不顾新党全邦之声名耶？吾既已一言决绝，且以妹视之。我因无违背公理，侵犯女权之理。若如蕙珍者，岂可屈以妾媵？但度其本意，无论如何席位，皆愿就也。惟任公何人，肯辱被此不可多得之人才耶？他日若有所成，复归故乡，必迎之家中，择才子相当者为之执柯，设一女学校，使之尽其所长，是即所以报此人也。至于他事，则此心作沾泥絮也久矣。

吾于一月来，述历附近各小埠，日在舟车鞍马上，乡人接待之隆，真使人万万不敢当。然每日接客办事，无一刻之暇，劳顿亦极矣。卿来信所嘱，谓此事若作罢论，请即放过一边，勿常常记念，以保养身子云云。此却是卿过虑之处。曾记昔与卿偶谈及，卿问别后相思否？我答以非不欲相思，但可惜无此暇日耳。于卿且然，何况蕙珍？在昔且然，何况今日？惟每接见西人，翻译者或不能达意，则深自愤恨，辄忆此人不

---

* 此函《梁启超未刊书信手迹》无，录自《梁任公先生年谱长编（初稿）》“光绪二十六年庚子，二十八岁”，末署“光绪二十六年五月西六月三十号”，当 1900 年 6 月 30 日。《梁任公先生年谱长编（初稿）》谓：“梁夫人得书后，欲助成其事，拟禀请于莲涧先生。先生闻之大惊，因再复夫人一书，详述不能作此事的理由。”

置耳。近亦月余不见此人，因前事颇为外人所传闻，有一问者，我必力言并无其影响，盖恐一播扬，使蕙珍难为情也。因此之故，更避嫌疑，不敢与相见。今将行矣，欲再图一席叙话，不知能否也。

拳匪陷京、津，各国干涉，亡国在即，吾党在南，不识能乘时否？嗟夫！嗟夫！吾独何人，尚喁喁作儿女语耶？……

再者，卿来书所论，君非女子，不能说从一而终云云，此实无理。吾辈向来倡男女平权之论，不应作此语。与卿相居十年，分携之日，十居八九，彼此一样，我可以对卿无愧。稍愧者在京一次，在东一次耳。一笑。虽自今以后，学大禹之八年在外，三过其门而不入，卿亦必能谅我。若有新人双双偕游各国，恐卿虽贤达，亦不能无小芥蒂也。一笑！吾虽忙杀，然知卿闲杀闷杀，故于极忙之中，常不惜偷半多之闲，写数纸与卿对语，任公血性男子，岂真太上忘情者哉？其于蕙珍，亦发乎情，止乎礼义而已。

致梁思顺*

［1911年11月9日］

再阅二时，抵大连矣。尽日所思太多，欲征一诗拟杜老《北征》，竟不能成也。此二日不见报纸，不知复有何变象，但使此一旬中，北京秩序不破，则吾事大可为也。拟今夕即乘车往奉，小住半月，先到滦州一宿，可告南佛。乃入京，或挟百数十军士往，亦未可知，可将□连住址

---

* 此函《梁启超未刊书信手迹》无，录自《梁任公先生年谱长编（初稿）》“宣统三年辛亥，三十九岁”，末署“九月十九日”，当1911年11月9日。武昌起义爆发，梁氏由日本乘轮返国，11月9日，抵大连，写此家书。秉三，熊希龄。

即寄来，凡书皆寄琼生可也。

顷抵大连，住太和旅馆，本欲今晚八时半往奉，秉三已派李彬士来接，且云秉明晨即至，属在此小待，大约须与彼同行也。秉入都，昨夕始返奉。所发奉电，第一次不明，幸有第二次来。据言报纸所传都中事，大半谣言，不足信。惟冢骨始终观望，迄今未到。据云二十到。都中纯为无政府之状态，斯最可忧耳。今所希望者，都中能于旬日内维持秩序，待吾到后事必可定，若此数日间无端生变，则未知如之何也已。

吾首涂后一日，大连、奉天报纸即已遍登，不知何人所泄，想中东报馆久已播扬，内地亦举国咸知矣。此间官吏相待极殷，民政长官派代理人到船迎接，且云沿路派警察护从，言辞甚恭。吾已谢却之。吾明日见秉丈后，当即行，惟不知京奉路有梗否？张敬如绍曾已入都，兹事不甚妙。蓝少豪天蔚。在奉，闻吾来，额手相庆云。吾无论如何险难，必入都。都中若忽有他变，无论何国使馆皆可暂住，决无他虑，可极放心。入都后若冢骨尚有人心，当与共戡大难，否则取而代之，取否惟我所欲耳。若天子已下堂，则又别论也。此书呈太夫子一阅后，即寄家中可也。

致梁思顺*

［1911年11月11日］

顷已抵奉天，秉丈尚未晤，秉丈昨日来大连，已乘汽车到营口矣，忽得奉天急电

---

* 此函《梁启超未刊书信手迹》无，录自《梁任公先生年谱长编（初稿）》“宣统三年辛亥，三十九岁”，末署“九月二十一日”，当1911年11月11日，为返国“抵奉天”后写。

折回，以电相告，吾即于昨晚乘车来。须明后乃能定所向，大约总先到滦州也。奉天情形极危急，恐此书到时，报中已报变象，吾故暂住日本租界内，未遽入城也。

为电报所误，与秉丈来往相左，彼今日又到大连，须明午乃能返此，本拟先见次帅，官界中已见数人。因奉城纷扰已极，今日正开保安会，在督署会议，谅不能深谈，不得已仍俟秉丈来取进止，大约明日尚不能成行也。

数日以来，形势刻刻改变，在东时之理想及沿途所策划，大半不能行，只得临机以应耳。冢骨所以迟迟不入京之故，闻武胜关为革军所扼，王天游之兵。彼不能退，不能进，亦殊可怜。都中虚无人焉，旧内阁已辞职，不管事，新内阁未成立，资政院议员遁逃过半，不能开会，亲贵互相阋，宫廷或尚有他变，日日预备蒙尘，天之所废，谁能兴之，真不知所届也。

吾此行终以见张、蓝二人为主。若早两日到，在此可以见蓝，彼日望吾至。二人现皆已入都矣。大约都中秩序，十日内恐必将破，冀破后能用此二军恢复秩序，与外交团交涉，徐图进取耳。现时所思如此，到京后能否办到，又非所知也。张、蓝闻确是可人，但其部下如何，又不可知，安保其不为吴禄贞者。今一线希望，在求保全此二人，保全此二军耳。

此行日人非常巴结，今日到站，奉天领事派人来接，派两警察随护，今午已到彼领事馆中，饭顷实无一事，大可以写《张猛龙》，真闲得人难受也。

致梁思顺*

［1911 年 11 月 12 日］

此间大危。昨日以来，接见谘议局员及其他民党不少，厥后细查，乃知其中有著名革党及马贼头目。幸吾言极谨，令彼等悦服，然危机乃在此。今晚忽得密报，言军队已议定将图我，所谓图我者，殆欲拥我宣告独立也。秉丈在大连，发电报数次来，最后又发电话来催我，必立刻行，半日不许逗留。荷丈云已出京，可告汤府。现到大连，与秉丈同居。罗瘿公与同行。我明晨即往大连。行止何如，当续告。

致梁思顺

［1912 年 10 月 5 日］

门司一电，想早达。登舟吸纳海风，宿疾全愈，胃气逾壮。门司展轮之翌晨，风颇剧，第三日至平稳，第四日之夕，又遇大风，并我亦觉体中不适，荷丈则几于无心人世矣。惟尔二叔饮啖更健，真可人也。此次因船小无散步处，闷守小室中，殆无复海行之乐，幸同行有数人，得谐谈消遣耳。因风稍迟数时乃到大沽，初五晨十时到沽。遂不能趁早潮直至，今初五。晚十时可进，明日破晓登岸也。船到步后，尚须候一日，此真天下所无，此中国之所以为中国欤！此间已寒极，可以御裘。去年一冬不冰河，遂开未有之奇变，今年恐九月遂冰河，又不知生何变象也。在舟一来复，不知世事，不审登岸后有何惊心动魄之事也。天气渐

---

* 此函《梁启超未刊书信手迹》无，录自《梁任公先生年谱长编（初稿）》“宣统三年辛亥，三十九岁”，末署“九月二十二日”，当 1911 年 11 月 12 日，为返国“抵奉天”后写。

寒，祖父寒衣宜早备，睡席恐冷，可劝支床。吾到津后，当甚忙，或不能多写信，告祖父不必悬念。拟到津后，即买奶子葡萄托船主带上，未审能有暇否耳。匆匆写。

示娴儿。

饮冰　初五夕大信丸

书呈祖父，不另禀。

致梁思顺

［1912年10月8日］

今日初八了，吾侪犹在大沽口也。十五年前，仓皇去国，在此地锢闭十一日，今兹得毋亦须作一应笔耶？望归国，望了十几年，商量归国，又商量了几个月，万不料到此后，盈盈一水，咫尺千里，又经三日矣。何时能进，尚如捕风，此种港湾，大约除我堂堂大国外，全球更无他地可拟，终日锢在此丈室中，世界上事百无闻见，亦不知京师曾否闹到天翻地覆，亦不知世界上已亡了几个国，惟觉日长如年，惟以叶子戏度日。寒暑表下至五十度，搜尽衣箧，身臃肿如牛腰，寒犹彻骨，船上食品已尽了，西洋料理一变为日本料理，明日恐并日本料理亦备不起了。烟卷亦尽了，核桃、花生之类，则数日前早尽了，小轮船不能来，故食物不至。大约总待汝德猷叔来，一同登岸也。我却心境泰然，绝无着急，所最念者，岸上来接诸君耳。昨日本拟一电相告，以小轮船不来，故不能发，想正悬念。今特琐琐相告，可并禀高堂。

示娴儿。

饮冰　初八午大信丸舟中

致梁思顺*

［1912年10月11日］

到津后情形，由汝叔报告，想先达。三日来无一刻断宾客，唐绍仪及前直督张锡銮皆已来谒，赵秉钧、段祺瑞皆派代表来。门簿所登已逾二百人矣。各省欢迎电报，亦络绎不绝，此次声光之壮，真始愿不及也。张謇、黄兴皆候三日，因初十在湖北开国庆纪念①，彼等候至初七不至，遂皆往鄂耳。汝所发电报，误初五为初三，故自初二日各人麇集，客邸俱满，诸熟人向荷丈戟手唾骂，谓误电害人，统计所核，将及十万，要荷丈赔偿损害云云，然正以此，故今日各人次第归京，人人盘费皆竭。此间又稍得清静也。明日礼拜六，又将纷纷来矣。连日赴共和、民主两党欢迎宴及演说会，又地方官纷纷请宴，应酬苦极。寓中则分三处，客厅无时不满，大约总须十日后，乃能回复秩序也。共和、民主两党合并已定，举黎为总理，吾为协理，张、伍、那皆退居干事，大约一月内现甚秘密。成立发表，国民党亦曾来交涉，欲请吾为理事，经婉谢之，彼必愤愤，然亦无如何也。入京期尚未定，项城颇盼速往，吾约以两旬后或竟俟新党成立后乃往，亦未可知。此间屋小不敷住，一月后或将迁居，然总住津，不住京也。

祖父大人近体何如？天气渐寒，总以不睡地为宜，可婉劝。吾虽终日劳劳，惟未得一好跟人，颇不便耳。而精神逾健，亦因诸事顺遂，故神气旺耶！汝功

---

* 此函《梁启超未刊书信手迹》无，录自《梁任公先生年谱长编（初稿）》“民国元年壬子，四十岁”，末署“十月十一日”，当1912年10月11日，因信中有“连日赴共和、民主两党欢迎宴及演说会”。查是年10月8日，梁启超在天津民主党欢迎会上作答词，刊于10月13日《大公报》上，本全集第十四集载有此文。

① “开国庆纪念”，《梁任公先生年谱长编（初稿）》作“开国纪念”，误。

课如何？所听受能领悟否？随时告我。思成病全愈否？本月家用尚充否？现尚未收报款，故不能寄来。北方今年大约无事，住此极可安适，勿念。

此示娴儿。

饮冰　十月十一日

致梁思顺

［1912年10月13日］

汝德叔已至，亦阻潮一日也。前电及函想俱达，连日应酬之繁如故，惟各事进行，一日千里，虽繁冗，亦不觉其苦也。现所难处者，惟国民党欢迎入党一事，彼已二次专人来劝驾，然此安可者，只有拒绝之而已。共和、民主两党大约两旬后联合成立，两党党员皆有“哀鸣思战斗，迥立向苍苍”之意，选举胜利可期，然自兹以往，当无日不与大敌相见于马上，吾则必须身先士卒也。项城约早入京，迟早本无不可，因莫礼逊由英新归，欲就我决定借款问题。顷复有一事，北京大学堂学生正反对新校长，闻吾至则向政府要求任我就此职，今日各科各派代表四人来津，求我承认，已力辞之矣。同人意欲俟大党成立后乃往，顷荷丈方在京，待彼来乃能定也。项城月馈三千，受之与否，亦尚未定，旅费、家费皆极繁，恐不能不受也。党成后，此间诸事稍定，尚须往鄂一行，寓所或须移至京。项城已为我备一宅，我若不往，即命鼎父看屋也。汝叔因言语不甚通，料理家务极苦，日言须汝母来，吾意无论如何，必须俟汝听讲毕业，然人事难知，或不及待，亦未可知，当念光阴难得，黾勉日进，诸事可禀祖父大人知之。

此示娴儿。

饮冰　十三日

致梁思顺

［1912 年 10 月 17 日］

连日两党议合并大略就绪，吾准二十日入京，在京小住四五日，即须赴鄂。京中行馆，一切由总统府供张，即前此用以馆黄氏者也。此次项城致敬尽礼，各界欢腾，万流辏集，前途气象至佳也。惟应酬苦极，夜不得睡，今日虚火涌上，牙痛大作，遥思须摩、箕面间，菊花正肥，枫叶将赤，携酒跌宕，为乐何极。无端预人家国事，尘容俗状，良自怜也。

祖父大人比来心绪何似？宜常侍游以慰岑寂。汝学业何如？能听受领会否？吾于一身起居饮食，既不惯料理，加以此间食客日常十数，仆役亦十余人，汝叔言语不甚通，荷丈又无暇，在理非汝母归来汝母归后家费月当省百数。不可，然吾欲汝学成，不思移家也。客散将睡，辄复作此。娴儿读。

饮冰　十月七日①

项城书呈祖父一览。

致梁思顺

［1912 年 10 月 18 日］

各书并悉。吾决二十入京。项城初预备军警公所为行馆，因吾偶与人言，曾文正、李文忠入京皆住贤良寺，彼即饬人铺设贤良寺，顷已备

① 《梁启超未刊书信手迹》落款日期为“十月七日”，但编排为“十月十七日”；《梁任公先生年谱长编（初稿）》载此函为“民国元年十月十七日与娴儿书”。今据后者。

矣。此公之联络人，真无所不用其极也。日来最困之问题，则国民党日日使人来招邀，强嬲不已，大学总长亦是一难题，吾颇乐此，然国人不许我也。彼盖深忌吾两党之合并也。大约入京后，不惟此两党开欢迎大会，即彼党亦有，然对付之法，煞费商量也。现都中各报记事论说、时评。皆以吾为题目，闻擎一来述。上海各报亦然。黎宋卿今日有长电至，各报所登皆节省，因中多言党事也。大约鄂行总不能免，乘此一漫游全国，亦未可知，但出报则恐不得不愆时日矣。吾牙痛已愈，惟应酬太繁，饮食无节，终虑作病耳。

示娴儿。

饮冰 十八

思忠笔当赏之，可先告彼。

致梁思顺

［1912 年 10 月 24 日］

到京四日矣。应酬之苦，殆绝非言语所能形容，若常常如此，真不复知有生之乐矣。各种情形，报中略载一二，已由汝两叔汇寄，想既收到。都人士之欢迎，几于举国若狂，每日所赴集会，平均三处，来访之客，平均每日百人。吾除总统处，概不先施，国务员自赵总理以下至各总长，旧官吏如徐世昌、陆徵祥、孙宝琦、沈秉堃之流，皆已至，吾亦只能以二十分钟谈话为约，自余则五分钟，自余则旅见而已。得罪人架子似乎太大。甚多，然亦无法也。每日必有演说，内中以报界欢迎会、民主党欢迎会、共和党欢迎会三处为最长，想在报中次第见之。此三次演说，其势力之伟大，未可量也，然演说时亦颇劳苦矣，民主党演说至三时之久，喉几为哑。尚有直隶公民会、广东公会、北京商会、军警俱乐部，皆须排日欢迎，欲稍过此即逃避出京，不然精神支持不及也。广东公会过半数皆同盟派，前曾削籍，今乃欢迎，亦大异事。此次最奇者，同盟派各报馆噤若寒蝉，中有一二且致赞美之辞，国民心理之趋势，可窥一斑。两党合并成立后，势未可限也。

要之，此行为国中温和派吐尽一年来之宿气矣。初时总统府为我预备行馆，吾两党同人谓以个人资格受社会欢迎，不宜受政府特别招待，以授人口实，故别借一宅，以作寓所。吾十年来，颇思念北京房子，谓为安适，今乃大觉不便，汝二叔更大攻击，吾初亦有迁居北京之意，今不复作此想矣。非惟房屋不佳，即应酬亦不了也。总统处密谈一次，赴宴一次，仍虚与委蛇而已。吾虽极忙，然居然已一逛琉璃厂，其中一书贾呼吾为老叔，言吾前此常向其父买书云，可笑之至，彼亦在店中盛设欢迎，陈列无数宋本书请观，迫得我亦随意买一二闲书，亦费百数十矣。已为汝购得《东坡集》、《韩柳合集》，汝现在方治他学，暂不寄，何如？百忙中，抽写数纸，可持慰重堂。余续闻。

示娴儿。

饮冰　廿四日

电款千二百收否？续来二书已收。

致梁思顺

［1912 年 10 月 29 日］

由佛丈交来书，已悉。日来所受欢迎，视孙、黄过数倍。彼等所受欢迎会不过五六处，吾到后已十余处相迎矣。吾之演说，本非甚佳，而都人以为得未曾有。昨夕总统府开欢迎会，国务员全体作陪。且其人皆出于诚意，自赵秉钧、陆徵祥以下皆是先来谒见，吾除项城外，惟先拜刚甫耳。各都督来电欢迎者已有十省。听演说后无不欢迎鼓舞。尤奇者为明日之会，上午九点至十一点，则佛教会也；一点至四点，则国民党也；国民党见各党皆欢迎，彼虽恨极，亦不能不相敷衍，同人恐其乱暴，皆阻勿往，然吾决然行，不能示人以怯也。五点至六点，即直隶公民会也，明日旗人欢迎。晚六点则山西票庄也。老西向不请人，都人咸以为奇。闻彼见我穿华装起敬云，可笑。本定今日出京，然各处欢迎纷纷不绝，竟至初一乃能行，究竟不识能行否？实则亦断断不能不行，若再留十日，亦必每日不断赴会耳。必闹到各学堂皆开会而后已，大学学生频来请，已谢之未知能谢否也。日日自晨九时至晚十二时，未尝停口，铁石人亦受不住，故非逃遁不可矣。返津后闭户十日，将第一期报出版后，乃作鄂行，大抵鄂行决不能已耳。吾住都数日，又觉都中屋好住，将来或仍迁入都未定。沪中连日来数次密电，言某党确派多人来图我，属严防，汝两叔常侍左右，防范极严。亦只得听之。吾常自信敌人之不能害我也。昨日又到琉璃厂一次，购得文具多种赏汝曹，待到津后托人带上。祖父大人心绪佳，吾滋慰。吾虽终日劳顿，而精神愈旺，亦一奇也。汝母暂不必来，若迁入都，若以天津屋租在京租屋，可得园林院落极胜之地。则须请汝母来布置矣。匆匆写数纸，俾汝得呈祖父奉慰一切。

示娴儿。

饮冰　廿九日

致梁思顺

［1912年11月1日］

今日居然返天津矣。在京十二日，可谓极人生之至快，亦可谓极人生之至苦，今拉杂为汝告，可据禀重堂。

大概情形，各报俱载，汝叔闻已按日寄返，想已见。一言蔽之，即日本报所谓人气集于一身者，诚不诬也。盖上自总统府、国务院诸人，趋跄惟恐不及；下则全社会，举国若狂。此十二日间，吾一身实为北京之中心，各人皆环绕吾旁，如众星之拱北辰，其尤为快意者，即旧日之立宪党也。旧立宪党皆以自己主张失败，嗒然气尽，吾在报界欢迎会演说一次，各人勇气百倍，旬日以来，反对党屏息，而共和、民主两党，人人有哀鸣思战斗之意矣。国民党经此刺激，手忙脚乱，其中大部分人皆欲来交欢，其小部分则仍肆攻击，党中全无统一，狼狈之态尽露。彼党不开欢迎会，则恐为人所笑，开会则有一部分暴乱分子，更恐闹笑话，卒至会议数日，决意欢迎，而相约不许有暴动。彼党欢迎之日，吾党人多忧虑，劝勿往，吾则决然往，实则彼之主席孙毓筠主席，其人乃老同盟会，前任安徽都督者也。述欢迎词，亦极诚恳，吾一场演说，更令彼人人感动。其后胡瑛继起演说，语亦极挚，此真出意外也。吾在京旬日，无一日不演说，吾素不善演说，然在中国内，人人几以为闻所未闻，咸推我为雄辩家，中国人程度亦太可怜矣。吾每演说一次，则增一次效力，吾党之热心，达于沸度矣。

此次欢迎，视孙、黄来京时过之十倍，各界欢迎皆出于心悦诚服，夏穗卿丈引《左传》言，谓国人望君如望慈父母焉。盖实情也。孙、黄来时，每演说皆被人嘲笑。此来最合时，孙、黄到后，极惹人厌，吾乃一扫其秽气。吾则每演说令人感动，其欢迎会之多，亦远非孙、黄所及。在京十二日，而赴会至十九次之多，民主、共和党各两次，一次演说会，一次午餐会。统一党、国民党各一次，其他则同学会、同乡会、直隶公民会、八旗会、报界、大学校国学会、政治研究会、工商会，尤奇者则佛教会及山西票庄、北京商会等。吾既定本日出京，前日则各团争时刻，以至一日四度演说，若再淹留，则不知何日始了也。

昨日吾自开一茶会于湖广会馆，答谢各团，此会无以名之，只得名之曰“李鸿章杂碎”而已，政界在焉，报界在焉，各党在焉，军人在焉，警界在焉，商界各行代表在焉，蒙古王公在焉，乃至和尚亦到十余人。内中有一和尚，汝叔谓为酷似鲁智深，吾不知汝叔几时曾见智深也。杂遝不可名状，可谓自有北京以来未有之奇观矣。

每夜非两点钟客不散，每晨七点钟客已麇集，在被窝中强拉起来，循例应酬，转瞬又不能记其名姓，不知得罪几许人矣。吾演说最长者，为民主党席上，凡历三时，其他亦一二时，每日谈话总在一万句以上，然以此之故，肺气大张，体乃愈健。又每日坐车总有数时，车中摇动，如习体操，故胃病若失。可惜者，每日不得饱食。治胃病甚好。盖各团皆请食西菜，日日望得食一京菜而不可得也。

最舒服者，来往皆坐专车，吾国火车本优于日本，专车则有客室，有睡房，此后来往京、津间，皆坐专车，此亦各国所未有，而在共和国尤为笑话，亦只得安享之而已。

有一大问题极难解决者，则为洗澡，到京后未尝得一浴也。汝叔居然偷浴一次，然彼每日必浴，今十日仅得一浴耳。至今返津，仍无从解决。

到京十日，稍添衣服买器物，已费去五六百金，各种食用车马费在外，盖皆由别人供应也。

各省都督纷纷电迎，黎宋卿派人来迎，不日将到，然吾必稍安息乃行也。

吾逛琉璃厂已两次矣，买得许多文玩，一二日内托船主带返。赏诸孩并赏家中诸叔及诸姑，惟无一物赏汝者，赏汝一部《苏集》，然仍拟留在此间，汝若气不分，则迟日寄汝亦得。

项城月馈三千元，已受之，一则以安反侧，免彼猜忌；二则费用亦实浩繁，非此不给也。

东中尚存款几何？暂足支家用否？吾当按月寄五六百来，祖父大人若欲归粤，则当别寄千金来，粤中家事大约非祖父一归整顿不可，汝四叔不知闹到若何田地矣。

汝母可暂勿来，吾行踪无定，大约到鄂后，尚须历游东南各省，盖各省人士，皆望我如望岁也。此间家事已可渐就整理，汝叔已渐惯矣。家中壮士及仆役几二十人，日间当稍裁汰。

吾极喜欢北京房子，汝叔始终攻击，谓一返天津，如登天堂，吾不谓然。然吾实不能居京，居京则卖身于宾客而已。

吾从今日起，拟谢客十日，未知能否。然所欠文字债，已如山积，亦非能安逸也。

吾相片即印一百张寄来，《商报》旧码、美洲密电码即寄来。

两党合并必成，各报言难成者，消敌党之忌耳。党成后项城许助我二十万，然吾计非五十万不办，他日再与交涉也。欲言甚多，今已倦极，不复书。

示娴儿。

饮冰　十一月初一晚

致梁思顺

［1912 年 11 月 3 日］

在都为客所苦，出津谓可免，乃安息仅半日，而客之跟踪追剿而至者，已络绎不绝。人人皆欲我割出数点钟之光阴以与接谭，彼曾不谅我所居何地也。厌倦之极，辄为汝一言之。汝来禀问何故不受政府招待，此因吾党人前曾痛诋某某以私人资格滥用国民资财作供张，故此次决然谢绝，免使人反唇相稽耳，然吾在都浃旬，一切饭食车马费，仍不知谁所出也。

示娴儿。

饮冰　三日

致梁思顺

［1912 年 11 月 3 日］

汝离我一月已渐惯不？不至缘念我妨学耶？思成体复何似？吾集陶句所制笺，此间乃无有，可印数百寄来。新造像亦印数十通。今年狐裘价甚廉，欲为祖父置一袭，且为汝置之，汝母须此否？可即开尺寸来。此月家用能给否？投机业断之为妙。可告汝母。

娴儿读。

饮冰　十一月三日

致梁思顺

［1912 年 11 月 4 日］

数日不得汝书，想船期不合耶？今日杂客较少，秩序渐可望回复，吾居然读书数十叶矣。津居较适于京居也。汝母可暂勿来，此间事分派略定，吾亦得一二伶俐跟人，颇能了我身边事，故亦暂无所苦。阿发拟令其司庖，因汝叔等不放心外人也。津村先生已归否？汝所学渐有味否？《商报》旧电码可速寄来。

示娴儿。

饮冰　四日

鼎父事未得，当可必得，但少迟耳。荐希哲当大学教授亦未定。

中国银朱不佳，不如日本，有便可购数锭寄来。

致梁思顺

［1912年11月7、8日］

吾前所著《国文语原解》可寄一两部来。寄四十元往书林托其购《人境庐集》二十部寄来。

都中各报已寄至家否？吾已命之，但吾出京后各报记吾事者当渐少矣。中国国事亦无甚可记者。

家用何如？阅报知米价甚腾，不审尚投机否？果尔，恐所损多矣。可告汝母勿再从事也。

七日

日来一事最快适，则饱餐馒头、烙饼及小米粥也。荷丈自归国后，未尝食过一顿饭，闻之得无惊否？

七日午饭后

顷已登告白，定期会客，而客之踵至如故，且皆在京，远来不见则怨望，吾未如之何矣。居东十年，养成山野之性，入此烦浊界，为之头痛。

托文卿带上墨四锭，内两锭松烟、两锭油烟也，尚非劣品，以油烟与松烟合磨甚佳。

七日晚

检所刻文具，漏却汝华姑一份，华姑年长与汝同，可缓给也，他日再补之。

七日晚

转念汝梦想《苏集》已久，竟以畀汝。汝得此大赉，可以雄视诸弟妹矣。

八日

示娴儿。

饮冰

致梁思顺

［1912 年 11 月 9、10 日］

昨日文卿带去各物，有象箸、银匙、银碟及绒帽、棉鞋，皆呈重堂者也。不知适老人意否？可以告我。

《苏集》吾实欲留读，吾此间竟无一本国书，欲购则价太重也。以汝太向隅故，以畀汝耳。吾尚得仿宋本四书一部，王文敏公旧藏本。吾留以自养矣。思成学课归汝监督试验，若至明年二月汝出报告谓其有进益者，吾则于其生日时以此赉之。文玩中有未刻字者，可分些与思静，不然彼太向隅矣。

九日午

今日武昌复有电来询行期，然吾现时乃断不能行，吾报中文十未及一也，究竟不知能否有作文之时日？奈何！奈何！

津村已归否？汝学课有无间断，观汝来书，似各教授未能按日来，何耶？

祖父思南归否？若需款可电告筹寄，留债尚负几何耶？

示娴儿。

饮冰　十日晚

吾照此体例每日有暇，辄写数行，汝亦可用此法。

致梁思顺

［1912 年 11 月 11 日］

连日寒极，重裘不温。汝仲父服西装、秋衣，亦不伤风，可谓怪物。然渠今亦居然置得国服数袭矣。山西票庄见吾服国服，于是欢迎我，汝叔闻此，便立刻易服，汝谓可笑否？

十一日

致梁思顺

［1912 年 11 月 12 日］

可托书林向黄幼达购《人境庐诗》二十部，寄四十元往。即托大信丸船主带来最妙，若赶不及，付邮亦可。

日来颇有意欲令思成往青岛留学，汝叔主持尤力，其实吾十二岁即离父母独学于省城，明年思成十四矣，有何不可？可与汝母一商，若彼体质平复后，即可作此预备也。住家在青岛亦甚好，但终觉不甚便耳。彼处离此间只一日车路，思成在彼，吾及汝母与汝亦可常往视之也。

汝学课究能受益否？教习有缺课否？暂不移家专为汝耳。苟非尔者，诚不如移归之为便也。

荷丈及汝叔辈常有行乐之地，我则私权尽被剥夺，可愤之至。荷丈谓我为三个字所累，实则仅一个字耳。汝叔与我同了两个字，不为累也。荷丈又谓有坐专车之权者，即无任意游乐之权矣，一笑。

现在家务已大整顿，吾得二书童颇好，已无甚不便。

示娴儿。

十二日　饮冰

致梁思顺

［1912年11月13日］

七日书悉，汝学居然有味，吾甚慰也。吾书房陈设极美丽，恨不得汝来一观也。法学一面教授何如？来禀可言及。吾演说稿已汇印，数日后便印成，盖共和党印以送人也。报定名《庸言》，十二月初一出版，顷正预备文字耳。暗杀队无妨，此间守卫亦极严密，王同、郑福未觅得，然此间所用人皆有来历，可信也。在都时上海同人四电催出京，吾尚赴国民党欢迎会也，所派来暗杀之人之姓名皆知矣，警道日使人尾其后。厨房今由发记管之，鄂行当俟来月。希哲国文汝叔已教之，顷柳隅复为任此也。鼎父觅事甚难，今仍使当校对，日内须入京，印刷所在京。住藻孙处也。

示娴儿。

饮冰　十三日

致梁思顺

［1912 年 11 月 13 日］

两日来为俄蒙事，都中风起水涌，共和、民主两党宣布政府十大罪，国民党亦附和。内阁殆将必倒，而此难题今日来访之客，以十帮计，皆为此问题。将落于我头上，我安能毫无预备而当此者，抵死决不肯就也。再逼我，我返东矣。今又安能返东者。中国必亡，决无可救，在此惟有伤心饮泪，不知今年作何过法也。

群客散后，书示娴儿。

十三夕

致梁思顺

［1912 年 11 月 14 日］

文兴方酣，蒙事突发，此宅殆变成国务院矣。政府狼狈求救，社会沸热如狂，吾处其间，应付殊苦。荷丈亦连日奔走京、津间，更无余暑作文，在此等冲要之地，而欲办报，真不易也。

连三日间旧督抚咸集此间，赵尔巽、孙宝琦、李经羲、周自齐先后来访，冯国璋则一日两至，亦一时之盛也。已荐孝怀、蜕庵两丈入冯幕。此次殆可极友朋之乐也。

示娴儿。

十四夕

致梁思顺

［1912年11月20日］

数日来为俄蒙问题，吾直忙杀。又加以报须出版，每夜率皆两点钟后乃赶作文字，而鄂行又不容缓，故赶文更急，数日不作家书为此也。近日连接书至第七号，甚慰，甚慰。汝所学日入实际，可喜，问题答案大略无误，吾尚未暇细阅也。思成字极有笔意，再经一年数月，可以为我代笔矣。

祖父归心可少缓否？约月底乃能汇款来也。游存处不可太伤感情，吾所以自处者，不欲受人指摘也。吾本月必须赴鄂，或不到沪而径返都亦未可知。

示娴儿。

饮冰　二十日

致梁思顺

［1912年11月21日］

昼困于客，宵疲于文，而体气乃愈健，汝两叔及诸人咸谓吾面色之好，为数年来所无云。昔人称：精神日用则日出。信不诬也。一来复后必须往鄂，党事即在彼发表，故此数日间尚须拼命作文，恐不能多写信也。款必于鄂行前寄，但今未便耳。

祖父近体何如？不感寒耶？此间冻几堕指矣。

示娴儿。

饮冰　廿一日

致梁思顺

［1912 年 11 月 22 日］

托琼笙为汝做衣服，彼做来之材料、颜色皆不合我意。今姑寄上，明年改做可也。我因气彼不过，另在津购漳缎料两件吾本令其用漳缎。及配色花边，可在神户缝之。吾一礼拜内当赴鄂，一往即返，不复沿江而下也。明春更游曲阜、泰山，彼时或唤汝侍游耳。

示娴儿。

饮冰　廿二夕

致梁思顺

［1912 年 11 月 23 日］

第九号书悉。如此写信以代日记，甚好。昨电汇二千元想达，内五百元留作家用，千五百元备祖父大人南归之用，可存在银行，勿扯散。即万不得已，只许扯用五百元，其千元必须紧留。本年不复寄钱来东矣。并前所寄想亦足用也。汝所学皆能领会，至为欣慰，似此则留学此一年，极有益也。

笺纸一二日内当购寄，以文具送年礼甚好，惟现已无船，小包邮便不太贵耶？容后商可也。哈克图火锅竟未买得，今年总吃不着矣。

廿三夕

致梁思顺

［1912年11月24日］

黎宋卿已派人来接，吾将报中第三号文字作就即往，去时须入京住两三日。欲小住即返津，暂不往宁、沪，不知能否？今为报所困，出游殊不自由，大约将来总须时时南下，时时北归，好在交通机关尚便也。若得吾往鄂电报后，有信可寄武昌共和党支部转交，吾在鄂最多不过十日，信可勿多寄也。

思成往青岛，彼自愿否？吾观汝如此长大，尚像吃奶孩子一般离不开爹妈，彼乃能耶？若往不必多预备，但利用此时日多用力于国文可耳，他日有便，当更调查详细也。

廿四

致梁思顺

［1912年11月25日］

信笺寄，可查收。国籍可勿再检来，吾当量购耳。讲义有不明白者，听下去自能解，不待吾语汝也。昨日偶与孙君宝琦为叶戏，得博进三百余金，算是购寄东瀛诸物，皆承彼情，但已饷彼盛馔，复捆载而归，太觉难堪耳。打现银而此间通用银元，乃用新闻纸裹一大包，命仆欧负以走，实太不雅。今朝秉三丈从沪来，吾尚未起，阍人拦之，不得，排闼再揭吾被，彼犹戏言吾若为暴客，公已遭毒手矣，想笑阍者不中用也。

廿五夕

致梁思顺

[1912年11月27日]

近忽发生一事，需汝仲父常川驻沪办理者，舍彼无人可任，除是荷丈，然荷丈更不能离我也。成否未可定，若成则可立致百万。闻当大惊，然非妄也，且绝非不义之财，一种商业耳。但汝仲父行，则吾狼狈极矣。今荷丈为此事，一二日内便往沪，吾待彼归，乃往鄂也。

吾何尝独坐人力车出门？吾到中国后未尝一坐人力车也，独坐马车则有之，惟拜冯华甫为然耳。自余则皆汝叔陪乘，实则果有刺客，虽有人陪乘，亦何益哉？初时不上馆子，今则已往四度矣。

顷无船行，带物极难，送教习各物或由上海转寄也。

示娴儿。

廿七日　饮冰

致梁思顺

[1912年11月]

昨日有追悼寄禅法师之会，吾亦在发起人之列，吾未到。其发起人百余人。之复杂，亘古未有也。最古董之清帝师傅陈宝琛，最乱暴之白逾桓、仇亮皆与焉，法师之诗并世罕俦。法师少不慧，十四岁犹不识字，后忽临流有悟，其诗及骈文，近世所稀，苦行四十年，证果甚深也。其来也固为佛事，然亦因闻吾归国，奔走万里图相见。吾在湖广馆请答礼会时，师方至京，一下车即奔来赴会，尚继吾后演说，希望吾为佛教之护法大士，约翌日再来访我。而我因赴工商总会演说逾期不归，师候两小时而退，复约至津再访，乃阅数日，而示寂于悯忠寺，竟有此一面之缘，一可人也。仅此一面之缘，尤奇也。故吾挽联对句云云，吾又续有一联云：山灵见惯，诗卷长留，即兹色相所缘，已叹凤麟非世物；浩劫方来，末法谁挽，早识怀空如梦，每怀龙象亦沾襟。此事汝可记之于日记中。

致梁思顺

［1912年12月1日］

顷《庸言》第二号文已全部脱稿，宾客亦皆散，故作此书商量家事，可呈祖父及汝母商之。方写至此，忽又有一帮政客来，以下乃隔三点钟后所写也。

观现在情形，吾在京、津间当常住，十年以内，未必归粤，即归亦暂住数日即行耳。此并非因粤中治乱何如也，吾之一身渐为全国政治之中心点，故不能不常居于政治中心点之地。而祖父年高，非迎养在此，则一日不能即安，惟必须细婆及家中诸幼姑幼叔随侍而来，另宅而居，始有办法。今详言其故。吾之欲迎养为承欢也。必祖父常能欢愉，然后兹愿始遂。然若使祖父独来，一则常悬念乡中诸幼，心常不适，然此犹小焉者也；二则在此间极寂寞，必至生闷，何以故？吾今极忙，情形不必多言，汝当可想而知，即以现在在津而每日见客、写信、作文无一刻暇，每夜非至三四点钟，诸事不能办了。现在尚未入党，尚未当国，犹且如是，转瞬旬日后，则党事遂加吾肩；明年正式国会成立时，苟吾党占多数，欲不组织内阁而不可得，试思其时之忙，视今日更加几倍者，吾现时最忧者此事，若能免此，则如释重负矣，然安可能者？故吾决无能日日陪侍祖父闲谈之余暇。此外各人皆有常职，如汝二叔现在为我身边刻不可离之人，每日代我会客、办事、出纳金钱、管理寓中诸务，亦无一刻暇。然现时或有事须命彼往沪，果尔，则吾目前已大不得了。汝德猷叔在发行所，旭街十七号，离此不远。一身兼数人之役，其忙碌亦正相类，汝姑丈来时大抵须住京中印刷局，不能朝夕过从，诸人各干各事。祖父到来终日少人陪侍，必生恼怒，祖父一恼怒，则吾踧踖无所容，必至百事俱废，即当未恼怒时，而吾时时刻刻惧恼怒之发生，精神无片刻能安，亦必至一事不能办而已。然吾今日之地位非同旧时，欲不办事，天下人安能许？我既已投身办事，以今日中国事之难办，处处若衣败絮行荆棘，身入其中即无日不与苦恼为缘，即归国以来仅一月耳，所遇可忧可恼之事已不知凡几，他日什伯于此又可想而知。就令家庭中一无拂戾，而精神已苦不支，若家事更益以困难，则人非木石，岂能堪此？而祖父独来居此，不能不生恼怒，此吾所敢断言也。又祖父独来就我而居，有种种不便处。吾此间宾客杂遝出入无时，吾待之皆有分寸。然吾深知祖父之意，常欲吾所交之友皆一一晋见，一修子弟礼，而于有名有位之人为尤甚。然吾所处地位万不能凡一客来，皆告之曰："吾有老亲在此，汝其一见也。"又此间日日几皆有客共饭，饭时常常纵谭无数事，若有老人在座，则客皆拘束不便，且饭时若吾专应酬客耶，偶一为之固无所不可，日日如此，实则几于日日宴客。老人又安得不怒？且客又岂能安者？不应酬客耶，吾地位又安能？若日日使老人独饭，更成何事体！故我必欲侍祖父同居于一地，而又必须异室而居。吾惟间日或数日往朝见而已。若此地有大屋分数院落可住多人，尚容易商量，然此间洋式房屋实无此类，以现所住荣街之屋，月租百三十元，仅有可住之房四间耳，将来汝母挈汝等归，已万不能与我同居，吾他日终须住京，然家眷必住津。吾若能躲避不组织内阁，则吾终东居津也。若汝等侍祖父住一屋，汝等又非能十分承欢，且祖父老矣，身边无人伺候，终觉不便，偶有小恙，则不便益加。吾既不能常侍，必易招恼怒，一恼怒吾亦卒无以自容耳。且诸姑诸叔年已长大，更安能听其在乡废学，使之出外受教育，又吾之责也。故吾欲请细婆挈汝华姑、雄叔以下来津，另赁一屋而居，祖父即住其间，如此则共计此间所赁屋三处，吾常住办事处，荷丈及汝二叔同居焉。汝母所住处吾留一室，设一书案一卧榻以备偶归。祖父所住处则细婆率诸姑叔侍焉。吾惟常往朝，若无客时则往侍饭。该处用一厨子、两三仆役，家务若有为细婆所不能料理者，则汝两叔常往检点，不患不便也。祖父每日在寓时，则随意教汝诸姑叔，高兴出门则或来我处，或到汝母所住处抚弄诸孙，或到汝德叔处闲坐。报馆发行所也。食饭则随便，任在何处皆可。似此则祖父不至因闷而生恼，而吾亦惟享家庭之乐，更无家庭之苦，可以专用精神以办事矣。如此，并可请任儒先生来教汝诸姑叔，既令此老得以自赡，亦可陪祖父清谈也。

三姑婆孑然一身，亦并可迎来。惟有一事当订明者，则汝诸婶及汝叔不能来也。汝二叔欲汝二婶来，则又当别论。五叔来五婶不来则可。未婚娶之诸姑叔，他日各事吾当全负责任。其已授室而居者，则应在乡常居。汝五叔既成废疾，则汝五婶更宜使之独立料理家事，庶他日尚能自教其儿女。若出来则全然倚赖，他日更不了耳。至于汝四叔，则吾真不敢与之亲近，彼一来必使我身败名裂而已。此吾所拟大略办法也。要之，吾既不能返乡居，若祖父不来，则祖父既日念我，我亦日念祖父，此何可久者？若祖父独来与我同居，则祖父既不安，我亦不安，即汝等随侍祖父而来，仍不免此病。此又两失之道也。故非细婆及诸姑叔侍来不可也。为祖父计，无甚难处。来此后虽不免悬挂乡间诸叔婶，然既有数子各居异地，例如昔时有数子分途服官于数省，亦只能就养其一，而暂置其他，此无如何也。惟细婆舍不得五叔、婶，且安土重迁亦情之常然，祖父无论住何处，细婆固应有追随服侍之义务。此则吾能以大义相责者也。且人生一世，安可不游他方一开眼界，今若侍祖父来则养尊处优，真如别有天地，为细婆计，亦何乐而不为此，若祖父以此谕细婆，当必从命也。且诸幼辈不来就学，他日又成废人，如何是了耶？若祖父决意如此办法，则请年内或开春回粤一部署家事，将诸婶析爨，毋使受汝四叔鱼肉，其诸婶若有不给，吾仍可接济之。祖父及细婆行后，家事益散漫，自无待言，然亦只得暂时不顾，充其量则公产为汝四叔盗卖尽耳。谅彼亦未必敢未必能，即令如此，吾亦能照数赔出。吾此间现时一月所用，殆已买得起家中全产矣，连报馆一切开销，每月约四千五百也，然汝二叔除寄神户家用外，尚欲为我每月储留二千，大约尚能办到。祖父何必断断顾虑焉？祖父老矣，惟当就养此间，屏除杂念，含饴弄幼。若诸子已有室家者，听其自养，不宜复以此劳慈虑也。至若细婆不侍而祖父独来，吾虽不敢必谓不可，然以理论之，细婆必宜来分我之劳；奉侍承欢本我全责，然我所处地位非细婆分劳不可。以势论之，恐必有不便之处致祖父不欢，而我尤万分狼狈，甚则著急生病，轻亦废时堕誉，故吾再四思维，惟有出于此一法也。此事可详禀重堂，婉劝决定。吾一切揭开，直言毫无所隐，谅祖父必不嗔责，如有嗔责，则汝为我引慝求恕可也。吾百忙中作此长函，实不易。

汝所学精进，吾甚喜慰。货币问题答案十条，条条无误，汝师谓何如？从此加勉，他日必能传吾学，且能助吾，不让汝叔矣。吾实欲汝毕此一年之业，但汝不能离汝母，而汝母久不归，吾甚不便。万一汝叔有事他往，则吾更不得了，吾今已甚忧此矣。故欲将汝学科缩为半年，至明年三月杪阳历。则全眷归国。缩之之法，其一则请津村将经济学讲义稍加省略或添时间；其二则讲法学通论时将民、刑、商等法删去，而惟讲宪法、行政法大意。此两法吾必欲汝稍得门径也，得门径则可以自修矣。可以此意商津村，吾日间亦当专函与彼商也。且思成若往青岛，亦当在七月前往，终不能待汝一年也。彼或迟一年往亦无不可，顷尚未查确。此著若定，则加纳町之屋，不妨与中村预商，或可通融办理，此事可禀汝母商行。

鄂行或稍缓，顷屡接多处警报，群小日谋相害，派暗杀队无算，彼辈所忌者惟我与项城，此亦无怪其然，吾向不信彼辈之能奈我何，然多人苦劝，项城其一也。亦只得勉徇众意，大抵终须一行，惟时日未定耳。

汝劬学宜得赏，吾有极精美之文房品赏汝，但恐未必有便人耳。思成学进，亦更有赏也。

示娴儿。

饮冰　十二月初一

致梁思顺

［1912年12月2日］

前日寄一长书，部署家事，想已达。今因刘子楷东渡，托带各物，计影宋本韩集一箱、镶珠金镯一对、金领扣一枚，皆赏汝者；欲购物赏思成等三人，竟不可得。镀金银镯二双、衣料二袭，赏思庄、思静；衣料足副做衣裤各两套。又送教习年礼诸物品共一包。每人笔一盒、墨盒一枚、镇纸二枚。可点收。余续闻。

示娴儿。

十二月二日

收到后即复一书，因金器价颇不菲也。

棉烟犯禁忌不便托人带。

致梁思顺

［1912年12月3日］

别有影宋本四书一部，赏与思成。此书至可宝，可告之。又衣料一件给汝，偶见其花色雅驯，故购之。又核桃、虾油、小菜等物，缘子楷行李少，故用一网篮装之，即添购以富此篮也。

初三夕

致梁思顺

［1912 年 12 月 5 日］

十二、十三号禀皆收。

祖父南归一行，自非得已。然乡居如何可久，且亦令吾常悬悬。望仍以吾前书之意，力请明春北来为要。前托刘子楷带各物，本有虾油、辣椒两篓，津中尤物也，北京无之。后子楷言放在车中恐有气味为人所不喜，故已抽出矣。又小说两部呈祖父消闲。其中有摹本缎两段，乃赏汝两妹者，人各一套，问思庄何故写信与二叔而不与我，岂至今尚未得闲耶？其外国缎一段则赏汝者也。汝三人将所赏衣服穿起照一相寄我。金器两件赏汝，汝两妹亦各一件，此次汝姊妹所得独多，汝诸弟想气不分矣。然思成所得《四书》乃最贵之品也。可令其熟诵，明年侍我时，必须能背诵，始不辜此大赉也。吾游曲阜可令山东都督办差，周督旬日前方来谒。张勋派兵护卫，吾亦极思挈汝行，若国内一年内无乱事，吾又一年内可以不组织内阁，则极思挈汝遍游各省。俾汝一瞻圣迹，但又不欲汝辍学耳。

津村先生肯别诲汝中央银行制度，大善，大善。惟吾必欲汝稍学宪法、行政法，知其大意，宪法能讲比较尤妙。经济学亦必须毕业，而各课皆须于三月前完了。试以商津村何如？诸师乞书，日内当寄。经济学吾曾为汝讲生产论，故此可稍略，交通论中之银行货币既有专课，尤可略，然则亦易了也。荷丈月入已八百，尚有数部力邀彼往，其职约当前清之三品京堂。

若皆应之则千余金可得。但今者报馆缺彼不可，印刷局在京非彼莫办也。而鼎父至今无著落，汝诸表兄日日来嬲我求差事，小四、小八皆不自量，小八指缺硬索已四五次矣。吾亦无能为助。甚矣，人贵自立也。
示娴儿。

饮冰　十二月五日

韩集本欲留读，因濒行曾许汝，故复以赉汝。吾又得一明刻本《李杜全集》，字大寸许，极可爱，姑以告汝，却不许撒娇来索。思成若解文学，则吾他日赏之。

致梁思顺

［1912年12月16日］

十四、十五号禀均收。吾前为汝计学科，竟忘却财政学，可笑之至。且法学一面亦诚不欲太简略，国际法实须一学。似此非再延数月不可，每来复十四小时大不可。来复日必须休息，且须多游戏运动。吾决不许汝如此。可与诸师商，每来复最多勿过十时。因自修尚费多时也，可述吾意告之，必须听言，切勿著急。从前在大同学校以功课多致病，吾至今犹以为戚，万不容再蹈覆辙。吾在此已习安，绝无不便。汝叔沪行亦未定，此事须俟荷丈一到沪乃定。即行后吾亦能自了，得汝成学，吾愿大慰，诸师既如此相厚，尤不可负。且归后决无从得此良师。第一纸可出示诸师。今但当以汝卒业为度，不必计此。间请商诸师，若能缩短数月固佳，否则迳如前议至明年九月亦无不可。一言蔽之，则归期以诸师之意定之。汝必须顺承我意，若因欲速以致病，是大不孝也。汝须知汝乃吾之命根。吾断不许汝病也。前已合寄四千，谓夙逋可了，何尚需尔许耶？此间已无存，有万金存定期，不能取出。本月收入须月杪乃到手，明日只得设法向人挪借，若得当电汇以救急耳。子楷带去各物已收否？祖父想已旋南耶？

示娴儿。

饮冰　十二月十六夕

致梁思顺

［1912 年 12 月 18 日］

第十六号禀悉，款三千顷往银行借取，此间亦有一凑西。明后日当电汇，想先此书达矣。顷见报知米复大落，不知汝母稍有所获否？此后波澜必仍甚多，然切勿见猎心喜，吾家殆终不能享无汗之金钱也。《庸言》报第一号印一万份，顷已罄，而续定者尚数千，大约明年二、三月间，可望至二万份，果尔，则家计粗足自给矣。火车站零卖每册卖五六角，熊秉丈即出六角购一本，到家中硬向我索回三角，谓要赔偿损害，吾将与之兴讼。若至二万份，年亦仅余五六万金耳，一万份则仅不亏本，盖开销总在五万金内外也。惟此五万金中，我与汝叔薪水居四分之一有奇耳。吾初到时殆一无费用，近则已作地主，酒食之费颇繁，吴厨之菜太不能出台，有客来率皆往外叫菜，其他借贷亦不少，大约每月自费亦数百也。自正月起月寄家八百便是，告汝母勿忧。

日来频见魏铁丈，大快。彼言将用册页写《圣教序》一本赠汝也。彼近年专写《张猛龙》、《圣教序》、《郑文公》，欲合三者自成一家，正与我同。吾爱女之名举国皆知，故交相见者，无不问汝，却无人问思成以下。铁丈见思成之字大激赏，谓再一二年可以跨灶，思成勉之。崇雨铃之《圣教序》原本，即擎一携来之玻璃影印本之原本也。吾已见之，爱不忍释，使非为米所累，此物必归吾家矣。祖父生日合家所照相，即寄一分来，吾久欲见此，屡次书皆忘写及耳。

汝求学总不必太急，每来复十四小时总嫌太多，多留两三月，绝不关紧要。吾今甚安习，全眷来，反嫌吵闹也。

汝母所索物，吾尚能供，本月却真不能。但不识有此物否耳，且今亦无从寄，告汝母待归来自置何如？王姑娘之镯开河第一次船便可得，可先告彼。实则并未冰河，一月来甚暖，不如初至时之寒也。

祖父归乡后，汝与思成每十日必须寄一安禀往，吾书亦当择寄去。吾题汝日记书共有若干字，可检来当为汝再写一通，又吾诗副本可检寄。连日为客所困，惫甚。第三号文尚未脱稿也。

示娴儿。

饮冰　十二月十八

致梁思顺

［1912 年 12 月 20 日］

得书知添一幼弟，甚喜慰，想母子平安耶！祖父命以何名，想有书在途矣。大版《通鉴》不须汝索，已嘱擎一购寄，非久或将寄至矣。王姑娘赏品必给之，但无便人，恐难寄耳。汝母耳珰，则俟归来自置何如？读报见米价落，疑必小有所获，但兹事总极险，终以戒断为是，可仍常谏汝母也。

吾昨夕因得须磨书，烦躁异常，又见国事不可收拾，种种可愤可恨之事，日接于耳目，肠如涫汤，不能自制。昨夕大雪，荷丈与汝叔皆外出游乐，吾独处不适，狂饮自遣，今宿酲未解，得汝书极慰耳。因思若吾爱女在侧，当能令我忘他事，故念汝不能去怀，昨夕酒后作一短简，今晨视之乃连呼汝名耳，可笑之至。今不复寄，以乱汝意，吾虽欲汝侍我，然欲汝成学之心尤切也。几欲东渡月余，谢绝一切，以自苏息也。大抵居此五浊恶世，惟有雍乐之家庭，庶少得退步耳。吾实厌此社会，吾常念居东之乐也。汝求学不可太急，勿贻吾忧。

示娴儿。

饮冰　二十日

前书索全家相片，想已寄在，汝近顷照相否？吾极欲见汝近影。

乡书仍寄艺新否？一禀可加封寄。

致梁思顺

［1912年12月20日］

吾顷头痛欲裂，不知为受煤气耶？晨间受煤也。抑有他故耶？吾每心中体中有不适辄念汝，以为汝在侧，必可以减我之苦痛。区区小病，本不欲告汝，惟觉写此小笺，痛即略减耳。

示娴儿。

二十夕

致梁思顺

［1912年12月22日］

擎一寄去正续《资治通鉴》已收否？闻版本颇佳，然耶？近日购书真不易，吾以无《义山集》，姑购一部，已费十四两。二十元余。欲买一《荆公集》，索价百两，今尚未买也。吾家所有书今乃知其值钱，大约纳海寄庐所藏已不下数千金矣。汝病已愈否，何故久无书来？吾以得汝书为惟一乐事也。连日秉三、君劢、刚甫在此，马先生亦至，尚有杂客，终日扰扰无隙暇，文章则一字作不出，焦灼万状。项城日运动我入京住，彼亦急极，欲与我相依为命。敌党阴谋至多，数月后有极热闹戏看。我则不甚欲与彼共命也。吾十日来胃病复发，顷正服药。宅前即公园，而吾归数月，至今足迹未履园阈，不生胃病无天理矣。汇款九百已收否？

二十二夕　饮冰

致梁思顺

［1912年12月23日］

吾一昨因心中偶尔焦烦，念汝不置，故作书告汝，其后甚悔之，想累汝数日不宁贴矣。吾体至壮，安得有病？吾顷甚适，前日小病，不过受煤而已，散步公园，即已无事。对门即园，此次散步乃第一次也。汝不许常常念我太过，以纷向学之心。求学亦不许太急，每来复不可过十时。汝叔行无期，或且作罢。吾此间绝不须人照料，全眷来反嫌聒噪。汝但依原定功课从容学去，则吾欢喜无量矣。共和、民主合并终成，复选举后即可发表，此亦足令吾大慰者。

示娴儿。

饮冰　廿三日

致梁思顺

［1912年12月27日］

十九号禀收。重堂既归，汝辈当勤寄安禀，以慰慈怀。吾所寄书亦当随时转去，因吾作禀不能甚多也。简甫先生处可以吾意挽留，并言明年月馈脩金五十，将来移眷来尚可稍兼他事，更当别报也。顷查青岛专为我国人所立之校，学风极坏，其德童专用校，入之不易。思成明年能往与否，尚未决耳。归国后为汝诸弟妹求学真一大问题也。此间连日大雪，十年来未睹此瑰观矣。

示娴儿。

饮冰　廿七夕

致梁思顺

［1912 年 12 月］

顷电汇四千，想先此书达。书言二千者，恐祖父见家费多或生恼怒也。当告汝母切切不可再投机，若更失败，吾力亦实不逮也。本年不再寄家费可否？老吴手法实不高妙，汝叔辈不放心用外人，牵率吾夫仍食初九下等之馆子菜，可谓冤极。然权在彼手，吾无如何也。我若反对，将并下等菜亦不给吃矣。我依然不名一钱，财权在汝叔手，吾独奈何？一笑。局面稍定，风波稍平，吾必易名厨，以偿口腹耳。

昨书言今日电四千，因荷丈终日会客，款未取得，明日当电，惟电二千，其二千则票寄也。北江处吾前月曾寄与二百，彼入东京或适得此款时亦未可知，不必深怪彼。故者无失其为故，凡事须为我留地步也，切嘱，切嘱！岂可令人诮我凉旧者。吾若稍自贬损，月入万金不难，然吾不欲尔尔。今汝叔主意除两处家用外，欲为我每月储蓄二千，不知究能办到否？听汝叔为之可也。此间自费有限，一切房租、食用、工钱等皆报馆数，吾所用惟添置衣物及车马、请客等费耳。可以此告慰汝母。但宜力谏汝母，勿再投机，倘再失败，汝叔不允救济，吾亦无法也。藻孙陕款已交。

此纸不必呈祖父。

来禀称汝母为投机失败，忧心如焚，殊可怪。汝母何至不达如是。吾前书所言凡以戒再举耳。凭吾之力必可令家中无忧饥寒，汝母但专用力教诲汝辈足矣，何必更驰念及此耶？但此后必当戒断，切勿再贪此区区者。不可更为冯妇耳。此数日内先后电汇、票汇共四千，可敷本年用否？来禀可详言之，究竟现在未偿之债尚几何，所需总数可详禀汝叔。此间尚随时可寄。顷汝叔以思成名义存万金于正金，定期预金防我滥用，汝叔专制极矣。汝叔之意总欲稍积储以备不虞也，可持此慰汝母。汝母生日吾本欲买些物奉寄，前日亲自出门一次即为此，乃徒为汝买金器、衣料等，竟不得一物与汝母，汝却借此荫得许多物矣。汝母所要之物必为不值钱者，如火锅也，棉烟也，我却无法带来。王姑娘亦未得一物，汝可问彼所欲，吾明年开河时赏之。

致梁思顺

［1912 年 12 月］

十三号书悉，两次票汇项想已到。目前当可敷衍过去，已与汝叔商，日间再汇千元，本年指阳历也。当不至匮乏耶。此间因已存定期一万，不能取出，不然尚可稍多也。告汝母勿著急为盼。子楷带去金器各物已收否？金价贱，吾尚欲为汝置办，可并问汝母欲何物。来喜有所欲亦可给之。此纸可勿呈重堂。

致梁思顺

［1913 年 1 月 10 日］

新年第一、第二号禀并悉。吾此间都过旧历年，不过新历年，故汝等压岁钱尚未寄去，迟旬日当即寄，汝等不惟不吃亏，反占便宜矣。可告群季公议之结果有效也。惟汝母一分，我却不任赔偿，恐此端一开，又要索赔祖父一分矣。第二禀所言事诚有之，吾前有两书与汝母即言此，此不过偶然逢场作兴。吾事断不瞒家人，特不欲语汝耳。吾岂无分寸，何至不自慎，且汝叔及荷丈又岂肯任我蹈险者，吾偶一消遣并非到彼嚣尘之地，且已绝迹十余日，以后亦不再为冯妇矣。汝勿许远念，但安心劬学，学成乃归可也。乡中又闹官司，祖父南归真不合时，恐尚滞香港耳，东中亦接有安信否耶？

示娴儿。

饮冰　十日

致梁思顺

［1913 年 1 月 12 日］

汝前书所言事，吾复书已尽言近情，吾岂不知自爱，岂劳劝谏，汝可勿焦念以致废学也。惟汝诸表兄小题大做，既招汝惊忧，又招汝叔愤怒，真无谓耳。思成留学事，有门生在青岛者来书述情形，今寄阅，惟所谓特别高等学堂者，闻学风极不佳，思成独往，实不放心，或再俟一二年后彼稍长大，再作商量亦可耳。此事可禀汝母知之。本初月馈之项十二月份者，至今未交到，不知何故，现颇窘也。

示娴儿。

饮冰　十二夕

致梁思顺

［1913年1月15日］

第三号禀悉。何故忽患不能睡之证，由忧我思我耶？抑由功课太迫，用脑太劳耶？我何劳汝忧，汝忧我是杞人之类耳。功课迫则不妨减少，多停数日亦无伤。要之，吾儿万不可病，汝再病则吾之焦灼不可状矣。吾得汝全愈之报告，吾心乃释也。今属汝叔寄上九百元，内八百元充家费，其一百充压岁钱。汝兄弟七人，人十元，廷献及诸外戚，人五元。若有余则归汝，仍由汝请群仲吃一顿，若不足则在汝所得之份垫出，吾将来别以他物酬汝。汝母之分吾却不认赔偿，吾知汝母尚有金钱数枚，汝等何不再开一次国会直往要索耶？吾数日来心境大舒，勿远念。汝言达达可爱，如此吾亦念之矣。可告彼。

示娴儿。

饮冰　十五夕

粤中家信须常写。

致梁思顺

［1913年1月17日］

汝病何如？已全愈耶？小小年纪何故患不寐之病，得毋用脑太过耶？日本教育识者诋为诘込主义，最足亏体气而昏神志，谅诸师所以诲汝者或不至如是，然以区区数月间，受他人两三年之学科，为道实至险，故吾每以为忧也。以后受学只求理解，无须强记，非徒摄生之道，即求学亦应尔尔也。此次选举，吾党大概总要失败，敌党纯用乱暴贿赂，此固一最大原因，而吾党少数人反对合并者，亦不能辞其责也。似此吾仍可以不接近政界，优游养望自为计良得。然大乱之起恐亦在半年内耳。日来耳闻目见皆陆沈之象，吾生平乐观主义竟不能自持，几欲委而去之矣。日来因喜食腊味饭之故，胃病似又复发，然终未能戒食也。每夜就榻仍极迟，大率三四点为常。连日观剧，聊以解忧，自今日起亦停止矣。闻乡居欲迁香港。重堂已有书告汝否？

十七日　饮冰

致梁思顺

［1913 年 1 月 21 日］

吾党选举尚非全然绝望，吾此数日内之心境乃如作秀才时之听榜，焦灼不可名状，此等滋味非汝曹所能喻也。最苦者尚需作报中文，吾三夕小成一字，前途督促急于星火。追思前事，其失机可痛恨者至多。要之，何苦与人家国事，若数年前高卧双涛，岂非极人生之幸福耶？乃今在彼地之人，且有妒我而欲与我易位者，真可笑也。建部遯吾所著《世界列国之大势》极佳，吾已全读矣。吾心绪不宁，以至散闷。汝亦不妨置一部，于功课之余一涉览，但不必强分时间于此耳。以其有趣味，欲汝散心耳。家中仍过旧历新年否？此间欲稍热闹，但恐无从热闹起也。汝等造像何尚未寄至？吾在书房恐不能照相，因光线不足也。吾房中现有蜡梅两盆、红梅四盆、海棠一盆、水仙十盆，芳气日夜袭人，恨不与汝曹共也。

示娴儿。

饮冰　二十一日

顷有一极可笑事告汝，可并告汤府以博一粲。

前日农林部欲请荷丈为参事，约当前清三品京堂。荷丈已三次力辞，乃该部总长不问皂白，径呈请大总统任命，弄得佛丈仓皇函告，荷丈仓皇发电总统，哀求其勿下此令。秉丈在座大笑，语荷丈被人强贩入奴栏。现在此电不知有效否，恐明日令已下矣。吾则窃笑谓何不举贤自代，所举为谁？小八最善矣。

致梁思顺

［1913 年 1 月 23 日］

汝病何如？若患神经衰弱，则功课必须减少，或更停课调养亦可，即受业时亦不宜务强记，至要，至要。吾党选举可望转败为胜，直隶已大胜矣。大抵将来或稍后。即共和已可敌国民，加以民主则成大多数。第两党恐终不能合，此吾所最痛耳。连四日中座客皆夜三时乃散，报中文字竟不能作，奈何，奈何。今日有一人假冒汝表兄来打抽丰，可谓无奇不有，将彼帖寄上，博汝母一粲。蜕丈东游曾至我家否？汝等照像何尚未寄至？粤中常有安禀往否？过年作何热闹耶？

示娴儿。

廿三夕　饮冰

致梁思顺

［1913 年 1 月 25 日］

病已愈，不至悬悬。连日曾刚丈在此谈燕甚乐，熊秉丈继来，政界俗谈又刺耳刿心矣。有石星巢先生，吾少年受业师，贫不能自存，哀属我为觅事，不得已请作书记，然亦不过拟移家归后乞其授思成辈学，分简叔之劳。此老旧学尚好，吾十五六时之知识，大率得自彼也。吾近日写字之兴复大发，得好宣纸，日以自娱，洋纸则厌极矣。土佐纸仍爱。思成写《郑文公》，宜摹原碑，勿裨贩吾所写者，可告之。魏铁丈为汝写《圣教》已成，顷往付装潢，归时给汝。《资治通鉴》已到不？本尚佳耶？闻徐雪丈为华侨代表来赴选举，若到东可促其即来，二月初六为选期，今仅余十日耳，彼来吾可助之当选也。

示娴儿。

饮冰　一月廿五

致梁思顺

［1913 年 1 月 31 日］

连得七、八、九号禀，至慰。汝真纯孝，能与我精神感通，计汝作第九次禀时，吾心颇有所刺激不宁也。然吾亦尝学道自得，岂外界所得牵移。吾十日来半掷日力于字课，此吾频年所用养心之良法，汝若侍侧，当能窥其微矣。汝学日进，吾闻此则百忧解。阿庄、阿达之态皆足令我悬想开颜，改岁后，吾或微行。一入京第，恐不能密，又惹无味之酬应耳。造像明日可成，成当遂寄。

壬子腊不尽六日　饮冰

致梁思顺

［1913 年 2 月 1 日］

残腊向尽，岩屏百事，不使与耳目接。同舍生各有所适，向夕相率去，余独占一室。室中养海棠二、蜡梅二、红白梅各一、水仙六，他二卉不知名。案头群籍尽束，惟置《玉溪生集》，诵其近体殆遍，自斟海西葡萄酒侑之。研墨新足，呵冻作字课，所写即玉溪《锦瑟》、《碧城》诸什也。尽八纸得二十章，媵以小骈文，一夕所课如此，不知为苦为乐也。

壬子腊不尽五日　饮冰

致梁思顺

[1913年2月4日]

吾半月来书兴大发，每日客散后即学书，使汝在此，又将猜我有何心事矣。此纸即吾制以作书者也。汝叔索我为写玉溪生诗，已写十余叶，汝闻之得毋羡耶。汝病何如？亟宜善摄，以慰远怀。吾室中群卉竞放，蜡梅、海棠最佳，三日前已造一像，成当寄汝，汝姊妹所照何久未寄耶？此间党人报捷，合并复有望，差可慰。然于大局所裨实涓涓耳。今日所写已尽十纸，研有余沛，聊复书此。

饮冰　小除夕

穷冬冱闭，公私蹙蹙，斗室俯仰，言悲已叹。况乃明月白露，文通赋其销魂落叶，凋年东阳，哀其生意。沈沈洛浦之梦，草草河梁之泪，以此思伤，伤可知矣。玉溪遗句，凄婉在抱，重吟细把，用赠所思。此吾顷所作小骈文也，喜其文采，写以示汝，不必求甚解也。

致梁思顺

[1913年2月4日]

得第七号禀，知已全愈，甚慰。参考书亦不必太多读，专受一先生之言而领会之，所得已多矣。吾今精神上所感苦痛，全由徘徊于出与处之间，若决定一途，则虽苦亦有兴耳。吾顷请伍连德为我配胃病药，今日始服，观后效何如。腊尽家中有何娱乐耶？

示娴儿。

饮冰　小除夕

昨用宣纸所作书，误写日子耳。

汝似久未作禀与汝叔，何耶？汝叔前得汝书颇怒，谓不应以闺秀作此等语，其复书云何？吾未之见，大约必大申饬矣。然此自出于爱汝之意，今气亦久平，汝宜作禀请安，只著一二句谢过，不必再提前事也。

又示。

致梁思顺

［1913 年 2 月 4 日］

今日连得第十、十一、十二号禀，极慰悦。汝病新愈，宜加慎摄。吾胃病尚未全愈，顷尚服药无间。然亦差减矣。不好运动，性习难改，户外即公园，吾居此四月，惟半月前踏雪造像到一次耳。吾心绪无甚不宁，惟所受刺激颇多，然吾常自镇，每有刺激，最多不过数小时即平复矣。选举结果未全发表，计议员五百九十人，国民党得二百六七十，共和党得二百四十余，民主党得三十余，统一党得六十余，若共、民、统三党能合并，则决占优胜，否则未可知矣。然共、民感情极恶，恐难合。统一则全为本初机关，虽欲与我合，我则须提出条件也。吾若能不入党，则可以翛然自乐，然恐事势终不许尔尔耳。吾日来字课极勤，岁暮结帐，文美斋南纸店之债务乃至七十余金，可见我用纸之多矣。诗久不作，报中所登寿幾道严又陵也。诗，亦倩人捉刀耳。此间即以书房为卧房，房中供花颇多，花皆租者，而母爱腊梅，归时可大租供耳。以后当减之，新造像两轴与此函同寄，计迟二三日当到，在室中所造者佳也。后日岁除，此间亦有娱乐之法，第断不能似去岁之热闹耳。

示娴儿。

饮冰　腊不尽二日

致梁思顺

［1913年2月5日］

相片已收，极可爱，即汝之相亦非无精神也。吾在书斋内所照已收否？吾或自起为议员，因本党议员无可以当议长之资格，任此可免组织政府之厄。吾若入院即可得此也。同人中赞成者半，反对者亦半数，日后当决定耳。

示娴儿。

饮冰　除夕

致梁思顺

［1913年2月7日］

得泷谷书，大誉汝。谓试验之结果，为彼邦男学生所不逮。试思我闻此喜慰何如耶？恨遣汝就学太迟，时日太促，不能得大成耳。吾因汝前此曾因学致病，至今谭虎色变，故累信戒勿欲速，实则吾岂愿一日离汝哉？吾每遇有拂意事，辄思汝耳。日来拂意事颇多，顷念汝切也。张将军勋。昨专人来迎我，谓我若肯往，彼将率全军郊迎。吾今安能往？为人所忌。只能以游孔林游泰山为名，乃得一往耳。愿此游吾已许与汝偕矣。国中大乱非久，且至久，恐终无此从容游谳之时也。实则四月以后，无论局面如何，我身必卷入旋涡中，当天下极险艰之冲，断无复余暇以享家庭之乐，其时宜移家与否，尚在不可知之数耳。言念及此，辄思东渡度旧腊，省视汝母及汝曹，作十日闲散，但此愿亦岂易偿者，姑妄言之而已。与人家国事，无往而非困心衡虑之地，但终已不能忘天下，则茹荼啮药亦固其所耳。我十年来实太自佚乐，今固宜受苦辛也。

顷熊秉丈、潘若丈在此夜谭方散，若丈自吾归后，往来南北已三次，其坚苦卓绝真可敬也。已将拂晓矣。有所枨触，作书告汝，每得汝书或寄汝书，皆能减我苦痛也。

祖父书及姑丈书、汝书皆极言达达之可爱，究竟其特别可爱者何在？能一言耶？

泷谷字写就另寄，写得颇用心，可以报彼矣。长泽、武田各一幅。

思成字大进，今尚写《郑文公》耶？写五十本后可改写《张猛龙》。

孙慕韩日使之说，此间无所闻，亦已两旬不晤彼矣，若果有此事，与言当易易耶。

顷为汝四表兄觅一官，想可成。此子真不才，顾不能坐视其冻馁，冒耻为之请托耳。

蜕丈至今不至，令吾无以对冯华甫，亦吾拂意之一事也。

示娴儿。

正月二日　饮冰

致梁思顺

［1913年2月8日］

旧历改岁，百司休沐，政客麇集此间者数十辈，旅馆为之人满。自去年吾归时，至今为第二次盛会矣。惟吾家食馔之恶乃播于国中。前此熊秉丈、徐佛丈在都，已逢人便道，谓吾厨之劣，天下所无。人犹不信，今次乃众口一辞矣。大抵欲稍充口腹之欲，非俟汝母归来不可也。吾作议员之议，荷丈、佛丈大反对，同人中复一部分和之，顷已罢论矣。选举结果，胜负尚未大决，尚有数省未发表。敌党麇金钱数百万，吾党不及其五之一，而略可相当，已出意外矣。汝病已全愈否？吾数日来疲于酬应，胃病反减。示娴儿。

饮冰　正月三日

正月二十六日汝姊弟七人可合照一像寄来。

致梁思顺

［1913年2月10日］

十三、四号禀悉，汝病全愈，大慰。此后总宜极自摄卫，不可以病劳我念也。顷得祖父来谕，粤家中种种恼人之事，实不欲闻。祖父在港，恐终亦无愉快时耳。

外祖母家如此困顿，吾义当扶助，且吾与汝母十余年来未尝能为老人一作甘旨之奉，尤所歉然，非汝提醒，吾竟阁置矣。二月份津贴项尚未到，此间度岁，支用浩繁，稍迟半月当即寄去也。阳历十二月、正月份一钱不能贮蓄，因前此汇东之三千乃借项，今须偿也。石先生处，吾碍于情面不能不周之，现在又无事可办，不得已托其专教希哲，月俻六十元。十四舅事当即致书汪年丈，并托人在外部一为设法，如何之处当续告。雪丈昨日至今晨入都，选举明日揭晓，大约可望当选。荷丈亦有为议员之望，由何处选出则不可知，今日共和党本部方有电话来查其籍贯也。藻孙可望得上院议员，倏忽间便变成贵族矣。吾当议员之说已罢论，因荷丈、秉丈、佛丈皆反对也。武田刀祢馆条幅寄上，日间当别写精楷数幅赠津村也。今日魏铁丈忽集杜诗作一联属书，文曰：“忍能对面为盗贼，但觉高歌有鬼神。”可谓隽妙。此老满肚皮不合时宜，即此可见。彼言今年必改行作戏子也。唱得佳绝。数日前共和党人忽来交涉，欲举彼作议员，彼闻之掩耳急遁。实则吾党非有他故，因彼之技击为国中第一，预备在院中与敌党挥拳耳。自除夕至今，政客麇集，头目为眩，顷略清静矣。

示娴儿。

饮冰　旧历五日

鼎父已得主事，可告其家。

思庄字佳，传语嘉赏。

致梁思顺

［1913 年 2 月 11 日］

客至今不断，数日来困顿不减初归时也。选举尚未尽揭晓，华侨仍未定。以现在形势，共和党仅少于国民党十余人耳，而统一党尚有数十人，统一与共和合则占大多数矣。民主恐终无合望，但亦不至投入敌党也。吾近日兴会稍增，然终日扰扰，神气不能清明，报中文竟浃旬不成一字。每夕客散后，见研墨可爱，辄写字无数，此心似无著落也。建筑公司言，非开河后不能动工，恐缘此更稍滞汝曹归期，但吾住京住津尚未定也。住京较住津为适，津屋实不好住，但住京，则精神之苦痛恐难免耳。本无事可告，以惜研墨，故写此。

示娴儿。

饮冰　六日

致梁思顺

［1913年2月14日］

第十六号禀悉。吾在书斋所造之像，同人皆极赞叹，今特放大寄家中一幅，随此函寄，并有字三幅。谓为精采，何汝见之反戚戚耶？吾何尝失神，何尝消瘦，殆汝心目中悬一极丰腴锐健之我，故见此稍失望耳。

吾精神确极健旺，胜于在东瀛时，惟胃病或因厨不好之故。已匝月，至今未愈，今日尤甚。昨夜因作文彻夜未睡，直至今午十二时乃睡三时即起。侵晨时极饥，命煮腊味饭，饱餐两大碗，今晚又两赴宴会，食又过量，至今极觉难过也。即写信时亦已夜半二时矣，客初散也。吾书斋之美，相片并未照出，所照出者皆东瀛旧物耳，汝来亲见当更赞叹也。吾常欲汝曹速归，计两月后汝亦可毕业，惟僦屋极难，尤难于神户。非新修不可，新修则须俟冰泮后，又须三月，工程实为焦急，然无如何也。雪丈已落选，华侨选事吾党全败，此固意中也。

示娴儿。

饮冰　正月九日

户田海市，吾十四年前在热海始识之，彼时方将往德留学也，其居诚为我家紧邻，再见或托津村。可为致意。

思庄写如许长信，真亏他，可传语嘉奖。吴植垣行时当有物赉汝等，王姑娘镯子亦当托带。

恰克图火锅买得了，送汝母之物即此。

致梁思顺

［1913年2月18日］

顺、成禀并悉。今日有金镯一双，魏铁丈书册页一部，托吴植垣带上，谅数日后当至。金镯乃赏王姑娘者，款式不佳，但值钱过于前所赏汝者，此汝叔所购也。赉其育诸弟妹之勤，可传语告之。吾接连四夜皆天亮乃寝，前两夜作文后，两夜与雪丈谈也，今惫极矣。胃病似渐愈，勿念。

二月十八

致梁思顺

［1913年2月20日］

得禀，知已受比较宪法及财政学，甚慰，可以吾命请于诸师，乞其于纯理方面稍从简略，于应用方面稍加详，能随处针对我国现象立论尤妙，即如比较宪法，当多从立法论方面教授，其解释法理则简单已足。又宪法毕业后能一授政治学大略最妙。盖政治学本以宪法论占一大部，再讲舆论及政党之作用与现在各国政治之趋势足矣。所费时间可不甚多，但不识能有此教师否耳。惟功课虽增，每周受业时间万不许加增，宁可延归期一两月耳。吾极不欲过劳汝，惟念归后难得良师，故欲汝受此完全教育耳。可出此书与津村先生商之，刀祢馆先生复以余暑授思成，可感之至，为我深道谢。并告思成勉学，毋负盛意也。

示娴儿。

饮冰　上元

续寄赠诸师之书，想已收。

致梁思顺

［1913年2月21日］

十八号禀悉。鱼子尚未收，计日内当到耶。腌牛肉尚未试，交与吾家著名之厨子，竟忘却矣。明日想起当分付一试也。觅屋极难，建尤不易。建筑公司言无地皮。即建，能得双涛园一般之房数已过望矣，尚敢如汝禀所云耶？荣街十七号之屋，可住之房仅四间，吾与汝叔、荷丈各占其一，其一充客厅。已月租百三十元，庭园则绝无也。若在租界欲求一屋住得稍舒服者，以我家之多人。恐是绝无之事。与在神户觅屋同。在京及津之租界外，则至易易，然同人皆劝勿尔也。国事党事种种，令人悲观。吾今仍彷徨歧路，未能自决，苦痛乃无量也。或在避地居夷，亦未可知耳。

示娴儿。

十六日　饮冰

建部《世界列国之大势》为人夺去，可再寄一部来。

致梁思顺

［1913年2月23日］

十九号禀及邮片悉。比较宪法照寄，黔款俟本月津贴到后乃寄，料亦在三四日内耳。神户家用款届时电汇。建屋尚未开议，昨见一屋，汝叔言佳绝，惜迟一日被他人租去，今仍欲觅租也。植垣带去各物已到否。

示娴儿。

饮冰　二月廿三

致梁思顺

［1913 年 2 月 24 日］

二十号禀悉，吾顷为事势所迫，今日已正式加入共和党，此后真躬临前敌也。计议员以二百八十八人为半数，吾党顷得二百五十人，民主党约三十人，统一党约五十人，其余则国民党也。三党提携已决，总算多数。惟吾断不欲组织第一次内阁，或推西林亦未定耳。借款各路俱绝，政局危险不可言状，此时投身其中，自谋实拙，惟终不能袖手，奈何？

因此之故，恐不能居津，须入京长驻，将来眷属则住京住津未定也。从乡中叫人来之说久作罢，实不适也。此间用人亦极难，来月拟尽易诸仆耳。田崎字当补写，武田殆重复矣。电车股票如何可买？中国人不能办株式会社也。

示娴儿。

饮冰　二月廿四

致梁思顺

［1913 年 2 月 27 日］

吾已正式入党，前有书在途，想已达。顷有数省黎宋卿领衔。举为宪法起草员，谅亦不能辞，此后恐在京之日多矣。旬日后当入京，书仍寄津宅可也。正月廿六日都中有数十人来津，欲为种种娱乐，在此间一豪商孙氏家开园游会，但吾欲回请一次，则所费不赀矣。可谓小题大做，然亦不能止之也。吾日来益忙，今日电八百元想已达，外祖母处明日当寄二百元，可告汝母作禀，吾亦专函也。然有事可做，亦反觉高兴耳。

饮冰　正月廿二

二月廿七

致梁思顺

［1913 年 2 月 28 日］

昨书计达。吾入党事《京报》已载，今剪寄，阅后可寄港。此后真投身旋涡中矣。廿六日都人来此者当不少，皆由徐佛丈恶作剧，将来或闹到总统亦送礼，则真笑话矣。房子顷看得一处，与现居之宅极相近，楼上楼下仅有屋八间，勉强亦可住，然极不舒服矣。此间觅屋甚难，吾意极欲居京，同人皆以为不可，汝叔反对尤力汝叔别无理由，但恶京屋耳。然吾将来总是居京之日多。但为安息计，津中亦不可不有一屋耳。吾知汝母亦喜京寓，与我同也。洋房讨厌。可询母意如何？复我。汝曹喜京屋否？则我不敢知矣。吾顷忙极，废字课将及一旬，思成生日赏品已制就，小品故易就。汝之赏品恐靠不住矣，欲自写双涛阁诗几二百首，且多长篇，不易就也。或易他所充数耳。

饮冰　正月廿三

二月廿八

致梁思顺

［1913 年 3 月 1 日］

田崎字写成寄去。日来以入党之故，政界风潮渐作，吾生平不知用权谋，今卷入此旋涡中，将来成败未可知，亦惟见一步做一步耳。今方日日为出战之准备，深感孔子“临事而惧”之训也。

示娴儿。

饮冰　三月一日

致梁思顺

［1913 年 3 月 3 日］

第二十二、二十三号禀及姊弟七人贺寿公电皆悉，欢慰无量。今日京、津诸友在孙家花园为我庆寿，热闹非常，作种种娱乐之具，放爆竹数万。我斗叶戏，又得博进四百余，足敷明日还席之用，但国事杌陧如此，吾受此殊觉不安耳。

屋已租定一所，惟不甚彀住，或会客别在他处，此屋专住眷，当可勉副。吾此后在都之日多，同人或劝将家眷分住京、津，则吾往来两处皆有照应。此亦一法，待归来乃议可耳。吾又欲汝早归侍我，又欲汝多学数种学业，至今尚未能决，取决于汝母可耳。吾今日已醉，不能多作书矣。

示娴儿。

饮冰　正月廿六日

吾赏汝生日之珍品已预备，任汝猜亦猜不着是何物，试一猜之。

致梁思顺

［1913年3月5日］

廿三、四号禀收，田崎字再寄横额一幅，计津村、武田、田崎人各二幅也。此间纸墨皆便，吾又十余年不得好纸，今以便故嗜写特甚，故每求皆应也。津村有何计划，可详告我。为汝求学故，稍延数月亦吾所愿。吾每遇不得意事，辄思汝不置，然欲汝成学之心尤切，汝学大成，则将来助我无算，吾宁忍一时之不便也。实则无甚不便，但欲以家庭之乐解他种苦痛耳。惟此间屋已租定，准新历三月十五日起租，若眷暂不归，则浪费此租钱耳。月百三十。宪法有良师，吾亦舍不得，或多留一月亦可也。

吾待议员到京后，训练月余，尚思往南省一行，届时或在上海迎汝也。国内种种棼乱腐败情状，笔安能罄，公立所言，殆未能尽其万一，吾在此日与妖魔周旋，此何可耐？要之无论何路，皆行不通，而又不能不行，此所以为苦也。吾生日各人为我庆祝，相约不谭时事，免致败兴，已在苦中寻乐两日，廿七日之夕又会谭起来，烦恼已接踵至矣。以吾之地位，处此时会，惟以忧患终其身而已。

示娴儿。

饮冰　三月五日

致梁思顺

［1913年3月7日］

自廿五日起，宾客云集，至今未散，神气为之昏浊，字课之废且数日矣。党界大有变动，项城或将加入共和，而民主有迎游存为魁之议。

吾大约三日后必须入都也。津屋已租定，但太隘耳。却有打球场，眺望亦佳。
示娴儿。

饮冰　正月晦

此笺何如？胜岛夷所制否？

致梁思顺

［1913 年 3 月 9 日］

入党以来，诸事益剧。旬日内客未尝断。同人皆敦迫入京，而《庸言》文未脱稿，非稍待数日不能行，南游之议又将再提。盖此时不往，则国会开后益难离京师他适也。顷胃病渐减，惟觉火气至重，当是一冬炉火所致，今惟有多食水果以药之耳。植垣所带各物已收否？前年有千元，确是汤府应收者。我家究借用几何？或在此还之亦可耳。廿五号贺寿禀已悉，谢汝曹孝思。
示娴儿。

饮冰　三月九日

致梁思顺

［1913 年 3 月 10 日］

廿六号禀悉。此间屋已租定，即前书所言八间房者。先交三月租钱，由本月月半起租。荣街之屋非久当迁矣，将来都中必须别僦一屋，因吾在都日多，寄寓友家及住旅馆皆不便也。吾三日内必入都，现借寓东单牌楼二条胡同蒙古实业公司，即翁常熟旧宅，保护至严密，可勿远念。入京后数日当一往武昌，循长江而下，一到金陵、苏、杭、扬，再经兖州、济南而归。日来党中大有生气，神志为之一旺。思成赏品当如所请，并为刻一印赐之，汝之赏品或不寄去，已备。待归时自领也。极佳品，托人恐难靠。

示娴儿。

饮冰 三月十日

藻孙参议员仅得候补第一，殊可恼，彼银行已辞职，景况至窘，然彼极能为党尽力，党中当与设法耳。

致梁思顺

［1913年3月12日］

廿七号禀悉。此间觅屋之难，十倍于神户，已觅之数月，仅乃得此耳。若在租界外则甚易，然与其如此，何不住京？顷已交三个月租金矣，教习及动物园必须另租，即汝二叔亦不能同居，吾既在都之时多，则津寓客厅无取宏敞，此亦勉强敷用耳。此屋院子却大，且四周皆有空地，门前即公园，小动物不患无回翔之所也。汝则随吾住京何如？吾意俟全眷归时，必在都中赁一大宅，大约此次入阁总不能逃，可惜无官舍可住耳。津中之宅则留以防乱耳。或汝母携汝等入京，留王姑娘在津亦无不可，群童就学则津校佳。届时再定可也。吾入京尚须待数日后，因非为《庸言》预备数期文字不能行也，闲了两月余，比乃骤忙，觉神气亦为一振。藻孙落选稍不快耳，双涛赁价锐减，令人再动乘桴之志。

示娴儿。

饮冰 三月十二日

致梁思顺

［1913年3月13日］

藻孙议员实已当选，彼顷由党中派来住津，专司接待议员，明日当至，大约住一月。前党中所接电报将其名讹误耳。彼自此俨然贵族矣，一笑。荷丈之议员未发表，大约亦贵族也。

示娴儿。

饮冰　十三日

吾本日内入京，今为项城入党事待决定乃行，大约尚迟数日。

致梁思顺

［1913年3月14日］

吾顷颇患眼病，病起已十余日，置之不理。今日汝叔强唤医来，医所言他犹可耐，如不许在床上看书，带绿眼镜等。乃禁止读书、写字、饮酒、吸烟、食辣椒，如是者半月。又须早睡，种种条件，皆为我绝对不能遵守者，殊可笑也。重堂有书来，似尚高兴。藻孙居然元老矣。

示娴儿。

饮冰　三月十四日

小四混闹之极，吾荐彼一官，每月所入尽挥霍以去云。昨日汝十五舅来言，谓已面责，彼言将告姑丈，取消汝官也。鼎父得官，月入百五十以上，闲无一事。

致梁思顺

［1913 年 3 月 14 日］

客散后辄念汝，汝不在侧，吾滋不便也。在此凡百俱适，惟沐浴为一大难题。今日费五金，乘马车往ホテル①。乃能一涤积垢，幸天气已凉，否则大不了也。此间家具一切，由同人预备，日来所享用，尚未知该谢何人也。厨子能作点心，饮食颇舒泰，惟同人强我入京时，必穿西装礼服，真苦事耳。约一来复后便当入京，由京归后秩序始能回复，今且听之。实则非汝母来，家中杂务无从整理也。一切由汝两叔别报，临睡写此，以当面谭，汝亦当多以书来告一切。

十四夜发

致梁思顺

［1913 年 3 月 15 日］

党事大有进步，项城入党已决，稍待当发表。此后两军相见，必有一场血战，稍吐一年肮脏之气。民主、统一亦联合也，兹事尚当秘之，暂勿告。吾决意不组织第一次内阁，已向党中及项城声明。游存家眷住京，荷丈及汝叔皆大反对。汝叔谓汝曹一见京屋，只有啼哭欲遁。现仍在津极力觅屋，有两屋相连，前此一为那桐所租，一为陈夔龙所租，并租两间庶可够住，租钱百九十两，或竟租之亦未可定。京亦赁一屋，汝母与王姑娘随时往照料，汝等仍居津较稳也。敌党遍派暗杀队来图我，此后当更相妒恨也。

---

① “ホテル”，日语，意为旅馆。

三月十五日

吾眼病无伤，今日已轻了许多，可勿念。

吾望汝曹速归之心仍切，可与诸师商。

致梁思顺

［1913 年 3 月 16 日］

廿八号禀悉。再留月余以完所学，大善，大善。吾虽极盼汝曹早归，然为汝成学计，能于三月杪成行，最妙。无论如何我终乐待也。此间屋极难，然必极力觅适当者，不使我大事事事之令娘样稍受委屈耳。吾南行大约仍罢议，项城力劝勿行，谓太险也。入京则尚在四五日后也。

示娴儿。

饮冰　三月十六日

汝生日赏品为名画两轴，已备。玉笔洗、玉墨床各一，未备，入京求之。首饰太俗不以赉汝也，但托带不便，俟归时再以畀汝耳。思成赏品为吾手写册页，当寄去。付裱未成。

致梁思顺

［1913 年 3 月 18 日］

廿九号禀悉。决定六月中旬行，可也。名师不易得，岂可交臂失之。吾顷有事可做，意兴勃发，更不劳苦曹为我解闷也。吾字课废已兼旬，即此可知我意境，大约吾写字时必极无聊时也。吾非轻视私法，数年前且极好之，初挈汝至须磨时，曾专治民法。特以时日不逮不得已而省略耳，且又审高商中未必有良师也。今津村先生既谆谆不倦，悉遵其计画可也。使早一年令汝就学，必可大成，然彼时又安有此力者。惟不许每周增加时间，致再酿病，宁可更延长一半月耳。书林事未与汝德叔详谈。大权偕来亦可，届时吾必命任发往迎也。相片尚未至，急欲见之，信未到片已到，达达果有趣。计明日或至耶？建部著《世界列国大势》尚未到，可催宝文或购来自寄。樋口龙峡著《近代思想之解剖》可购寄一部。吾月来饮酒不多，勿念。闻往观樱，颇复遥羡，惟春明花事亦渐盛，海棠、芍药次第开。行将饱赏，惜不与汝偕也。

三月十八日

吾去年复游存之骈文信，尚有存稿否？可检寄来。

顷决后日十九日。入京，再无改移矣。顷电话来，复有改移，或再延数日亦未定。党中已派专员来迎，且预备一切也。三党合并已定议，吾入京数日后即发表。此后当必日与手枪、炸弹为缘，黄兴、宋教仁皆到京，正好决斗。然亦痛快极矣。汝但安心读书，稍迟一二月归不妨，吾今不闷，无待汝解也。报中有一谐文，寄资大噱。议员薪水大佳，大约国家岁给三千余，党中岁给千余，藻孙居然有五千岁入矣。真不知成何体制，然敌党如是，我亦不能不尔也，总便宜了这班国民代表。

十八夕　又示

致梁思顺

［1913年3月20日］

吾入都又改期，因三党合并，项城加入之议，外间已稍有所闻，而内部尚须有他种设备，未能遽行发表。吾入都则风声必大，故须稍缓数日也。日来虽兴会稍增，然中国腐败社会之空气与吾性太不相入，接触稍密，辄增恶感。每当客散神疲时，未尝不想念双涛索居之乐也。都中词流亦预备胜会相迎，颇思以刚日接政客，柔日接名士，未审能否？十余年不睹春明花事，此番或可饱领略也。顷由若叔寄千金，想与此同达，不一一。

示娴儿。

饮冰　三月二十日

前函未发，得第三十号禀，悉一切。蜕丈所言，不知情实。共和党制须开大会，乃能改选理事，而大会须下月乃开也。党中尚议改组，统俟该时乃发表耳。但今有三党合并之议，此又不成问题矣，荷丈为众怨之府，亦其地位使然，实则吾亦岂偏听哉？

二十夕

书未发，适购得善本旧书十余种，有王氏仿宋本《史记》，有胡氏仿宋本《文选》，有仿宋本《白香山集》。有《欧阳文忠全集》，亦尚佳。此三书，顺、成、永三人可各得其一，皆极难得之本也。长者先择取，所余以诒少者可也。吾为顺计，取《香山集》，余两种任两弟自择。但顺总应有优先权，所好何在，吾不强也。各书皆存津宅，归来乃颁。别有《宋诗钞》最可宝，暂不以赉若曹。

饮冰

汝曹造像置之案头，殊觉可爱，各人皆胖润许多，惟思忠则似再游印度一次归来，达达殆静听讲义耶。

致梁思顺

［1913年3月21日］

三十一号禀悉。前屋已退，却白费定金三十元耳，归期既稍缓，容当从容觅之，或更得当意者也。吾必在京、津两处各皆布置一精室以饷我骄儿，儿勿戚戚也。廷献事由汝德叔别复。吾今日又被政客溷了十点钟，今惫极矣。

示娴儿。

饮冰　廿一夕

前两日信似误写先一日。

有大变事急急告汝，《白香山集》为汝仲父夺去矣。仲父爱不释手，乘我未起，径持去扃诸笥中。彼之优先权较汝更强，汝有何法。若《史记》、《文选》为两弟认去，汝只得落空矣。此外尚有一角钱买来之《唐诗三百首》一部，即给汝充损害赔偿，何如？

示娴。

饮冰　廿一夕

致梁思顺

［1913年3月22日］

宋教仁被刺死去，东中想早已闻知。此事不知某派人所为，大约必是国民党中黄派。然必非出于我三党则可断耳。此后政途崄巇，不知所届。项城及同人皆劝我暂缓入京，合并事亦因此稍停顿发表，吾频日见所谓新选议员者，但觉头痛欲呕，不知前身造何恶业，今世乃堕落为中国政治家也，愤悒之极，辄以告汝。今日寄思成生日赏品手书册叶一帙，计当到。

廿二夕

吾常有欲再东渡之心，日来虽兴会偶发，不移时而冷水浇背矣。吾今夕又写字，经三点钟之久。

致梁思顺

[1913 年 3 月 23 日]

三十二号禀悉。吾顷尚未入京，荣街屋亦未迁，来书仍照旧寄可耳。蔡升早已屏逐，汝叔言其愚而猾云，此间群仆以次更换，数月前所用者，殆皆代谢矣。

南行顷作罢论，所购物无容议。藻孙实已得议员，前书已言之。议员声价之高，非始愿所及，想可岁入四五千内外也。彼今为党中一极得力人，党亦决不负之。伯唐丈复书寄阅，似此颇难着手，数日后吾入京当托人在部中设法，可告呈舅。汤府大约秋间乃能归，各事当告荷丈，荷丈顷在都未返也。

示娴儿。

饮冰　二十三日

宇都宫鼎著《财政学》有斐阁版。即购一部来。建部《列国大势》尚未到，何也？

致梁思顺

[1913 年 3 月 25 日]

第三十三号禀悉。吾两日来为政界恶现象所激刺，心颇不适，然每得汝书及作书与汝，总算一乐事也。宋氏之死，敌党总疑是政敌之所为，声言必报复，其所指目之人，第一为袁，第二则我云。此间顷加派警察，保护极周，将来入京后更加严密，吾亦倍自摄卫，可勿远念。南行则决作罢论矣。合党事中变与否，尚未可知。吾则俟一切整备发表时乃入都。在中国政界活动，实难得兴致继续，盖客观的事实与主观的理想，全不相应，凡所运动皆如击空也。东中游观之乐，只劳梦想耳。今日往友人处看了一日古董，稍解烦襟。

示娴儿。

任 廿五日

致梁思顺

［1913年3月26日］

宋教仁案已破，系同盟会人自屠，大局当不至十分牵动。数日前彼党所指目者，项城第一，吾则第二也。彼报复之念激昂已甚，今水落石出乃由彼自戕。此后彼党必分裂，事亦较易办。然国中全部分人腐败皆达极点，终无能救之望，愈深入其中则悲观愈增，此真无可如何也。吾于将来新党，不甚欲积极负责任，但恐不能脱卸耳。在津所觅房屋有一两处尚合式，足可够住，在德租界，极僻静。但同人之意谓住日租界最好，故尚未定也。望月小太郎著《独逸之现势》即购寄一部。东京堂发售，丸善亦有，想宝文必有也。

示娴儿。

饮冰 三月廿六

致梁思顺

［1913 年 3 月 27 日］

汝曹勿见此等消息而日为我忧。此间都督及巡警道已加派人来，吾入京时，车中一切已布置严密，入京后则派宪兵数人护从，必无他虞。宋氏之亡，促吾加慎。孔子曰："天生德于予，桓魋其如予何?"吾生平皆履险如夷，吾行无险诐，决不召险，感应之理最可信也。汝但宽怀，勿缘忧我废学致病，则我大慰耳。

今日又瞎忙了一日，自早起至今，未尝一刻断客，顷已一时半矣，乃须埋头作文，精神惫倦已极，从何作起，而所立须作者，乃新党之宣言书也，真苦极矣。吾对于新党不欲积极负责任，今思得一颇妙之位置，原议袁为总理，黎与吾为协理，吾今决辞，仅设一总、一协，别设参事长，吾任之。参事乃咨询机关，网罗全国中有名望之人，如前清督抚及现任都督皆在焉，本不设长，吾今欲此，故设之。不审众人许我否，若不许我，则我将不复与闻也。现状实无可为，新党亦决办不好，吾既不能置身事外，又不值得与之俱毙，故处此职可以立于半积极半消极之地位耳。吾性质与现社会实不相容，愈入之愈觉其苦，处此地位可以不常居京，计良得也。刺宋之人，胪列多人，真主使者，陈其美也。我即其第二候补者，今将彼宣告文剪寄。应某谋北来刺我，二十日前蜕丈已电告矣。

示娴儿。

饮冰　廿七日

致梁思顺

［1913 年 3 月 29 日］

卅四、五号禀悉。所寄书只到一册，其《独逸大势》一种未到，殆寄有先后耶？归期早暮，当以得师与否为断，五月杪能归固所甚乐耳，若津村所荐教授能如期至，则当别议。第觅屋又益不容缓，汝叔之意必欲求之于日租界，愈难得当矣。宋案发后，同人益不主住京也。在应某室中搜得吾造像数张，其蓄意谋我不虚也。

示娴儿。

饮冰　三月廿九日

致梁思顺

［1913 年 3 月 30 日］

盆栽海棠佳绝，吾室中今供四本焉。汝曹归时，花事阑珊矣。

汝仲父偕荷丈入都，吾独居已两日，今夕亦无客至，读书尽数卷，心绪颇佳。赉汝之玉墨床已得，甚佳。惟笔洗未得耳。汝将归时，吾必为汝室中精心结撰陈设完备，令我宝贝一见大悦，在京寓亦为汝别设一室也。

告娴儿。

任

报纸剪寄，国中事无一不蜩唐沸羹，吾更为小人所最疾忌，亦只得居易俟命耳。若宋案不破，吾或婴其难，今稍可即安也。吾频曰仍往嚣尘混杂之区，因家厨恶劣，每请客必须适市也。

两夕无客至，心乃大舒，读书数卷，似颇复知有生之乐矣。安得仍适东瀛，以二十四金赁双涛园，理其荒秽供我啸咏。今日处骇机柬茧之下，何为者也？吾儿夙慧，当有味乎吾言矣。

示娴儿。

饮冰　三月三十日

致梁思顺

［1913 年 3 月 31 日］

昨书未发，顷得卅六号禀悉。一切任发，当令以月杪东渡，裙当由彼带上。汝母及汝尚须何项衣服否耶？今日亲往看一屋，在德国租界，前直督陈夔龙曾寓者。有花园甚大，房室亦勉强够住，租金月百五十两。吾遂欲定之，惟汝叔嫌其僻远。然日租界终无从得屋，大约总定此屋矣。然学塾实不能容。附近无小屋可租，汝叔所反对者亦颇以此。汝母及汝各可占大房一间。其房开间甚大，一间殆可隔作三间也。厕所、浴房皆西式，甚精良。尚有玻璃暖花房，实颇合式也。汝母索耳珰，代价未赏不可寄。然近来银价低落至此，何苦出此。告汝母归来乃购可耳。吾决后日入京，四月二日。不再改期，赠诸师别敬吾早念及，当遣发带上。

三月三十一日

致梁思顺

［1913 年 4 月 1 日］

明日决入都矣，本欲微行，而铁路局必开专车，巡警局派卫士十数，闹得惊天动地，极讨厌也。吾此行甚无兴致，眼见诸事无一可办，勉强办之，精神上极感苦痛。汝叔劝我小住数日即返津，不知能否？叔意谓国会开会时，乱必起，不欲吾处险地。然此或未必也。举国气象愁惨侘然，若不可终日。此时不乱，乱亦终不免耳。

屋已租定，月二百三十元，六月起租，拟五月中旬迁往。勉强敷用而已。吾仍欲设法退出政局旋涡外，庶几还我自由，但恐已不能，一切将于此行决之也。想东中樱花正开，若仍啸咏双涛园中，岂非大乐？

示娴儿。

饮冰 四月一日

在都事忙，发信或疏，勿远念。

致梁思顺

［1913 年 4 月 2 日］

今日已安抵京师，勿念。此次之来，较前次尤为郑重。党中以自动车来接，政府派马队二十人护卫，又派有宪兵随时保护，又别派探访队密护，将探访队禀单寄供一阅，称宪节，称行辕，殊可笑也。盖经宋案后，格外慎重也。我约住旬日便行，以后当常常来往。

示娴儿。

饮冰 四月二日

致梁思顺

［1913 年 4 月 3 日］

今日日间在共和党演说，晚间赴民主党宴，明晚乃见项城。归寓已夜分矣。初八日国会开会日。或将有乱，此间所闻甚急。荷丈极劝吾初七日出京，迟数日再来。然太示人以怯，吾颇不欲出此耳。顷保护严重已极，每出以六马队随也。合党事方在进行中，并闻。

示娴儿。

饮冰　三日

汝生日赏品已备，复得一沈石田画，与前所购文待诏画大小正同，即撤回瑶华道人一轴，老夫自享用，以此二品畀汝，何如？

致梁思顺

［1913 年 4 月 5 日］

卅七号禀及思成禀均悉。吾在京尚小有淹留，佛丈及荷丈皆力劝七日出都，能否尚未定。然即为《庸言》报计，亦须返津数日耳。事极难办，议员丑态非梦想所及，大乱终不免，迟早未可知耳。项城相倚之心甚切，然仍不敢径加入党，前本已定，因宋案遂暂缓。同人亦有不主张彼遽加入者。三党合并，仍在进行中，成否未可知耳。吾亦甚厌此局，然又不能卸肩，奈何！奈何！在此日日会客拜客，其忙可想。但吾之为人，有事办尚觉高兴耳。此间有政府派来宪兵十人，探访队十人，共和党武士四人，所用仆人亦武士，保护至为严密，可勿念。顷复购得佳画数幅，所费不甚多。今日见一幅为恽南田山水。神妙绝俦，索价千元，实无力购之；又有仇十洲画名媛册叶，共二十幅，工致无比，索价五百，吾极欲购以畀汝，今还半价未允，若三百余元仍欲购之。此种嗜欲，若染之成癖，亦殊不了也。汝病已全愈否？

示娴儿。

饮冰　四月五日

致梁思顺

[1913年4月7日]

入都五日，门簿所载客名已三百二十人，接见者约三之一，其劳可想。然吾性惟劳乃乐，故精神似尚胜于在津时，明日拟返津作文，数日后复来看此情形。大约必须以一半日子住京。在都非僦屋不可，作寓公终不便也。汝病已愈否？

娴儿读。

饮冰 四月七日

书贾、画贾日来奔走，以宋元旧版及名人画来乞售者踵相接，以数日所见之品，非万金不能尽购，然可爱亦极矣。

致梁思顺

[1913年4月10日]

三十八至四十号禀悉。吾尚留京数日，十四五乃返津。返后即命任发行，衣裙并谢师礼物等即带去。今年太岁在癸丑，与兰亭修禊之年同甲子，人生只能一遇耳。吾昨日在百忙中忽起逸兴，召集一时名士于万生园续禊赋诗，到者四十余人，有一老画师为我绘图。老宿咸集矣。座中尚有二十年前名伶能弹琵琶者，吾作七言长古一篇，颇得意，归国后第一次作诗也。竟日游宴，一涤尘襟，归国来第一乐事。园则前清三贝子花园，京师第一幽胜地，牡丹、海棠极多，顷尚未花。吾恨不得汝即日归来，挈汝同游，然行期无论若何迅速，归来总在花谢后矣。大乱在即，明年花时，不审京师更作何状，故吾望汝速一睹此盛，但今既无及矣。法源寺住持今日来请，往看牡丹、丁香，数日后当一诣也。极乐寺海棠，团匪之乱及去年兵变戕毁无算，其最大者，唐时所植。又已移入颐和园，随分寻芳，不胜今昔之感。党事极棘手，合并已中止，吾亦将褰裳去之耳。

示娴儿。

饮冰　旧历三月四日

新历四月十日

致梁思顺

［1913 年 4 月 12 日］

修禊诗，录一份寄汝，共和宣布以后，吾第一次作诗也。同日作者甚多，吾此诗殆压卷矣。亦殊有佳者，汝将来可补作一首。方将尽征南中名流，将裱成长手卷。各为题咏，有图两幅，一为姜颖生画，一为林琴南画。颖生年七十余矣，当代第一画师也。兰亭以后，此为第一佳话矣。再阅六十年，世人恐不复知有“癸丑”二字矣。故吾末联云云，感慨殊深也。《兰亭序》末句云“后之览者亦将有感于斯文”，又云“后之视今，犹今之视昔”。此数日内无甚事，本可以出京。因欲与名士往还一涤尘襟。明日蓝志先公武。与佛苏之妹结婚，同人为之演剧作贺，乐部皆二十年前吾侪常呼以侑酒者，亦李龟年、黄旛绰一流矣。此行本为政治活动而来，到京后名士习气遂发，修禊日不请一政客。亦可笑也。仇十洲画名媛图十六幅佳绝，索价三百五十，吾还三百，将购以赉吾爱女耳。

示娴儿。

任公　四月十二日

致梁思顺

[1913年4月14日]

昨日蓝、徐嘉礼，蓝家无长亲在京，请吾主婚。吾代作了一日主人，受了人家道无数的喜，极可笑也。来客将及千人，可谓极一时之盛，夔公发起演剧在湖广馆。致贺，共和宣布后堂会戏，此其第一次矣。诸伶以我作主人，故相约特别报效。诸名伶极知敬我，吾二十年前墨迹，彼辈宝存极多，党禁极严时，彼辈常翘以示人，无所畏云。昨日戏之佳妙，亦度越寻常，费六百余元，而其戏实值千四五百元云，然正以此故，吾不能不看完乃行。直闹至夜四点钟，惫极矣。今晨十点钟，共和党又开园游会于三贝子花园，吾演说三小时，五日前修禊即在此，桃花已盛开，柳眼亦骤放，与五日前别是一番景象矣。直至傍晚乃散。

顷方在家晚饭，今夕当谢客早睡矣。吾每有游宴，辄念吾爱女，恨不与偕，盖吾深知国中大乱将起，汝归时不审尚能有清游之机会否，恐归后仍不得不蛰居天津，则真无趣矣。吾少年时居京师之日多，故甚习于京居。到京后，虽亦常遇烦恼之事，然随处可设法调剂缓和之，不似在津之枯寂。惟荷丈及汝仲父皆苦谏吾勿常居京，盖深察现在政界万不可多与为缘，然吾性好事，在京必日日为积极之行动，同人以为极危，故决欲逮捕我返津，吾亦决于十六日行矣。再来总须俟廿日后，此时海棠、丁香、牡丹皆作花，法源寺长老坚约花时往赏。吾实留恋不忍去也。汝归时若芍药未谢，则吾当于归后之次日即挈汝来赏也。国会开预备会日即打架，极小事，不成问题者已如此。以后不知闹成何种局面，直是一动物园耳。荷丈避之若浼，且苦劝我远避，蜕丈一书两电，劝吾立出京，不可一日留。洵有见也。若在京能不与闻政事，专事清游，则乐真无极，然此何可得者。款适无浮存二千之数，至月杪乃能汇，仲父留一纸寄阅。

示娴儿。

任　四月十四日

致梁思顺

［1913 年 4 月 15 日］

吾日思作清游，而此间每一出门，骑从如云。前日在三贝子花园修禊，自觉犯冠盖游山之诮，深以为愧。此三日间斥去侍骑，仅从两驺以行，稍觉舒适，乃昨日黎宋卿复电政府，请加意保护。政府复以二十骑来，几令我不敢复出游。不敢往琉璃厂，似此仪从烜赫，欲买书画，必索值十倍耳。今日往三贝子园，行人侧目，不知车中为何许人也。吾下次入京，誓欲作微行，然恐正不易耳。二十年前在此何等翛适，今真同天囚耳。一笑。

致梁思顺

［1913 年 4 月 16 日］

明日决出京矣，不出数日恐须复来。改期已四次，铁路局预备车辆，疲于伺候，自问亦殊不安也。数日前尚稍得清游，此二三日内国会既开，党际交涉应接不暇，顷三党合并，与两党共和、国民。提携同时进行，国民党之稳健派亦纷纷来见，吾一身真成为政界之中心，兴味尚能发越，然以大势度之，终无甚好结果也。蜕丈忧我殊切，来书谓我扬帆中流，风利不得泊，诚为确喻。荷丈亦劝吾引退，然恐断办不到，姑往津暂避数日耳。《亚西亚报》登载修禊诗，检寄一份。吾前日在共和党园游会，今日在三党联合恳亲会，为两次大演说，效果极著，然因此乃益自缚耳。昨日京中复有毒杀案出，其人为林述庆，攻南京最出力，授陆军中将。旧同盟会今宣告脱党者也。杀机四起，难乎为今之人矣。吾入京后，亦曾斗牌三次，获博进数百元，购仇十洲画十六张即前书所言名媛图，工妙绝伦。畀汝，尚有余资购书数种也。

示娴儿。

饮冰　十六夕

蓝、徐结婚日，诸伶极力助兴，有王瑶卿、凤卿兄弟者，吾二十年前赏之，今声价每月售艺所入五千。冠一时矣，自言孙、黄来京时，以重价欲观其艺，竟峻拒不赴，都人咸目为梁党，彼亦自居云，此亦今之柳敬亭、苏昆生也。

致梁思顺

［1913年4月17日］

今日已返津矣，一人独据一车，荷丈及二叔皆先返，不能待我。而护卫者廿余人，非专制国无此现象也。

第四十二、三号禀并悉，任发数日内即东渡，屋尚未定，吾以为久定矣，今归乃知之。汝叔总嫌僻远，但日界觅屋，决不可得。明日将仍往定之耳。汝叔辈常作无谓之忧虑，若有危险，断不起于室内，能禁我不出门则险可免。此安能者？不忧其他而忧盗之入室，岂非杞人？即如吾此次入京东单二条之住宅，环以十数人，而吾终日出门赴会，又往往至《国民公报》坐至夜分，此何伤者？要之，吾既归国，即履险地，入京则更险，津险则不足道也。所索二千，月杪电汇，汝母索耳珰，吾固知为戏言，汝母所欲得之物，总不外恰克图火锅、腌菜坛子、黄铜烟袋之类，吾与汝母相处二十年，宁不深知耶？一笑！《白香山集》损害赔偿不忧无着，吾此次入都得博进数百金，以购仇十洲极精之画值三百五十。专以畀汝者，精美极矣。若犹未足，则所购旧本书尚值二百余金，任汝拣取可耳。但汝亦勿太不廉，当为诸弟妹地，毋使彼辈觖望，谓老夫偏爱也。仇画则群季不能攘夺，因所绘为名媛，故吾专为汝购之。顷有一极可恼事，汝四叔翩然来矣，彼竟未往港谒祖父，祖父知彼来，有书云不许容留也。吾尚未见之，汝二叔不许其逗留，将令任发押解至沪，督上港船，然后任发由沪东渡云。

示娴儿。

饮冰　十七夕

致梁思顺

［1913年4月18日］

昨书甫发，而《欧米政党政治》一书已寄到，吾每欲购一书，吾儿辄已先寄，真可谓先意承志，无怪吾之溺爱也。德界之屋已定，实非僻远，可以谢杂客，不啻小隐也。今日偕荷丈及汝叔往看，已佥（签）同矣。屋内之房开间极大，楼上楼下共仅有房六间耳。汝母之房可以隔作三间，另有余地可以附属思成书房。汝之房亦极大，吾将汝卧榻并置其中，将精心结撰为汝布置之，吾预备五百金交鲍炽先生及希哲为汝布置，而吾指挥之，汝母之房吾却不管，待其归来自布置。但桂妹最难安插，吾决不容在汝室中设两榻，如是则吾之意匠全破坏，不复成一精室矣。汝房中有附属小房，桂妹设书案尚可，但彼卧榻则真无著耳。学塾亦勉强可容，王姑娘居楼下，但与客厅及学塾能隔别内外。简公兼为吾书记，亦当同居。惟汝叔住房无着，除非将客厅隔出一部，客厅庞大。否则叔须住报馆矣。然叔不在家殊不便也。京师殆万不可居，吾此后尚不欲常往，但未知能否耳。汝归后稍安顿一二日，即挈汝往过此，恐京师不复可入矣。一叹。日本下女能带一二人来否，可禀商汝母。示娴儿。

饮冰　十八夕

致梁思顺

［1913年4月18日］

吾党败矣。吾心力俱瘁，敌人以暴力及金钱胜我耳。无如此社会何，吾甚悔吾归也。党人多丧气，吾虽为壮语解之，亦复不能自振。吾复有他种刺心之事，不能为汝告者，吾心绪恶极，仍不能不作报中文字，报却可作乐观，已销万五千份矣，个人生计良得也。为苦乃不可状。执笔两小时乃不成一字，催稿急于星火。顷天将曙，兀兀枯坐而已。汝叔偕荷丈入京，吾独处斗室中。吾每不适，则呼汝名，聊以自慰。吾本不欲告汝，但写信亦略解吾烦忧也。汝何故数日无书来，何不述家中可喜之事一告我耶？惟汝断不许缘忧我之故而荒学或致病，果尔，是重吾忧也。吾今拟与政治绝缘，欲专从事于社会教育，除用心办报外，更在津设一私立大学，汝毕业归，两事皆可助我矣。若能如此，真如释重负，特恐党人终不许我耳。所谓党人者，共和党也。民主鬼吾恨之刺骨。当失意时更不能相弃也。作今日之中国人安得不受苦，我之地位更无所逃避。诗云："夭夭沃沃，乐子之无知。"最可羡者，思庄、思达辈耳。

示娴儿。

饮冰　十八夕

希哲大约明年入大学为教授。

致梁思顺

［1913 年 4 月 21 日］

三党合并总算勉强成立了，然其中暧昧曲折、千奇百怪，迥出意想之外。吾已宣言不肯为新党中职员，从此暂与政界谢绝，神志或得稍复清明耶！两日来各政客分帮来诉者纷纷踵集，吾只得严守中立耳。吾遂拟在津杜门数月，俟汝曹归来，稍复享家庭之乐，深愿还须磨旧观也。任发决廿三日东渡，取道上海，因须押解汝四叔也。任儒先生无端自至，亦只得花钱送之归。“穷饿故人常满眼”，真无如何也。明日祖父寿辰，此间设薄宴遥祝，然仍恐政客云集，不能自适其适耳。定期下月十六归，极好，僦屋已定，即当预备一切也。

示娴儿。

饮冰　四月廿一日

致梁思顺

［1913 年 4 月 22 日］

我昨日不尝有书与汝，谓将闭户数月耶？吾昨日有书入京，谓新党成立后，吾不复与闻党事，盖愤极民主党诸人之所为。有激而出此，不料此书到京，三党党员大哗，总统府闻此仓黄失色，吾本以该信命登报，总统府立刻哀求各报勿登。今日有数十人来津哀求，吾尚未应之。然大约不能终隐，生成苦命，无如何也。现出处尚未定，若能脱身，固所大幸耳。今日祖父寿辰，吾顷吃酒大醉也。

示娴儿。

饮冰　　三月十六日

新四月廿二日

致梁思顺

［1913年4月23日］

四十四号禀悉，此间每月所入，期在二十六日，届时当电去三千五百元。新宅布置，家具又须费千余，顷任儒先生来，略资助之。

祖父寿辰又别致敬！本月须六千内外矣。任发今夕往沪，计初三、四间必到也。吾前思杜门养晦，实属梦想。数日来以吾微示引退之意，三党议员大哗，各党本部狼狈异常，民主党二三狂傲之辈几受殴击，今来津劝驾者，前后数十人，在义在势皆不能辞，二三日后又须入京矣。大约武昌之行，仍不能免，但无论如何，五月廿一日吾必在津俟若曹也。吾日来刻意为吾爱女经营精室，今又当行役，殊恨恨也。

示娴儿。

饮冰　廿三夕

癸丑修禊，汝试补作一诗何如？吾顷遍征题咏，他日装手卷，当作牛腰大也。

任发带去画一轴，专赠津村，食品十二合，分赠南海及诸教习。此画虽非大名家，亦清初之物，国人甚宝之，可以告津村也。吾此后不复与闻党事，且欲谢客，新迁之屋拟不令人知，汝等归后或可复双涛旧观也。

示娴儿。

饮冰

十四舅事已托燕孙转托陆子欣，吾与陆交浅，不便有所干也。但据伯唐书言，于俸外尚有在勤薪费，与现在所入相去不远云。

致梁思顺

［1913 年 4 月 29 日］

吾三日未作书与汝，亦三日未得汝禀，想汝学课正忙耶？吾三日来则并非有它事，徐佛丈等数人由京来相与游乐耳。汝精室吾已布置毕，极可喜。吾苦不能脱离政界，不尔则携汝隐于析津为乐且无极也。大约两三日后复须入京，来月十七八必返津待汝曹耳。

示娴儿。

饮冰　廿九

今日电三千五百，想已收，想可敷衍无乏耶。

仆妇须先雇定一二人否？问汝母取进止。

致梁思顺

［1913 年 4 月 29 日］

顷方发一书，旋得第四十六、七号禀，悉一切。德界屋早已定妥，绝非僻远，远则有之，僻则未也，然远亦对今寓言耳。无所杞忧。党事本欲脱卸，然势相迫不能休，真有风利不得泊之感。顷复允受任，日间又须入都矣。荷丈、佛丈前皆极沮吾与闻党事，今亦谓不能脱卸，此无如何也。要之生为今日之中国人，安得有泰适之望，如我者则更无所逃避矣。佛、荷诸公愤世已极，信未发适得北京电话，今日众议院议长又举不成，大约局面破裂即在目前。汝归来欲入京一游，恐亦未必能也，可叹，可痛！终〈日〉相对惟作悲观语，悲不可解，则寄情于游乐，吾三日来未作一正事也。吾当有事可办时，不甚思家，稍闲闷则念汝曹不置，今越三来复即见汝，吾亦至欣想也。顷电三千五百元，想已收。行赀当无缺耶？可省仍宜稍省，大乱若至，衣食亦可虑也。

示娴儿。

饮冰　廿九

仆妇须在此间先雇否，日婢带来否，木器等不必多带，临行时，汝必须挈诸弟往游存处辞行，至要至要。

致梁思顺

［1913年5月1日］

数日以来，都中风声鹤唳，他日伏尸流血暗杀案日起。正不知所纪极，汝曹欲一睹春明旧迹，恐非今年所能望矣。吾今若退避，反示人以弱，而夺我军之气，横身以当风波，亦非得已。但今犹审顾，亦非漫然自投旋涡也，本初数电促荷丈往，明日荷去，吾仍稍俟。

示娴儿。

饮冰　五月一日

致梁思顺

[1913 年 5 月 1 日]

吾尚未入京，盖有所待，但脱卸则终不能耳。今日阴霾中以风雨令人寡欢，吾思家之念又枨触矣。方摹写汝曹归来后与汝偕游之乐，聊以自解，但未知其时尚能如今日之太平否耳。时时有汲汲顾影之想，难乎其为今之人也。任发计已至，行李想略整，濒行时务须到游存处辞行。吾顷颇欲作诗，少选或成一章。首途时先发一电来，勿俟到大沽乃电也。

示娴儿。

饮冰　五月一日

致梁思顺

[1913 年 5 月 2 日]

第四十九、五十号禀悉。归期可不必中变，就今全国鼎沸，天津租界必可安居，无所用其惊恐也。宋案确与政府无关，惟此次战祸必不能免，吾侪亦不愿其再以含糊敷衍酿毒耳。吾所以不能脱卸党务之故，《时报》通信所记最得其真相，今剪寄，两处当皆有《时报》，或不留心阅及，故再剪寄。阅后并转寄游存。汝等临行时必须往游存辞行，极致殷勤，此为至要。汝之精室吾布置得极为满意，可惜花时已过，欲布置稍好之盆栽，竟不可得矣。汝母之室吾虽不为布置，然亦不止一床二帐竿也。一笑。

示娴儿。

饮冰　五月二日

众院正副议长皆吾党当选，然此后敌党乃益怒耳。

致梁思顺

［1913年5月2日］

顷书计达，吾后日复入京，至迟十七八日必返津待汝曹。因进步党开成立大会，吾不能不到也。行期切勿更改，吾望汝等归来，亦甚切也。汝之精室布置极惬意，然已费八百金矣。此外全家家具费乃不满二百金也。吾之书房即在汝室旁，试思吾之宝贝归来，我岂肯令其离我寸步者。此房楼上仅有三室，吾与汝母及汝各据其一耳。汝母之室其大气，外余两室亦不小，每室足当荣街之两室也。汝母之室有附属小房，可为思成自修室，汝室亦然。楼下三室，一为客厅，一为学塾，其一则王姑娘居也。行李不必须护照，到此自能通知税关免验。

五月初二夕

行李共若干件，先以电闻，当预告税关届时免阻滞。

归时行李太多，恐当日不能取出，其铺盖切勿落舱，俾得先取。

汝之铺盖缓取无妨，吾于汝帷帐被褥皆购置备。

致梁思顺

［1913年5月4日］

十四舅事托梁燕孙覆缄寄阅，可呈前途。吾明日入京，京中来促已数次矣。南北决裂恐不成，深望其遂做一番，不尔长此弥缝何时了也。

计半月后当见汝曹，喜慰不可言。

示娴儿。

饮冰　五月四日

致梁思顺

［1913 年 5 月 5 日］

港谕寄阅。缝机能交大乾叔带去最妙，归时务带土佐纸千数百张，又大坂《朝日》、《每日》可定全年属寄。

吾明日入京。

示娴儿。

饮冰　五月五日

致梁思顺

［1913 年 6 月 2 日］

希哲将归省觐，宜用汝母名义赠稍贵重之物品数事，共约值五十金内外。为其太夫人寿，并赠赆仪百元。

熊内阁尚未能产出，专为吾一人阻滞至今，能否产出尚未可知。吾必须俟有着落后乃能出京也。

二日

吾本拟今日出京，顷以事牵，稍濡滞一日，来复亦不必来矣。命贾林带去玉如意一柄、景泰瓶二座，为周太夫人寿，可交希哲，并告希哲能于庆寿后即返尤妙。

示娴儿。

饮冰

致梁思顺

［1913年6月13日］

连日不能返津，劳汝曹盼望久矣。党方新造，基础未定，吾须日到本部，将各种布置略妥帖，然后可以在津稍作逍遥。顷定明日十四日。再开会一次，此会毕后吾或可行矣。频日组织内阁问题发生，秉丈坚不肯来，闻其夫人阻之甚力。吾主用松坡，项城不愿，必欲强我党中一部分人，旧民主派中坚。跃跃欲试，而有远识者，旧共和派中坚。皆以为不可。吾于明日会场中宣言不肯就之理由，即便返津矣。惟数日来项城患痢，不能见客，吾必须见彼一次乃能行耳。归时必先电告。借住漪澜堂，汝母谓何如？可一询。

示娴儿。

任 十三

致梁思顺

［1913年7月26日］

吾病偶不起，旋即全瘳，两日来一无所苦也。昨夕十二时后由本部返寓，又须代草一命令，明日报中当载，汝一见当能认吾手笔也。遂至日上乃稍待，至九时往浴，十一时归，睡至三时，今始起也，真起居无节矣。乱事大约不能蔓延，今后或亦革政一时机耶。吾于饮食极谨慎，连日请客，不敢多食也。旬日内恐未能出津，盖今正极吃紧时耳。百忙辄报，不一一。

示娴儿。

饮冰

致梁思顺

［1913 年 7 月 30 日］

酷暑如处蒸釜，殆欲焦铄肌肤。连三日不敢入北海，现行新华门去丰泽园极远，乘舟车皆苦暍。惟每日以书往耳，极思逃归析津。而比来因敌党星散，欲乘此机将宪法制定。今吾每夜治事略了，即自作草案，数日当毕。便即连夕开党议讨论，专为此事当勾留半月也。军事上固可乐观，政治前途希望实为零点，奈何，奈何？

此次笺纸佳极，胜前多矣。

示娴儿。

饮冰　三十

致梁思顺

［1913 年 8 月 5 日］

今日适北海，答访一客，循海周遭行，弥望荷花十顷，杂以菱芰芡之属，水佩风裳，冷香飞上，湖外老柳古槐，圆阴匝地，蝉声豪迈，如诉兴亡。胜赏既殚，继以幽感，惜吾爱女不相陪侍也。前日诸友约为什刹海高庙之游，闻彼地荷湖亦殊胜，为雨所阻，竟不克赴，今日之游足以偿之。假使一年后觚棱无恙，则漪澜堂终为我息壤也。吾心境亦无甚不佳，事之艰辛，非今日始知之，故亦无畔援，无歆羡也。此数日本可出都，计秉丈至必且来扰我，其时再来，益复旷日，不如待之，彼以十日至，吾十二三当归耳。荷丈遂不免羁勒，大约明日将见，真除彼初尚思引退，计非就此者，项城思责彼长部，吾劝避难就易，辞尊居卑耳。则财政部且将絷之也。

示娴儿。

饮冰

朱某所刻图章可印一纸寄阅。

朱某所刻图章佳极，吾名号方印尤佳。内伯玉一小印，彼误以为汝之字，故用彼成对之石刻之，顷已别刻一伯玉印交来，可将在津之伯玉原印寄来，俾磨去刻艺蘅馆也。

偶戏诚得多马，但有八百，仅据债权，实入不及五百，日来赠紫珊、君勉、藻孙既尽之矣。宴客购书所费亦数百也，明日宴同乡百余人。数日来未再戏，勿念！

今日忽复下痢，半夕如厕十余次，已召医受药，一泻当愈也。华姑来甚佳，吾本极念之，且非彼来则思和不愿独来，而思和之来可以温二叔之爱情，于吾家所关颇大，可即复禀。

重堂请其来，屋不够住，惟有住汝房内之回廊耳，实则彼处未尝不可住也。吾惫极，而秉丈来期又改，竟欲舍此而去矣。惟明后日皆已发帖请客，骤行亦未能也。

示娴儿。

饮冰

致梁思顺

［1913 年 8 月 10 日］

昨夜狼狈已极，如厕殆将三十度。夜分服泻药，晨间大泻三次，将息一日，今全愈矣。秉丈来期又改，吾欲不待之，但有数事尚须与白宫交涉，又有数客须请，至早亦须十四乃能返津也。

饮冰　十日

致梁思顺

［1913 年 8 月 14 日］

此两日狼狈极矣，昨夕热度三十八度八，今已全退。医者注射涤肠，效乃大著，医言肠病颇深，非根治不可。言尚须诊视两日，故亦拟暂不返津，过此两日，恐竟须待秉三到矣。事无可为而又摆脱不得，徒增懊恼，恐念，故一告。前晚本已全愈，昨午在总统府午餐，以为病愈无伤，稍食油腻，既而往浴，以冷水浇，归后发热。吾相片有存者，可检三数张寄来，似在洗面架抽屉中也。

示娴儿。

饮冰

致梁思顺

［1913 年 8 月 26 日］

吾廿七晚车返津，吾房内各器物已收拾否？仍稍整饬，勿使狼藉生厌，思成已渐瘳耶？

示娴儿。

饮冰　廿六

有人乞主婚，其时刻为廿七三点钟，吾拟礼毕即赴驿，若赶车不及，只好迟一来复耳。

致梁思顺

［1913年9月2日］

吾本拟两三日内出京，因熊秉丈来电坚嘱小待，大约尚有一来复，或旬日之句留。顷天气已渐凉，汝母病如已全愈，汝辈可随侍来京耳。三海及什刹海荷花正盛，薄游正自不恶也，若汝母未能来，汝挈诸弟一来亦可。王姑娘欲一观光京师，亦可同来。藻孙方在津，偕来亦便也。若来可先以电话告知，东局二百〇十号。当饬车来接。

示娴儿。

任公　二日

致梁思顺

［1913年9月14日］

房子阅看数处，终不合式。今日往看北海之镜清斋，即前此陆子兴所居也。其地风景绝佳，布置精雅，号为北海之冠。回廊曲折，居室错落房室皆不大。在山坡上，分五六座，以廊通之，其景殆为颐和园所无，南海、中海无此佳构，漪澜堂大而无当。外则弥望荷菱，以全海为一大园，小动物居此当喜欲狂矣。唯室少不能容客，且交通极不便，是隐士所居，非政客所宜也。今拟另租一较小之房在近市之地，此房中亦设上房，眷属随时来居。而家眷则居海上，吾日间皆在市中治事，间日则归海上避客，可禀知汝母，如此办法妥否？眷属居彼毫无不便，惟买物稍远，颇似居须磨耳。汝学西文亦恐稍不便，仍可与教习订往，若不能往，则汝每日来市中之屋亦不甚费事，多置一马车足矣。好在海上不须租钱，虽多租一屋在外，所费亦不甚增，或汝陪侍汝母来一看亦好，吾极不忍弃此屋，汝等见当更垂涎也。吾明日到部视事，知念并闻。

饮冰　十四日

致梁思顺

［1913 年 9 月 16 日］

今日又看得一房子，在南池子，极佳，地段极合式。正房共六院，另有偏院一所，共百三十余间，极新极精，吾前次与汝同车过其门，曾指以示汝，啧啧叹美，想汝未必记忆。偏院极佳，开窗则临御沟，荷花开时当胜绝。惟索价太昂，与津屋同价。今与磋商如何再告。何若水尚在司法部，不能补缺。本部古董，竭推此公候补四十年矣。现有一差事，月薪三十元，吾今日到部视事，最末后来一参谒，甚可怜也。吾冗忙乃出意想之外。今次长未到，三日后可到。部务又不能卸。国务方面筹画至劳，所可喜者每日八时非起不可，夕十二时倒头便睡矣。

示娴儿。

饮冰

致梁思成

［1913 年 9 月 21 日］

津屋既难退，暂缓迁亦可。并眷之一部，亦不必来，吾即租一小屋，与张、汪、汤同居。党中有一空屋。每隔一来复之来复，六日出津小憩可耳。吾欲迁眷，半为欲汝在侧，然以现在情形，恐汝虽来而能侍我之时甚希，反不如半月一返津，屏弃百事（下缺）

致梁思顺

［1913 年 9 月 23 日］

书悉。成病比复何如？可勤报告。津贴当仍赓续，屋尚未觅定，或拟独居国务院也。来复六必返津休沐，顷每日八时必起，而仍不得早睡，但精神极焕发，勿念。

示娴。

饮冰　廿三夕

致梁思顺

［1913 年 10 月 1 日］

细瓦厂屋，略可定局。客厅及吾书房之家具可装束待发，其大书桌可暂勿移耳。思成病有间否？

示娴儿。

饮冰

致梁思顺

［1913 年 10 月 1 日］

书悉。成已愈，甚慰。家具可收拾一部分。屋尚未大定，然大抵不中变矣。汝能复亲学业，反使吾生羡。秉丈顷病，一切托吾代理，吾忙乃益甚也。小八已为位置参议员书记，月俸几何未知，想总有百数十耶。

饮冰　一日

马多备一匹亦无妨，此间所有已饬贾彬交涉，恐未必能办到耳。

致梁思顺

［1913 年 10 月 26 日］

两禀俱悉，成病日来如何？险期已全过否？屋事轇轕不清，令人气闷，真悔租此矣。月内不知能迁否也。今夕日使馆宴客极热闹，诸日妇以汝未至，咸以为歉。

示娴儿。

饮冰　廿六

后日英使馆设宴亦有汝，已辞之矣。

致梁思顺

［1913 年 10 月 28 日］

廿七日禀悉。吾忙极，已两日未到部矣。顷方作大政方针宣言，亘两夜未睡也。屋大约非出月不能迁，吾为此亦颇懊愤，然无如何也。吾顷以电话询成病，而汝乃往河北，想亦往散闷耶。书籍若未悉收起，仍宜展读以收放心。

示娴儿。

饮冰 廿八

致梁思顺

［1913年10月］

连禀俱悉。新屋由吾直接与房东代理人交涉，并未尝假手臧获。现旧赁者尚未迁出，一来复内当可入居。客厅及书房各家具可即装束运来，马不妨买，此间所有恐未必能通耳。

示娴儿。

饮冰

致梁思顺

［1913年11月6日］

新屋已腾出，顷尚裱糊。明日便当迁家具往，两三日后定居矣。成病近复何如?

文美斋刻各笺纸，可饬人将版取回，稍给以价可耳。

一别来思君，一君其爱体素，

一书不尽言，一任公封事，一路修文俭。

致梁思顺

［1913 年 11 月 8 日］

比来消息日恶，青岛客纷纷迁来，恐战线必扩张及东洋，可忧者非止一事也。前书言买房事，汝叔亦同意，虽其屋有不甚满意处，然可免临时加租，受人挟持，计亦良得，顷已定局。房价万四千两，地在内，款已筹得万两，其四千则半年内分交。本欲待汝母来一看，因有别人竞争，且欲急定，故已定议。日间吾便归京，留两叔在此办交涉，大约因买此屋负债二万元，月息八厘。每月出息百六十元以抵屋租，总算便宜耳。季常之次子忽患脑充血吾前日尚见此子。死去，人生无常，良可惊悼。

此告。

娴儿。

饮冰

致梁思顺

［1915 年 2 月 17 日］

得禀甚慰。吾日来昏沈于著书，无暇念汝，每醉辄念，今方醉耳。汝非久当宁家，吾辍一日之课待汝也。

父告令娴。

十七日

致梁思顺

［1915 年 2 月 21 日］

今日赶东不及，遂不复来矣。大约或俟正月廿六乃一归祀祖也。昨日始迁入熊宅，觉有种种不便处。今日再迁马宅，惟彼处家具全无，可即饬人将家中之桌椅略检一二运来。忠病既愈，可令王姬即日来为料理一切，稍添些器物，管杂账亟须一人，吾实不耐此也。又当带三百元来备用，此间已别觅一庖人，阿发可暂缓来，因马宅仅三间平房，两间下房，阿发不上不下，与我同室既不可，与诸仆同室亦不可也。吾旧稿中有一文，题曰：《中国曷为至今存耶?》，其文未完，可即将原稿检得带来，又新裱之碑版四册及有正所印之《张猛龙》、《郑文公》似在吾书房左抽屉中。一并检来。吾现每日仍往利顺德就食，拟俟王姬至乃举火也。《京报》、《亚细亚》、《国民》可告该馆每日寄一份往马宅，吾数日来成诗数首，内有一首一百三十余韵者，文亦成万余言，汝闻此可想见我兴会淋漓之状矣。交涉事如何？有闻即告我。一两日内尚有文寄《京报》也。

示娴儿。

饮冰　人日后一日

致梁思顺

［1915年2月27日］

忽得蜕庵噩耗，惊绝痛绝，生平风义，寥落数人，天夺此公，何其酷耶？阴雪惨澹，独处斗室，哀时感旧，不能为怀，作此告汝，可告二叔，当同此哀痛也。已向此间中国银行借五百元电沪以治其丧，且恤其孤，二叔亦宜有所赙，可即在此数内也。

示娴儿。

饮冰

有人来可带七百元来以还此款，且新居购物须结帐也。

昨夕感逝，正极凄咽，松坡忽至，遂为长夜谭，邀往荷庵宅。凌晨归寓，利风如割，今甫起已过午矣。得汝书悉一切。此间屋狭，若忠、静等皆来，一时又无学校可入，则聒闹将不堪，可暂勿来。吾拟回家过生日，再来时乃商略挈彼辈可耳。初迁党琐务需人者至多，今布署略定，又欲独处矣。外书房右方第二抽屉内有一魏姓哀启，可一检，检得交与黄孝觉，属其代笔作一墓志铭，此松坡代请者也。吾数日来批诗至多，文竟未能属草，深自愧。

示娴儿。

饮冰　正月十四日

在此不记阳历，极可笑。

清华事已函托张坚伯为思成道地。

《京报》事易孙姓者决不可别聘，林亮功专译英文则可，彼初约用七百元，今只开销五百八十元耳。此事可告希哲与陈蓝林，三方一谭定之。

来书书面不必写总裁字样，但写大人可耳，快信必不拆，普通信必拆，不关称谓也。

致梁思顺

［1915 年 2 月］

已定借秉三房屋，彼屋有两座，吾借其一，彼眷不在此。一切家具皆有，惟阙床耳。《庸言》旧床存者三具已迁来，告来喜及阿发作速收拾，汝之贵重物件亦稍收拾，两三日内即带来，粗重物一切可不必带，但带食具足矣。厨房粗器皆具。吾明日便搬往，惟无饭可食，须往蹇、汤诸家挂单耳。秉三来此已数日，彼亦东食西宿也。渠等来愈速愈妙，即来喜未能速，则阿发亦须速。专为食饭问题也。

示娴儿。

饮冰

致梁思顺

［1915年2月］

比一书计同达，顷复。至马家相度一次，凡百皆宜，独无阿发住处，男下房仅一。今尚须安电灯，好在灯可移新宅。恐来复二三乃能迁入，王姬宜早来料理厨房，又室中空无一物。马宅布置未妥，即住熊宅一晚亦未尝不可，食饭则临时设法耳。京宅西式家具宜即运一两副来，屏风亦须一两副，书箱则随时检束，可寄者则先寄也。前数日所闻噩耗，似尚非确，然早晚必至之符，今吾徙薪曲突，正合时耳。

娴儿读。

饮冰　来复日第二书

书来宜寄英界比国旧领事署旁孟庄十号。

电话二千一百零二号。

家中人何时来，可先告，当遣曹保到驿照料。

致梁思顺

［1915年2月］

两日来因迁新居，种种未备，厕所水管冻坏，此最不了。故终日与蹇、汤辈聚戏，夜分始返，未尝一务正业，今日略收放心矣。然室中空洞无物，觉大不适。顷复偕藻孙往购些家具。汝母闻此当必谓吾浪费。然吾欲购少数极精致者，专供将来新居书房之用，亦尚非赘疣也。都中迁寓事，此间人大不谓然。其言甚有理，已告藻孙面言。可即中止，切勿轻动也。此间大略布置已妥，任发可暂不必来，忠病若已全愈，来喜一来招呼亦可，来时更带百余金。实则此间已不甚需人矣。

示娴儿。

饮冰

顷置电灯费百元，购家具八十元，好在皆可为他日用耳。

致梁思顺

［1915年2月］

文即译登《京报》，并登《国民》、《亚细亚》，唯告志先转告彼两报，登时勿太断续，能以五号字一日登完最妙，至多亦分两日耳。别钞一份托仲仁呈主座一阅。藻孙代我写数行与仲仁。忠病如何？吾来后早车必归。

示娴儿。

饮冰

致梁思顺

［1915年2月］

有哭蜕丈诗八首，在黄孝觉函中，吾儿读之，当惊我悲伤过度，然吾以此写哀，既写则哀乃杀矣。此诗自谓大佳，深得老杜神理，此间尚有原稿，汝钞一份存之亦可。旧历二十日为曾祖父忌辰，宜设祭，并请仲父归主祭。

此示娴儿。

饮冰

致梁思顺

［1915 年 4 月 3 日］

阅数日来报纸，悲愤不能自支，恐中国其真已矣。吾南行计画已略变，意欲孑身仅带一仆往，思达辈决不行，并阿发亦不带。厨子更勿论，发愿往仍带之亦可。又欲不返茶坑，盖吾数日来觉满地皆荆棘，正不知瞻乌爰止伊谁之屋，不欲多挈人以增累也。昨成一文，极哀愤，汤、蹇辈力劝勿登报，已拉杂摧烧之。今晨车开时尚未就枕，便欲即来一访陆子欣，既而嗒然遂止。何日入京尚未定，大约来复一二间必来。南行期原拟来复五，旧历廿五。今欲多预备报中文字，作不出奈何？或改至下来复五也，三月三。家书可即寄去。

示娴儿。

饮冰　十九晚

致梁思顺

［1915 年 4 月 13 日］

吾有文一篇，题曰《中国曷为而至今存耶?》，其稿未成，吾曾带归，今此间遍觅不得，可即一检，检得即交孝觉带来。七叔病究如何？甚念。

示娴儿。

饮冰

致梁思顺

［1915 年 4 月 14 日］

三日未得书，颇念。家中想皆安善耶。汝曹感冒都全愈否？昨都中有人来，又有难题加我。然我自有避之之法。或竟如祖父书所言，求外出亦是一道。或劝吾此时不可入京，然吾必欲受汝夫妇飨宴，届时终当来耳。娴儿读。

饮冰　三月一日

不记阳历月日，想当然耳

新宅电话一九九九号。

致梁思顺

［1915 年 4 月 15 日］

今夜乘新济船行，四点出帆，约初六可氐沪也。荷丈竟不能成行，此亦无害。吾沿途必能自慎摄，家人勿以为念也。中原公司日内收股，家中能凑出三千元否，可交藻孙与幼珊交涉。汝所有薄薄资财亦可附两小股，三百元。更附黄孟曦罐子股二三百元。一切皆托藻孙可也。此间所存六衣箱已移置马朝利新宅，其余各杂物则扃在一房中，钥亦交彼，迁居时往取可也。
娴儿读。

饮冰

致梁思顺

［1915年4月16日］

顷已登舟矣，夜二时。早知中国船之寒酸，乃不料其一至此极。室无电灯，百物悉带霉气。似此数日殊不可耐，欲图安佚，乃适得其反矣。六时展轮，大约十九乃能氏沪也，馀续闻。

此示娴儿等。

饮冰　十六午前三时新济船中

致梁思顺

［1915年4月18日］

得擎一书，呈仲父阅。蜕老之疾亦大奇，殆脑充血耶。数日来总是惘惘不乐。顷复作一长古，冀一纾散之，尚未成也。汝感冒已大愈否？吾廿三、四间必归。

示娴儿。

饮冰

致梁思顺

［1915年4月18、19日］

船氏烟台后，装载咸鱼数百包，满船腥臊不可向迩，本不晕船，今且欲呕矣。今日勉成千余字，且作一诗，俱带腥气也。幸未携达达辈来，果来不知若何叫苦耳。若无雾，则明晚可氐沪，望彼岸若乐土矣。

饮冰　初五晚

昨夜遇大北风吹送，舟行极速，今日三时已氐岸矣。

初六

致梁思顺

［1915 年 5 月 1 日］

初九发上海，十二午抵港，粤吏以兵舰迓，其夜抵粤。十六在家庆祝，十八乃开筵受贺。老人康豫欢悦，自不待言，抑几于全城雷动矣。初拟一切从简，而群情所趋，遂不许尔尔。十八日竟演剧侑祝，盖合全城官绅商之力，乃能于数日间布置略备也。在八旗会馆开筵，其地之宏敞，过于湖广馆。将去年之屏联择尤悬张，龙将军殆成刘老老。此间人殆莫不咋舌叹美，谓是全省之荣幸也。二十日返乡，兵舰五只护送。乡中仍演剧三日，届时全乡若狂之状，更可想耳。吾自上岸后，酬应乃无一刻暇，每日仍以数小时归家承欢，大约一日未离粤，则一日不能休息也。此间已热不可支，蚊患尤盛，亦幸是达达辈未来，若来必将叫苦连天耳。大约月杪必须离粤，若久居非惟易滋支节，即精神亦难支也。今日为受贺之辰，早起客未至，写此寄告，可即禀仲父。

娴儿等同读。

饮冰　十八

致梁思顺

[1915年5月2日]

《京报》文寄上，可即译登，英汉文皆登真名。仍抄交《亚细亚》、《国民》两报。日使负伤，殆天夺其魄。交涉或稍缓。过三月廿五日后，当有变动耶。

此示娴儿。

饮冰

致梁思顺

[1915年5月3日]

昨寄文稿，想已达。公事房条桌上有楠木夹板书一套，为朱九江先生文稿及行述等，可检出。汝母来津时带来，《艺蘅馆词选》带一部来。若汝母不来，则交荷丈并带银百元来。

示娴儿。

饮冰

致梁思顺

[1915年5月3日]

十八日在省城庆寿，全城官绅商咸集，都中两贺电以十六晨至。共谓为空前之盛会也。礼堂在八旗会馆，其宏敞乃过湖广馆。是日演剧，至翌晨侵晓乃散，老人亦凭观至终局，精神矍铄，座客咸羡也。十九日吾穷一日之力以谢客，今日为二十日，七点钟即乘船返茶坑矣。吾所御者为一浅水兵轮，名曰“楚璧”，家族亲友同行者甚众，凡赁紫洞艇四只，护以小兵轮三只，军队随行者约二百人，新会军队相迓者，闻尚百人云。沿途山川辉媚，花鸟欢虞，致足乐也。乡中尚演剧四日，吾于其间谒祠扫墓，不过一二日毕事，二十五、六间当返省城，月杪即北行矣。汝等无一人随侍，深为可惜，然汝辈若来，恐亦处处觉不适耳。粤事日趋败坏，危象不可思议，吾离粤后，或在沪不甚淹滞，拟速归京，有所陈述也。汝仲父不知何日南下，若四月初来，必可在沪相值也。此间木棉已开罢，群芳俱歇，都中海棠时节，又轻辜负，颇用惘惘耳。

娴儿读。

饮冰　二十日午“楚璧”船中

致梁思顺

［1915年5月4日］

复为一文，可即译登《京报》，并交《国民》、《亚细亚》转载，登出后即将原报前文亦然。封寄陆子欣，促其注意，恐彼无暇读群报也。由藻孙代我作一书可也。

娴儿读。

饮冰

致梁思顺

［1915年5月5日］

家信即加封寄去，交仲父一阅。阅报，觉交涉事益加棘手，陈有仁处有何所闻，可举一二告我。

吾《大中华》各文已将原稿寄沪，属其录副后乃发，即将稿寄还汝收，以后汝收得即保存之。

娴儿读。

饮冰

致梁思顺

［1915年5月6日］

两书俱悉。登《京报》两文未见登《国民》、《亚细亚》，何也？外人颇有疑我已收门生，故久不作文，仅登《京报》则见者少，可即翦取原印本，交两报速登之。阿发结婚甚可喜，吾意仍贺以金钱四十元。最为实际，彼新婚能随吾行耶。此外彼欲得何物，可一询之。数日来秉三、慕韩至津，连三日哄集吾家，不能作一字，今晚方思执笔，而公立、擎一来，又增伤感，今十二时已过，且思睡矣。

示娴儿。

饮冰　廿三日

荷丈带来金物并收。

《艺蘅馆词选》有人索取，可取一普通本带来，记有一大包在楼上也。

汝母何时来，电知遣迓。

致梁思顺

［1915年5月7日］

数日来作诗至多，可启所致伯葵书一读之，别有一首，即交勉兄录副。录成交与孝觉，原稿汝自宝之。

示娴儿。

饮冰

今日迁意界。昨两书达否？

医院事当早定，可促叶医与伯初交涉。

致梁思顺

［1915 年 5 月 8 日］

书悉。院事须经三面交涉，顷已定期，不便再改。好在相去不过数日耳。可告叶医届时往院接洽。吾前服屈臣氏所购药，觉燥烈，牙痛。停服两日，今得荷丈带来者已续服矣。连日心绪殊作恶，不审何故？今日又黄雾四塞，阴郁尤甚，使人不怡也。顷上海有一名医来，魏铁三之友。吾欲汝母于星期六来，顺请彼一诊。汝母年来常病，颇欲一求其病源也。汪伯唐丈书寄上，若粤中得当，则桂可谢之也。

示娴儿。

饮冰

致梁思顺

［1915 年 5 月 11 日］

得藻孙书，知汝已诞一女，母子平吉，深慰远怀。诵赵王佗“于今抱孙”之句，殊令老夫色动也。此间于旧历十八为祖父祝寿，其庄严热闹，咸谓粤城空前之盛。二十日返乡，在江门一宿，二十一日到家。廿二日谒祖，廿三日庆寿，廿四日省墓，廿六日复返江门，廿七日返省。此数日间全省河小兵轮十余艘，皆开往茶坑，军队环卫者四百余，其在附近一带巡缉者复数百，吾赏犒之费，亦大不赀矣。祖父精神矍铄，兴会淋漓，至可欣慰。乡间风俗亦至醇美，粤贼遍地，吾乡竟无一人挂吏网。此次在乡演剧四日，并小孩吵闹之举而无之，来宾莫不啧啧叹羡也。

子弟亦多佳良，廷伟尤极可爱，在银行为学习员，行中人皆器重之，聪慧勤慎，亢宗之子也。吾极思挈之以北，惟入校苦于程度不合，且祖父极钟爱，不欲其远离，只得听之。惟令其晚间补习英文、算学，使将来稍有所资以自立耳。汝梅姑尤极婉娈，吾笃爱之，惟祖父亦不欲其远行，无如何也。彩莺、翠琼、翠莲皆来，闻皆得所。彩莺家事尚好，琼则稍差矣。吾欲廷伟与瑞时婚配，家中长辈皆同意，试商汝母谓何如？

吾此行返乡有极危险事，惟我乃如在梦中，返省后始知之。盖有乱党九人，各挟爆弹，拟到乡祝寿，为侦探所尾，在离江门一站之车破获。兵官死一人，伤八人，顷伤者在博济医院，吾日间尚拟往慰问之也。

昨电及藻孙函，言思成入校事已悉。此间本已允送思永，今既如此，当要求送两人，若不能则先送思成也。此事明日见当道即办之。款三千此间可筹寄，亦须两三日内乃办到，因有款存中国银行，现汝德叔尚在乡，须待其来也。此次在粤所费，当在四千内外，而乡祠乡人所费，恐更六七千，实未免太过，然借此承欢，殊值得也。吾自到粤后，未尝食一顿正经饭，未尝睡一场正经觉，劳顿不可言。决初五日旧历。由港起行，初三、四间当往港也。

此示娴儿姊弟等同读。

饮冰　旧历三月廿八

新历五月十一

酸枝书案吾必赉汝，顷已定购矣。尚有他物遍赏汝曹姊弟也。

致梁思顺

[1915 年 5 月 14 日]

寄去清华咨文，可即持与该校校长交涉，并索取履历纸照填，更附以相片交去，若即此可了最善，否则须汝母挈成、永一归应考，当无不得也。吾拟旧历初五行，或即返京亦未定，有书可由上海静生转。

娴儿读。

饮冰　旧四月一日

致梁思顺

[1915 年 5 月 24 日]

本拟旧历十三旧历行，缘事复改至十九，度不再改矣。此间极安勿念。成、永入学咨文已收否？

娴儿读。

饮冰　旧十一

致梁思顺、梁思成等

[1915 年 6 月 4 日]

今晨安抵上海，拟往苏、杭、南京，小作旬留，即乘津浦车北上，尚思一登泰岱、谒孔林也，极欲汝姊弟来一同游，能行否？能则俟吾发程时以电告，汝等得电即来，会于济南可耳。津屋想已落成，已迁否？若已迁，则吾在津下车，否则直到京也。成、永入学事何如？若不妥，须即日返粤应考。应考必可及格，但不免一度跋涉耳。此行在粤忽忽遂四十日，幸未挈诸幼来，若尔，恐病者纷作矣。粤中各界欢迎，可谓致敬尽礼，港督亦至殷殷。粤之天气吾犹觉不能受，勿论汝辈也。

示顺、成等。

饮冰　六月四日

致梁思顺

［1915年6月5日］

到沪得五月十一、廿二两禀，慰悉一切。吾明日往杭州，拟住三日，返沪后即往苏州，住两日，往镇江一游金、焦，遂往金陵，亦住二三日，即取道津浦归京，途中更一登岱，期以端节前后到家。似此匆匆，殊负雅游，但颇有数事，粤中政事也。须到京有所告语。且久游于卖文事业殊多妨也。幼孙之婉娈，吾虽未见，可想像得之。彼生时汝夫妇孝服未满，可名之曰念慈，三月十九俗称为月神诞，其小名称为桂儿亦可。仍请希哲商之。

祖父有洗儿钱一封，由吾带来，吾游江浙亦当求佳品以赉之也。吾为汝置书案、书橱，皆自出样式，颇精美，但须两月后乃成耳。在粤购得乡先正书画数事，颇可喜。途中不能作文，《大中华》相促迫，殊为狼狈，今晚拟拼命成数千言耳。

此示娴儿。

饮冰　六月五日

致梁思顺

［1915年6月11日］

娴儿诵此：

憩沪三日，遂游西湖，初拟信宿即行，今乃裴裹不忍去，昔人诗云："一半句留是此湖"，信不虚矣。本欲避客独游，未抵驿已为当道诇得，张盖游山之丑态，在粤久已厌之，到此亦复不免，山灵有知，恐笑绝冠缨矣。然旅舍之佳胜，亦非官力不及此也。所居曰刘庄，粤人刘某费十万金构筑者，精洁为西湖冠，园主人即前此放火焚《新民丛报》谋杀我者，园今为公产。

顷排日作游课，每晨五时即起，秉烛乃归。环杭诸胜已什得六七。昨又溯富春江，探七里濑，登严子陵钓台，谒谢皋羽墓，但觉无境不佳，应接不给，每至一地，未尝不忆吾儿，以不克偕游为恨也。西湖四时皆宜，惟夏较劣，今发大愿，誓欲以八九月之交来住两月，闻钱塘潮壮观不减畴曩，而自钱塘江溯富春江二百余里，皆丹枫、乌桕，红叶之艳，世界所无。西溪之芦，葛岭之桂，皆以万株计，汝曹生长岛国，宁能梦想此境耶？深秋之游，非儿侍我，我不欢矣。富春上游有鸬鹚港者，在钓台对岸，晚唐诗人方玄英隐居地也，境界绝肖箱根。惟箱根仅以溪瀑胜，此港则外与富春江相属，其雄伟气象，远非箱根所敢望。询其地价，每亩仅值一元，吾已属彼间县令为我购千百亩，亦欲在湖滨购十余亩。其地宜茶宜乌桕，信能躬耕，则亦与千户侯等。营兹菟裘，吾将老焉，当亦汝曹所乐闻也。拟旧历五月一日返沪，尚思一到南通，再诣金陵，仍经泰岱，非五月半不能到京也。昨得一英密电，此间无电本，不审何事，想非甚要耶？成、永入校事想已妥，深念，深念。

四月廿九日　饮冰

西湖刘庄发

致梁思顺

［1915年6月15日］

在杭竟作十日淹留，如此佳景，不成一诗，可恨。长官之殷勤款待，致敬尽礼，视粤中又过数倍，然为清游计，滋不便也。天气太热，亦不欲多游他地，拟下来复五、六旧历十二、三间。即乘津浦车返，或径返京亦未定，汝曹不必来津相迎。或在津小留一二日，询问都中确消息乃入耳。此间传言国体问题甚急，吾北行恐不能久安居也。前中华书局交来英密电，因失去电本，至今不知所言何事，至耿耿，想无他故耶。

旧五月三日

致梁思顺

［1915年6月16日］

昨发一书，想已达。得六月四日书，悉一切。成、永入学事已妥，甚善，日来为此事颇悬悬也。吾在杭淹留十日，中间曾一溯富春江，登严子陵钓台，游兴至佳，然冠盖游山之诮，不能免矣。每值佳境，辄念汝，惟内地旅行实不易易，汝若从游，亦恐有许多苦况不能受也。吾所至，受最丰备之供帐，犹觉种种不便，乃知昔贤遍游名山大川，如徐霞客、顾亭林者，非大豪杰不办也。初时未挈思、忠等行，粤中家人甚觖望。颇以为歉，然使彼等在粤过四十日，不几叫苦连天耶？此间炎热殊甚，在西湖旬日，每日五时即起，游至十一时必须返棹，中间曾入山数日，颇觉安适，其后午间须演说或赴宴，则大以为苦矣。本欲更游数处，然到处逢迎，不堪其扰，欲微行。实不易，吾初入杭亦微行也。一游苏州、镇江，即由直车返津，泰山之行，秋以为期矣。此数日间或遂不更发书，汝等静候归旌可耳。

娴儿读。

饮冰　六月十四日，旧端午前一日①

致梁思顺

［1915 年 7 月 27 日］

今日已移入新居，将情形略告。

新居似甚凉，前日极热时来视察，觉室内与外院相去数度。

蚊子无之，间有。蝇则不少，恐绿纱窗终不能省，惟窗止一半，似难做也。

前日大雨时，地窖全为水没，深至盈尺。今汲水犹未尽，遣往诘马朝利，则言全是街道关系，盖昨日街上水全淹入院子，院子既淹，地窖无术自全也。然如此则窖几无用，将来恐成公共问题，质意领之市政也。

屋子开间多，失诸小，确属失算，前拟作汝书房之两间，今吾暂用作书房，殊觉不敷回翔也。欲以一室专供藏书，则亦无有，大约仍须分置各室耳。

---

① 1915 年“旧端午前一日”应为该年 6 月 16 日，“6 月 14 日”似误。

回廊稍嫌窄，有数处极佳，昨今月夜独坐，殊意远。

粤中带来旧家具，损坏颇多，定造之新家具，恐此全毁于火矣。

此间经始应添之物乃至米、盐琐琐，吾悉厌之。欲汝母先来两三日，将厨房布置妥当，且将楼上电灯安好，则大举迁移时，乃不至狼狈，不知汝母能于此数日内一来否？

来复六或来复日颇盼希哲一来，有许多琐事须与马朝利交涉也。

来时忘却带时表，甚以为苦，有便人可托带来。

曹仆昨亦已来，病未愈，刘仆尚须小留一二日。

饮冰示娴。

廿七日

致梁思顺

［1915 年 7 月 29 日］

即日书悉。马朝利顷往戴河避暑，不审星期六能返否？希哲可待电话乃来也。无电话则不必来。院子彼不待我商略，已为照原图点缀，但似亦不恶，故即听之，树亦已种十余株矣。昨日偶约数人为戏，至夜分时为警察所讹诈，将具取去，令诸人皆勿得他适，于是清谭彻夜，幸月至佳，亦殊有趣也。今晨科罚金人十元，大约彼辈来时给以小费便行，吾侪不屑，故听其所为，今晨遣人持名片往领署缴彼此数。此亦吾好游戏之一小惩也。昨日尤有种种恼人之事，吾亲自往购帐子，购来乃是小孩用者，已往易妥。又亲往购藤椅，置廊下用。乃兼购无数臭虫而归，已燂汤杀之，未审肃清否？事事错迕，殊可笑也。今日静坐读书看二百余叶，乃大可喜，此屋真宜于问学也。此数日间赏月至佳，吾连三夜皆宴坐游廊，惟觉清气往来，雪公有书来劝吾为粤事入谒，吾实无此热心，已谢之。惟宪法起草会闻下来复三开第一次会，或须一来耳。吾案头有叶景华论文一篇，题为《过渡时代之实业》，装订成册，有便人可检带来，又吾为蜕丈遗孤所作小骈文亦检来。

示娴儿。

饮冰　廿九晚

医院事已函会计干事。

致梁思顺

［1915 年 7 月］

寄利顺德一信，今午往餐始见之，若不往，将阁置无期。袁家知宾自当效劳，可告彼家。今日杨皙子来，知来复六乃开会，彼来复五早车来也。季常负叶医金五十五元已交到此间，可即由家中拨交，取回收条。彼函催甚急也。下次来时汝当可同行。大约下来复一、二当由京发。此数日内宜检点一切。

示娴儿。

饮冰

致梁思顺

［1915 年 7 月］

书悉。桂儿小热，自是幼孩常轨，不必焦虑也。汝稍迟来亦无妨，但望不逾旬日耳。日来风声至恶，吾意决欲全眷移来，与京师长别矣，三年或五年之别。可告汝母勿再觅屋，虽未能骤移，留旧屋一二月亦无伤也。希伯处尚无回电，不审前电有差池否？希哲暂僦小屋固无妨也。汝母留下之金钱，连日游戏已损大半，来时当携二百内外来。

示娴儿。

饮冰

致梁思顺

［1915 年 7 月］

吾来复五晚车或入京。再诣起草会一次。但风潮正急，又欲托病，俟汤、蹇辈来书，消息如何乃能定耳。

娴儿读。

饮冰

致梁思顺

［1915 年 8 月 19 日］

各情详仲父缄，可即送去。事变之亟如此，非所料也。汝何时能来？家具何以久未到？桂儿已痊否？吾颇思不复履京阈，深望早来伴岑寂也。

此笺书颇不恶。

娴儿读。

饮冰　十九

致梁启勋

［1915年8月19日］

今日本为起草会员入谒元首之期，昨午会中有电话来，已许以晨车往，晚间黄远庸来，力劝勿行，电商季常，亦谓宜缓，遂以病电公府请假，计此后当祷长病矣。日来彼辈进行何如？希即见报。荷公若能一来面罄尤善也。家书寄阅，建兄书已发，甚善。所恃外援当在是耳。
仲弟。

超　十九

致梁思顺

［1915年8月22日］

昨日觉顿来，今日柳溪来，备述都中近状，稍可安心。吾此后拟仍出席于起草会，若不出席反有嫌疑。大约此半年中可望无他异动，过此以往，再图补救耳。此会或亦有关系，星期五吾当一入京也。或再迟一星期乃来，亦未定。回廊独坐，明月亲人，兹景绝佳，恨汝不来共此。吾旬日来写字极多，文思依然涩滞，受外界牵迫，心绪至不宁谧，可恨也。
娴儿诵。

饮冰　廿二夕

致梁思顺

［1915年8月23日］

书悉。来复六能来，甚佳。柳溪劝吾来复五入都，吾仍欲再迟一来复乃往也。来时可将前在马场道屋所用门帘之桂木带来，汝所住房顷尚未挂帘，吾拟即用此，无取别费另造也。又吾有书与潘琼笙，属将吾所著书报如《政治论集》之类、《六大政治家》之类皆要。取一全份来，可告姑丈往检，无论整部零册，尽所有各取一二部文集能多取数部最佳，恐无有耳。来可也。吾不能忍，昨夜不寐今八时矣。已作一文，交荷丈带入京登报，其文论国体问题也。若同人不沮，则即告希哲，并译成英文登之。吾实不忍坐视此辈鬼蜮出没，除非天夺吾笔，使不复能属文耳。

廿三晨

吾别草一文，题曰《中国与土耳其之异》，为《京报》作也。已属秉均钞副交志先，此文可登英文报，汝可向秉均索取，与希哲共译之。篇首仍作数语，云本报请某人赐文一篇，幸得许可，为此不胜荣幸云云。示偶作，非常作耳。

致梁思顺

[1915年9月9日]

登舟安睡，逾午乃起，船在沽淹留，明晨六时始行，吾决暂留大连或一游青岛，所至必有信归，勿劳远念。书房、卧房中各物，速一收拾，免使散乱，余续闻。

九日晚寄

致梁思顺

[1915年9月18日]

昨日风浪之恶，乃为数年来航海之所未经，并吾亦不能起而就食，今已入吴淞口矣，越三时便当登陆，登陆后当即以电闻一切，容续报。

十八日　神户丸舟中

致梁思顺

［1915 年 12 月 19 日］

抵沪甚安，现暂寓理查客店，静生已为僦定一屋，明日当可迁入也。此间之屯险，又过于津，大约惟有一步不出，一杂客不见，免使亲爱之人多增悬念而已。吾御西餐旬余，苦不可状，登陆即欲往吃小馆子。同人闻之失色，群起相沮。最轇葛者，南佛闻我至，吾未往见，适因昨日下午彼召静生往，不得不告之。昨日半日中三次遣人来强逼我迁往彼处，夜十一时尚遣来下严厉之训令。吾为此几与决裂，可恼亦可笑也。此间既无得力之用人，同人皆不放心，彼等荐用人皆觉踌躇，任发不善与彼辈为缘，恐荐来者不能相安。任发之职大抵当用全力于守卫耳。吾身边事无人料理，深觉不便，可即命来喜前来，女佣则带大喜，男佣则从希哲处借一人护送，送到后即遣归可耳。行期定，可以书来，当遣任发招呼。吾今处此艰危且不便之境，家人固不容以跋涉为惮也。思庄病已痊愈否？来书务及之。汝母之乳，似非割不可，汝宜力劝。有三宅雄二郎著《宇宙》一书，可检寄来。

娴儿读。

松已离港。

父寄　十二月十九日

临行时有一书交汝母转交荷丈代汇二千元来，顷静生尚未收到，想未汇耶。果尔，则暂可勿汇。此间所有者尽敷用也，惟此款宜保留，勿移作他用，恐忽然需要。

致梁思顺

［1915年12月23日］

安禀及各文稿并收，顷发电文曰“王姨速来，行期电告静生”，想已达，同人之意谓吾之饮食最为难题，非家人司中馈不可，现决明日移居友人家，无可居者，顷自僦屋也。任发暂兼厨役、守卫两职，如此恐难久。故王姨非速来不可，若有船则搭船最妙，否则津浦路，但恐届时此路已不通行，则绕秦皇岛或由山海关绕大连亦可，女佣带大喜最妥，男佣随便借一人，若仍不便，则请希哲或擎一护送前来，兹事极要，无论如何非来不可。此间各事之顺遂殊出意外，不能详述，吾甚安，□远念，吾自己此后每日皆六时即起，力矫前此旧习，惟数日来以睡不足之故，眼病复作，更数日后早睡能成习惯便好。

廿三日

致梁思顺

［1915年12月28日］

来书必须加一信封外封，但写静生收。廿五日来禀外封有沧江等字样，大大不妥。

廿八日

致梁思顺

［1915年12月29日］

顷移居已三日，日来所过日子甚可笑，家中既未开爨，每日由远邻送饭两次来。电灯、自来水皆未开，吾每日起甚早，起后阅两点钟，乃有水洗面，服役惟任发一人。孟希回津想已见，彼行时尚有一仆，今亦开销，仅余任发耳。房子甚大，居者仅有三人，每日茶水之矜贵，殆如甘露，然吾颇觉此境甚乐也。吾一步不出门，不下楼。见客仅限十人以内，然外间消息甚灵通也。吾每日作文发信。甚多，尚以余暇读哲学书，大约更能从事著述也。王姨非来不可，既来则可借丫头一二人来用，一切妥当矣。金升日内便唤来，若崔林至，则任发可专任守夜，甚安心矣。汝两弟宜严禁之，勿使出学校一步，津寓亦宜通知意领，特别保护，一切事想在报纸此间报纸则《时事新报》，消息最真。上见之，不多及。

廿九日

王姨想已束装首途，此间待之甚急，惟来时切勿带防身器械，若有此恐葛藤甚多也。

致梁思顺

［1916 年 1 月 2 日］

王姨今晨已安抵沪，幸而今晨到，否则今日必至挨饿，因邻居送饭来者已谢绝也。明日当可举火，今日以面包充饥。此间对我之消息甚恶，英警署连夜派人来保卫，现决无虞。吾断不至遇险。吾生平所确信，汝等不必为我忧虑。现一步不出门，并不下楼。每日读书甚多，顷方拟著一书，名曰《泰西近代思想论》，觉此于中国前途甚有关系。处忧患最是人生幸事，能使人精神振奋，志气强立。两年来所境较安适，而不知不识之间德业已日退，在我犹然，况于汝辈。今复还我忧患生涯，而心境之愉快，视前此乃不啻天壤，此亦天之所以玉成汝辈也。使汝辈再处如前数年之境遇者，更阅数年，几何不变为纨绔子哉！此书可寄示汝两弟，且令宝存之。

一月二日

有人来时，可将下列书检托带来，但检交季常丈处，彼自能理会也。

《哲学大辞书》七册；《文艺全书》一大厚册，似是早稻田大学编辑，隆文馆发行；《津村经济学》，新改版者。召希哲之故，孟希想已言之，能来则来，否则暂止亦无妨。

致梁思顺

［1916 年 1 月 7 日］

数日未得书报，而母近状甚念，甚念，比已出院否？体复元否？曾发见他病否？若因此而更除杂病，益健康，则未始非福耳。此间甚安，吾每日早睡早起，眼病亦渐痊，可每日读书作文甚多，此时暂不它行，一切饮食起居皆王姨一人料理，闻彼曾寄一和文信，已收否？至为稳便，汝曹不必远念。

一月七日

来书总宜外加一封，由日邮发。

致梁思顺

［1916 年 1 月 21 日］

荷丈来，知而母复原，家中安适，至慰，至慰。吾在此甚安，每日治事之暇，以读书习字自乐。临汉隶将百纸矣。旬日内将一东渡，在彼小作句留，返沪后再定行止。宜戒成、永，勿令履西直门，非得吾命不弛此禁也。汝尚能治学否？昨电召希哲，想已行矣。

廿一日

致梁思顺

［1916年1月24日］

十六、十七两书悉，汝母复元加健，大慰。已嘱静生汇三千来，由旭东转交，日间想可达，家中宜少存中、交两行钞票，多换取硬币最妙，否则外钞亦较稳也。希哲何故尚未来？吾决廿八东渡，盼其于吾行前必到，否则误事矣。

滇中频有书至，气象极佳，大约二月中旬全蜀可下，吾东渡后再来沪与否，未可知，若不来，则当遣王姨北旋也。又津屋颇思售去，因默计此后北居之时当甚希，且恐燕市王气非久将尽，津地亦日趋荒凉已耳。此事请由汝叔与季丈一商之。汝母归宁事，仍决行否？书来顺告。

至今未得粤书，不审祖父已移居否？吾已四书往促，且告棠郁矣。

廿四日

致梁思顺

［1916年1月25日］

得粤书知老人久已游港，告仲父勿念。由旭寄款，收后复书。

父示娴儿。

廿五日

两日来连得三书，甚慰。

致梁思顺

[1916年1月31日]

希哲来得禀帖，慰悉一切。吾东游又稍从缓，见仍暂住沪，不他适也。津屋若有人欲购，售去最宜。但使能不亏本，即亦甚佳。北中总非善地，尤非吾家所安居也。汝母非久将归宁，汝姊弟数辈可移居此间，吾则奔走四方，此数年中恐席不易暖也。若售屋得款，宜换取金镑或金条，以备缓急。藻孙顷作何计画？若能向西南半壁与诸贤共患难，实他日立身报国之良机，恐其家累太重不能自立耳。

祖父谕帖及林棠郀书寄阅，可呈汝叔。希哲在此旬日译述各件后，乃议行止。吾甚安适，每日治事之外，读书、作文、写字皆甚多，勿念。

父示娴儿。

三十一日

致梁思顺

[1916年2月7日]

希哲来后未续得书，颇用驰念，津屋若有售主，则早弃之为宜。北中若有大变，恐更难得善价也。吾暂不他行，日来作文甚多，希哲并日译之，彼亦须译成乃议他适也。任发日形骄蹇，若非王姨在此，几为所胁，今只得忍之，此间爨事及吾书房、卧房洒扫收拾皆王姨一人任之而已。恐是亚彪教坏，然其妻亦极可恶。吾现在每日八时前必起，发常守夜，起自宜晚，然其妻亦非九时后不肯起，偶责备之，发即大怒，王姨畏其凶不敢言，且力劝吾勿责，今索性常睡至晌午矣。大类彼为主人而王姨作佣妇也。彼领司马懿跌下楼梯，严责数语，发即不肯煮饭，吾真未见有人糊涂至此，阿彪在辛园一事不做，故发羡之，辛园用下人二十余，俨学总统府也，一笑。达达日加胖，面常如苹果，司马懿已学步。崔林亦告行，吾已令唤老吴来，若吾他行后则决遣此人，以后不复用之矣。前托旭东交去三千元已收否？书来道及。

二月七日

致梁思顺

［1916 年 2 月 8 日］

书及禧柬并收，屋有售主，速沽为宜，第求不亏已足，勿计赢也。此著既办，冰泮后即可尽室南来，赁庑数椽，齑盐送日，却是居家真乐。孟子言："生于忧患，死于安乐。"汝辈小小年纪，恰值此数年来无端度虚荣之岁月，真是此生一险运。吾今舍安乐而就忧患，非徒对于国家自践责任，抑亦导汝曹脱险也。吾家十数代清白寒素，此乃最足以自豪者，安可逐腥膻而丧吾所守耶？此次义举虽成，吾亦决不再仕宦，使汝等常长育于寒士之家庭，即授汝等以自立之道也。吾近来心境之佳，乃无伦比，每日约以三四时见客治事，以三四时著述，馀晷则以学书。近专临帖不复摹矣。终日孜孜，而无劳倦，斯亦忧患之赐也。

此书钞示成、永两儿，原纸娴儿保之。

二月八日

致梁思顺

［1916年2月13日］

正月初三日禀悉。汝母归宁之议以现在情形度之，道途应无甚梗，惟必须取道香港达海防，乘法国铁路至河内，再由河内乘铁路至云南省城，由云南起旱赴黔，计程约须三十余日，滇黔通路可派兵护送，河内至云南铁路亦可由军府照料，惟法境之通过稍费交涉耳。吾非久决将往滇一游，俟吾到后详察情形乃定进止可也，陕中人先招来无妨，彼处辽远，非顷刻可至也。时局无甚发展，至为沉闷。但蜀中消息殊佳，揣其军略或先取成都，乃下重庆也。前书言任发事不必忧念，此人总算无他，特心地有时糊涂，彼娇妻方有身，视同瑰宝，不欲其劳动耳。此间自能善处之也。昨日王姨往买物，在电车跌下微伤，亦无碍，崔林已行，希哲尚留此，拉杂相闻。

二月十三日

致梁思顺

［1916年2月17日］

二月十日禀悉。希哲现专译文，译成后当遣往南洋，不复入北矣。吾日内拟决入滇，更当由滇入蜀，因彼处函电专使，催促甚至也。吾欲唤廷献来从我行，一以钞录紧要文件，一以伺候身边细役，此后拟不复用仆役，专令子弟服劳矣。廷献现所入校，学课本不完备，虽卒业亦无甚大用处，且吾料不出三月，都中必有大变，此等校不同清华，届时各教员必鸟兽散矣。故彼留校，恐亦无毕业之期，彼从我则随时可领受教言，学问必有进益，且可学习实务，经历事故，实千载难得之机也。吾若行则或十日内便发，可令彼得信即日搭车前来，吾行否现亦尚未大定，因季丈颇不主张我远行，昨正函商，候彼复书。又顷方派人周孝丈也。往日，尚须俟彼中消息，然即吾未遽行，廷献亦以从我在此为最宜，可即告之，不得迟疑。西南局势甚佳，川省一月内当必可平，此本是北中原定计画，一一实现而已。此外各省皆苟安观望，此自历史上传来之惰力性，不足为异，似此亦甚佳，不然若各地皆为无意识的响应，将来各争权利，反无办法耳。

辛园有种种可笑举动，专以排轧此间为事，一言蔽之，拈酸吃醋而已，其实亦何能为祟，只一笑置之。吾在此志气清明，精神焕发，勿以为念。

二月十七日

致梁思顺

［1916年2月18日］

麦蜕丈奠仪，有七百四十金存吾手，内汪伯唐三百、袁伯葵二百、向淑予四十也。闻遗嫠景况至窘，拟拨千元交去，其二百六十即为吾所赠，可一并由汝仲父持交，津寓所存，不审尚足支此否？但勉强凑拨，徐作后图，亦借清首尾也。此间尚存四千余，昨以半数托周伯勋代营一业，似甚有把握。余作旅费。此外每月尚有经常收入二百元也。中华三百周仍赓续，已收到否？来禀可及之。沪寓每月总须四百，盖印度警察须一百五十元，房租一百三十两，此已三百四十内外矣，其他开销却甚俭也。吾本已定日内南行，顷他方面别有极好消息，今日新发生者。恐又不能速行矣。然沪居总亦不甚久也。廷献仍令来沪，随我为得，即为彼计，其益实远过于在校也。前日来禀，信面写有书留字样，而实乃贴中国邮局三厘印花，当是仆人作怪，以后宜慎，凡寄挂号信，须令缴回收条也。辛园种种支离，真令人笑煞气煞，一言蔽之，不外拈酸，总是天不做美，不令彼有得意之时。若有此时，吾辈作缩头鳊以让彼独跳独舞一番，真乃心安理得矣。偏偏吾辈欲卸，卸不了；彼欲揽，揽不上。天公太好儿戏人也。

二月十八日

致梁思顺

［1916 年 2 月 22 日］

此间亦有人欲购津屋，已托季丈代为接洽，索价三万两内，最低额减至二万五千也。不审北中交涉复何如？希哲尚未行，拟暂不令他适矣。荷丈入桂，明日即发，此行之重要不下松之入滇也。廷献可令速来，来时若无人接，则令其往中华书局编辑所虹口东百老汇路。觅静生可也。

廿二日

致梁思顺

［1916 年 2 月 28 日］

二十日禀八日乃到，甚迟迟矣。悉。吾去信不少言任发事，确有前书，然则果失落矣。吾仍非久图南，当在十日内外首途。但目的地非滇而桂桂中两度密使来。也。此行乃关系滇、黔生死，且全国国命所托，吾未有书告季丈，汝见时可言及。虽冒万险万难不容辞也。此间同人询谋佥同，无一人主张不往，以荷丈之警敏，静生之安详，叔通之细密，亦咸谓非去不可，想季丈在此亦无异辞也。顷荷曦已先行，吾亦候船拟租一日本船往。发矣。廷献不来，亦无不可，廷灿确可用，吾偶未思及耳。然此时暂用不着，待吾入粤时乃唤来可耳。要之吾此后拟不用仆役，专用子侄也。孝勉是老几？是在经界局者否？钞写人确不可少，亦俟到粤后乃唤取可耳。吾为李家子弟计，若稍有志气者，现在以一二人入滇、黔与乡人同患难，将来见重于新政府，而家运借以进展。无如诸子多碌碌也，则亦听之而已。房子暂缓卖，即亦无妨，一切由汝母及汝叔主之，吾亦此等事毫无容心也。希哲南洋之行已罢议，彼欲回津一料理，待吾行后即令彼行，吾到粤时乃需彼耳。伯瑛夫妇至可感，当别以书谢之。任发有长处，吾固知之，苟非尔者，早挥之去矣。最错一着，是带任老太太来，否则无甚事也。昨晨又呕一场气，因来喜往医院诊病，吾起时老太太因阅数时不扫房间，当差不妥，说了他两句，老太爷遂冲气去了，直至十二时半从医院归乃能做饭。今日吾寿辰，此间至密之数友来寓，置酒为乐，亦颇热闹，但人不多，本欲寻一两种游戏之娱，竟不能成也。吾行后当即遣王姨返津，此间屋当即退租矣。

二月廿八日手谕

致梁思顺

［1916 年 3 月 3 日］

吾明日行矣。此行似冒险，而实万全，勿以为念。本欲令此间眷属即返津，因吾寓左右侦者四布，忽焉尽室而行，彼必踪迹吾所往，恐缘此路上生波，故同人之意谓宜勿动，并所雇之印捕亦仍其旧，待吾到目的地后，有电来乃可他往，故暂仍之。希哲亦暂不随行，因此间尚有经手未了之件也。任发亦不带，铺盖亦不带，惟孑身挟两革囊行耳。汝母归宁之议，尚须从缓，好在距八月尚有半年，届时或吾同行，亦未可知也。吾有一手写极贵重之品赉与思成，钉装完成当交存王姨处，现尚未完也。为生日纪念，可告之令其力学，思永成绩若良，吾亦将有以赉之。

三月三日谕

致梁思顺

［1916 年 3 月 7 日］

吾于七日抵香港，尚须淹留一二日，乃向前途进发，抵目的地总在二十一二也。在港不登岸，住在船中，此次乘船亦别蛰居一室，不与一等室之客相见。一二日后便过别船，故极安稳，切勿远念。王姨暂留旧寓，掩人耳目，意欲令其于本月杪返津，但将来到最后之目的地故乡。时，恐又须彼往，盖欲使饮食得极安全，非此不可也。姑令其返，届时若需彼，亦不过多费二三日行程耳。任发终是忠实，吾亦不深怒，彼将来仍可用之。

初七日　横滨丸舟次

致梁思顺

［1916 年 3 月 12 日］

吾于初八日到香港，匿船中舱底七日，吾最喜海行，此行乃殊不得享海行之乐。十二日由港往安南海防，船到港仍伏匿至今。约二十四五乃能到南宁。初时吾决意冒险由梧州往，经过广州省城。同人皆反对，荷丈前晚已由梧先行。故仍迂道，殊焦急也。广西局面佳极，吾一到后即发表，或先发表。若种种计画无他支障，则祖父寿辰吾当在省称觞也。此次同行者本七人，荷与桂代表偕。二人先由梧往，吾入安南极不易，因护照须照相，故他人皆可取得，惟我无法取得，故行独难。因尽屏去从者，独黄溯初一人偕耳。尚有孟希、志先、柳隅三人，则再设法分道行也。吾带来之行李已极少，因假充日本人，故行李中之支那物尽斥去，吾到彼乃并无一衣服矣，可笑。今再屏去，只携一小皮包，亦可称行路难矣。然危险却毫无，切勿以为念。贼党似已知吾行踪，但吾注意极周到，彼无从捉摸耳。此行日人出全力相助，予我以种种便利，殊为可感。此后寄信可由八旗会馆谭典虞转交，或再加一封托香港日领事转典虞尤妥。信内加封写“家大人启，思顺托”字样，外信封勿写我家。最好写天津谭宅。吾此后极忙，或越半月一月亦不定。始有家书，勿以为念。

三月十二日　香港横滨丸舟中

有唐蓂赓之书由香港收到者，既不得带行，又不欲毁之，故封寄，可保存之，作纪念。此书及蓂书，皆交仲父及季丈一阅。

致梁思顺

［1916 年 3 月 17 日］

现到安南之海防。住在日本人家中，五日后再前进。吾现在惟一人独行，更无同伴。但极安稳。勿念。

此函即寄天津。

三月十七日

致梁思顺

［1916年3月18日］

寄去《从军日记》一篇，共九叶，读此当详知吾近状。书此间无书不拆，故不敢付邮。展转托递，恐须一月后乃达，其时吾踪迹当暴露于报中矣。此记无副本，宜宝存之，将来以示诸弟，此汝曹最有力之精神教育也。文辞亦致斐亹可观矣。吾尚须留此六日，一人枯坐，穷山所接，惟有佣作，然吾滋适，计每日当述作数千言也。王姨计已返津，汝等见报知我已入粤时，粤事定时。即当遣王姨来港，到港住家中，问永乐街同德安便知港家所在。候我招之。盖到粤后不便久与陆同居。一分居后，非王姨司我饮食不可，彼时之险，犹过于居沪时也。越南入境如此其难，汝母归宁只得从缓，一两月后，局面剧变，彼时或可自由行动也。

示娴儿。

三月十八日　自越南帽溪发

日记呈仲父及季丈一阅。

致梁思顺

［1916年3月20、21日］

吾居此山陬四日矣。今夕乃忽烦闷主人殷勤乃愈增吾闷。不自聊，盖桂使尚须八九日乃至也。最苦者烟亦吸尽，无可买，夜间无茶饮，饭亦几不能入口，饥极，则时亦觉甘。书亦读尽，一灯如豆，虽有书亦不能读也。前此三日中作文数篇，有日记寄去，已收否？不见日记则不知吾此书作何语也。文兴发则忘诸苦，今文既成，而心乃无所寄，依依不复能为怀。此间距云南仅三日程，吾悔不于初到时即一往彼，吾深负云南人，彼中定怨我矣。稍淹信宿，更折而回，犹未晚也。呜呼，吾此时深念吾爱女，安得汝飞侍我旁耶？吾欲更作文或著书以振我精神，今晚已瞢瞢不能属思，明日誓当抖擞一番也。吾欲写字，则又无纸，箧中有笺数十幅，珍如拱璧，不敢浪费也。

离沪迄今虽仅半月，而所历乃至诡异，亦不能名其苦乐，但吾抱责任心以赴之，究竟乐胜于苦也。约二十七八乃能行，行半月乃能至梧州，此后所历更不知若何诡异，今亦不复预计。极闷中写此告家人。

三月二十日　由帽溪山庄

孟曦昨日至海防，即夕入云南，觉顿早安抵梧州。

嗟夫思顺，汝知我今夕之苦闷耶？吾作前纸书时九点耳，今则四点犹不能成寐。吾被褥既委不带，今所御者，此间佣保之物也，秽乃不可向迩。地卑湿，蚤缘延榻间以百计，嘬吾至无完肤。又一日不御烟卷矣。能乘此戒却，亦大妙。今方渴极，乃不得涓滴水，一灯如豆，油且尽矣。主人非不殷勤，然彼伧也，安能使吾适者。汝亦记台湾之游矣，今之不适且十倍彼时耳。因念频年佚乐太过，致此形骸习于便安，不堪外境之剧变，此吾学养不足之明证也。人生惟常常受苦乃不觉苦，不致为苦所窘耳。更念吾友受吾指挥效命于疆场者，其苦不知加我几十倍，我在此已太安适耳。吾今当力求睡得，睡后吾明日必以力自振，誓利用此数日间著一书矣。

二十夜向晨

此间寄书殊不易，吾且作此留之，明日或更有所作，积数纸乃寄也。吾今日已甚好，已着手著书，可勿念。

廿一日

致梁思顺

［1916年3月25日］

吾至今仍滞此，计明后日可以成行，仍须半月乃可渐近故乡也。曾发热两日，极狼狈，此间脑不能受日炙，吾病乃如昨年蹇家公子之病，甚危险也。以为且将客死此间，乃真不值矣。旋复霍然矣。病起后即捉笔著成《国民浅训》一书，约二万言，此书真我生之绝好记念也。吾一切自能自卫，切勿远念，此告家人。

廿五日帽溪山庄发

致梁思顺

［1916年3月26日］

娴儿读：

吾今成行矣。在此山中恰已十日，而其间却有一极危险之纪念。盖此间有一种病，由烈日炙脑而生者，故土人必以黑布裹头。印度人之红布亦为此。吾初至之日，主人本已相告，而我不检，乃竟罹之。记一夕曾作书与汝，谓薅闷思家，不能成寐，不知为此病之发也。明晨起来稍觉清明，及下午而热大起，一夜之苦痛，真非言语所能形容。孑身在荒山中，不特无一家人且无一国人，实则终日室中并人而无之，若其夕死者，明日乃能发见。灯火尽熄，茶水俱绝，此时殆惟求死，并思家之念亦不暇起矣。明晨人来省视，急以一种草药专治此病之药。治之，不半日竟霍然若失，据言幸犹为轻症，然若更一日不治，则亦无救矣。险哉！病起后，胸无一事，于是作《国民浅训》一书，三日夜成之，亦大快也。二黄皆已往云南，吾一人独入桂，尚须挟骑走山中四日，乃能易舟也。自此以往皆坦途，可勿念。病虽全愈，然两日来浑身发痒，搔之则起鳞粟，今遍体皆是，非蚤所啮也。不解何故？此地卑湿，非吾侪所堪，幸即离去，否则必再生病也。

三月廿六日

致梁思顺

［1916 年 3 月 27 日］

今日下午安抵镇南关，此后皆坦途，可勿念。

廿七日

致梁思顺

［1916 年 4 月 3 日］

娴儿读：

吾于阳历三月廿七日入镇南关，吾孑身行耳，盖黄溯初、黄孟羲皆往滇未返也。当即寄一纸，想已达。吾在越南十日，实历无量艰辛。盖伪政府已知吾在彼，谍骑四布，必欲暗杀，次则截留。由海防经河内、谅山以达镇南关，汽车须两日程，每站皆有敌谍，群以为吾决无飞渡之理。而廿七日午后三时，镇南关大悬国旗，列队肃肃，到车站军乐爆竹声中，簇拥我入关矣。料敌人必当叹为神助，然吾实已忍饥两日，露宿一宵，至今念之犹痛怖也。在关一宿，翌晨廿八日。破晓即首途赴龙州，山程百五十里，吾驰马行，中间亦易舟。到时日未晡也。而沿途所经市镇村落，皆悬旂燃爆欢迎，父老相携，迎送十里外。及抵龙州，则全城爆竹声，喧天沸地，父老儿童皆感极而泣，良不知其何以如是，盖绝非由军吏之教劝也。其夕接到全省各军官欢迎电数十通，而陆督及荷丈荷丈早已由梧入。皆有电来商要事，吾一一作答，又须致电云、贵、蜀、湘各处，是夜又竟夕不寐，盖方行百五十里，而后熬此一夜，疲倦极矣。龙州各团体预备欢迎，请演说者凡六七处，然吾以急于晤陆督，虽一日不能淹，又不便辜负其盛意，因使之合并，于翌晨午前往莅，然犹须到两处，其一则龙州各团体之联合，其二则广东会馆也。廿九日晨接见各军官地方官后，即往演说，演毕即乘船下南宁，倾城出送，亘江千数里，人如堵墙，然吾目不交睫，手口不暂辍者，已三十八小时矣。水浅不能通轮舟，陆道本可通，惟太辛苦，故改遵水路。雇民船行，军署派队三十人护送，矮篷货船，共两艘。与军士同纵横卧一舱中，此况味亦二十年吾幼时由乡往省赴试时，未有轮船，曾经此况。所未经也。至四月初三日行至镇龙村地方，始有兵轮舣此相迓，盖已行六日矣。明午便可抵省城南宁，苟无兵轮，尚须行三日也。陆督本在梧州行营，特返南宁相迎，明日相见后，商定一切，便当携手东下故乡矣。龙觐光已缴械投诚，顷已将其人俘归昨已至。南宁，极优待之，钦、廉已下，海运顿通，此后进取益易矣。舟中匆匆写此，馀续闻。

即呈仲父及季丈阅。

四月初三晚　广西第六号巡轮发

昨电托云南日领事属电津领来报平安，不知曾达否？

致梁思顺

[1916年4月6日]

初四日抵邕，南宁省城。陆督亲至江口相迎。率水军全队出迎。入城时军民之欢迎狂涌，非语言所能形容。吾两日间应接劳顿，无片刻息，故不能作详函。荷丈随陆督自行营溯江三日来迎。今日往粤，应龙、张数电哀恳敦请也。书到时想吾已在粤矣。

四月六日

致梁思顺

［1916 年 4 月 27 日］

自到邕后，家书殊稀，固由邮递极艰，抑亦心力交瘁，竟无片刻暇晷以及家事也。吾于四月初四到邕，初六遂得粤独立之报，粤中来迎之电不下数十通，初八遂偕陆督东下，十三抵梧州，忽闻汤、谭、王凶报，吾之肝肠寸断，汝等当能想像得之。此事主谋为谁，今尚成疑案也。吾本拟即下广州，因此遂中止，而数日来对于广东问题乃绞尽无穷心血，至今犹未得解决，一省处置之难且如此，国事可知耳。荷丈事其家已知否，恐不能瞒，不知若何哀伤，宜常往存问照料。陆督有五千元广东毫银。托希哲汇吾家，代交彼家，为暂时支持家费用，可先交二千元，其余三千交季丈，妥为存储，随时支用，其遗孤教养费当另筹三四万元，专派数人代为经理。吾现驻肇庆，陆督已返梧州，将往桂林指挥北征之师。吾待粤事稍定后，即当他行，或赴前敌，或往日本，皆未可定。在此有桂军三千护卫，凡百安谧，可勿远虑。吾精神甚王，惟眼疾迄未大愈，因每夜常睡不足也。极欲觅清静之地，休养旬日，顾安可得？汝及诸弟学课如何？常以为念也。有安禀可寄广州日总领事转寄肇庆镇守使署妥交。

四月廿七日

致梁思顺

［1916 年 5 月 3 日］

吾日内即往日本，在彼半月当归沪小住，途旅甚安，同行保护之人不乏，可勿远念！汝辈学业切宜勿荒。荷丈家中常往存问。

五月三日

王姨即遣来沪，在沪待我归。已租定住宅，到沪时往周家问询便得。此事极要。

致梁思成、梁思永

［1916 年 6 月 22 日］

思成、思永同读：

来禀已悉。新遭祖父之丧，来禀无哀痛语，殊非知礼。以年幼姑勿责也。汝等能升级固善，不能也不必愤懑，但问果能用功与否。若既竭吾才，则于心无愧。若缘怠荒所致，则是自暴自弃，非吾家佳子弟矣。闻汝姊言，汝等颇知习劳苦学俭朴，吾心甚慰，宜益图向上。吾再听汝姊考语，以为忧喜也。

饮冰　六月廿二日

致梁思成、梁思永

［1916 年 6 月 26 日］

作此书时，计汝母已首途矣。吾为时势所驱，恐非久亦须入都，乃知大隐市朝，谭何容易，虽以季丈之消极，当亦不能坚持也。川局已定，汝母或可由重庆行。汝等学业近何如？成、永何久无禀报耶？英文《京报》文日内当赶成，但客多竟未获一执笔也。吾因不轻发言，故全国各报皆无文字发表，《国民公报》所登告白，不过一种虚约耳。可告友仁。

廿六日

致梁思顺

［1916 年 7 月 14 日］

近日心绪殊不宁帖，因悲悯于时局，益怆念于死生，非全行摆脱外事，则忧患相缘者恐未艾，然正有不能摆脱者存，奈何！奈何！每日来电发电，各皆十通以上，每通动数百言，客亦不能尽谢，长此扰扰，实非所堪，极思避地耳。著述竟不克着手，惟学书较前益勤，日常尽二十纸，“经”已抄完，顷方钞“子”，稍足收敛此心耳。汤家物已购备，俟便带来。

思顺读。

饮冰

致诸儿

［1916 年 7 月 14 日］

昨得陆干卿电，湘中秩序似甚乱。幹羞见伟人竞争权利，已率师返桂。署湘督之命不知肯受否？果尔，则汝母归宁道梗，桂军退后无兵保护，途中实不放心，故昨电季丈告缓行，更待旬日。若幹肯暂留，再作计较可也。此间拟不复开吊，汝叔仍暂留，吾避地亦不易。拟谢客而已。荷丈之如夫人欲取衣服数事，因彼来时一切未带也，可托铭师述吾意取寄。

父示诸儿。

十四日

致梁思顺

［1916年7月16、18日］

顷寄一书，想达。屋事如何？日内便当先将附权纸做好寄来也。任发种种可恶，自逼走阿林后，骄蹇益甚。女子小人难养，信然。其大原因有二，一则自辛园来，彼中人日来构煽使之相胁，彼中用下人二三十个，个个皆无所事事，彼所羡慕也；一则其娇妻总要充作老太太，不容人说半句。近来发常不肯做饭，买菜则更不必论。思静姊弟则常日受其夫妇呵叱，王姨不敢开口，彼总以为吾离却他便陷死地。好在吾非久便当孑身远游，从此与彼作别，看他沙尘在何处也。吾屡次欲发作，王姨泣陈姑忍之。

十六日

此书前日写后本拟不寄，姑附去，偶略知此人情状。作此书之日，因任老太太九时不起，其卧房即在吾书房后，吾七时已起矣。王姨不敢往唤。吾迫令唤之，任发遂负气往辛园，吾怒极，故以告。此人性质全是未驯之野兽，日日要人恭维他。今日不知何故，又勤敏起来矣，可笑！

恐是因代彼娶一房媳妇，把此人弄坏了，甚矣，恩之不可妄施也。其妻日见王姨操作，彼乃晏然坐受，曾不惭愧，亦真别有肺肠。而任大人之怜香惜玉，亦真生平所罕见也。

十八日

致梁思顺

［1916 年 8 月 7 日］

累日电函均悉。此间同人均不以北行为然，吾意亦同，要之非满百日后不离沪出门也。永病渐痊甚慰，汝母计将达常德，惟现尚无电至。汝二叔日内当北归。此间宾朋日云散，或可稍理旧业也。汝咳已愈否，甚念。

父谕娴儿。

八月七日

致诸儿

［1916 年 8 月 16 日］

续函寄阅。吾一时不宜北行。二叔到当详一切。

娴儿读。

饮冰

回禀甚慰，永想出院耶？黔电已饬队在铜仁相迎，想行人安稳也。

仲父已到未？

父谕诸儿。

十六日

致梁思顺

［1916 年 8 月 24 日］

廿一禀悉，汽炉装置未尝不可，但不审家中顷存款几何，即禀来待我再酌。十二舅履历当寄循若处，松坡已东下，病甚剧，尚赶医往护也。五日后抵沪矣。粤事尚未定，此时如何能说项，告希哲且待之，吾办学已有眉目，希哲终以助我办此为宜耳。

廿四日　饮冰

致梁思顺

［1916 年 8 月 27 日］

廿四日禀悉。伯瑛夫妇厚意太可感，我家本万无受理，惟现在寄返既颇难，且亦未便屡却其意，只好暂领，待他日吴家子弟有婚嫁等事，再转赠之，汝可复书为我道谢！

示成、永书即示成，待永病全愈再示之。汝宜严加督责，成久不来禀，已极可责。视其成绩表所最缺者何项，责令注意。

廿七日

致梁思顺

［1916 年 9 月 23 日］

书悉。汤家如此，可忧之至。然旁人无论如何，总爱莫能助，奈何！奈何！汝亦惟随缘尽心可耳。五姑结缡后看其相得何如？可探悉告我。吾或不北行，避风潮也。汝母有电来，信未到。言永病须复原后乃可入校云。

娴儿读。

饮冰

致梁思顺

［1916年9月26日］

汽炉可即装置，家中存款足办此否？不足可告我。

廿六日

致梁思顺

［1916年10月11日］

月来季常丈在此同居，所益不少，前游杭游宁，皆备极欢迎，想在报中已见一二。顷决于十五日返港，省奠灵帏，且看察情形，能否卜葬，若未能，则住港两旬必仍返沪，便当北归小住也。写至此，接来禀，悉一切。希哲就外交部职无妨，吾亦托人在国务院为谋一位置，未知如何？领事则须俟外交总长定人乃可商。但作官实易损人格，易习于懒惰与巧滑，终非安身立命之所，吾顷方谋一二教育事业，希哲终须向此方面助我耳。十二舅事，循若复电言运使已允设法，吾亦已电告汝母矣。别纸言《京报》事，可呈汝叔。

父示娴儿。

十月十一日

致梁思顺

［1916年10月16日］

今午乘船归港，以现在情形计，未能葬，则小住两旬当返也。各友所送挽联可饬钞存，其有唁函，汇齐备覆。陈友仁宜忠告之，告以流氓真相。但荐人则不必矣。

父示娴儿。

十六日

致梁思顺等

［1916年10月24日］

来禀悉。此次万不能遽葬，惟定葬事计画耳。前日有一书详言，汝叔于意云何？想已有复书在途也。希哲吾欲为谋广东造币局长，已发书往京，成否未知，彼意欲此否？顷定下月初八日在省开吊，前日电京将挽联寄来，想已照办。吾初七日上省开吊后，谢客数日，相定茔地即行。

父示娴儿等。

二十四日

致梁思顺

［1918年12月10日］

自香港至吉隆坡前后五禀具悉，仰光电亦收。初次离家，长途多感，固所宜然。既抵所向地，心当宁静，但不审能堪彼湿热否耳。吾度此闲适之岁月，恰仅一年，欧战既终，遂使我不复能自逸，今当西游，已决乘横滨丸于本月二十九日自上海首途，取道印度洋、地中海，直趋法国，同行者张君劢、徐振飞、蒋百里、刘子楷、丁文江，并携鼎甫作录事不带仆人。兼服役。初拟带廷伟，卒改鼎甫。此行全以私人资格，经费殊不充，公家所给仅六万，朋旧馈赆约四万耳。不负直接责任，然关系当不小。近数日来陆使在日本闹笑话，舆论哗然，复有将我资格化私为公之议，然吾殊不欲也。初时拟电汝来槟榔屿相见，顷见汝书，路费如彼其巨，跋涉千里，乃得一日之盘桓，甚无谓矣。当于归途迂道仰光携汝归耳。此次若非汝已南行，则吾必调希哲随往，希哲不获参与此活剧，实为妻孥累也。然万一到必须化私为公时，仍当借重希哲，届时则惟设法先送汝归耳。若必有此事，则此书未到前，电当先到，然什九不至成为事实也。吾入京半月，一昨方归，检点行装，且须赶作多数文字，无寸晷暇。昨夜已通宵不寐，一年来养成之良习惯，忽遂破坏，可叹也。家中甚安，汝母亦入京旬日，先我归，吾频有文登《时事新报》，曾饬寄汝处，已见否？两孙乐南居耶？希哲想佳。

父示思顺。

十二月十日

成、永、忠成绩皆甚优。

致梁思顺

［1918年12月19日］

信寄巴黎中国公使馆转交。

父示娴儿。

十二月十九

吾今日入京，即由京首途。

复黄仲涵一书可寄去，吾顷即入京，即由京首途，有信寄巴黎使馆转交。

父示娴儿。

十九

致梁思顺

［1919年2月6日］

今日到新加坡，即以电告，想达。相去咫尺，恨不能一见也。出京时方遇大雪，燕齐之郊，一白千里。仅逾十日戾止，此都御白袷犹苦热，颇闻仰光酷暑尤甚于此，且晴雨皆以半年为期，汝在彼能惯耶，不至生病否？颇欲招汝夫妇游欧，惟汝提携两儿实不便。试与希哲商，若欲来者可电告，电巴黎使馆转。我当电部调取。汝等则先将两儿安置天津便可行也。吾此次海行，绝无风浪，安适之至。前途尚须三十日乃抵伦敦也。

父示娴儿。希哲同鉴。

正月六日　由新加坡拉苏特旅馆

在港勾留一日，曾谒山庄。

致梁思顺

［1919年2月11日］

此行横断地中海出直布罗陀峡，沿大西洋岸而行，余舟所罕经也。

海行恰四十五日，舟今在伦敦港外三十里，顷刻登陆矣。此行在印度洋波平如掌，红海毫不苦炎，舟中每日黎明即起，以数小时习法文，余日则打球下棋，间亦作诗，为乐无极。惟出直布罗陀海峡后，遇大风三日，同行人多不支者，吾则健饭如常也。万事一无睹闻，惟日与天光海色相对，觉飘飘有出尘想，登陆后恐无复此乐矣。

在欧拟勾留七八月，归途将取道巴尔干，入小亚细亚，访犹太埃及遗迹，更在印度略盘桓，便到缅甸，携汝同归也。所为诗十数章，寄汝存之。

父示娴儿。

八年二月十一日

己未正月十一日

横滨丸舟中

可抄寄津宅。

致梁思顺

［1919 年 2 月 11 日］

二月十一日抵伦敦，徐、丁二君相迎于舟中，使馆照料甚周到，在此镇日间黄雾四塞，日色如血，一种阴郁闭塞之气，殊觉不适。所居虽一等旅馆，每日恒不饱，糖为稀世之珍，吾侪日进苦荈耳。煤极缺，室中苦寒，战后尚尔，战时可想，乃知吾侪在东方，盖日日暴殄天物也。巴黎舍馆已定，十七日渡海适彼矣。

二月十一日

致梁思顺

［1919 年 2 月 13 日］

舟行之乐，为生平所未见，波平如镜，绝似泛瓜皮于西湖也。君劢最畏海行，一登舟即解衣高卧，置备呕器于枕畔，数日后乃以大航海家自命矣。

所乘横滨丸乃丙辰二月吾在上海乘往香港者，汽炉旁之暗室，即吾草檄之地。而同行之人，觉顿、孟曦皆为异物，循榄（览）前尘，感慨系之。舟中执事皆已易人，惟一给役在耳，颇似白头宫女谈天宝也。

每日起皆极早，观日出已二度。

初登舟即开始习法文，顷已记诵二百字，循此不倦，归时或竟能读法文书矣。

每日功课晨起专习法文约一时许，次即泛览东籍，约两三日尽一册。午后假寐半时许，即与百里下棋，日两三局。傍晚为打球戏，晚饭后读文学书，中间仍时时温诵法文。

同舟有暹罗特使，询暹事颇悉。

又有波兰人，阳历元旦食堂悬各国旗，波兰无有，其人乃自制一面。

抵星加坡时有领事作向导，尚能遍历诸地，抵滨屿时无向导者，时间亦太短。听命于车夫，仅在汽车中过数小时耳。初欲往山顶旅馆，旋以时间不足而止，极扫兴也。

明日抵哥仑波，泊舟二日，其地为佛说《楞伽经》处，当恣意揽胜耳。

此行若能携汝同游，岂非至乐？舟掠缅甸纬度而过，回望怅然。

娴儿读。

冰　正月十三日

致梁思顺*

［1919 年 3 月 7 日］

抵巴黎后，无一刻安暇，并邮片亦不及写矣。顷游览战地，以十日为期，法政府派二人随行，一切旅费皆所供亿，情意至殷渥。三月七日晨七时乘汽车发巴黎，十一时至兰士。兰市昔为大都市，有十一万人，今余数千耳。市中舍宇无一完者。兰士为法国宗教上第一名城，城建于三世纪，有罗马帝奥古斯丁之凯旋门，城中教堂最著名，为峨特式建筑之最胜者，作始于十二世纪，至十六世纪乃成，四壁所雕石像二千五百余，皆精绝。一九一四—六—八年德人三次炮击之，专以教堂为射的，残破过半矣。

三月七日

致梁思顺

［1919 年 6 月 16 日］

抵英十日，叠寄邮片，想已达。在英感想比在法时又截然不同，别是一番兴味。顷到剑桥大学，夜间稍休暇，故将十日来所历相告。

英政府招待殷勤，不亚于法，亦特派一人专司随伴，其人名甘颇

---

* 此函《梁启超未刊书信手迹》无，录自《梁任公先生年谱长编（初稿）》“民国八年己未，四十七岁”。

罗，曾历任广州、天津、上海等处总领事，北京使馆参赞，极娴华语。法国派三人，而办事凌乱，英仅派一人，而条理井然，即此可见两国人性质之异。

吾拟七月半离英，因其时已届暑假，伦敦阒无人矣。在英约一月，其已定之日程略如下：

六月十二晚赴麦加利银行宴会，即晚往爱丁堡。

十三日阅海军。

十四日阅海军，是晚赴苏格兰大理院长宴会。

十五日游爱丁堡名胜，夜车返伦敦。

十六日游剑桥大学。

十七晚返伦敦。

十八日赴汇丰银行宴会。

十九日赴中英协会欢迎会，有演说，演题为《中国国民特性》。

二十日赴伦敦商会欢迎会，有演说，演题为《中国关税问题》。

二十一日、二十二日未定。

二十三日赴英国文学会欢迎会，有演说，演题为《中国之文艺复兴》。

二十四日游牛津大学。

二十五日返伦敦。

二十六、二十七日未定。

二十八日赴外交部公宴。

二十九日赴英皇茶会。余日未定，或赴伦敦市长公宴。

七月初三日赴自由党干部欢迎会，有演说，演题未定。

初四日离伦敦，游门支斯达、波明罕诸市，视察工厂。

十三日游爱尔兰。

十六、七间离英，或往那威、瑞典，或径由荷兰至比利时，现未大定。

今将经过有趣之事，拉杂相告。

十二日赴麦加利银行宴，与一座客谈及关税问题，论《马凯条约》。谈次吾问马凯尚生存否，君能否介绍我一见。其人曰，吾即马凯也。举座拊掌大笑，盖英人得爵位后，辄易其名，此人今称某男爵，不复以马凯之名行矣。

阅海军最有趣者，则三千四百吨世界最大之潜水艇也，飞于法而潜于英，在巴黎已乘飞机。此次大战之利器，总算遍历矣。

十三午宴于英，今皇佐治五世为太子时所管带之舰，亦一纪念。

十四日访斯密亚丹故居，即著《原富》处，今为马厩。是晚赴大理院长宴，举以告座客，乃座客多未尝一游，吾诘以英人最敬先哲，保存遗迹，何故独薄于此硕儒，座客乃怂恿我为之提倡，吾作一书告市长，使修葺之，好管闲事至此，不禁哑然自笑也。

十五日驱汽车走四百里，访大文学家苏噶特故居及其墓，最可笑者为此腐儒所误，几至饿杀，盖凌晨出游，至午后四时乃得食也。然是日游甚快。

十五晚车返伦敦，十六晨七时到，十时即汽车来剑桥，真可谓席不暇暖。

剑桥大学待遇之隆，实出意外，副校长实即校长也，其校长戴一皇族挂名而已。涉菩黎博士，馆余于其家，即校长宅。亲自陪观各校，是晚集各教授宴余于校中公共食堂，即用校中常膳，盖剑桥、牛津两校教授例与学生共饭，欲吾观其仪式也。教习、学生共数百人，皆穿校中制服，酷类大丛林中披袈裟打斋，其亲爱融泄之状，令人起敬。

吾游剑桥，生无限感触，他日当为文详纪之。

书至此已夜深，明晨尚须早起观行毕业礼，姑止于此。

六月十六日　任公由剑桥大学校长室写寄

致梁思顺*

［1919年7月12日］

七月十四日法国之庆，且行凯旋礼，特自英来趁热闹，途中拥挤已不可状，抵此后益感狼狈，今夕巴黎旅馆恐千佛郎不得一榻。前离法境时，本在巴黎附近僦一庆园为往来根据地，百里留守焉，画中则其附近风景也。今日返自英，想因电报滞误，百里不及相迎，深夜冒雨，以重价命车诣所居，不得其门而入。回旋良久，得一逆旅，扣扉投宿，亦可纪念之一夕也。

七月十二日

致梁思顺**

［1919年7月26日］

昨日在阿士敦游兴方酣，晚七时忽接使馆电话，称翌午一时比外部请宴，十时又接电话，称翌晨十时三刻比王约觐，乃以今晨载星命车归伯鲁赛比京。仅乃赶及，而驻使则既急杀矣。比王为大战中最可敬之人，得觐殊快，自此以后，官式应酬当全了，礼服可以束阁，更一快也。

七月廿六日

---

* ** 此函《梁启超未刊书信手迹》无，录自《梁任公先生年谱长编（初稿）》“民国八年己未，四十七岁”。

致梁思顺*

[1919年8月4日]

昨日在海牙附近之罗特德谟，乘游船颇乐，惜不能上溯来因耳。吾近来读书已用眼镜，噫！垂垂老矣。

八月四日

致梁思顺**

[1919年9月5日]

九月五日晨五时披衣起观日出，彩霞层叠，变化无朕，少焉一线金光，生于云头，若滚边然，次则大金轮捧出矣。倒射诸雪峰，雪尖如图。绀红，其下深碧，白云满湖，徐徐而散，壮观又与海上别也。

九月五日

致梁思顺***

[1919年9月9日]

三日来大飨故国饮食，前日在使馆，公使夫人亲调羹。昨今两日在罗珊，学生有眷属者两家迭为主人，瑞士之游，可谓曲终奏雅。

九月九日

---

* ** *** 此函《梁启超未刊书信手迹》无，录自《梁任公先生年谱长编（初稿）》“民国八年己未，四十七岁”。

致梁思顺 *

［1919 年 10 月 4 日］

中欧、北欧大文学家咸誉温尼士为天国，索士比亚①剧本写此地景者四出，摆伦②屡游且久居焉，良有以也。十月四日夜吾在汽车中鹄立待旦，仅乃得此快游，代价可谓不薄。

十月四日

致梁思顺 **

［1919 年 10 月 6 日］

温尼士道颇纡，前次由瑞士到米伦时，本已购车票来游，行李至车站，立待一时许。车中人满，闭门不纳，愤甚，乃直抵罗马，拟不复游矣。其后徐振飞至，力劝来游，然中途犹曾一变计，拟取道志那亚，经法国南境返巴黎，再四转计，卒取此弃彼。由今观之，此行真不负也。

十月六日

致梁思顺

［1919 年 11 月 5 日］

返巴黎将一月，尚无一字与汝，想前次船到时，汝不知如何失望。

---

*　**　此函《梁启超未刊书信手迹》无，录自《梁任公先生年谱长编（初稿）》“民国八年己未，四十七岁”。

①“索士比亚”，今通译“莎士比亚”。

②“摆伦”，今通译“拜伦”。

其实吾一年来每定居后，即无暇作书，此后或竟三个月无书亦未可知。要之吾在外甚安，不劳悬念也。所寄意大利名画邮片，汝喜欢否？吾尚可再检寄汝。吾所收邮片盈万，将来可称万片斋主人，一笑。

两旬来陆续接汝七八禀，多有从几处使馆展转转来者，今先撮覆数语。

一、林振宗未见，已告英、法两馆招待，但吾得信迟，不知彼已到英馆否，法馆则确未到也。

一、仰光之游，决意作罢，一因国内朋好皆力沮，二因同行诸君有数人必欲护送我返国，方觉尽责。我到仰光，渠等势不能陪留，颇觉为难，好在汝于后年春间决意回家，计距我之归亦不过迟半年耳。汝欲明春来欧，固吾所最望，但计汝两月舟中跋涉，来此仅住三两来复，殊不值。且吾旅费已罄，届时亦不能久留待汝，故此行亦可不必矣。

一、买领事馆事，可不必提，提必无效。此间各使馆皆租借，各馆皆以今年或明年便须迫迁，各使馆买价皆廉，各使相见皆言不趁银贵金贱时买下，实为可惜。然各馆无一能办到，最可笑者，意大利使馆添置家具五千元，经总长面许乃办，办后部中驳了，要本使自赔，总长亦无如何，情形如此。可告希哲，无须替国家作百年大计了。

一、汝四月间未竟之书，阅后足见孝思诚笃，吾益爱汝，焉有怒理。吾自寄汝母书后，汝母亦未有书来，然吾亦不盼望，因吾信汝母必已消除芥蒂也。

一、思成辈数月无一书来，殊属可恶，若无汝信，几不复知家中消息。汝书言汝四叔事，想像可得，此真无法，只好置之不理。

一、振飞赔偿委员事，本无事可办，不过部既派彼，不能辞谢耳。现仍与我同居，同居者，百里、君劢并彼而三，皆循循执子弟礼甚谨。前鼎甫所任职役，彼三人分任之，毫无不便，且吾生活甚简单，亦不劳人料理也。可勿远念。

以上覆汝书竟。

吾现仍居巴黎附近之白鲁威，拟住到明年二月初乃行，此地本避暑之所，御冬实不相宜，吾侪贪其僻静，且价廉，故决意不迁。用两下女，即兼司庖，每日两馔，每馔两簋，虽不能算苦学生生活，亦只好算阔学生生活罢了。在此百无所苦，惟苦缺煤，数人共围一炉，炙湿薪取暖。现重阳才过，已一寒至此，此一冬不知如何过法。然过此一冬，体必加健矣。双十节之次日，吾从意大利返巴黎，新从热带入寒带，在车中已冻了一夜，归寓无煤无薪，大伤风，半月乃愈。

吾自十月十一日迄今，未尝一度上巴黎，且决意三个月不往，将此地作一深山道院。吾现在惟有两种功课，日间学英文，夜间作游记，英文已大略能读书读报了。吾用功真极刻苦，因此同行诸君益感学问兴味。百里、君劢皆学法文，振飞学德文，迭为师弟，极可笑也。最可笑者，吾将来之英文，不能讲，不能听，不能写，惟能读耳。向来无此学法，然我用我法，已自成功矣。

吾日记材料，由百里、君劢、振飞三人分任搜集，吾乃取裁之，现方着手耳。此亦非同居不可，在此多住数月，亦为此也。

丁在君早已先归，刘子楷日内随陆子欣归，鼎甫留英，吾四人明年二月游德、奥、波兰，四月归。

父示娴儿。

十一月五日　由白鲁威寄庐

此书可钞寄家中，吾本欲别作书，今已倦极了，一阁又不知阁到何时也。

吾现在又晏睡晏起，二十年恶习全然规复了。百里大不以我过于勤苦为然，常谓令娴在此，必能干涉我先生，然耶？否耶？

致梁思顺

［1919 年 12 月 2 日］

得十月廿一日禀，甚喜。总要在社会上常常尽力，才不愧为我之爱儿。人生在世，常要思报社会之恩，因自己地位做得一分是一分，便人人都有事可做了。吾在此作游记，已成六七万言，本拟再住三月，全书可以脱稿，乃振飞接家电，其夫人病重，本已久病，彼不忍舍我言归，故延至今。归思甚切。此间通法文最得力者，莫如振飞，彼若先行，我辈实大不便，只得一齐提前。现已定阳历正月廿二日船期，约阴历正月杪可到家矣。一来复后便往游德国，并及奥、匈、波兰，准阳历正月十五前返巴黎，即往马赛登舟，船在安南停泊一两日，但汝切勿来迎，费数日之程，挈带小孩，图十数点钟欢聚，甚无谓也。但望汝一年后必归耳。

父示娴儿。

十二月二日

致梁思顺*

［1919 年 12 月 13 日］

十二晨六时发哥龙，晚九时抵柏林，此十五小时中仅以饼干一片充饥，盖既无饭车，沿途饮食店亦闭歇也。战败国况味，略尝一脔矣。霜雪载途，益增凄黯。

十二月十三日

---

* 此函《梁启超未刊书信手迹》无，录自《梁任公先生年谱长编（初稿）》“民国八年己未，四十七岁”。

致梁思顺 *

［1919 年 12 月 14 日］

柏林旅馆极拥挤，初到之夕草草得一榻，翌日而迁。今所居极安适，日租五十马克，可称奇昂，然合中国银只得一元耳。全欧破产，于兹益信，德政府亦派员招待颇殷勤，在此拟作半月勾留。

十二月十四日

致梁思顺 **

［1919 年 12 月 22 日］

游德已逾旬日，大承各界礼待，情意殷浃，乃过英、法，真异事也。前日外交部公宴，席上晤阿乐尔，彼言归国时深感希哲援助，诵念汝夫妇不置，写一片相候，今附寄。

十二月廿二日

致梁思顺 ***

［1919 年 12 月 24 日］

吾日来常患失眠，每间日辄终夜不能合眼，晨起便须应酬游览，觉

* 此函《梁启超未刊书信手迹》无，录自《梁任公先生年谱长编（初稿）》"民国八年己未，四十七岁"，原题《与周夫人片》。

** *** 此函《梁启超未刊书信手迹》无，录自《梁任公先生年谱长编（初稿）》"民国八年己未，四十七岁"。

疲惫极矣。殆因求学太锐，思虑太深所致，欲自节，但苦不能，或登舟后少佳耳。在此照一相，似较上半年憔悴也。

十二月廿四日

致梁思顺*

［1920 年 1 月 7 日］

费十日之力，游德国外省，略睹其概。今日返柏林，三日后将去德国矣。此次游德，费日少而所得多，最满意。日来早睡早起，神志健旺。

一月七日

致梁思顺

［1920 年 3 月 25 日］

吾以十二日旧历正月。抵香港，敬谒祖父殡宫，在港与诸亲故盘桓永日，旋即登舟。十五日抵沪，诸友来迎者颇众，馆于张菊生家，叔通、东荪、溯初屡作深谈。旋应张季直之招，往南通淹留三日，复返沪。沪上政客未接一人，最为快事。廿四日发沪，在南京未下车。廿五日抵家，都中亲故来津相迓，旅舍为满。家中群童迎于新站，汝母迎于老站，是夕诸友在家为我洗尘，翌日为我介寿，将未成之新居权布筵席，主客熙熙，有如春酿。在家小憩后，以廿九日入都，向当道循例一周旋。初三日便返津，除最稔诸友共作饮食宴乐外，一切酬应皆谢绝，东海约宴亦

---

* 此函《梁启超未刊书信手迹》无，录自《梁任公先生年谱长编（初稿）》“民国九年庚申，四十八岁”。

谢之。然旬日以来，亦颇劳顿矣。每晚客散后，与汝母杂谈，动至夜分。返津两日，来客稍希，夕间辄与汝母对酌微醺，甚乐也。久不御黄酒，归来开陈酿，至乐，但饮后觉不甚受用，数日后亦拟节之矣。思成辈皆渐知向学，幼者亦益可爱，家庭中春气盎然，惟汝不在旁，美犹有憾耳。吾自欧游后，神气益发皇，决意在言论界有所积极主张，居北方不甚便，两月后决南下，在上海附近住，想汝亦必以为然也。汝在仰光病已数次，两孙亦常不适，当是水土所致。汝曹生长在较北之地，久居炎方，恐非所宜，早日宁家为妙。今年吾与汝母合成百岁，吾生日汝既未归，深望汝母生日时作一大团聚。汝来禀屡言明春必归，能早数月更慰老怀也。前书言中比公司事，顷股本咄嗟已满，不必复求林振宗矣。惟吾欲在上海办一大学，彼若有志能相助最善，彼新房落成，礼物日内当即写送。吾拟别作一英文书与言，汝谓何如？

父示思顺，并问希哲。

三月廿五日　旧历二月六日

致梁思顺

［1920 年 4 月 20 日］

吾方与汝母言，以久不得汝书，颇悬悬，汝母谓我归来仅逾月，汝已有一书，不可谓稀，语未终而汝第二书至，吾喜可知也。吾归后极安适，惟客不断，著述又不容缓，顷已全规复两年前生活，动辄夜分不寝，此亦无如何也。前吾极欲希哲调欧，惟汝母言决不欲就汝等迎养，吾一时又未必能再远游，则亦不欲汝更远离我，已不复作此运动。闻盎威斯领事已别定人矣。汝研究欧美妇人问题，欲译书甚好，可即从事，我当为汝改削、出版，顷吾方约一团体从事斯业也。今年能归来度岁否？甚望，甚望。父示娴儿。

四月二十日

《欧游心影录》汝已见否？

致梁思顺

［1920 年 7 月 20 日］

不寄书已两月余，想汝等极觖望矣。吾日常起居，计思成等当详相告。顷国内私斗方酣，津尚安堵，惟都中已等围城，粮食断绝，兵变屡发，五日来火车、电报、电话皆不通，无从得都中消息。汝二叔全眷未移，至可悬念，然不出三日，诸事亦当解决矣。吾一切不问，安心读书著书，殊畅适。惟日来避难来津者多，人事稍繁杂耳。

兹有寄林振宗一信，并中国公学纪念印刷品两册，胡适之即在本公学出身者，同学录中有名。可交去并极力鼓其热心，若彼能捐五十万，则我向别方面筹捐更易，吾将以此为终身事业，必能大有造于中国。彼若捐巨款，自必请彼加入董事，自无待言，此外当更用种种方法为之表彰名誉，且令将来学生永永念彼也。汝前信言彼欲回国办矿，若果有此意，吾能与以种种利便。前随我游欧之丁文江任地质调查所所长多年，中国何处有佳矿，应如何办法，情形极熟，但吾辈既无资本，只得秘之，以俟将来耳。又有挚友刘厚生，张季直手下第一健将，曾任农商次长，近三四年与我关系极深，汝或未知其人。注意矿事十年，规模宏远，渠办纺绩业获利数百万，尽投之以探矿，彼誓以将来之钢铁大王自命，所探得铁矿极多，惜多在安徽境内，倪嗣冲尚在，不敢开办耳。现在拟筹极大资本办铁厂，林君欲独立办矿，或与国内有志者合办，吾皆能为介绍也，可将此意告之。日来直派军人频来要约共事，吾已一概谢绝，惟吴佩孚欲吾为草宪法，上意见书，吾为大局计，亦将有所发表耳。本定本月南下，往江西讲演，现因道梗，一切中止矣。汝姑丈新得一子，汝已知否？

父示娴儿，并问希哲近佳。

七月二十日

致梁思顺

［1920年12月18日］

宝贝思顺：

像二十多天没有给你信了，你的信也像半个月没有来了，你夫妇和孩子们都好吗？部里许暂留任的电报想早到了。你们什么时候回来呢？我阴历二月半非去陕西不可，最少要在那边一个月，万一你回来时我又不在家，可急杀我了。思成这个淘气精已经天天滑冰，今日正在北海滑了半天，我初时禁止他，现已许他了。把这话告诉你，令你知道他的腿怎样，好以放心了。我被各学校学生包围，几乎日日免不了讲演，怎么好呢？偷空写这两张纸给我的宝贝。

爹爹　十二月十八日

致梁思顺

［1921年5月16日］

三次来禀均收。吾自汝行后，未尝入京，且除就餐外未尝离书案一步。偶欲治他事，辄为著述之兴所夺，故并汝处亦未通一书也。

希哲在彼办事，想极困衡。但吾信希哲必能度诸难关，望鼓勇平心以应之。薛敏老等来已见，彼已往美。吾略为擘画，彼辈似亦甚满足。

他事如常，无可告，聊书数行，慰汝远念耳。

父示娴儿。

五月十六

王姨似有病，且病似不轻。闻日内汝母令之往北京就医。

致梁思顺

［1921 年 5 月 30 日］

我间数日辄得汝一书，欢慰无量。昨晚正得汝书，言大学校长边君当来。今晨方起，未食点心，此老已来了。弄得我狼狈万状，把我那“天吴紫凤”的英话都迫出来，对付了十多分钟，后来才偕往参观南开，请张伯苓当了一次翻译。彼今日下午即入京，我明晨仍入京，拟由讲学社请彼一次，但现在京中学潮未息，恐不能热闹耳。某党捣乱，此意中事，希哲当不以介意。凡为社会任事之人，必受风波，吾数十年，日在风波中生活，此汝所见惯者，俗语所谓“见怪不怪，其怪自败”，吾行吾素可耳。廷伟为补一主事，甚好。尝告彼“学问是生活，生活是学问”，彼宜从实际上日用饮食求学问，非专恃书本也。汝三姑嘉礼日内便举行，吾著书已极忙，人事纷扰，颇以为苦，但家有喜事，总高兴耳。

王姨有病入京就医，闻已大痊矣。

父示娴儿。

五月三十

胡德将军处本拟用各界名义发一电欢迎，但用何名义未定，日内或以三数私人名作代表，其人则秉三、伯唐、仲仁、静生及我也。

致梁思顺

[1921 年 6 月 24 日]

前日为廷伟事，我怒极且伤心之极，数年久无胃病，近忽复发，汝母疑为生气所致，或当然也。此子乖谬至此，决意遣之回乡，电所以言回沪者，恐其有他故累汝，故遣之到港后使在港候信耳。顷得汝书，似尚未解我意，当即复一电，令写一三等票，另给廿元遣彼，想已照办。若未办者仍即照此办理。我不愿更提此事，一提起便一面生气，一面落泪也。

十日后七月四日。便是汝三姑喜期，汝母日日奔忙，几无寸暇，即我亦不知不觉荒其学业。新郎到后，阖家满意，共夸我老眼无花，我自觉完此责任亦大欢喜，此足以抵偿伟事之苦痛而有余也。汝母后日便入京，我迟两日往，大约全家孩子都趁热闹去，此旬日间汝得信当稀矣。父示思顺。

六月廿四日

闻汝到菲后，尚未有禀寄汝二叔，太疏忽了，可即寄一禀。

致梁思顺

[1921 年 7 月 22 日]

喜事办完，吾返家已一来复，又从事著述生涯，自觉其乐无量。廷伟已斥令归乡，不复以此自恼，汝勿以为忧也。汝三姑姻事，大约汝三姑丈将在久大任一职，决不令彼作官矣。吾及汝母皆觉甚满足，全家人皆然，此为吾自完义务之一快事。使领馆经费补发无期，吾近来始知底细，盖两年来外交部恃船钞三成充此费，今已无着。日前晤长绶卿，彼言若呈部言家眷在津，则薪水公费不在此限。可在津领，彼新放横滨总领事，亦只得托言眷一部分在津云云。可告希哲，即办一呈，言眷已返津，薪水托廷灿代领，望每月由津拨支云云，当可得也。吾日来极感希哲有辞职之必要，盖此种鸡肋之官，食之无味。且北京政府倾覆在即，虽不辞亦不能久，况无款可领耶？希哲具有实业上之才能，若更做数年官，恐将经商机会耽阁，深为可惜。汝试以此意告希哲，若谓然，不妨步步为收束计。自然非立刻便辞。汝母颇不以吾说为然，故吾久未语汝，但此亦不过吾一时感想，姑供汝夫妇参考耳。希哲之才，在外交官方面，在实业方面皆可自立，但作外交官则常须与政局生连带关系，苦恼较多也。此所说者，并非目前立刻要实行，但将个中消息一透露，俾汝辈有审择之馀裕耳。

父示娴儿。

廿二

致梁思顺

［1922年9月26日］

我入京五日，今晨始返。此五日中，日日与美国人为缘，劳碌极矣。吴德将军到京之第二日，北京金融界、教育界公宴之于颐和园，三日前将颐和园大扫除，费六百辆车装载尘芥，真骇人听闻。我为主席，一面代表寒酸书生，一面又代表面团团之大腹贾，甚可笑也。是日所费亦将千金，却全是大腹贾担任，我辈寒酸未出一钱也。其后吾偕伯唐、百里与彼深谈一次，彼言自到极东以来，兼指菲列宾、中国、日本而言。第一次最感动之谈话也。彼及其随员等皆极称道汝夫妇，谅彼返菲后必再见汝等，汝等可告以接吾书，谓与彼第二次之谭话感动实深，将来甚望为精神上之结合，共为远东效力也。吾在京五日，演说四次，会客无数。以余力打牌，亦每日十数圈以上。今晨归即往南开讲演。顷每来复在南开讲六点钟。连日睡不足，疲乏极矣。顷方与汝母晚酌，亦醺醺然醉，现未及九点钟已思睡，因候浴水未得，故写此两纸寄汝。

父示娴儿。

廿六

致梁思成、梁思永、梁思忠*

［1922年11月23日］

前得汝来禀，意思甚好，我因为太忙，始终未谕与汝等。前晚陈老伯请吃饭，开五十年陈酒相与痛饮，我大醉而归。到南京后惟此一次耳，常日一滴未入口。翌晨六点半，坐洋车往听欧阳先生讲佛学，吾日日往听。稍感风寒，归而昏睡。张君劢硬说我有病，说非酒病。今日径约第一医院院长来为我检查身体，据言心脏稍有异状。我不觉什么，惟此两日内脑筋似微胀耳。君劢万分关切。吾今夕本在法政专门有两点钟之讲演，君劢适自医生处归，闻我已往，彼已屡次反对我太不惜精力，彼言如此必闹到脑充血云云。仓皇跑到该校，硬将我从讲坛上拉下，痛哭流涕，要我停止讲演一星期，彼并立

---

* 此函《梁启超未刊书信手迹》无，录自《梁任公先生年谱长编（初稿）》“民国十一年壬戌，五十岁”。

刻分函各校，将我本星期内已应许之。讲演，一概停止。且声明非得医生许可后，不准我再讲。我感其诚意，已允除本校常课每日一点钟。外，暂不多讲矣。彼又干涉我听佛经，本来我听此门功课用脑甚劳。我极舍不得，现姑允彼明晨暂停但尚未决。一次。其实我并没有什么，不过稍休息亦好耳。因今晚既停讲无事，故写此信与汝等，汝等不必着急，吾自知保养也。

父谕成、永、忠。

十一月廿三日

致梁思顺

［1922 年 11 月 26、28、29 日］

我的宝贝思顺：

我接到你这封信，异常高兴，因为我也许久不看见你的信了，我不是不想你，却是没有工夫想。四五日前吃醉酒，你勿惊，我到南京后已经没有吃酒了，这次因陈伯严老伯请吃饭，拿出五十年陈酒来吃，我们又是二十五年不见的老朋友，所以高兴大吃。忽然想起来了，据廷灿说，我那晚拿一张纸写满了“我想我的思顺”、“思顺回来看我”等话，不知道他曾否寄给汝看。以上廿六日写。

你猜我一个月以来做的什么事，我且把我的功课表写给汝看。

每日下午二时至三时在东南大学讲中国政治思想史，除来复日停课外，日日如是。

每来复五晚为校中各种学术团体讲演，每次二小时以上。

每来复四晚在法政专门讲演，每次二小时。

每来复二上午为第一中学讲演，每次二小时。

每来复六上午为女子师范讲演，每次二小时。

每来复一、三、五从早上七点半起至九点半，最苦是这一件，因为六点钟就要起来。我自己到支那内学院上课，听欧阳竟无先生讲佛学。

此外各学校或团体之欢迎会等，每来复总有一次以上。

讲演之多既如此，而且讲义都是临时自编，自到南京以来一个月。所撰约十万字。

张君劢跟著我在此，日日和我闹说："铁石人也不能如此做"，总想干涉我，但我没有一件能丢得下。

前几天因吃醉酒，那天是来复二晚。明晨坐东洋车往听佛学，更感些风寒，归来大吐，睡了半日。君劢硬说我有病，到来复四日我在讲堂下来，君劢请一位外国医生等著诊验我的身体。奇怪，他说我有心脏病，要我把讲演著述一概停止。说我心脏右边大了，又说常人的脉只有什么七十三至，我的脉到了九十至。我想我身子甚好，一些不觉得什么，我疑心总是君劢造谣言。那天晚上是法政学校讲期，我又去了，君劢在外面吃饭回来，听见大惊，一直跑到该校，从讲堂上硬把我拉下来，自己和学生讲演，说是为国家干涉我。再明日星期五，我照例上东南大学的讲堂，到讲堂门口时，已见有大张通告，说梁先生有病放假，学生都散了，原来又是君劢捣的鬼。他已经立刻写信各校，将我所有讲演都停一星期再说。以上廿八日写。

医生说不准我读书、著书、构思、讲演，不准我吃酒，可以。吃茶，吃烟。我的宝贝，你想这种生活我如何能过得。廿八晚写。

神经过敏的张君劢，听了医生的话，天天和我吵闹，说我的生命是四万万人的，不能由我一个人作主，他既已跟着我，他便有代表四万万人监督我的权利和义务。我们现在磋商的条件：

1. 除了本校正功课每日一点钟外，其馀讲演一切停止。

2. 除了编中国政治思想史讲义，其馀文章一切不做。

3. 阳历十二月三十一日以前截止功课，回家休息。

4. 每星期一、三、五之佛学听讲照常上课。此条争论甚烈，君劢现已许我。

5. 十日后医生诊视说病无加增则照此实行，否则再议。

我想我好好的一个人，吃醉了一顿酒，被这君劢，呆头呆脑的书呆子，又蛮不讲理。捉著错处，如此其欺负我，你说可气不可气。君劢声势汹汹，他说我不听他的话，他有本事立刻将我驱逐出南京，问他怎么办法？他说他要开一个“梁先生保命会”，在各校都演说一次，不怕学生不全体签名送我出境，你说可笑不可笑？

我从今日起已履行君劢所定契约了，也好，稍为清闲些。

懒得写了，下回再说。以上廿九日。

致梁思顺

［1922 年 12 月 2 日］

我的宝贝思顺：

前书想收。我狠后悔，不该和你说那一大套话，只怕把我的小宝贝急坏了，不知哭了几场。我委实一点病也没有，若有，我不能不知到(道)，但君劢相爱太过，我也只好容纳他的好意。现在已减少许多功课，决意阳历年内讲完，新年往上海顽几天。汝母生日以前，必回家休息，汝千万不许耽忧著急。我明年上半年决意停讲，在家中安住数月后，阴历三、四月间，拟往庐山，即在彼过夏。汝暂勿回来亦好，我虽想念汝，但汝来往一次亦大不易，不必汲汲也。汝能继续求学甚好。汝学本未成，汝为我爱儿，学问仅如此，未为尽责也。

父谕　十二月二日

致梁思顺

［1922 年 12 月 3 日］

我的宝贝：

你千万别着急了，我原是好好的一点病没有，近几天睡得足些，因为每日六点钟起早听讲佛学的功课停了。越发精神焕发。君劢放这把火，写信给季常说我有病，吓得家中满城风雨。你妈妈、你三姑都要亲自来捉我回去，累我写许多信回家解释。现在都放心了。我只有三个礼拜便停课回家，你切勿忧念。

父谕　三日

致梁思顺

［1922 年 12 月 18 日］

宝贝思顺：

我又想起你来了，说不写信又写了。我告诉你一件事，令你欢喜。前几日唐天如先生来，细细诊察我身体一番，说的确没有病，我现在很放心了，欠着许多讲演债，打算这两个礼拜内陆续还清他。我最迟亦回家去过汝母生日。江翊云月内来菲，赴万国律师公会。他路过南京时或者会着我，你可以问我的近状。

父谕　十八日

致梁思顺

［1922 年 12 月 25 日］

宝贝思顺：

十二月十二日的信收到了，欢喜得很。我现在还在南京呢。今日是护国军起义纪念日，我为学界全体讲演了一场，讲了两点多钟。我一面讲，一面忍不住滴泪。今把演稿十来张寄给你。

我后日又要到苏州讲演，因为那里的学生盼望得太久了，不能不去安慰他们一番，但这一天恐怕要很劳苦了。

我虽然想我的宝贝，但马尼拉我还是不愿意去，因为我不同你妈妈，到那里总有些无谓的应酬，无谓的是非，何苦呢？

我于你妈妈生日以前，一定回到家，便着实休息半年了。

爹爹　廿五日

致梁思顺

［1923 年 1 月 7 日］

宝贝思顺：

我三十一夜里去上海，前晚夜里回来，在上海请法国医生诊验身体，说的确有心脏病，但初起甚微，只须静养几个月便好。我这时真有点害怕了，本来这一个星期内，打算拼命把欠下的演说债都还清，现在不敢放恣了，只有五次讲义讲完就走，每次一点钟。酒是要绝对的戒绝了，烟却不能。医生不许我多说话，不许连续讲演到一点钟以外，不许多跑路，这一着正中下怀。最要紧是多睡觉，也愿意。说这一着比吃什么药都好。

我回家后，当然一次讲演都没有，我便连日连夜睡他十来点钟，当然就会好了。你却不许挂心，挂心我就什么都不告诉你了。我本来想到日本顽顽，可巧接着日本留学生会馆来书要我去讲演，而且说日本有几个大学也打算联合来请，吓得我不敢去了。若没有病，我真高兴去。今年上半年阳历计。北京高师要请我，要和别的学校竞争，出到千元一月之报酬。可笑，我即往，亦不能受此重酬。东南学生又联合全体向我请愿，我只得一概谢绝了。回津后只好杜门不出，因为这几年演讲成了例，无论到什么地方也免不掉，只得回避了。我准十五日回家，到家尚在汝母生日前两日哩。思成和徽音已有成言，我告思成须彼此学成后乃定婚约，婚约定后不久便结婚。林家欲即行定婚，朋友中也多说该如此，你的意见怎样呢?

爹爹　一月七日

致梁思顺

［1923年1月15日］

宝贝思顺：

我现在就上车回家了，明天晚上就和你妈妈、弟弟、妹妹们在一块了，现在很想起你。

这几天并未有依医生的话行事，大讲而特讲，前天讲了五点钟，昨天又讲四点钟，但精神却甚好。

几个月没有饮酒了，回家两天就是你妈妈生日，我想破戒饮一回，你答应不答应?

回家后打算几个月戒讲演了，但北京高等师范学生正在和我打麻烦，因为我早答应过今年（阳历）上半在那里讲。打算专门写字和打牌，你听见想一定欢喜。

爹爹

难得这一点时候没有事，没有客，所以写这几张纸。

致梁思顺

［1923 年 1 月 21 日］

宝贝思顺：

我现在回家看见许多小宝贝，忘记了你这大宝贝了，把三张好玩的小照寄给你的三个小宝贝罢。

爹爹　一月廿一日

致梁思顺

［1923 年 1 月 24 日］

宝贝思顺：

怎么样啦！吓着没有？我近日精神益焕发，因为功课减少之故。我早上听佛学的功课到底被君劢破坏了，因此益清闲，每日专心致志著一部书，讲一门功课，从容极了，医生再来检查也没有什么话说了。君劢说若能常常如此，他又不愿意我速归了。因为他是江苏人，恨不得我在江苏多一天，江苏人多得些好处。我说："那么我还是阴历年底才走。"他说："很好。"我说："你走了，他阳历年底必要走。我便拼命连日连夜的讲。"他又慌了。你说这位书呆子好笑不好笑？我阳历过年时，到上海顽十天八天，回头或者还在南京三两天才回家，到家时大约亦在阴历腊月半了。我写了这封信以后，打算回家后再写信给你了，你千万别要因为接不着信又疑心我病。你的三个小宝贝好么？你看《晨报》和《时事新报》没有？若看，应该看见我许多文章。

爹爹　八日

洋鬼子吃腊八粥那天

致梁思顺

［1923年1月29日］

宝贝思顺：

十六日书收到，你连打十几个喷嚏的时候，果然不错，那时正是我从南京回来，正下车在你母亲房内看你的信哩。我现在托病杜门谢客，号称静养，却是静而不养。每日读极深奥的《成唯识论》，用尽心思，一日读三四叶，还是勉强懂得一点罢了。我很想去日本顽顽，日本人把我近年的著作翻译出好几部，我们卖六角钱的，他们卖二元五十钱，可惊。但非有三四千金不敷用，怕未必能去。我新选这些信笺信封，你说好不好？本来不打算写信，就是专为试新，才写这两张。

爹爹　廿九

致梁思顺

［1923年2月24日］

宝贝思顺：

我告诉你一件事，令你吓杀！

旧历初二日讲学社所聘杜里舒博士来津讲演，我往车站欢迎他，借李宾四马车坐去，才出到大马路交叉处，被街上电车横撞过来，事后回想真危险，真是间不容发，好在车已经过去大半，仅撞后轮，故不至伤。车撞坏了，人马俱倒在地上，但我仅仅擦破头皮少许，腿上微微酸痛而已。那日我仍在南开讲演，晚上又与张君劢、林宰平、丁在君等谈过通宵。初五日，你姑丈偕曼宣、孝高来，一连打了三日三夜的牌。他们今晨回京去。我足足睡了一天。过年以来，一件正经事未做，就只谈天顽要。

你母亲把大大小小的孩子从七叔起到达达。都带到北京去了，家中只有司马懿和六六，我从今日起又做我的正经功课了。

你们攒下那几个钱，最好是买七年长期公债。此项公债现时价格不过三折馀，计可得一分八厘以上之利息，其还本付息由总税司安格联经理，极稳实。汝等若欲办此，我可托徐振飞一手替你们经营，将息作本再添买。我现在也托他，你们可以当附属品也。手此并问

希哲春禧。

爹爹　廿四

致梁思顺

［1923 年 5 月 8 日］

宝贝思顺：

你看见今日《晨报》，定要吓坏了。我现在极高兴的告诉你，我们借祖功宗德庇荫，你所最爱的两位弟弟，昨日从阎王手里把性命争回。我在西山住了差不多一个月，你是知道的，昨日是你二叔生日，又是五七国耻纪念，学生示威游行，那三个淘气精都跟着我进城来了。约摸午

前。十一点时候，思成、思永同坐菲律宾带来的小汽车出门，正出南长街口，被一大汽车横撞过来，两个都碰倒在地。思永满面流血，飞跑回家，大家正在惊慌失色，他说快去救二哥罢，二哥碰坏了。等到曹五将思成背到家来，脸上一点血色也没有，两个孩子真勇敢得可爱，思成受如此重伤，忍耐得住，还安慰我们；思永伤亦不轻，还拼命看护他的哥哥。眼睛也几乎定了。思忠看见两个哥哥如此，呱的一声哭起来，几乎晕死。我们那时候不知伤在何处，眼看着更无指望，勉强把心镇定了，赶紧请医生。你三姑丈和七叔乘汽车去，幸我有借来的汽车在门。差不多一点钟才把医生捉来。出事后约摸二十多分钟，思成渐渐回转过来了，血色也有了，我去拉他的手，他使劲握着我不放，抱着亲我的脸，说道：爹爹啊，你的不孝顺儿子，爹爹妈妈还没有完全把这身体交给我，我便把他毁坏了，你别要想我罢。又说，千万不可告诉妈妈。又说，姐姐在那里，我怎样能见他？我那时候心真碎了，只得勉强说，不要紧，不许着急。但我看见他脸色回转过来，实在亦已经放心许多。我心里想，只要拾回性命，便残废也甘心。后来医生到了，全身检视一番，腹部以上丝毫无伤，只是左腿断了，随即将装载病人的汽车装来，送往医院。

初时大家忙着招呼思成，不甚留心思永何如。思永自己说没有伤，跟着看护他哥哥。后来思永也睡倒了，我们又担心他不知伤着那里，把他一齐送到医院检查。啊啊！真谢天谢地，也是腹部以上一点〈伤〉没有，不过把嘴唇碰裂了一块，腿上亦微伤。不能吃东西。现在两兄弟都在协和医院同居一房，思永一个礼拜可以出院，思成约要八个礼拜。但思成也不须用手术，不须割。因为骨并未碎，只要扎紧，自会复原。今朝我同你二叔、三姑、七叔去看他们，他们哥儿俩已经说说笑笑，又淘气到了不得了。昨天中饭是你姑丈和三姑合请你二叔寿酒，晚上是我请，中饭全家都没有吃，晚饭我们却放心畅饮压惊了。我怕你妈妈着急发病，昨日一日瞒着没有报告，今朝我从医院出来，写了一封快信，又叫那两个淘气精各写一封去，大约你妈妈明天早车也要来看他们了。内中还把一个徽音也急死了，也饿着守了大半天，林家全家也跟着我们饿。如今大家都欢喜了。你二叔说，若使上帝告诉我们，说你的孩子总要受伤，伤什么地方听你自择，我们只有说是请伤这里，因为除此以外，无论伤那里，都是不了。我们今天去踏查他们遇险的地方，只离一寸多，便是几块大石头，若碰着头部真是万无生理。我们今天在六部口经过，见一个死尸横陈，就是昨天下午汽车碰坏的人，至今还没殡殓，想起来真惊心动魄。今年正月初二，我一出门遇着那么一个大险，这回更险万倍，到底皆逢凶化吉，履险如夷，真是徼天之幸。我本来不打算告诉你，因为《晨报》将情形登出，怕你一见吓倒，所以详细写这封信。我今日已经打了二十多圈牌了，我两三日后仍回西山，我在那里住的舒服极了。每日早起，又不饮酒。

爹爹　阳历五月八日

旧历三月廿三日

致梁思顺

［1923年5月10日］

昨书计至。两孩子状况良好，不过思成淘气，罚他睡在床上三几个来复，思永嘴馋，罚气两三天不准吃东西而已。是嘴不能吃，非胃不能受。现汝母已来，吾亦将返西山。

父示思顺。

十日

致梁思顺

［1923年5月11日］

宝贝思顺：

你看见我第一封信，吓成怎么样？我叫思成亲自写几个字安慰你，你接到没有？思永现已出院了，思成大概还要住院两月。汝母前日入京抚视他们，好在他们都已复原，所以汝母并未着急。汝母恨极金永炎，亲自入总统府见黄陂诘责之。其后金某来院慰问，适值汝母在，大大教训他一场。金某实在可恶，将两个孩子碰倒在地，连车也不下，竟自扬长而去，一直过了两日，连名片也没有一张来问候。初时我们因救命要紧，没有闲工夫和他理论，到那天晚上，惊魂已定，你二叔方大发雷霆，叫警察拘传司机人，并扣留其汽车。随后像有许多人面责金某，渠始来道歉。初次派人差片来院问候，被我教斥一番，第三日始亲来。汝二叔必欲诉诸法庭，汝母亦然。但此事责任仍在司机人，坐车人不过有道德责任而已。我见人已平安，已经心满意足，不欲再与闹。惟汝母必欲见黎元洪，我亦不阻止，见后黎极力替赔一番不是，汝母气亦平了，不致生病，亦大好事也。

思成今年能否出洋，尚是一问题，因不能赶大考也，现商通融办法。但迟一年亦无甚要紧耳。我现课彼在院中读《论语》、《孟子》、《资治通鉴》，利用这时候多读点中国书也很好。前两天我去看他们，思永嘴不能吃东西，思成便大嚼大啖去气他。思成腿不能动，思永便大跳大舞去气他。真顽皮得岂有此理。这回小小飞灾，很看出他们弟兄两个勇敢和肫挚的性质，我很喜欢。我昨日已返西山著我的书了。今晨天才亮便已起，现在是早上九点钟，我已成了二千多字，等一会蹇七叔们就要来今日礼拜六。和我打牌了。

爹爹　五月十一日　翠微山秘魔岩

致梁思顺

［1923 年 5 月 17 日］

宝贝思顺：

你和希哲看报，吓成怎么样？我前日入城看思成，已大好了，医生言敢保不致残废。现汝母尚在城，每日往看彼两次。徽音亦日日往，俨然姑媳相依矣。可怜思庄不知底细，在校中看见报纸，哭得眼都肿了。王姨携他来京看视一遍，方才安心。我仍居西山，每日早起，精神甚旺。这几日常常想我的思顺，但写信也无甚话可说耳。

十七日　爹爹

致梁思顺

［1923 年 5 月 18 日］

在山中得藻孙电话，知汝外祖母弃养。吾即日入城吊祭，并慰汝母，当不至过于哀伤也。希哲祭幛祭品当即代办。汝除作书唁母外，对于十四、五舅及诸表兄弟皆宜函吊也。

父谕思顺。

五月十八日　翠微山中

致梁思成*

［1923年5月］

父示思成：

吾欲汝以在院两月中取《论语》、《孟子》，温习谙诵，务能略举其辞，尤于其中有益修身之文句，细加玩味。次则将《左传》、《战国策》全部浏览一遍，可益神智，且助文采也。更有馀日读《荀子》则益善。各书可向二叔处求取。《荀子》颇有训诂难通者，宜读王先谦《荀子集解》。可令张明去藻玉堂老王处取一部来。

爹爹

致梁思顺

［1923年6月1日］

诸书计达。汝母遇外祖母之丧，尚能勉抑哀思，不致生病，稍可慰。思成之伤用手术三次，打药针八次，现已完全接好，可以如常人一样，四星期后便可出院，今年出洋亦不至耽阁，总算万幸！汝母拟日内返津一休息也。吾仍居西山，但日来频频入城，以之养静则殊不静也，但读书著述仍不废耳。

吾挽汝外祖母联云：

寿跻期颐，抚有内外胤孙百人强，母宜笑瞑。

---

* 此函《梁启超未刊书信手迹》无，录自《梁任公先生年谱长编（初稿）》“民国十二年癸亥，五十一岁”。

生未一拜，没仅刍醴奠临万里外，我用惭伤。

久未得汝书，甚念。辄写寄此两纸。

父示思顺。

六月一日

致梁思顺

［1923 年 6 月 13 日］

宝贝思顺：

连接汝两书，读之不厌。吾书乃皆徽音代笔书，晚到数日，累汝虚惊不少矣。思成再阅半月便可出院，闻彼已有详函告汝，今不复一一。今年汝可暂勿归宁，不独行路难足畏，稍省盘费亦得也。吾心境极佳，身体亦益健。读书至乐。渐暑，蚊虻多，西山将不可居，日内返津矣。

爹爹　六月十三日

致梁思成*

［1923 年 7 月 26 日］

汝母归后说情形，吾意以迟一年出洋为要，志摩亦如此说，昨得君励书，亦力以为言。盖身体未完全复元，旋行恐出毛病，为一时欲速之念所中，而贻终身之戚，甚不可也。人生之旅历途甚长，所争决不在一年半月，万不可因此着急失望，招精神上之萎葸。汝生平处境太顺，小

---

① 此函《梁启超未刊书信手迹》无，录自《梁任公先生年谱长编（初稿）》“民国十二年癸亥，五十一岁”。

挫折正磨练德性之好机会，况在国内多预备一年，即以学业论，亦本未尝有损失耶。吾星期日或当入京一行，届时来视汝。

爹爹　七月二十六日

致梁思顺

［1923 年 7 月 26 日］

宝贝思顺：

一个多月不得你的信，我和你母亲都有点着急了。你不是有病吧？思成还要十日后方能出院。我决意叫他迟一年出洋。总之，须把身子完全复元才可旅行。谅来你也同意。我回津将近一月了。现在南开讲演，家中大小都好。

爹爹

致梁思顺

［1923 年 8 月 1 日］

宝贝思顺：

得复电，大慰。我因久不得汝信，神经作用无端疑汝有病耳。昨日在南开讲毕，思永、思忠留校中听别人讲演。我独携思庄去吃大餐。随后你妈妈把思达、思懿带来，吃完后五个人坐汽车兜圈子到马厂一带，把几位小孩子欢喜到了不得。你妈妈说，我居然肯抛弃书桌上一点钟工夫，作此雅游，真是稀奇。我和思庄说，明年姐姐回来，我带着你们姊妹去逛地方，不带男孩子了。庄、懿都拍掌说，哥哥们太便宜了，让他们关在家里哭一回。思达说他要加入女孩子团体，思庄已经答应他了。我今日起得甚早，随意写几句告诉你。

爹爹　八月一日

致梁思顺

［1923 年 8 月 8 日］

顺儿：

前几天，天天记挂你，打电问你，回电来了后，便接连得你好几封信，却还没有一封给我的，可恶，可恶！快活极了。你妈妈半个月前有点呕思成的气，现在久已无事了。思成、徽音来信，寄你一看，便可知道他们现时情状。也可以见那位不害羞的女孩儿如何可爱。忠忠、庄庄两个天天撒泼，要我带他们逛北戴河。最好笑是徐志摩也加入他们队里帮着运动。我被他们磨不过，已经答应了。只要借得房子便带他们去。他们说，姊姊不知占了多少便宜！其实，你并没有跟着我逛过多少地方，不过他们眼红罢了。你们这些孩子们，实在难搀，一个个长大了，越发成群结党来打老子主意了，你当老姊姊的都不管管他们吗？

八月八日　爹爹

致梁思顺

［1923 年 8 月 22 日］

宝贝思顺：

今日从北戴河归，明日便入京，归时连得汝三信，欣慰之至。当发电之前数日，我天天记挂你，总疑心是有病，不意果病了。现在斐儿何如？希哲无传染耶？甚念。

此十二日间，游极乐。弟弟妹妹们寄你的明信片想不少，我没有都看见，不知说些什么有趣话，只可惜思成向隅了。我们一个个都晒黑了，庄庄尤其厉害，像比忠忠还黑，但他的凫水成绩很好，思永已许他小学毕业了。我也天天入海，却只学得个三十岁的孔夫子，可笑之至。一群孩子都要求明年再游，他们私自商量，说若是爹妈打不起兴致，把姐姐请来，领头运动一定成功。只怕不日就要联衔向你请愿了。我明晨六点钟车入京，近来总是搭这趟最早的车。现在要睡觉了。

爹爹　八月廿二

致梁思顺

［1923年9月6日］

宝贝思顺：

得书知斐儿经此险病，幸亏到底平安，只是因为你的孩子，苦了我的孩子了。你现在好吗？没有熬出病来吗？日本这回大灾，真是惊心动魄，熟人被难的还不多，最可惜长寿卿①葬送了。我这几天为救济会事颇耽搁些正经功课，一星期后就要到清华讲学去了。

爹爹　九月六日

---

① “长寿卿”，《梁任公先生年谱长编（初稿）》“民国十二年癸亥，五十一岁”作“长绥卿”。

致梁思顺

［1923 年 9 月 10 日］

思顺：

永、忠他们上学去了。思成给他们的信，放在我桌子上，寄给你一看，看你那顽皮的弟弟和将来的顽皮弟妇！

爹爹　九月十日

我过几日也上学去了。

致梁思顺

［1923 年 9 月 15 日］

Baby 思顺：

得汝书，乐极！你又气不分小弟弟、妹妹了，明年回家准带你玩过饱。汝妈妈从马尼拉带来的车，我们卖掉了，贴二千四百元换辆新的。明天八点钟我同妈妈坐着他从马路入京，午间便带思成、徽音去吃饭。我后日就到清华，大约三两个星期。不回天津也未定。

爹爹　九月十五夜

廷灿从广州搭来的船被贼劫，现在很担心他。

致梁思顺

［1923 年 10 月 6 日］

宝贝思顺：

前几天看见你寄你妈妈的信。斐儿好顽极了，我许久没有得着和小孩子顽，明年他回来好极了。

日本华侨赈款，请汇神阪华侨救灾团收，现在赈侨民自然以神户为中心。因该团办得极出力而极穷，我正发电国内各处，告诉他们汇钱去。

长绶卿之夫人免于难。数日前曾见你妈妈，连你妈妈讲起来还声泪俱下呢。

我又要带你小弟弟、小妹妹们去顽了，明晨就出发，现在思成、徽音、庄庄都在清华，看着我写这封信呢。这里预祝国庆，我刚才大喊大叫的演说了一场。

爹爹　十月六日

致梁思顺

［1923 年 11 月 1 日］

十月廿三日书悉。子廙病革，前数日吾曾亲往视之，且代汝夫妇致问，彼亦殷殷以汝夫妇为念也。开吊期尚未定。届时必代希哲致祭。微汝言吾已计及矣。思成顷随我住清华西客厅，其足殆已全复原，不杖能行矣。余续闻。

菲岛独立情形何如？不至有大扰乱耶？

父示思顺。

十一月一日

致梁思顺

［1923 年 11 月 5 日］

宝贝思顺：

昨日松坡图书馆成立，馆在北海快雪堂，地方好极了，你还不知道呢，我每来复四日住清华，三日住城里，入城即住馆中。热闹了一天。今天我一个人独住在馆里，天阴雨，我读了一天的书，晚间独酌醉了，好孩子别要着急，我并有恁么醉，酒亦不是常常多吃的。书也不读了，找我最爱的孩子谈谈罢。谈什么呢？想不起来了。

哦，想起来了。

你报告希哲在那边商民爱戴的情形，令我喜欢得了不得。我常想，一个人要用其所长。人才经济主义。希哲若在国内混沌社会里头混，便一点看不出本领，当领事真是模范领事了。我常说天下事业无所谓大小，士大夫救济天下和农夫善治其十亩之田所成就一样。只要在自己责任内，尽自己力量做去，便是第一等人物。希哲这样勤勤恳恳做他本分的事，便是天地间堂堂地一个人，我实在喜欢他。

好孩子，你气不分弟弟妹妹们，希哲又气不分你，有趣得很。你请你妈妈和我打弟弟们替你出气，你妈妈给思成们的信帮他们，他们都拍手欢呼胜利，我说我帮我的思顺，他们淘气实在该打。平心而论，爱女儿那里会不爱女婿呢，但总是间接的爱，是不能为讳的。徽音我也很爱她，我常和你妈妈说，又得一个可爱的女儿。但要我爱她和爱你一样，终久是不可能的。

我对于你们的婚姻，得意得了不得，我觉得我的方法好极了，由我留心观察看定一个人，给你们介绍，最后的决定在你们自己，我想这真是理想的婚姻制度。好孩子，你想希哲如何，老夫眼力不错罢。徽音又是我第二回的成功。我希望往后你弟弟妹妹们个个都如此。这是父母对于儿女最后的责任。我希望普天下的婚姻都像我们家孩子一样，唉，但也太费心力了。像你这样有恁么多弟弟妹妹，老年心血都会被你们绞尽了，你们两个大的我所尽力总算成功，但也是各人缘法侥幸碰着，如何能确有把握呢？好孩子，你说我往后还是少管你们闲事好呀还是多操心呢？

你妈妈在家寂寞得很，常和我说放暑假时候很高兴，孩子们都上学便闷得慌，这也是没有法的事。像我这样一个人独处一年，我也不闷，因为我做我的学问便已忙不过来，但天下人能有几个像我这种脾气呢？

王姑娘近来体气大坏，因为你那两个殇弟产后缺保养。我很担心，他也是我们家庭极重要的人物。他很能伺候我，分你们许多责任，你不妨常常写些信给他，令他欢喜。

我本来答应过庄庄，明年暑假绝对不讲演，带着你们顽一个夏天。但前几天我已经答应中国公学暑期学校讲一月了。他们苦苦要我，我耳朵软，答应了。

我明春要到陕西讲演一个月，你回来的时候还不知我在家不呢。酒醒了，不谈了。

耶告这两个字是王右军给儿女信札的署名法　十一月五日

致梁思顺

［1923 年 11 月 16 日］

今日有人说希哲已调新加坡了，我尚未见政府公报，但恐是真的，这个调动斐侨不用说是大不愿意了。在希哲方面，正如古人所谓还住本州，衣锦还乡。似亦未尝不好。但我的孩子怕受不了那种炎热，我有点不愿意，斐事亦不好办，革命风潮日剧，簿记案问题难解决，或调去亦未始不好。打算一两日内找顾少川一谈，看他能收回成命否？你们意思怎么样呢？我不管如何，姑且和他一说，若不能挽回，则亦听他，你说好吗？我半个月前痔疮复发，初时不以为意，耽阁了好几日，后来渐觉得有点痛楚，才叫王姑娘入京服侍，又被你弟弟们逼着我去汤山住了几天，现在差不多好清楚了。但日来京中各学校知道我在京，纷纷请讲演，又闹得像去年在南京一样的忙了，怎么好？

爹爹给思顺。

十一月十六日

致梁思顺

［1923 年 11 月 20 日］

宝贝思顺：

昨日一书想已到。今日我亲晤顾少川，明日当发一电问汝，计先此两书到。他说因希哲办事得力所以升调。又言已得希哲电，称领到川资后即赴新任，又斐侨有两电来挽留。我说此自是部中美意，希哲还治本州，亦非常荣幸，但我不愿意我的爱女在太热地方，希望他勿调或暂留。他说部令已发，但我既有此要求，他当与部员一商，设法云云。我再三声明是我个人意思，不是你们意思，请他勿误会。我想还是不调的好，是不是呢？据现在情形，稍迟几个〈月〉乃调，大概是办得到的。在这期间内，尽可以从容设法，你们意思怎样？赶紧写信来，我替你作主。我的病已好清楚了，勿念！

爹爹　十一月二十日

致梁思顺

［1923 年 11 月 27 日］

十四日书复电先到。已悉。此事乃发生尔许日耶，我弇陋极矣，在都中乃逾旬始闻也。汝等既对于新旧任无成见，我亦不复向人哓哓矣。况汝可早归，滋惬吾愿耶。吾近为痔疮所苦已二十日，此外一无所苦，食息如常，精神健旺，著述讲演，未尝一日辍。王姨入京为我洗涤，诸人皆劝就医，我恐医迫我用手术，遂迁延至今，但亦渐好矣。

父示思顺。

十一月廿七日

致梁思顺*

[1923年12月18日]

宝贝思顺：

像二十多天没有给你信了，你的信也像半个月没有来了。你夫妇和孩子们都好吗？部里留任的电报想早到了，你们什么时候回来呢？我阴历二月半非去陕西不可，最少要在那边一个月，万一你回来时我又不在家，可急杀我了。思成这个淘气精，已经天天滑冰，今日正在北海滑了半天，我初时禁止他，现已许他了，把这话告诉你，令你知道他的腿怎样，好以放心了。我被各学校学生包围，几乎日日免不了讲谈，怎么好呢？偷空写这两张纸给我的宝贝。

致梁思顺

[1924年1月6日]

昨日将思成等都带回家，与汝母庆寿。一两日后，仍须入京讲一礼拜便放假。约在家中住一月内外，此告顺儿。

爹爹 六日

* 此函《梁启超未刊书信手迹》无，录自《梁任公先生年谱长编（初稿）》“民国十二年癸亥，五十一岁”。

所属某项文件抄得寄上。

致梁思顺

［1924 年 2 月 2 日］

顺儿：

二十、廿二两信都收到了。这几天大家都回来过年，家里热闹到了不得，细婆病也好了，格外高兴。我的陕西怕上半年去不成，因为印度大文学家太戈尔四月间来，不能不等他。你最好是四月初一前赶到家，赶回来过你的生日。因为你弟弟们放春假只有一礼拜，他们正在商量许多新花样欢迎你哩。我给的压岁钱，也有你一份，但是已经交给你弟弟妹妹们。他们说组织一个会，共同替你保管，不知他们怎样保管法，你回来再和他们算帐罢。另外有一种压岁钱，个个想要，但只有一份，谁也不给，只好留给最小的孙子。我自己替他保管着，千妥万当的，告诉他回来再拿罢。

爹爹　除夕前两日

我过了年还要入京讲学去。

致梁思顺

［1924 年 4 月 2 日］

顺儿：

两信皆收。你妈妈日见起色，我们可以大放心了，若四十日后可以回家来一块住，更快乐了。

礼拜六我不能来，一则因为我正在赶功课，离不开我的书房和廷灿；二则因为我的手膀子这两日用按摩日方。渐见功效，非连用十日不可。从前我不以为意，近来总觉得不对，汤山洗澡后，发现多点毛病，又多好一点，按摩又发现多点毛病，又好一点，所以不可间断，索性继续治好他。

买九六公债事，当照办，这种公债看定是好的，两年后定涨到五折以上，只是此两年间绝无利息收入。我久已想买，只可惜没有闲钱，忘却思庄折上有存款了。我也曾想借钱买他，朋友们又说不上算，你有馀力，我也替你买便是。

爹爹　二日

致梁思顺

［1924 年 4 月 4 日］

汝母服中药日起有功，旬日前举家愁惨，今则熙熙如春酿矣。吾亦返津静养，以待汝归。汝母亦将来津迎汝也。诸弟虑汝焦灼太甚，思永自告奋勇，赴沪远迎，吾与汝母皆许之，汝面询一切，当大慰。汝若在船劳顿，则在沪休息一两日乃来亦可。吾于初九日倚闾望汝矣。

父示顺儿。

四日

致梁思顺

［1924 年 4 月 9 日］

顺儿：

快信收。今晨一信并汇款二千五百想已收。那信你看得明白不？为还中银旧债买九六，早已预备，想已告小六照办。我星期五早车来京，星期六晚车还回津，星期六是汤叔叔忌辰，我要到京祭祀。下车到中央公园吃饭，午后四五点钟想在小六那里打牌，告诉他约人，并告汝二叔。并托他电告蹇七叔。

爹爹　九日

七叔来信看见未？我看了又喜欢又可怜他。

我这十来天著书著得兴会淋漓，夜夜通宵，成了好几万字也，该休息天把了。

致梁思顺

［1924 年 4 月 16 日］

数日不得消息，不审你妈妈的病近日变化何如？腰背还痛否，眠食怎样？可来一简单报告。我每日埋头埋脑著书，差不多夜夜都做到天亮，但昨夜从三点钟睡起，足足睡到今午两点钟，一个礼拜的透支都补足了。平均每日五六千字，甚得意，手膀子大概再一礼拜可全愈。顾少川处前日已有书往问，待得复当寄汝。廿二日我早车来，在二叔家吃中面，晚上请二叔到太平湖，廿三日打算还回津赶功课。

父告顺儿。

十六

王姨前两日又下血又吐血，吐血已止。我叫他入京看，他说不要紧，说怀思永时也如此。又说坐火车劳顿，到底不肯去，只好听他。

致梁思顺

［1924 年 4 月 19 日］

得复书，知汝母病日有起色，喜慰之至。玉桂关系既如此重大，可即托李三叔设法再买，虽重价亦不惜，能愈速寄愈妙。桂儿小小孩子何以有此怪病，我看他瘦得很，本觉奇怪，现服何药，似以用西药为妙。王姨血据云已止，想无妨。

父示顺儿。

十九

礼拜五早车来，可饬车来接，届时或带庄庄、司马懿、六六同来。

致梁思顺

［1924 年 4 月 19 日］

庄庄回家来，他说下礼拜五今日礼拜六。他考试，要求二叔慢两天才出世，把生日改到礼拜日，你去同二叔商量罢。礼拜五早车，我带司马懿和六六来，廷灿和王姨也有一人来，一人留看家，我想那天晚上总要两桌，仅十四、五舅、两位姑丈、小六等起，以至亲戚、女眷、家中孩子，只怕两桌还不够哩。我们两老和你合做主人，各出一半钱罢，你若要占便宜，便做三份，分我、你妈妈、你，各一份也使得。

那天中饭你妈妈去南长街不？我下车便先往那里。

顺儿宝贝。

爹爹　十九晚

致梁思顺

［1924 年 4 月 21 日］

因泰戈尔来，我提前一日入京，准星期四早车来，下车即到太平湖，中饭可饬车来接，并告二叔及思成。

父示娴儿。

廿一晚

致梁思顺

[1924 年 6 月 6 日]

昨信想到。思成的病怎么样？今日初六。是祖母忌辰，你们都去南长街家里行个礼。成、永等都要几年之后再能参与祭典了。一千元已拨付你的账上，但今日银行停工，想明日才办妥。现时暂彀对付不？随时告诉我，本节卖出结帐有三千馀元，大约虽以今年用度之多，也不须借债也。两孙好顽极了，今朝八点钟便到床边拖我起来，斐儿还要我抱着在院子走。

父示思顺。

端午晚

致梁思顺、梁思庄

[1925 年 4 月 17 日]

宝贝思顺、小宝贝庄庄：

你们走后，我很寂寞。当晚带着忠忠听一次歌剧，第二日整整睡了十三个钟头起来，还是无聊无赖，几次往床上睡，被阿时、忠忠拉起来，打了几圈牌，不到十点又睡了，又睡十个多钟头。

思顺离开我多次了，所以倒不觉怎样；庄庄这几个月来天天挨着我，一旦远行，我心里着实有点难过。但为你成就学业起见，不能不忍耐这几年。

庄庄跟着你姊姊，我是十二分放心了，但我十五日早晨吩咐你那几段话，你要常常记在心里，等到再见我时，把实行这话的成绩交还我，我便欢喜无量了。

我昨天闷了一天，今日已经精神焕发，和你七叔讲了一会书，便着手著述，已成二千多字。现在十一点钟，要睡觉了，趁砚台上馀墨，写这两纸寄你们。

你们在日本看过什么地方？寻着你们旧游痕迹没有？在船上有什么好玩？小斐儿曾唱歌否？我盼望你们用日记体写出，详细寄我。能出一份《特国周报》临时增刊尤妙。

我打算礼拜一入京，那时候你们还在上海呢。在京至多十日便回家，决意在北戴河过夏，可惜庄庄不能跟着，不然当得许多益处。

祝你们一路安适，两个礼拜后我就盼你们电报，四个礼拜后就会得你们温哥华来信，内中也许夹着有思成、思永信了。

十七晚　爹爹

致梁思顺

［1925年5月1日］

顺儿：

神户信收到，一两天内又当得横滨信了。你们在日本那几天，我恰在北京，在京忙得要死，号称看花，却没有看成，只有一天六点钟起身，到广惠寺去，顺便也对畿辅先哲祠的海棠、法源寺的丁香，飞一个片子，算是请安拜会。

灵柩瓷灰已上过了，现在就上光漆，大约一月内完功了。

小六北京银行支店事已定，大约先拨资本十万至十五万，交他全权办理。

你七叔昨日已回家去了，因为我想他快点回来，跟我到北戴河，所以叫他早点去。

家里越发清静了，早饭就只三个人一桌。

思永有两封信来。一封是因为你不肯饶徽音，求我劝你，说得很恳切，现在已不成问题，不给你看了。一封是不主张吴文藻，说他身体太弱，也不便给你看，你们见面总会谈到了。

林宗孟说思成病过一场，说像是喉症。谅来他是瞒着家里，怕我忧心，但我总要你见着他面，把他身体实在情形报告我，我才真放下心哩。

瞻儿的字叫他好生写，别要辜负美材。桂儿能在暑假内叫他读《论语》最好。

斐儿有什么特别顽意，报告我博千里一笑。

贵亲家越发淘气了，穿着夹衣，跳趱得多，成天价笑，满嘴乱说。再过一个月，等我把他剥得精光照幅相寄你们。

五月一日　爹爹

我现在起得极早。

保险公司款已还一万。

致梁思顺、梁思成、梁思永、梁思庄*

［1925年5月9日］

五月七日正午接到温哥华安电，十分安慰。六日早晨你妈妈说是日晚上六点钟才能到温，到底是不是？没出息的小庄庄，到底还晕船没有？你们到温那天，正是十五，一路上看着新月初生直到圆时，谅来在

---

* 此函《梁启超未刊书信手迹》无，录自《梁任公先生年谱长编（初稿）》“民国十四年乙丑，五十三岁”。

船上不知唱了多少次“江上何人初见月，江月何年照初人”了。我晚上在院子里徘徊，对着月想你们，也在这里唱起来，你们听见没有？

我多少年不做诗了，君劢的老太爷做寿，我忽然高兴，做了一首五十五韵的五言长古，极其得意，过两天钞给你们看。

我近来大发情感，大做其政论文章，打算出一份周报，附在《时》、《晨》两报送人看，大约六月初旬起便发印。到我要讲的话都讲完，那周报也便停止，你们等着看罢。

我前几天碰着一件很窘的事。当你们动身后，我入京时，所谓善后会议者正在闭会。会议的结果，发生所谓宪法起草会者，他们要我做会长，由林叔叔来游说我。我已经谢绝，以为无事了。不料过了几天，合肥派姚震带了一封亲笔信来，情词恳切万分。那姚震哀求了三个钟头，还说执政说：“一次求不着，就跑两次、三次、五次天津，□□要答应才罢。”我实在被他磨不过，为情感所动，几乎松口答应了。结果只得说容我考虑考虑，一礼拜回话。我立刻写信京、沪两处几位挚友商量，觉得不答应便和绝交一样，意欲稍为迁就。到第二天平旦之气一想，觉得自己糊涂了，决定无论如何非拒绝不可。果然隔一天，京中的季常、宰平、崧生、印昆、博生，天津的丁在君一齐反对，责备我主意游移。跟着上海的百里、君劢、东荪来电来函，也是一样看法，大家还大怪宗孟，说他不应该因为自己没有办法，出这些鬼主意来拖我下水。现在我已经有极委婉而极坚决的信向段谢绝了。以后或者可以不再来麻烦。至于交情呢，总不能不伤点，但也顾不得了。

政局现有很动摇的样子。奉天新派五师入关，津浦路从今日起又不通了。但依我看，一二个月内还不会发生什么事，早则八月，迟则十月，就难保了。

忠忠也碰着和我所遭相类的事。你二叔今日来的快信，寄给你们看。信中所讲那陈某我是知道的，纯然是一个流氓，他那个女孩也真算无耻极了。我得着你二叔信，立刻写了一千多字的信严重告诫忠忠，谅来这孩子不致被人拐去，但你们还要随时警告他。因为他在你们弟兄姐妹中性情是最流动的，你妈妈最不放心也是他。

思永要的书，廷灿今日寄上些，当与这信前后到。

思成身子究竟怎么样？思顺细细看察，和我说真实话。

成、永二人赶紧各照一相寄我看看。我本来打算二十后就到北戴河去，但全国图书馆协会月底在京开成立会，我不能不列席，大约六月初四、五始能成行。

致梁思顺、梁思成、梁思永、梁思庄*

[1925 年 5 月 11 日]

我昨晚又作一首诗给姚胖子五十寿，做得好顽极了，过两天我一齐写好给小宝贝庄庄。我近日精神焕发，什么事都做得有趣。

致梁思顺等

[约 1925 年 5 月]

我自从给你们两亲家强逼戒酒和强逼运动后，身体更强健，饭量大加增，有一天在外边吃饭，偶然吃了两杯酒回家来，思达说“打电报告姊姊去”，王姑娘也和小思礼说“打电报给亲家”，小思礼便说“打！打！”闹得满屋子都笑了，我也把酒吓醒了。

---

* 此函《梁启超未刊书信手迹》无，录自《梁任公先生年谱长编（初稿）》“民国十四年乙丑，五十三岁”。

我现在每日著书多则三四千字，少则一千几百，写汉隶每天两三条屏，功课有定，不闲不忙，早睡早起，甚是安适。

致孩子们

［1925年7月10日］

孩子们：

我像许久没有写信给你们了。但是前几天寄去的相片，每张上都有一首词，也抵得过信了。

今天接着大宝贝五月九日、小宝贝五月三日来信，很高兴。那两位“不甚宝贝”的信，也许明后天就到罢？

我本来前十天就去北戴河，因天气很凉，索性等达达放假才去。他明天放假了，却是还在很凉。一面张、冯开战消息甚紧，你们二叔和好些朋友都劝勿去，现在去不去还未定呢。

我还是照样的忙。近来和阿时、忠忠三个人合作做点小顽意，把他们做得兴高采烈。我们的工作多则一个月，少则三个礼拜，便做完。做完了，你们也可以享受快乐。你们猜猜干些什么？把这行小字涂了罢，免得你们易猜。

庄庄，你的信写许多有趣话告诉我，我喜欢极了。你往后只要每水船都有信，零零碎碎把你的日常生活和感想报告我，我总是喜欢的。我说你“别要孩子气”，这是叫你对于正事——如做功课，与及料理自己本身各事等——自己要拿主意，不要依赖人。至于做人带几分孩子气，原是好的。你看爹爹有时还“有童心”呢！

你入学校还是在加拿大好。你三个哥哥都受美国教育，我们家庭要变“美国化”了！我很想你将来不经过美国这一级也并非一定如此，还要看环境的利便。便到欧洲去，所以在加拿大预备像更好。稍旧一点的严正教育，受了很有益，你还是安心入加校罢。至于未能立进大学，这有什么要紧，“求学问不是求文凭”，总要把墙基越筑得厚越好。你若看见别的同学都入大学，便自己着急，那便是“孩子气”了。

思顺对于徽音感情完全恢复，我听见真高兴极了。这是思成一生幸福关键所在，我几个月前，很怕思成因此生出精神异动，毁掉了这孩子，现在我完全放心了。思成前次给思顺的信说：“感觉着做错多少事，便受多少惩罚，非受完了不会转过来。”这是宇宙间惟一真理，佛教说的“业”和“报”，就是这个真理。我笃信佛教就在此点，七千卷《大藏经》也只说明这点道理。凡自己造过的“业”，无论为善为恶，自己总要受“报”，一斤报一斤，一两报一两，丝毫不能躲闪，而且善和恶是不准抵消的。佛对一般人说轮回，说他佛。自己也曾犯过什么罪，因此曾入过某层地狱，做过某种畜生；他自己又也曾做过许多好事，所以亦也曾享过什么福。……如此，恶业受完了报，才算善业的账。若使正在享善业的报的时候，又做些恶业，善报受完了，又算恶业的账。并非有个什么上帝做主宰，全是“自业自得”。又并不是像耶教说的“到世界末日算总账”，全是“随作随受”。又不是像耶教说的“多大罪恶一忏悔便完事”，忏悔后固然得好处，但曾经造过的恶业，并不因忏悔而灭，是要等“报”受完了才灭。佛教所说的精理，大略如此。他说的六道轮回等等，不过为一般浅人说法，说些有形的天堂地狱，其实我们刻刻在轮回中，一生不知经过多少天堂地狱。即如思成和徽音，去年便有几个月在刀山剑树上过活！这种地狱，比城隍庙十王殿里画出来还可怕！因为一时造错了一点业，便受如此惨报，非受完了不会转头。倘若这业是故意造的，而且不知忏悔，则受报连绵下去，无有尽时。因为不是故意的，而且忏悔后又造善业，所以地狱的报受彀之后，天堂又到了。若能绝对不造恶业，而且常造善业——最大善业是“利他”。则常住天堂，这是借用俗教名词。佛说是“涅槃”。涅槃的本意是“清凉世界”。我虽不敢说常住涅槃，但我总算心地清凉的时候多，换句话说，我住天堂时候比住地狱的时候多，也是因为我比较的少造恶业的缘故。我的宗教观、人生观的根本在此，这些话都是我切实受用的所在。因思成那封信像是看见一点这种真理，所以顺便给你们谈谈。

思成看着许多本国古代美术，真是眼福，令我羡慕不已。甲胄的扣带，我看来总算你新发明了。可得奖赏。或者书中有讲及，但久已没有实物来证明。

昭陵石马怎么会已经流到美国去，真令我大惊！那几只马是有名的美术品，唐诗里“可要昭陵石马来”，“昭陵风雨埋冠剑，石马无声蔓草寒”，向来诗人讴歌不知多少。那些马都有名字——是唐太宗赐的名，画家、雕刻家都有名字可考据的。我所知道的，现在还存四只，我们家里藏有拓片，但太大，无从裱，无从挂，所以你们没有看见。怎么美国人会把他搬走了！若在别国，新闻纸不知若何鼓噪，在我们国里，连我恁么一个人，若非接你信，还连影子都不晓得呢！可叹，可叹！

希哲既有馀暇做学问，我很希望他将国际法重新研究一番。因为欧战以后，国际法的内容和从前差得太远了。十馀年前所学，现在只好算古董！既已当外交官，便要跟着潮流求自己职务上的新智识。还有中国和各国的条约全文，也须切实研究。希哲能趁这个空闲做这类学问最好。若要汉文的条约汇纂，我可以买得寄来。

和思顺、思永两人特别要说的话，没有什么，下次再说罢。

思顺信说“不能不管政治”，近来我们也很有这种感觉。你们动身前一个月，多人凝议，也就是这种心理的表现。现在除我们最亲密的朋友外，多数稳健分子，也都拿这些话责备我，看来早晚是不能袖手的。现在打起精神做些预备工夫，这几年来抛空了许久，有点吃亏。等着时局变迁再说罢。

这回上海事件，纯是共产党预定计画，顽固骄傲的英侨和英官吏凑上去助他成功，真可恨。君劢、百里辈不说话，就是为此。但我不能不说，他们也以为然。但嫌我说得太多。现在交涉是完全失败了，外交当局太饭桶，气人得很。将来总是因此起内部变化，但光明的路子像还远得很哩。

老 Baby 好顽极了，从没有听见哭过一声，但整天的喊和笑，也很彀他的肺开张了。自从给亲家收拾之后，每天总睡十三四个钟头，一到八点钟，什么人抱他，他都不要，一抱他，他便横过来表示他要睡，放在床上爬几爬，滚几滚，就睡着了。这几天有点可怕！——好咬人，借来磨他的新牙，老郭每天总要着他几口。他虽然还不会叫亲家，却是会填词送给亲家，我问他："是不是要亲家和你一首？"他说"得，得，得"，"对，对，对"。

夜深了，不和你们顽了，睡觉去。

七月十日　爹爹

前几天填得一首词，词中的寄托，你们看得出来不？

浣溪沙

端午后一日夜坐

乍有官蛙闹曲池；
更堪鸣砌露蛩悲！
隔林辜负月如眉。

坐久漏签催倦夜，
归来长簟梦佳期。
不因无益废相思。

（李义山诗："直道相思了无益"。）

致孩子们

［1925 年 8 月 3 日］

对岸一大群可爱的孩子们：

我们来北戴河已两星期了，这里的纬度和阿图和差不多。来后刚碰着雨季，天气很凉，穿夹的时候很多，舒服得很，但下起雨来，觉得有些潮闷罢了。

我每天总是七点钟以前便起床，晚上睡觉没有过十一点以后，中午稍为憩睡半点钟。酒没有带来，故一滴不饮。天晴便下海去，每日多则两次，少则一次。散步时候也很多，脸上手上都晒成漆黑了。

本来是来休息，不打算做什么功课，但每天读的书还是不少，著述也没有间断。每天四点钟以后便打打牌，和"老白鼻"顽顽，绝不用心。所以一上床便睡着，从没有熬夜的事。

我向来写信给你们都是在晚上，现在因为晚上不执笔，所以半个月竟未曾写一封信，谅来忠忠们去的信也不少了。

庄庄跟着驼姑娘补习功课，好极了，我想不惟学问有长进，还可以练习许多实务，我们听见都喜欢得了不得。

庄庄学费每年七百美金便彀了吗？今年那份，我回去便替他另折存储起来。今年家计总算很宽裕，除中原公司外，各种股分利息都还照常。执政府每月八百元夫马费，已送过半年，现在还不断。商务印书馆售书费两节共收到将五千元。从本月起清华每月有四百元。预计除去各种临时支出——如办葬事，修屋顶，及寄美洲千元等——之外，或者尚有敷馀，我便将庄庄这笔提出。今年不用，留到他留学最末的那年给他。便是达达、司马懿、六六的游学费，我也想采纳你的条陈，预早从明年。替他们贮蓄些，但须看力量如何才来定多少。至于老白鼻那份，我打算不管了，到他出洋留学的时候，他有恁么多姊姊哥哥，还怕供给他不起吗？

坟园工程已择定八月十六日动工了，一切托你二叔照管。昨天正把图样、工料价格各清单寄来商量。若圹内用石门四扇，双圹，连我的生圹合计。则共需千二百馀元；连围墙工料在内。若不用石门，只用砖墙堵住洞口，则六百馀元便彀。我想四周用“塞门德”灰泥，底下用石床，洞口用砖也彀坚固了。四扇石门价增一倍，实属糜费，已经回信你二叔不用石门了。如此则连买地及葬仪种种合计二千元尽彀了。你们意思如何？若不以为然，可立即回信，好在葬期总在两个月后，便加增也来得及。

我打算做一篇小小的墓志铭，自作自写，埋在圹中，另外请陈伯严先生做一篇墓碑文，请姚茫父写，写好藏起，等你们回来后才刻石树立。因为坟园外部的工程，打算等思成回来布置才好。

现在有一件事和希哲、思顺商量。我们现在北戴河借住的是章仲和的房子，他要出卖，索价万一千，大约一万便可得。他的房子在东山，据说十亩有零的面积。但据我们看来像不止此数。房子门前直临海滨，地点极好，为海浴计，比西山好多了。西山那边因为中国人争买，地价很高，东山这边都是外国人房子，中国人只有三家。靠海滨的地，须千元以上一亩，还没有肯让。仲和这个房子，工料还坚固，可住的房子有八间，开间皆甚大。若在现时新建，只怕六千元还盖不起。家具也齐备坚实，新置恐亦须千五百元以上。现在各项虽旧，计最少亦还有十多年好用。若将房子、家具作五千元计，那么地价只合五千元，合不到五百元一亩，总算便宜极了。我想我们生活根据地既在京、津一带，北戴河有所房子，每年来住几个月，仲和初买来时费八千元，现在他忙着钱用，所以要卖，将来地价必涨，我们若转卖也不致亏本。于身体上、精神上都有益，所以我很想买他。但现在家计情形勉强对付，五千元认点利息也还可以，一万元便太吃力了。所以想和你们打夥平分，你们若愿意，我便把他留下。

房子在高坡上，须下三十五级阶石才到平地。那平地原有一个打球场，面积约比我们天津两院合计一样大。我们买过来之后，将来若有馀钱，可以在那里再盖一所房子。思成回来便可以拿做试验品。我想思成、徽音听见一定高兴。

瞻儿有人请写对子，斐儿又会讲书，真是了不得，照这样下去，不久就要比公公学问还高了。你们要什么奖品呢？快写信来，公公就寄去。

达达快会凫水了，做三姊的若还不会，子细他笑你哩！

老白鼻来北戴河，前几天就把"鸦片烟"戒了，一声也没有哭过，真是乖。但他至今还不敢下海，大约是怕冷吧。

三姊白了许多，小白鼻红了许多，老白鼻却黑了许多了。昨天把秃瓜瓜越发剃得秃。三姊听见又要怄气了。今天把亲家送的丝袜穿上，有人问他"亲家送的袜子"，他便卷起脚来，他这几天学得专要在地下跑，扶着我的手杖充老头。恐怕不到两天便变成泥袜了。

现在已到打牌时候，不写了。

八月三日　爹爹

思成、思永到底来了没有，若他们不能越境，连我也替你们双方着急。

致梁思顺

［1925年8月12日］

思顺：

到北戴河后已接你三封信了，我的去信实在较少，但也有好几封，想近日都陆续接到了。达达他们实在懒，但我知道他们常常把信写起，过一会忘却寄也就算了。初次接到你信说没有蔬菜吃，他们曾每人画一幅——萝卜、白菜之类，说送给你们，到底寄去没有。

思成、思永学校里都把分数单寄到，成绩好极了，今转寄给你看，我自然要给奖品，你这老姊姊也该给点才好。

坟园已动工，二叔来两信寄阅，增百元将该地全买，妙极，石门所费既加增有限，已复书仍用之，亦令你们心里较安也。

北戴河房子我实在爱他不过，已决定买了。你若有力搭伙，则我将此间留支薪俸扣用，若你们也等钱用，则再将保险单押款买下亦得。现已调查清楚，此房若在今日建筑，非万金不办，大开间住房八间，小房四间，下房、厨房、浴房等七间，全部石墙脚。家具新置亦须三千，外地则有十八亩，若以西山滨海地价计，须万八千也。现在有人要抢，我已电上海告仲和为我留下矣。此地四时皆可居，我退老后极欲常住此也。

别的话在成、永、庄信上说了，不多说罢。

八月十二日　爹爹

阿时们要出一张《特国周报》的老白鼻特号，说了许久，竟没有出来，我已经限期即出了。

致梁思顺

［1925年8月16日］

顺儿：

昨日又接七月二十日信，我六、七两月寄信很多，相片等项。想已陆续收到了。北大有些人对我捣乱，其实不过少数。彼文发表后，大多数人都不以为然，我答复出后，他们即噤若寒蝉，全国舆论皆对我表同情。你所忧虑的绝对无其事，请放心罢。只是这回交涉太可惜了。病根全在政府“打民话”，误了交涉步骤，现在已完全失败了。我一个月前有一小词，写给你们看。

乍有荒蛙闹曲池；
更堪鸣砌露蛩悲！
隔林辜负月如眉。

坐久漏签催倦夜，
归来长簟梦佳期。
不因无益废相思。
（李义山诗："直道相思了无益"。）
右调《浣溪沙》。

看看这首词，可以略知我心事了。

我近来政治兴味并不减少，只是并没有妨害著述事业。

到北戴河以来，顽的时候多，著述成绩很少，却已把一部《桃花扇》注完，很有趣。

在此虽然甚闲，却也似甚忙。每天七点多钟起来，在院子里稍为散步，吃点心下来，便快九点了。只做两点多钟正经功课，十一点便下海去。回来吃中饭，睡一睡午觉，起来写写信，做些杂课。四点后便打牌。六点多钟吃晚饭，饭后散步回来，有时打牌，有时闲谈，便过一天了。因为四点钟后便无所用心，所以每天倒床便睡着。十点前后睡。大约我生平讲究卫生，以这一个月为最了。

我讲段笑话给你们听。有一天，我听见人说离此约十里地方钓鱼最好。我回来说给孩子们听，他们第二天一定就要去。我看见天色不好，有点沈吟，他们却已预备齐全了，牵率老夫只好同去。还没有到目的地，便下起小雨来，只好硬着头皮说"斜风细雨不须归"，那里知道跟着便是倾盆大雨。七个人在七个驴子上，连着七个驴夫，三七二十一件动物，都变成落汤鸡，回来全身衣服绞出一大桶水。你说好笑不好笑？幸亏桂儿们没有在此，不然一定也着了。我们到底买得两尾鱼，六个大螃蟹，就算凯旋。这故事我劝他们登在《特国周报》里，主笔先生说面子上不好看，不肯登，我只好把他揭出来。

我们做了两天园工，把园中的恶木斫了一百多棵，其实不甚恶——都是洋槐，若在天津一棵总值几元。把荒草拔去几丘，露出树荫下绝好一个小园，我前天就在树荫下睡午觉，昨天在那里打了十圈牌。司马懿、六六拾得许多螺蛤，够把我们新辟的曲径都滚上边了。我们全家做工的时候，便公举老白鼻监工。但这位监司是“卧治”的，不到一会工夫便在树底藤床上酣睡，我们这些工人趁着空儿都一哄而散，下海去了。

房子用一万元买得，昨天已交割了。我很爱这地方，若是每年能在此住几个月，身子一定加倍强壮。我想你们听见一定喜欢，不过现在经济上吃点力罢了。

小六从南方来，昨天早上到此。他不久还要到湖南去。

今日坟园动工了，我打算就用周忌日下葬。不知工程能赶及否，但稍迟也无妨。

你七叔及廷灿还未回来。港、粤交通断绝，不知他们几时能来哩。

桂儿奖品，我正在这里想着预备哩，大约总不外秀才人情罢。

八月十六日　爹爹

致梁思顺*

［1925年9月3日］

顺儿：

我们从北戴河返津，已一礼拜了。返时便得你们游尼加拉瀑及

---

* 此函《梁启超未刊书信手迹》无，录自《梁任公先生年谱长编（初稿）》“民国十四年乙丑，五十三岁”。

千岛许多信及明信片，高兴之至。因连日极忙，故匆匆回思庄一信外，别的信都没有写，现在就要入北京了。在京怕更忙，今晚草草写这一信。

葬期已择定旧历八月十六，即周忌之次日。你二叔这个月以来天天在山上监工，因为石工非监不可。独自一人住在香云旅馆，勤劳极了。你们应该上二叔一书致谢。

墓志铭因赶不及，打算不用了。请曾刚甫年伯撰一墓碑，慢慢的选石精刻。

据二叔来信，全部葬事连买地皮、工程、葬仪在内，约费二千五百元，在不丰不俭之间，你们亦可以算尽心了。

你前信请把灵柩留一照片，我大不以为然。留有相片便是了，何必灵柩？等到时再酌斟罢。

家中灵位朝夕上食，向例有至大祥止者，二十五个月。有至小祥止者，十三个月。现在既全家在京住，上食到底办不到，故决意于周忌日恰十三个月。即请上神道，不复朝夕供了。去北戴河时我原想写一灵位，请去朝夕上食，扶乩说不必，那四十天也没有上食了。想在戴常常扶乩，每烧香后一两分钟便到。不烧香不到。你妈妈既然说不吃东西，昨日中元别供水果而已。也不必用此具文了，你们意为何如？

寄去一千元美金，想已收。你们那边谅来钱很紧，非在国内接济不可者。函言北戴河房子认半份事，请你和希哲斟酌力量如何？若实不能，不认亦可，或认而分长期扣出亦可。现在除用去年保险公司借款留下之六千元外，连葬事及北戴房一共算来，今年尚不必透支，因为卖书卖字收入颇多，执政府亦一弥补，但近两月来未送。但替思庄们提贮学费事，只好暂缓了。

国内危机四伏，大战恐又在目前，我只祝等我们葬事完了才发动，不知能待到那时否。

共产党横行，广东不必说了。广东完全变了外蒙古，鲍罗廷即唯一之主权者。各地工潮大半非工人所欲，只是共产党胁迫。其手段在闯入工场，打毁机器，或把烧火人捉去，现在到处发现工人和共产党闹事，因不愿罢工而打。实是珍闻。

此外官吏绑票层见叠出。半月前范旭东在德租界本宅出门，即被军警绑去押了三日，硬要五十万元。后来还是黎黄陂亲往探监，说我此来专在证明你们强盗行为，预备在法庭上作证人，才算了事。到底还敲了七万元现金，五万元股票，似此上下夹攻，良善人民真是无葬身之地了。

百里现在在长江一带。军界势力日益膨胀，日内若有战事，他便是最重要的一个脚色，因此牵率老夫之处亦不少。他若败，当然无话可说；但我绝无危险，因我不参与军事行动也，请放心。若胜，恐怕我的政治生涯不能不复活。胜的把握我觉得很少。我实在不愿意，但全国水深火热，黄萃田在广东方面活动，政府已全权委他，但我亦不敢乐观。他昨日南下，在我们家里上车，忠忠听我嘱咐他的话，说"易水送荆卿"哩。又不能坐视，奈何！

我现在觉得有点苦，因为一面政治问题、军事问题前来报告商榷者，络绎不绝，一面又要预备讲义，两者太不相容了。但我努力兼顾，看看如何，若能两不相妨，以后倒可以开出一种新生活。

我自北戴河归来后，仍每日早起，总不过八点钟。酒也绝对不饮了，可惜你们远隔，若看见我结实的脸色，你们定高兴极了。

你二叔那边新添两位孪生的妹妹。前天王姨入京正值分娩，母子平安。

本来还要另写信给思成、思永们，但已夜深要睡了，入京后有空再写罢。你妈妈总说思永不曾到阿图和，到底是不是？

爹爹　九月三日

致孩子们

［1925年9月13日］

孩子们：

前日得思成八月十三日、思永十二日信，今日得思顺八月四日及十二日两信，庄庄给忠忠的信也同时到，成、永此时想已回美了，我很着急，不知永去得成去不成，等下次信就揭晓了。

我搬到清华已经五日了。住北院教员住宅第二号。因此次乃自己租房住，不受校中供应，王姑娘又未来，因待送司马懿入学。廷灿又围困在广东至今未到，我独自一人住着不便极了。昨天大伤风，连夜不甚睡得着。有点发烧，想洗热水澡也没有，找如意油、甘露茶也没有，颇觉狼狈，今日已渐好了。王姨大约一二日也来了，以后便长住校中，你们来信可直寄此间，不必由天津转了。

校课甚忙——大半也是我自己找着忙——我很觉忙得有兴会。新编的讲义极繁难，费的脑力真不少。盼望老白鼻快来，每天给我舒散舒散。

葬期距今仅有二十天了。你二叔在山上住了将近一月，以后还须住一月有奇，住在一个小馆子内，菜也吃不得，每天跑三十里路，大烈日里在坟上监工。从明天起搬往香山见心斋住，稍为舒服点。但离坟更远，跑路更多了。这等事本来是成、永们该做的，现在都在远，忠忠又为校课所迫，不能效一点劳，倘若没有这位慈爱的叔叔，真不知如何办得下去。我打算到下葬后，叫忠忠们向二叔磕几头叩谢。你们虽在远，也要各各写一封信，恳切陈谢，庄庄也该写。谅来成、永写信给二叔更少。这种子弟之礼，是要常常在意的，才算我们家的乖孩子。

厨子事等王姨来了再商量。现在清华电灯快灭了，我试上床去，看今晚睡得着不。晚饭后用脑，便睡不着，奈何！奈何！

九月十三日　爹爹

致孩子们

［1925 年 9 月 14 日］

《后汉书》等本已在上海买妥，因叶领事已行，不及托带，当即令补寄并补上所需各书。

相片照得模糊，看了不过瘾，为什么没有斐儿在内？我盼望下次信到，便有你们弟兄姊妹合照的美妙相片。

庄庄真是白了许多吗？

十四日　爹爹

致梁思顺、梁思成、梁思永、梁思庄

［1925 年 9 月 20、21 日］

思顺、思成、思永、思庄同读：

距葬期仅十三日矣。我今日始能赴墓次巡视，开圹深至二丈，而土质干燥细软，觉虽生人居此亦甚适，真佳城也。初时本拟旧历九月乃葬，经“日者”日者列传见《史记》，即择日也。此日者乃同乡一老进士。选定，谓八月十六日辰时为千年难得之良辰，故提前半月赶工，中间曾有四日夜，每日作工二十四小时，分四班轮做。二叔之辛勤，不可名状矣。坟园一切布置，皆出二叔意匠，此外麻烦事甚多，如收买园旁馀地、筑桥、浚井等等，冢内各种布置及工程，二叔最用心。二叔极得意，吾亦深叹其周备。现在规模已具，所馀冢顶上工作，如用西式墓表等事，及墓旁别墅之建筑等，则待汝兄弟归来时矣。

八月十五日晨八时举行周年祭。十时由广惠寺发引，初本拟用汽车装运，后因种种不便，仍改用抬，最大原因是灵柩不许入城，自前清以来，非奉特旨不可，而西便门外无马路，汽车振动，恐于遗骸有损。用相当的仪仗，出西便门后改小杠。届时我及亲友只送到西便门便返，而乘车赴墓先候。惟思忠小六愿陪之。一人扶柩步行送上山，中间若惫则间坐洋车。约费七点钟，决可到。是晚亦仅由思忠及小六守灵，警察八人彻夜轮班守卫。我率王姨等在香山住。葬后便无事，惟二叔监圹外工，约尚须一月耳。

神道碑文请曾年伯作，但刻石建立等事皆在后。

此次葬事所费，统计恐须超过三千元。虽稍费，然足使汝辈心安，不致后悔。好在此款全由执政府夫马费项下支给已有馀。二叔今日笑谓无异国葬也。

吾日来之忙，乃出情理外。二叔、王姨向我唧哝多次，但此乃研究院初办，百事须计画，又加以他事，故致如此耳。十日半月后当然逐渐清简，汝等不必以我过劳为虑也。

日来许多“校长问题”，纠缠到我身上，亦致忙之一。师大不必论，教职员、学生、教育部三方面合起来打我的主意。北大与教部宣战，教部又欲以我易蔡，东南大学则教部、苏省长、校中教员、学生，此数日内又迭相强迫。北大问题最易摆脱，不过一提便了。现在师大、东大尚未肯放手。我惟以极诚恳之辞坚谢之，然即此亦费我时间不少也。

廷灿尚困在广东，不能来，种种感不便，急极，现只得叫阿时来，但亦仅能于抄写方面稍助耳。又六六一人在津，太可怜，日内拟唤来，令阿时授课。

灯要灭了，再说罢。

九月二十日即旧八月初三日　爹爹

林紫垣账早已付讫。做帘子的信当时被老白鼻撕吃了。尺寸各项俱不知，若仍要做，可再写一信专给王姨详说。给我信怕我一时忙乱失掉。

今日寄去《后汉书》、《战国策》、《左传》及各种小说、识字方格种种，分十馀包，共十一包。谅不久便到。

九月廿一日

此次冢内石材好极了。据包工人说，当初定合同时正愁附近无地觅整块佳石，姑且承应，徐图设法，不料合同签定后即晚大雷，将前山一大石岩震下，材料恰敷我家工程之用，该石工欲拾其馀应他工，待用下来则除我家所需者更无馀云云，工人谓我家有天助，彼辈做工更不敢不勤慎。有一二处工程原定合同未列举者，该工头愿意报效，因采石省力，彼意外的能赚钱。汝二叔待诸工有恩，故诸工皆感激。此次工作凡内行者看见皆惊其便宜，将来完工后拟大大犒赏他们。

种树计划，二叔亦已略定，墓顶环一圆圈，满植松柏，墓道两行松柏，与马缨花相间，围墙四周满植枫树，园内分植诸果及杂花，外院种瓜蔬，此皆明年事也。汝等归来时，当葱郁可观矣。

吾初到清华时，连夜不能睡，颇觉困顿。前昨两晚已好了，倒床便睡，八点前便起，精神很好，此两晚皆饭后不用心、不执笔，故如此。以后能保持此状与否，不敢知，总望努力办到耳。

廿一日　爹爹

致梁思顺

［1925年9月24日］

极盼汝姊妹兄弟团聚的来信，今得八月二十日信，知思庄已返，成、永正游大瀑，想下次信当令我满足矣。思庄英文不及格，绝不要紧，万不可以此自馁。学问求其在我而已。汝等都会自己用功，我所深信。将来计算总成绩不在区区一时一事也。我依然极忙，触想便写成几句寄去。二叔在山上，来信附寄，亦令汝等知工作之一斑也，现距葬期仅八日矣。

廿四日　爹爹

致梁思顺、梁思成、梁思永、梁思庄*

［1925年9月29日］

顺、成、永、庄：

我昨日用一日之力，做成一篇告墓祭文，把我一年多蕴积的哀痛，尽情发露。顺儿啊，我总觉得你妈妈这个怪病，是我们打那一回架打出来的。我实在哀痛之极，悔恨之极，我怕伤你们的心，始终不忍说，现在忍不住了，说出来也像把自己罪过减轻一点。我经过这几天剧烈的悲悼，以后便刻意将前事排去，决不更伤心，你们放心罢。

祭文本来该焚烧的，我想读一遍，你妈妈已经听见，不如将原稿交你保存。将来可装成手卷。你和庄庄读完后，立刻钞一份寄成、永传观，《晨报》已将稿钞去，如已登出，成、永便得见，不必再钞了。十月三日补写。过些日子我有空还打算另写一份寄思成。葬礼一切都预备完成了。王姨今日晚车返天津，把达达们带来。十五清晨行周忌祭礼，十点钟发引，忠忠一人扶柩，我们都在山上迎接。在山上住一夜，十六日八点钟安葬。

爹爹　九月廿九日

---

* 此函《梁启超未刊书信手迹》无，录自《梁任公先生年谱长编（初稿）》“民国十四年乙丑，五十三岁”。

致梁思顺、梁思成、梁思永、梁思庄*

[1925 年 10 月 3 日]

爱儿思顺、思成、思永、思庄：

葬礼已于今日十月三日，即旧历八月十六日。上午七点半钟起至十二点钟止，在哀痛庄严中完成了。

葬前在广惠寺作佛事三日。昨晨八点钟行周年祭礼，九点钟行移灵告祭礼，九点二十分发引，从两位舅父及姑丈起，亲友五六十人陪我步行同送到西便门，步行。时已十一点十分，沿途有警察照料。我们先返，忠忠、达达扶柩赴墓次。二叔先在山上预备迎迓。二叔已经半月未下山了。我回清华稍憩，三点半钟带同王姨、懿、宁、礼赴墓次。直至日落时忠等方奉柩抵山。我们在甘露旅馆一宿，思忠守灵，小六、煜生陪他一夜。有警察四人值夜逻巡，还有工人十人告奋勇随同陪守。

今晨七点三十五分移灵入圹。从此之后，你妈妈真音容永绝了。全家哀号，悲恋不能自胜，尤其是王姨，去年产后，共劝他节哀，今天尽情一哭，也稍抒积痛。三姑也得尽情了。最可怜思成、思永，到底不能彀凭棺一恸。人事所限，无可如何，你们只好守着遗像，永远哀思罢了。我的深痛极恸，今在祭文上发泄，你们读了便知我这几日间如何情绪。下午三点钟我回到清华。现在虽馀哀未忘，思宁、思礼们已嬉笑杂作了。唐人诗云："纸灰飞作白蝴蝶，血泪染成红杜鹃。日落狐狸眠冢上，夜归儿女笑灯前。"真能写出我此时实感。

昨日天气阴霾，正很担心今日下雨，凌晨起来，红日杲杲，始升葬

---

* 此函《梁启超未刊书信手迹》无，录自《梁任公先生年谱长编（初稿）》"民国十四年乙丑，五十三岁"。

时，天无片云，真算大幸。

此次葬礼并未多通告亲友，然而会葬者竟多至百五六十人。各人皆黎明从城里乘汽车远来，汽车把卧佛寺前大路都挤满了。祭席共收四十馀桌，送到山上的且有六桌之多，盛情真可感。

你们二叔的勤劳，真是再没有别人能学到了。他在山上住了将近两个月，中间仅入城三次，都是或一宿而返，或当日即返，内中还开过六日夜工，他便半夜才回寓。他连椅子也不带一张去，终日就在墓次东走走西走走。因为有多方面工程他一处都不能放松。他最注意的是圹内工程，真是一砖一石，都经过目，用过心了。我窥他的意思，不但为妈妈，因为这也是我的千年安宅，他怕你们少不更事，弄得不好，所以他趁他精力尚壮，对于他的哥哥尽这一番心。但是你们对于这样的叔叔，不知如何孝敬，才算报答哩。今天葬礼完后，我叫忠忠、达达向二叔深深行一个礼，谢谢二叔替你们姐弟担任这一件大事。你们还要每人各写一封信叩谢才好。

我昨日到清华憩息时，刚接到你们八月三十日来信。信上说起工程的那几句话，那里用着你们耽心，二叔早已研究清楚了。他说先用塞门特不好，要用塞门特和中国石灰和仝做成一种新灰，再用石卵或石末或细砂来调，某处宜用石卵，某处宜用细砂，我亦说不清楚，但你二叔讲起来如数家珍。砖缝上一点泥没有用过，都是用他这种新灰，冢内圹虽用砖，但砖墙内尚夹有石片砌成的圹，石坛都用新灰灌满，圹内共用新灰原料，专指塞门特及石灰，所调之砂石等在外，一万二千馀斤。二叔说算是全圹熔炼成一整块新石了。开穴入地一丈三尺，圹高仅七尺，圹之上培以新灰炼石三尺，再培以三尺普通泥土，方与地平齐。二叔说圹外工程随你们弟兄自出心裁，但他敢保任你们要起一座大塔，也承得住了。据我看果然是如此。

圹内双冢，你妈妈居右，我居左。双冢中间隔以一墙，墙厚二尺余，即由所谓新灰炼石者制成。墙上通一窗，丁方尺许。今日下葬后，便用浮砖将窗堵塞。二叔说到将来我也到了，便将那窗的砖打开，只用红绸蒙在窗上。合葬办法原有几种：（一）是同一冢，内置两石床。这是同时并葬乃合用。既分先后，则第二次葬时恐伤旧冢，此法当然不适用。（二）是同一坟园分造两冢。但此已乖同穴之义，我不愿意。（三）便是现今所用两冢同一圹，中隔以一墙。第二次葬时旧冢一切不劳惊动，这是再好不过了。还有一件是你二叔自出意匠：他在双冢前另辟一小院子，上盖以石板，两旁用新灰炼石，墙前面则此次用砖堵塞，如此则今次封圹之后，泥土不能侵入左冢，将来第二次葬时将砖打开，葬后再用新灰炼石造一墙，便千年不启。你二叔今日已将各种办法，都详细训示思忠。因为他说第二次葬时，不知他是否还在，即在也怕老迈不能经营了。所以要你们知道，而且遵守他的计画。他过天还要画一圹内的图，将尺寸说明，预备你们将来开圹行第二次葬礼时用。你们须留心记着，不可辜负二叔两个月来心血。

工程坚美而价廉，亲友参观者无不赞叹。盖因二叔事事考究，样样在行，工人不能欺他，他又待工人有恩礼，个个都感激他，乐意出力。他说从前听见罗素说：中国穿短衣服的农人、工人，个个都有极美的人生观。他前次不懂这句话怎么解，现在懂得了。他说，住在都市的人都是天性已漓。他这两个月和工人打伙，打得滚热，才懂得中国的真国民性。我想二叔这话很含至理，但非其人，也遇着看不出罢了。

二叔说他这两个月用他的科学智识和工人的经验合并新发明的东西不少，建筑专门家或者还有些地方要请教他哩。思成你写信给二叔，不妨提提这些话，令他高兴。二叔当你妈妈病时，对于你很有点呕气，现在不知气消完了没有。你要趁这机会，大大的亲热一下，令他知道你天性未漓，心里也痛快。你无论功课如何忙，总要写封较长而极恳切的信给二叔才好。

我的祭文也算我一生好文章之一了。情感之文极难工，非到情感剧烈到沸点时，不能表现他文章。的生命，但到沸点时又往往不能作文。即如去年初遭丧时，我便一个字也写不出来。这篇祭文，我做了一天，慢慢吟哦改削，又经两天才完成。虽然还有改削的余地，但大体已很好了。其中有几段，音节也极美，你们姊弟和徽音都不妨熟诵，可以增长性情。

昨天得到你们五个人的杂碎信，令我于悲哀之中得无限欢慰。但这封信完全讲的葬事，别的话下次再说罢。我也劳碌了三天，该早点休息了。

十月三日　旧八月十六日

致孩子们*

［1925 年 10 月 4 日］

此次未立墓志铭，固由时间匆促，实则可以暂不立，将来行第二次葬礼时，可立一小碑于墓门前之小院子，题新会某某暨夫人某氏之墓，碑阴记我籍贯及汝母生卒年月日，各享寿若干岁，子女及婿、妇名氏，孙及外孙名，其馀赞善浮辞悉不用，碑顶能刻一佛像尤妙。

致孩子们**

［1925 年 11 月 9 日］

国内近来乱事想早知道了，这回怕很不容易结束，现在不过才发端哩。因为百里在南边，他实是最有力的主动者。所以我受的嫌疑很重，城里头

---

*　**　此函《梁启超未刊书信手迹》无，录自《梁任公先生年谱长编（初稿）》“民国十四年乙丑，五十三岁”。

对于我的谣言很多，一会又说我到上海，报纸上已不少，私人揣测更多。一会又说我到汉口。尤为奇怪者，林叔叔很说我闲话，说我不该听百里们胡闹，真是可笑。儿子长大了，老子也没有法干涉他们的行动，何况门生和后辈？即如宗孟去年的行动，我并不赞成，然而外人看着也许要说我暗中主使，我从那里分辩呢？外人无足怪，宗孟很可以拿己身作比例，何至怪到我头上呢？总之，宗孟自己走的路太窄，成了老鼠入牛角，转不过身来，一年来已很痛苦，现在更甚。因为二十年来的朋友，这一年内都分疏了，他心里想来非常难过，所以神经过敏，易发牢骚，本也难怪，但觉得可怜罢了。

国事前途仍无一线光明希望。百里这回卖恁么大气力，许多朋友亦被他牵在里头。真不值得。北洋军阀如何能合作？依我看来，也是不会成功的。现在他与人共事正在患难之中，也万无劝他抽身之理，只望他到一个段落时，急流勇退，留着身子为将来之用。他的计画像也是如此。

我对于政治上责任固不敢放弃，近来愈感觉不容不引为己任。故虽以近来讲学，百忙中关于政治上的论文和演说也不少，你们在《晨报》和《清华周刊》上可以看见一部分。但时机总未到，现在只好切实下预备工夫便了。

葬事共用去三千馀金。葬毕后忽然看见有两个旧碑很便宜，已经把他买下来了。那碑是一种名叫汉白玉的，石高一丈三，阔六尺四，厚一尺六，驼碑的两只石龟长九尺，高六尺。新买总要六千元以上，我们花六百四十元，便买来了。初买得来很高兴，及至商量搬运，乃知丫头价钱比小姐阔的多。碑共四件，每件要九十匹骡，才拖得动，拖三日才能拖到，又卸下来及竖起来，都要费莫大工程，把我们吓杀了。你二叔大大的埋怨自己，说是老不更事，后来结果花了七百多块钱把他拖来，但没有竖起，将来竖起还要花千把几百块。现在连买碑共用去四千五百馀，存钱完全用光，你二叔还垫出八百馀元。他从前借我的钱，修南长街房子，尚有一千多未还，他看见我紧，便还出这部分。我说你二叔这回为葬事，已经尽心竭力，他光景亦不佳，何必汲汲，日内如有钱收入，我打算仍还他再说。

今年很不该买北戴河房子，现在弄到非常之窘，但仍没有在兴业透支。现在在清华住着很省俭，四百元薪水还用不完，年底卖书有收入，便可以还二叔了。日内也许要兼一项职务，月可有五六百元收入，家计更不至缺乏。

现在情形，在京有固定职务，一年中不走一趟天津，房子封锁在那边，殊不妥。前月着贼，王姨得信回去一趟，但失的不值钱的旧衣服。我打算在京租一屋，把书籍东西全份搬来，便连旧房子也出租，或者并将新房子卖去，在京另买一间，你们意思如何？

思成体子复元，听见异常高兴，但食用如此俭薄，全无滋养料，如何要得？我决定每年寄他五百美金左右，分数次寄去。日内先寄中国银二百元，收到后留下二十元美金给庄庄零用，馀下的便寄思成去。

思顺所收薪水公费，能敷开销，也算好了，我以为还要赔呢。你们夫妇此行，总算替我了两桩心事：第一件把思庄带去留学，第二件给思成精神上的一大安慰。这两件事有补于家里真不少。何况桂儿姊弟亦得留学机会，顺自己还能求学呢。一二年后调补较好的缺，亦意中事，现在总要知足才好。留支薪俸若要用时，我立刻可以寄去，不必忧虑。

待文杏如此，甚好甚好。这才是我们忠厚家风哩。

廷灿今春已来。他现在有五十元收入，勉强敷用，还能积存些。你七叔明年或可以做我一门功课的助教，月得百元内外。

现在四间半屋子挤得满满的。我卧房一间，书房一间，王姨占一间，七叔便住在饭厅，阿时和六六住半间，倒很热闹。老白鼻病了四五天，全家都感寂寞，现在全好了，每天拿着亲家相片叫家家，将来见面一定只知道这位是亲家了。

爹爹　十一月九日

致梁思成*

［1925 年 12 月 27 日］

今日报纸上传出可怕的消息，我不忍告诉你，又不能不告诉你，你要十二分镇定着，看这封信和报纸。

我们总还希望这消息是不确的，我见报后，立刻叫王姨入京，到林家探听，且切实安慰徽音的娘，过一两点他回来，或者有别的较好消息也不定。

林叔叔这一年来的行动，实亦有些反常，向来很信我的话，不知何故，一年来我屡次忠告，他都不采纳。我真是一年到头替他捏着一把汗，最后这一着真是更出我意外。他事前若和我商量，我定要尽我的力量扣马而谏，无论如何决不让他往这条路上走。他一声不响，直到走了过后第二日，我才在报纸上知道，第三日才有人传一句口信给我，说他此行是以进为退，请我放心。其实我听见这消息，真是十倍百倍的替他提心吊胆，如何放心得下。当时我写信给你和徽音，报告他平安出京，一面我盼望在报纸上得着他脱离虎口的消息，但此虎口之不易脱离，是看得见的。

前事不必提了，我现在总还存万一的希冀，他能在乱军中逃命出来。万一这种希望得不着，我有些话切实嘱咐你。

第一，你要自己十分镇静，不可因刺激太剧，致伤自己的身体。因为一年以来，我对于你的身体，始终没有放心，直到你到阿图和后，姊姊来信，我才算没有什么挂虑。现在又要挂虑起来了，你不要令万里外

---

* 此函《梁启超未刊书信手迹》无，录自《梁任公先生年谱长编（初稿）》“民国十四年乙丑，五十三岁”。

的老父为着你寝食不宁，这是第一层。徽音遭此惨痛，惟一的伴侣，惟一的安慰，就只靠你。你要自己镇静着，才能安慰他，这是第二层。

第二，这种消息，谅来瞒不过徽音。万一不幸，消息若确，我也无法用别的话解劝他，但你可以传我的话告诉他：我和林叔叔的关系，他是知道的，林叔的女儿，就是我的女儿，何况更加以你们两个的关系。我从今以后，把他和思庄一样的看待他，在无可慰藉之中，我愿意他领受我这种十二分的同情，渡过他目前的苦境。他要鼓起勇气，发挥他的天才，完成他的学问，将来和你共同努力，替中国艺术界有点贡献，才不愧为林叔叔的好孩子。这些话你要用尽你的力量来开解他。

人之生也，与忧患俱来，知其无可奈何，而安之若命。你们都知道我是感情最强烈的人，但经过若干时候之后，总能拿出理性来镇住他，所以我不致受感情牵动，糟蹋我的身子，妨害我的事业。这一点你们虽然不容易学到，但不可不努力学学。

徽音留学总要以和你同时归国为度。学费不成问题，只算我多一个女儿在外留学便了，你们更不必因此着急。

爹爹　十二月廿七日

致梁思成

[1926年1月5、7日]

思成：

我初二进城，因林家事奔走三天，至今尚未返清华。前星期因有营口安电，我们安慰一会。初二晨，得续电又复绝望。立刻电告你并发一信，想俱收。徽音有电来，问现在何处？电到时此间已接第二次凶电，故不覆。昨晚彼中脱难之人，到京面述情形，希望全绝。今日已发丧了。遭难情形，我也不忍详报，只报告两句话：（一）系中流弹而死，死时当无大痛苦。（二）遗骸已被焚烧，无从运回了。我们这几天奔走后事，昨日上午我在王熙农家连四位姑太太都见着了，今日到雪池见着两位姨太太。现在林家只有现钱三百馀元，营口公司被张作霖监视中，现正托日本人保护，声称已抵押日款，或可幸全。实则此公司即能保全，前途办法亦甚困难。字画一时不能脱手，亲友赙奠数恐亦甚微。目前家境已难支持，此后儿女教育费更不知从何说起。现在惟一的办法，仅有一条路，即国际联盟会长一职，每月可有二千元收入。钱是有法拿到的。我昨日下午和汪年伯商量，请他接手，而将所入仍归林家，汪年伯慷慨答应了。现在与政府交涉，请其立刻发表。此事若办到，而能继续一两年，则稍为积储，可以充将来家计之一部分。我们拟联合几位朋友，连同他家兄弟亲戚，组织一个抚养遗族评议会，托醒楼及王熙农、卓君庸三人专司执行。因为他们家里问题很复杂，兄弟亲戚们或有见得到而不便主张者，则朋友们代为主张。这些事过几天，待丧事办完后。我打算约齐各人，当着两位姨太太面前宣布办法，分担责成。家事如何收束等等，经我们议定后，谁也不许反抗。但现在惟一希望，在联盟会事成功，若不成，我们也束手无策了。

徽音的娘，除自己悲痛外，最挂念的是徽音要急杀。我告诉他，我已经有很长的信给你们了。徽音好孩子，谅来还能信我的话。我问他还有什么特别。话要我转告徽音没有。他说："没有，只有盼望徽音安命，自己保养身体，此时不必回国。"我的话前两封信都已说过了，现在也没有别的话说，只要你认真解慰便好了。徽音学费现在还有多少，还能支持几个月，可立刻告我，我日内当极力设法，筹多少寄来。我现在虽然也很困难，只好对付一天是一天，倘若家里那几种股票还有利息可分，恐怕最靠得住的几个公司都会发生问题，因为在丧乱如麻的世界中，什么事业都无可做。今年总可勉强支持，明年再说明年的话。天下大乱之时，今天谁也料不到明天的事，只好随遇而安罢了。你们现在着急也无益，只有努力把自己学问学够了回来，创造世界才是。

十五年一月五日晚　爹爹　北海图书馆写

今日为林叔作一行述，随讣闻印发，因措辞甚难，牵涉政治问题太多。故用其弟天民名义，汪年伯事至今尚未发表，焦急之至。

七日晚　爹爹　清华

今日林宅成服，我未到，因校中已缺课数日，昨夕回校上堂。

致孩子们

［1926年2月9日］

孩子们：

你们寒假时的信，先后收到了。海马帽昨日亦到，漂亮极了，我立刻就戴着出门。不戴怕过两日就天暖了，要到今冬才得戴。

今日是旧历十二月廿七了，过两天我们就回南长街过新年，达达、司马懿都早已放假来京了。过年虽没有前几年热闹，但有老白鼻凑趣，也还将就得过去。

我的病还是那样，前两礼拜已见好了。王姨去天津，我便没有去看。又很费心造了一张《先秦学术年表》，于是小便又再红起来，被克礼很抱怨一会，一定要我去住医院，没奈何只得过年后去关几天。朋友们都劝我在学校里放一两个月假，我看住院后如何再说。其实我这病一点苦痛也没有，精神体气一切如常，只要小便时闭着眼睛不看，便什么事都没有，我觉得殊无理会之必要。

庄庄暑假后进皇后大学最好。全家都变成美国风，实在有点讨厌，所以庄庄能在美国以外的大学一两年，是最好不过的。

今年家计还不至困难，除中原公司该公司已经被共产党共了去。外，别的股份都还好，你们不必担心。

小白鼻真乖，居然认得许多字，老白鼻一天到黑“手不释卷”，你们爷儿俩都变成书呆子了。

二月九日　爹爹

菲律宾来单一张寄去。

致孩子们

［1926 年 2 月 18 日］

孩子们：

我从昨天起被关在医院里了。看这神气，三两天内还不能出院，因为医生还没有找出病源来。我精神奕奕，毫无所苦。医生劝令多仰卧，不许用心，真闷杀人。

以上正月初四写。

入医院今已第四日了，医生说是膀胱中长一疙瘩，用折光镜从溺道中插入检查，颇痛苦。但我对此说颇怀疑，因此病已阅半年，小便从无苦痛，不似膀胱中有病也。已照过两次，尚未检出，检出后或须用手术。现已电唐天如速来。但道路梗塞，非半月后不能到。我意非万不得已不用手术，因用麻药后，体子总不免吃亏也。

阳历新年前后顺、庄各信次第收到。庄庄成绩如此，我很满足了。因为你原是提高一年，和那按级递升的洋孩子们竞争，能在三十七人考到第十六，真亏你了。好乖乖，不必着急，只须用相当的努力便好了。

寄过两回钱，共一千五百元，想已收。日内打算再汇二千元。大约思成和庄庄本年费用总够了。思永转学后谅来总须补助些，需用多少，即告我。徽音本年需若干，亦告我，当一齐筹来。

庄庄该用的钱就用，不必太过节省。爹爹是知道你不会乱花钱的，再不会因为你用钱多生气的。思成饮食上尤不可太刻苦。前几天见着君励的弟弟，他说思成像是滋养品不够，脸色很憔悴。你知道爹爹常常记挂你，这一点你要令爹爹安慰才好。

徽音怎么样？我前月有很长的信去开解他，我盼望他能领会我的意思。“人之生也，与忧患俱来，知其无可奈何，而安之若命”，是立身第一要诀。思成、徽音性情皆近狷急，我深怕他们受此刺激后，于身体上、精神上皆生不良的影响。他们总要努力镇摄自己，免令老人耽心才好。

我这回的病总是太大意了，若是早点医治，总不至如此麻烦。但病总是不要紧的，这信到时，大概当已全愈了。但在学堂里总须放三两个月假，觉得有点对不住学生们罢了。

前几天在城里过年，很热闹，我把南长街满屋子都贴起春联来了。

军阀们的仗还是打得一塌糊涂。王姨今早上送达达回天津，下半天听说京、津路又不通了，不知确否。若把他关在天津，真要急杀他了。

二月十八日　爹爹　德国医院三十四号

致孩子们

［1926年2月27日］

孩子们：

我住医院忽忽两星期了，你们看见七叔信上所录二叔笔记，一定又着急又心疼，尤其是庄庄只怕急得要哭了。忠忠真没出息，他在旁边看着出了一身大汗，随后着点凉，回学校后竟病了几天，这样胆子小，还说当大将呢。那天王姨送达达回天津没有在旁，不然也许要急出病来。其实用那点手术，并没什么痛苦，受麻药过后也没有吐，也没有发热，第二天就和常人一样了。检查结果，既是膀胱里无病，于是医生当作血管破裂极微细的。医治，每日劝多卧少动作，说“安静是第一良药”。两三天以来，颇见起色，惟血尚未能尽止，比前好多了。而每日来看病的人络绎不绝，因各报皆登载我在德医院（除《晨报》外）。实际上反增劳碌。我很想立刻出院，克礼说再住一礼拜才放我，只好忍耐着。许多中国医生说这病很寻常，只须几服药便好。我打算出院后试一试，或奏奇效，亦未可知。

天如回电不能来，劝我到上海，我想他在吴佩孚处太久，此时来北京，诚有不便。打算吃谭涤安的药罢了。

忠忠、达达都已上学去，惟思懿原定三月一号上学，现在京、津路又不通了，只好留在清华。他们常常入城看我，但城里流行病极多，廷灿染春温病极重。恐受传染，今天已驱逐他们都回清华了，惟王姨还常常来看。二叔、七叔在此天天来看。其实什么病都没有，并不须人招呼，家里人来看亦不过说说笑笑罢了。

前两天徽音有电来，请求彼家眷属留京。或彼立归国云云。得电后王姨亲往见其母，其母说回闽属既定之事实，日内便行，大约三五日便动身。彼回来亦不能料理家事，切嘱安心求学云云。他的叔叔说十二月十五旧历。有详信报告情形，他得信后当可安心云云。我看他的叔叔很好，一定能令他母亲和他的弟妹都得所。他还是令他自己学问告一段落为是。

却是思成学课怕要稍为变更。他本来想思忠学工程，将来和他合作。现在忠忠既走别的路，他所学单纯是美术建筑，回来是否适于谋生，怕是一问题。我的计画，本来你们姊妹弟兄个个结婚后都跟着我在家里三几年，等到生计完全自立后，再实行创造新家庭。但现在情形，思成结婚后不能不迎养徽音之母，立刻便须自立门户，这便困难多了。所以生计问题，刻不容缓。我从前希望他学都市设计，只怕缓不济急。

他毕业后转学建筑工程何如？我对专门学科情形不熟，思成可细细审度，回我一信。

我所望于思永、思庄者，在将来做我助手。第一件，我做的中国史非一人之力所能成，望他们在我指导之下，帮我工作。第二件，把我工作的结果译成外国文。永、庄两人当专作这种预备。

正在偷偷写信，被克礼闯进来看见，又唠叨了好些话，不写了。

二月廿七日　爹爹

今日是元宵，外边花爆声很热闹。

致梁思顺

［1926 年 3 月 7 日］

顺儿：

今晨寄一书，想达。顷因丁在君、力舒东坚决主张要入协和，已决定明天便入去了。大约此病非耐性调理不可。医生也许种种干涉我的自由，以后或少写信，一切情形由二叔、七叔、忠忠随时报告。

三月七日　爹爹

致孩子们

［1926 年 3 月 10 日］

大孩子、小孩子们：

贺寿的电报接到了，你们猜我在那里接到？乃在协和医院三〇四号房！你们猜我现在干什么？刚被医生灌了一杯蓖麻油，禁止吃晚饭！活到五十四岁，儿孙满前，过生日要挨饿！你们说可笑不可笑？

Baby：你看！公公不信话，不乖乖，过生日还要吃泻油，不许吃东西哩！

我想做一首诗，唱唱这段故事，但做来做去做不好，算了罢。过用心思，又要受王姨娘们唠叨了！

我这封信写得最有趣！是坐在病床上用医院吃饭用的盘当桌子写的。我发明这项工具，过几天可以在病床上临帖了。

现在还是检查诊断。时期：昨天查过一次，明天再查一次，就可以决定治疗方法了。协和真好！可惜在德国医院担搁许多日子，不然，只怕现在已经全好了。

诊断情形，你二叔们当陆续有详细报告，不消我说了。我写这封信，是要你们知道我的快活顽皮样子。

正月二十六日，不知是阳历何日　爹爹

昨晚院中各科专门医生分头来检查我的身体，各部分都查到了，都说：五十岁以上的人体子如此结实，在中国是几乎看不见第二位哩！

致梁思顺*

［1926年4月19日］

出院后一长函，想收。日来甚安好，小便尚偶尔带红，细验似由走动所致，两次皆因散步稍久。大抵仍是微丝血管破裂，只须不磨擦，便可平复也。我近来真是无所用心，每日卧床时间总在十二个钟头以上，欲照此办法一两月，看如何。前书言派代表往领耶鲁学位事，顷查耶鲁向无派代表例，或明年来美一顽要，亦大佳耳。都中情状剧变，四日前四城

---

* 此函《梁启超未刊书信手迹》无，录自《梁任公先生年谱长编（初稿）》“民国十五年丙寅，五十四岁”。

禁闭，现每日仍仅开一两次半个钟头耳。幸我早数日出院，否则王姨不免两头担心耳。

致梁思顺

［1926 年 6 月 5 日］

顺儿：

四月廿三、五月三日寄南长〈街〉两信，连寄叔叔们的信，都先后收到，但四月十五以前像还有一封长信，想已失掉了。那封信上谅来谭到你们不愿意调任的话吧。

我现在还想你把你们的意思详说，等我斟酌著随时替你们打算哩。

你屡次来信，都问我受手术后情形如何如何，像十二分不放心的样子。这也难怪，因为你们在远方不知情形，但我看见信只是好笑，倘使你在我身边看着，谅来也哑然失笑了。你问的话完全不对题，什么疲倦不疲倦，食欲好不好……我简直不知道有这一回事。我受术十天之后，早已一切如常，始终没有坐过一回摇推的椅子。记得第十一天晚上，我偷偷的下床上毛房，因不愿在床上出恭，毛房与卧房相隔数间。被看护妇看见，埋怨了半天。我在医院里写了几十把扇子，从医生、看护妇到厨子、打杂每人都求了一把。受术后第四天便胃口如常，中间医生因未得病源，种种试验，曾经有一个礼拜不给肉品我吃，饿得我像五台山上的鲁智深，天天向医生哀求开荤，出院后更不用说了。总而言之，受术后十天，早已和无病人一样，现在做什么事情，都有兴致，绝不疲倦，一点钟以上的演讲已经演过几次了。七叔、王姨们初时屡屡警告，叫我“自己常常记得还是个病人”。近来他们看惯了，也疲了，连他们也不认我还是病人了。

看见你的信，四月二十前后还像没有复元的样子。五月三日信还说“稍为累点，就不舒服”，真令我诧异。或者你的手术比我重吗？其实我的也很不轻，受麻药的次数，比你多得多了。这样看来，你的体子比我真有天渊之别，我真是得天独厚，医院里医生、看护妇都说像我复元得这样快是从没有看见过的。不是经比较，还不自觉哩。

我一月以前，绝不担心你的病，因为我拿自己做例，觉得受手术不算一回事，但是接连看你的信，倒有点不放心了。我希望不久接着你完全复元的信说：“虽累了，也照常受得起”，那才好哩。

近来因我的病惹起许多议论。北京报纸有好几家都攻击协和，《现代评论》、《社会日报》攻得最厉害。我有一篇短文在《晨报》副刊发表，带半辩护的性质，谅来已看见了。总之，这回手术的确可以不必用，好在用了之后身子没有丝毫吃亏，唐天如细细诊视，说和从前一样。只算费几百块钱，挨十来天痛苦，换得个安心也还值得。

现在病虽还没有清楚，但确已好多了，而且一天比一天好，或者是协和的药有效，现在还继续吃。或者是休息的效验，现在还不能十分休息，正在将近毕业，要细阅学生们成绩。半月后到北戴河去，一定更好了。

我想来美一游，各人也不十分反对，但都怕我到美决不能休息，或者病又复发，所以阻止者多，现在决定不来了。

蹇季常、张君劢们极力劝我在清华告假一年，这几天不停的唠叨我。他们怕一开课后我便不肯休息，且加倍工作。我说我会自己节制。他们都不相信。但是我实在舍不得暂离清华，况且我实际上已经无病了。我到底不能采用他们的建议。总之，极力节制，不令过劳便是。你们放心罢。

由天津电汇四千元，想已收。一半是你们存款，一半给思庄们学费，你斟酌着分给他们。思成在费城，今年须特别耗费，务令他够用，不至吃苦。思永也须贴补点，为暑假旅行及买书等费。

思庄考得怎样？能进大学固甚好，即不能也不必着急，日子多着哩。

我写的一幅小楷，装上镜架给他做奖品，美极了，但很难带去，大概只好留着等他回来再拿了。

许久没有写信给成、永们，好在给你的信，他们都会看见的。

六月五日　爹爹

老白鼻会唱“葡萄美酒”了，真乖得好顽。

致梁思顺

［1926年6月11日］

顺儿：

前次以为失掉了你一封信，现在也收到了，系封在阿时信内，迟了一水船才到。

弟弟们把我的信扣留，我替你出个法子，你只写信给他们说，若不肯将信寄回来，以后爹爹有信到，你便藏着不给他们看，他们可就拗你不过了。

你们不愿意调任及调部也是好的，知足不辱，知止不殆，只要不至冻馁，在这种半清净半热闹的地方，带着孩子们读书最好，几个孙子叫他们尝尝寒素风味，实属有益。试拿他们在斐律宾过的生活和你们在日本时比较，实在太过分了。若再调到热带殖民地去，虽多得几个钱，有什么用处呢？

你们也不必变更计划，打算早回来，我这病绝不要紧，已经证明了。你们还是打四五年后回来的主意最好，总之到我六十岁生日时算来全部都回来了，岂不大高兴？

这一两年内，我终须要到美国玩一躺，你们等着罢。再过一星期就去北戴河了。

六月十一日　爹爹

致梁思忠

［1926 年 8 月 14 日］

海滨有绑票之警，事在距车站约十二里之乡村。游客逃避一空，吾亦守垂堂之戒，于今晨尽室返津矣。

病虽未全愈，偶然便带哑色，但已非红非紫。比前次确减轻许多。年馀之痼疾，本非三数日所能全治，但药之有效，已灼然矣。往告兄姊可大欣慰也。庄庄入费城暑校，汝到时想尚在彼，至可喜。汝凡百小心，勿诒老亲远念。

父示忠忠。

八月十四日

致梁思忠

［1926 年 8 月 16 日］

忠忠：

返天津后继续服药，又大见效。北戴河水土不宜，致减药功也。汝到美时，想赤焰早已肃清，告姊姊们完全放心便是。

十六日　爹爹

计期此信尚能赶及放洋前耶。

致孩子们

［1926 年 8 月 18 日］

孩子们：

这封信要赶忠忠所搭的船，不知赶得上不？

我的病真是完全好了，赤帝子已变为白帝子，真痛快之极。前日返北戴河时，又似复发者两日，回津后便全好。想是海浴与此病不宜，故药力减效。现在已一礼拜，丝毫不发，药亦暂止，大约可不必再服。怕你们还不放心，故赶写此纸。

八月十八日　爹爹

致孩子们

［1926 年 8 月 22 日］

一大群大大小小孩子们：

好教你们欢喜，我的病真真正正完完全全好得清清楚楚了！服药前和服药后，便色之变迁，忠忠已大略看见。忠忠在津时，色不过转淡而已，尚未纯复原，再到北戴河那两天，像有点要翻的样子，后来加减一两味药，回津再服，果然服三剂病根全除，前后共服过十剂，现已停药一礼拜了。总之，药一下去，便见功效，由紫红变粉红，变哑色，变黄，十剂以后，完全变白，血腥气味净尽，回复到平常尿味。这几天内经过种种试验，也曾有朋友来接连剧谭五个钟头，又曾往俄国公园散步一点多钟，又曾吃过一瓶大麦酒，又曾睡眠极少，诸如此类。前此偶犯其一，病辄大发，现在完全没有，真算好清楚了。痛快之极！据天如说，病源在胆，因惊皇而起，胆生变动，而郁积结于膀胱，其言虽涉虚沓，但亦有几分近似。盖吾病之起，实在你们妈妈病重时，不过从前不注意，没有告你们耳。天如说的病理对不对，他的药真是其应如响，一年半之积痼，十日而肃清之，西医群束手谓不可治，而一举收此奇效，可谓能矣。吾现仍小心静养，不太劳，你们十二分放心罢。

这封信专报告病之肃清，不说别的。

八月廿二日　爹爹　天津发

十日后入京。

致孩子们

［1926 年 9 月 4 日］

孩子们：

今天接顺儿八月四日信，内附庄庄由费城去信，高兴得很。尤可喜者，是徽音待庄庄那种亲热，真是天真烂熳好孩子。庄庄独立的多走些地方，多认识些朋友，性质格外活泼些，甚好，甚好。但择交是最要紧的事，宜慎重留意，不可和轻浮的人多亲近。庄庄以后离开家庭渐渐的远，要常常注意这一点。大学考上没有？我天天盼这个信，谅来不久也到了。

忠忠到美，想你们姊弟兄妹会在一块，一定高兴得很，有什么有趣的新闻，讲给我听。

我的病从前天起又好了，因为碰着四姑的事，病翻了五天。五天内服药无效。这两天哀痛过了，药又得力了。昨日已不红，今日很清了，只要没有别事刺激，再养几时，完全断根就好了。

四姑的事，我不但伤悼四姑，因为细婆太难受了，令我伤心。现在祖父祖母都久已弃养，我对于先人的一点孝心，只好寄在细婆身上，千辛万苦，请了出来，就令他老人家遇着绝对不能宽解的事，怕的是生病。怎么好呢？这几天全家人合力劝慰他，哀痛也减了好些，过几日就全家入京去了。

清华八日开学，我六日便入京，在京城里。还有许多事要料理，王姨及细婆等迟一礼拜乃去。

张孝若丁忧，已辞职，我三日前写一封信给蔡廷幹讲升任事，能成与否，入京便见分晓。

思永两个月没有信来，他娘很记挂，屡屡说“想是冲气吧”，我想断未必，但不知何故没有信。你从前来信说不是悲观，也不是精神异状，我很信得过是如此，但到底是年轻学养未到，我因久不得信，也不能不有点担心了。

国事局面大变，将来未知所届，我病全好之后，对于政治不能不痛发言论了。

九月四日　爹爹

致孩子们

［1926 年 9 月 14 日］

孩子们：

我本月六日入京，七日到清华，八日应开学礼讲演，当日入城，在城中住五日，十三日返清华。王姨奉细婆亦以是日从天津来，我即偕同王姨、阿时、老白鼻同到清华。此后每星期大抵须在城中两日，馀日皆在清华。北院二号之屋日内将迁居一号。只四人住着，很清静。

此后严定节制，每星期上堂讲授仅二小时，接见学生仅八小时，平均每日费在学校的时刻，不过一小时多点。又拟不编讲义，且暂时不执笔属文，决意过半年后再作道理。

我的病又完全好清楚，已经十日没有复发了。在南长街住那几天，你二叔天天将小便留下来看，他说颜色比他的还好，他的还像普洱茶，我的简直像雨前龙井了。自服天如先生药后之十天，本来已经是这样，中间遇你四姑之丧，陡然复发，发得很厉害。那时刚刚碰着伍连德到津，拿小便给他看，他说“这病绝对不能不理会”，他入京当向协和及克礼等详细探索实情云云。五日前在京会着他，他已探听明白了。他再见时，尿色已清，他看着很赞叹中药之神妙，他本来不鄙薄中药。他把药方抄去。天如之方以黄连、玉桂、阿胶三药为主。近闻有别位名医说，敢将黄连和玉桂合在一方，其人必是名医云云。他说很对很对，劝再服下去。他说本病就一意靠中药疗治便是了。却是因手术所发生的影响，最当注意。他已证明手术是协和孟浪错误了，割掉的右肾，他已看过，并没有丝毫病态，他很责备协和粗忽，以人命为儿戏，协和已自承认了。这病根本是内科，不是外科。在手术前克礼、力舒东、山本乃至协和都从外科方面研究，实是误入歧途。但据连德的诊断，也不是所谓“无理由出血”，乃是一种轻微肾炎。西药并不是不能医，但很难求速效，所以他对于中医之用黄连和玉桂，觉得很有道理。但他对于手术善后问题，向我下很严重的警告。他说割掉一个肾，情节很是重大，必须俟左肾慢慢生长，长到大能完全兼代右肾的权能，才算复原。他说：“当这内部生理大变化时期中，一种革命的变化。左肾极吃力，极辛苦，极娇嫩，易出毛病，非十分小心保护不可。惟一的戒令，是节劳一切工作，最多只能做从前一半，吃东西要清淡些……”等等。我问他什么时候才能生长完成？他说：“没有一定，要看本来体气强弱及保养得宜与否，但在普通体气的人，总要一年”云云。他叫我每星期验一回小便，不管色红与否。验一回血压，随时报告他，再经半年才可放心云云。连德这番话，我听着很高兴。我从前很想知道右肾实在有病没有，若右肾实有病，那么不是便血的原因，便是便血的结果。既割掉而血不止，当然不是原因了。若是结果，便更可怕，万一再流血一两年，左肾也得同样结果，岂不糟吗？我屡次探协和确实消息，他们为护短起见，总说右肾是有病，部分腐坏。现在连德才证明他们的谎话了。我却真放心了，所以连德忠告我的话，我总努力自己节制自己，一切依他而行。一切劳作比前折半。

但最近于清华以外，忽然又发生一件职务，令我欲谢而不能，又已经答应了。这件事因为这回法权会议的结果，意外良好，各国代表的共同报告书，已承诺撤回领事裁判权，只等我们分区实行。但我们却有点着急了，不能不加工努力。现在为切实预备计，立刻要办两件事：一是继续修订法律，赶紧颁布；二是培养司法人才，预备“审洋鬼子”。头一件要王亮侍担任。第二件要我担任。名曰司法储才馆。我入京前一礼拜，亮侍和罗钧任几次来信来电话，催我入京。我到京一下车，他们两个便跑来南长街，不由分说，责以大义，要我立刻允诺。这件事关系如此重大，全国人渴望已非一日，我还有什么话可以推辞，当下便答应了。现在只等法权会议签字后，本礼拜签字。便发表开办了。经费呢，每月有万馀元，确实收入可以，不必操心。在关税项下每年拨十万元，学费收入约四万元。但创办一学校事情何等烦重，在静养中当然是很不相宜，但机会迫在目前，责任压在肩上，有何法逃避呢？好在我向来办事专在“求好副手”上用工夫，我现在已得着一个人替我全权办理，这个人我提出来，亮侍、钧任们都拍手，谅来你们听见也大拍手。其人为谁？林宰平便是。他是司法部的老司长，法学湛深，才具开展，心思致密，这是人人共知的。他和我的关系，与蒋百里、蹇季常相仿佛，他对于我委托的事，其万分忠实，自无待言。储才馆这件事，他也认为必要的急务，我的身体要静养，又是他所强硬主张的，他屡主张我在清华停职一年。所以我找他出来，他简直无片词可以推托。政府原定章程，是“馆长总揽全馆事务”。我要求增设一副馆长，但宰平不肯居此名，结果改为学长兼教务长，你二叔当总务长兼会计。我用了这两个人，便可以“卧而治之”了。初办时教员、职员之聘任，当然要我筹画，现在亦已大略就绪。教员方面因为经费充足，兼之我平日交情关系，能网罗第一等人才，如王亮俦、刘崧生等皆来担任功课，将来一定声光很好。职员方面，初办时大大小小共用二十人内外，一面为事择人，一面为人择事，你十五舅和曼宣都用为秘书，月俸百六十元，一文不欠。乃至你姑丈，六十元津贴。及黑二爷廿五元。都点缀到了。藻孙若愿意回北京，我也可以给他二百元的事去办。我比较撙节的制成个预算，每月尚敷馀三千至四千。大概这件事我当初办时，虽不免一两月劳苦，以后便可以清闲了。你们听见了不必忧虑。这一两个月却工作不轻。研究院新生有三十馀人，加以筹画此事，恐对于伍连德的话，须缓期实行。

做首长的人，“劳于用人而逸于治事”，这句格言真有价值。我去年任图书馆长以来，得了李仲揆及袁守和任副馆长及图书部长，外面有范静生替我帮忙，我真是行所无事。我自从入医院后，从入德医院起。从没有到馆一天，忠忠是知道的。这回我入京到馆两个半钟头，他们把大半年办事的纪录和表册等给我看，我于半年多大大小小的事都了然了。真办得好，真对得我住！杨鼎甫、蒋慰堂二人从七月一日起到馆，他们在馆办了两个月事，兴高采烈，觉得全馆朝气盎然，为各机关所未有，虽然薪水微薄，每人每月百元。他们都高兴得很。我信得过宰平替我主持储才馆，亮俦在外面替我帮忙，也和范静生之在图书馆差不多。将来也是这样。

希哲升任智利的事，已和蔡耀堂面言，大约八九可成，或者这信到时已发表亦未可知。若未发表，却恐是无望了。

思顺八月十三日信，昨日在清华收到。忠忠抵美的安电，王姨也从津带来，欣慰之至。正在我写这信的时候，想来你们姊弟五人正围着高谈阔论，不知多少快活哩。庄庄入美或留坎问题，谅来已经决定，下次信可得报告了。

思永给思顺的信说“怕我因病而起的变态心理”，有这种事吗？何至如是！你们从我信上看到这种痕迹吗？我决不如是，忠忠在旁边看着是可以证明的。就令是有，经这回唐天如、伍连德诊视之后，心理也豁然一变了。你们大大放心罢。写得太多了，犯了连德的禁令了，再说罢。

九月十四日　爹爹

老白鼻天天说要到美国去，你们谁领他，我便贴四分邮票寄去。

致孩子们

［1926 年 9 月 26 日］

孩子们：

今日二叔寄来廿四日来电，属电汇学费六百元，今日星期，明晨即办，汇美金六百，大约须廿七八乃能收到也。计日期，忠忠早已到，你们姊弟兄妹想都欢会过，现在分途上学去了。这电大约是庄庄决定留美之结果，我看着很喜欢，但也有点惦念，喜欢是我的庄庄居然入大学了，惦念是他完全离开家庭，一个小女孩子孤孤另另怪可怜的。庄庄，你以后每月务须有一封〈信〉回家来报告你日常生活情形，免得家人悬望。饮食最要当心，若有点不舒服，便立刻请医生，万不可惹出病来，交朋友最当谨慎，一切事都常常请姊姊哥哥们当顾问，我就放心了。

我这几天小便异常之清，大约病完全好了。伍连德叫我每星期验血压，前日已开始往验，验得一百十四度，极中和。一切可放心。

今日已由北院二号迁到一号。许多话下次再说。

九月廿六晚　爹爹

致孩子们

［1926年9月27日］

昨夜十二时半你们又添一个小弟弟，母子平安。原拟到协和分娩，不意突如其来，昨晚十时我写完前信便去睡，刚要睡着，王姨忽觉震动，欲命车进城，恐来不及，乃找本校医生，幸亏医生在家，是日星期。一切招呼完善，昨日搬家，一切东西略已搬毕，惟睡床未搬，临时把王姨的床搬过来，刚刚赶得上。仅一个多钟头便完事了。你们姊妹弟兄真已不少，我倒狠盼他是女孩子，那便姊妹弟兄各五人，现在男党太盛了。这是第十个，十为盈数，足够了。

九月廿七日　爹爹

致孩子们

［1926年9月29日］

孩子们：

今天从讲堂下来，接着一大堆信——坎拿大三封内夹成、永、庄寄坎的好几封，庄庄由纽约来的一封，又前日接到思永来一封，忠忠由域多利来的一封，令我喜欢得手舞足蹈。我骤然看见域多利的信封，很诧异！那一个跑到域多利去呢？拆开一看，才知忠忠改道去先会姊姊。前接阿图和电说忠忠十一日到，我以为是到美境哩，谁知便是那天到阿图和！忠忠真占便宜，这回放洋，在家里欢天喜地的送他，比着两位哥哥，已经天渊之别了；到了那边，又分两回受欢迎，不知多少高兴。

我最喜欢的是庄庄居然进了大学了。尤其喜欢是看你们姊弟兄妹们来往信，看出那活泼样子。我原来有点怕庄庄性情太枯寂些，因为你妈妈素来管得太严；他又不大不小夹在中间，挨着我的时候不多——不能如老白鼻的两亲家那样——所以觉得欠活泼。这一来很显出青年的本色，我安慰极了。

回坎进大学，当然好极了。我前次信说赞成留美，不过怕顺儿们有迁调时，他太寂寞。其实这也不相干。满地可我也到过，离坎京极近，暂时我大大放心了。过得一两年，年纪更长大，当然不劳我挂念了。我很不愿意全家变成美国风。在坎毕业后往欧洲入研究院，是最好不过的。

我的“赤祸”大概可以扫除净尽了，最近已二十多天没有再发。实际上讲，自忠忠动身时，渐渐肃清，中间惟四姑死后发了一礼拜，初到清华发了三天，中秋日小发，但不甚，过一天便好。此外都是极好。今年我不编讲义，叫周传儒笔记，记得极好，你们在《周刊》上可以看见。工夫极轻松。每星期只上讲堂两点钟，在研究室接见学生五点钟。私宅不许人到。我从来没有过这样清闲。我恪守伍连德的忠告，决意等半年后完全恢复，再行自由工作。

时局变化极剧，百里所处地位极困难，又极重要。他最得力的几个学生都在南边，蒋介石三番四覆拉拢他，而孙传芳又卑礼厚币，要仗他做握鹅毛扇的人。孙、蒋间所以久不决裂，都是由他斡旋。但蒋军侵入江西，逼人太甚，俄国人迫他如此。孙为自卫，不得不决裂。我们的熟人如丁在君、张君劢、刘厚生等，都在孙幕参与密勿，他们都主战，百里亦不能独立异，现在他已经和孙同往前敌去了。老师打学生，非寻常之师弟。岂非笑话？好在唐生智所当的是吴佩孚方面，京汉路上吴已经是问题外的人物。孙军当面接触的是蒋介石。这几天江西的战争，关系真重大。若孙败，以后黄河以南便全是赤俄势力。百里当然跟着毁了。若孙胜蒋败，以后便看百里手腕如何。百里的计画，是要把蒋、唐分开，蒋败后谋孙、唐联和。果能办到此着，便将开一斩（崭）新局面。国事大有可为，能成与否，不能不付诸气数了。

顺儿们窘到这样，可笑可怜，你们到底已经负债多少？看这情形你们是博览会都看不成了。这回八月节，使馆经费一文也发不出！将来恐亦无望，我实在有点替你们心焦！调任事一时更谈不到了。现在纯陷于无政府状态。我想，还是勉强支持一两年，到必要时，我可以随时接济些。招呼招呼弟妹们，令我放心，一面令诸孙安定一点，好好的上学，往后看情形再说罢。

前所言司法储才馆事，现因政府搁浅，也暂时停顿，但此事为收回法权的主要预备，早晚终须办，现时只好小待。

小老白鼻今天该洗三了。别人还不怎么，独有细婆，欢喜得连嘴都合不拢来。自从四姑的事情以后，细婆没有过笑容，这两天异常高兴，令我们也都安慰。

王姨产后经过极良好，不消远念。

老白鼻爱小弟弟爱到无以复加，隔几分钟就去摸一回，整天价说"背背驼驼他"。老白鼻新近又长进一种学问，昨日起阿时教他认五个字，今日居然完全记得。

你们大的都不在跟前，很有点感寂寞。现在就是阿时挨着我。我回到天津时，南开中学本来要请他当教习，月俸七十元，他倒很想去。他很想找点钱帮补姑丈。我一来怕他学问太浅，交代不过，二来也要他跟着我，所以暂留他一年，明年也不能不让他去了。

九月廿九日　爹爹

致孩子们

［1926年10月4日］

孩子们：

我昨天做了一件极不愿意做之事——去替徐志摩证婚。他的新妇是王受庆夫人，与志摩恋爱上，才和受庆离婚，实在是不道德之极。我屡次告诫志摩而无效。胡适之、张彭春苦苦为他说情，到底以姑息志摩之故，卒徇其请。我在礼堂演说一篇训词，大大教训一番，新人及满堂宾客无一不失色，此恐是中外古今所未闻之婚礼矣。今把训词稿子寄给你们一看。青年为感情冲动，不能节制，任意决破礼防的罗网，其实乃是自投苦恼的罗网，真是可痛，真是可怜！

徐志摩这个人其实聪明，我爱他不过，此次看着他陷于灭顶，还想救他出来，我也有一番苦心。老朋友们对于他这番举动，无不深恶痛绝，我想他若从此见摈于社会，固然自作自受，无可怨恨，但觉得这个人太可惜了，或者竟弄到自杀。我又看着他找得这样一个人做伴侣，怕他将来苦痛更无限，所以想对于那个人当头一棒，盼望他能有觉悟，但恐甚难。免致将来把志摩弄死，但恐不过是我极痴的婆心便了。

闻张歆海近来也很堕落，日日只想做官，志摩却是很高洁，只是发了恋爱狂—变态心理—变态心理的犯罪。此外还有许多招物议之处，我也不愿多讲了。品性上不曾经过严格的训练，真是可怕。我因昨日的感触，专写这一封信给思成、徽音、思忠们看看。

十月四日　爹爹

致梁思顺

［1926 年 10 月 7 日］

顺儿：

九月七日、十日信收到，计发信第二日忠忠便到阿图和，你们姊弟相见，得到忠忠报告好消息，一切可以释然了。

我的信有令你们难过的话吗？谅来那几天忠忠正要动身，有点舍不得，又值那几天病最厉害，服天如药以前，小便觉有点窒塞。所以不知不觉有些感慨的话。其实，我这个人你们还不知道吗，我有什么看不开，小小的病何足以灰我的心？我现在早已兴会淋漓的做我应做的工作了，你们不信，只要问阿时便知道了。

我现在绝对的不要你回来，即使这点小病未愈也不相干，何况已经完好了呢！你回来除非全眷回来，不然隔那么远，你一心挂两路，总是不安。你不安，我当然也不安，何必呢！现在几个孙子已入学校，若没有别的事，总令他们能多继续些时候才好。

我却不想你调别处，若调动就是回部补一个实缺参事，但不容易办到不？部中情形我不熟。又不知你们愿意不？来信顺便告诉我一声。现在少川又回外部，本来智利事可以说话，因为我根本不甚愿意你们远调。但我也打算慢点再说，好在外交总长总离不少这几个人，随时可以说的。

我倒要问你一件事，一月前我在报纸上看见一段新闻，像是说明年要在加拿大开万国教育大会，不知确否？你可就近一查，若确，那时我决定要借这名目来一趟，看看我一大群心爱的孩子。你赶紧去查明，把时日先告诉我，等我好预备罢。

我现在新添了好些事情——司法储才馆和京师图书馆。去年将教育部之旧图书馆暂行退还不管，现在我又接过来。好在我有好副手替我办——储才馆托给林宰平，你二叔帮他；旧图书馆托给罗孝高，何擎一帮他。我总其大成，并不劳苦我一天，还是在清华过我的舒服日子。

曾刚父年伯病剧，他的病和你妈妈一样，数月前已发，若早割尚可救，现在已溃破，痛苦万状，看情形还不能快去。我数日前去看他，联想起你妈妈的病状，伤感得很。他穷得可怜，我稍为送他的钱，一面劝他无须找医生白花钱了。

陈伯严老伯也患便血病，但他很痛苦，比我差多了。年纪太大，七十二了。怕不容易好。中年以后，亲友们死亡、疾病的消息常常络绎不绝，这也是无可如何的事。伯严的病由酒得来，我病后把酒根本戒绝，总是最好的事。

二叔和老自鼻说，把两个小妹妹换他的小弟弟，他答应了。回头忽然问："那个小弟弟？"二叔说："你们这个"。他说："不，不，把七叔的小弟弟给你。"你们看他会打算盘吗？

十月七日　爹爹

致孩子们

［1926年10月14日］

孩子们：

忠忠到阿图和的信收到了。你们何以担心我的病担心到如此厉害，或者因我在北戴河那一个多月去信太少吗？或者我的信偶然多说几句话，你们神经过敏疑神疑鬼吗？但忠忠在家天天跟着我，难道还看不出我的样子来，我心里何尝有不高兴呢？大抵我这个人太闲也是不行，现在每日有相当的工作，我越发精神焕发了。

美洲我是时时刻刻都想去的，但这一年内能否成行，仍是问题。因为新近兼兜揽着两件事——京师图书馆、重新接收过来。司法储才馆都是创办，虽然有好帮手，不致甚劳，但初期规画仍是我的责任，我若远行，恐怕精神涣散，难有成绩，且等几个月后情形如何再说。又欲筹游费，总须借个名目，若自己养病玩耍，却不好向任何方面要钱，所以我很想打听明年的万国教育会是否开在阿图和，若是在暑假期间开，我无论如何总要想法来一趟的。

明日是重阳，我打算带着老白鼻去上坟，我今年还没有到过坟上哩！小老白鼻也很结实，他娘娘体子也很好。再过两礼拜，打算带着他回津一行。

十月十四日　爹爹

致孩子们

［1926年10月19日］

我这几天忙得要命，两个机关正在开办，还有两位外宾——一位日本清浦子爵，前首相，旧熟人。一位瑞典皇太子。考古学者。天天演说、宴会，再加上学校功课，真是不了。每天跑进城，又跑回校，替汽车油房做生意。但我精神极旺盛，一点也不觉疲劳。晚上还替松坡图书馆卖字，自己又临帖临出瘾。天天被王姨唠叨，逼着去睡。现在他又快来捣乱了，只得不写了。

前几天上坟去回来，重阳那天。“赤祸”又发作了三天，现在又全好了，大抵走路最不相宜。

十九日　爹爹

小老白鼻很乖，一天到黑总没有听见他哭一声。

致孩子们

［1926年10月22日］

孩子们：

前天接着你们由费城来的杂碎信和庄庄进大学后来的信，真真高兴。

你们那种活泼亲热样子活现在纸上，我好容易细细研究，算是把各人的笔迹勉强分别出来了，但是许多名词还不很清楚，只得当作先秦古书读。“心知其意”，“于其所不知，盖阙如也”。

你们一群小伙子怎么把一位老姊姊当作玩意去欺负他呢？做姊姊的也是不济事，为什么不板起面孔来每人给他几个嘴巴呢？你们别要得意，还有报应哩，再过十几二十年，老白鼻、小老白鼻也会照样的收拾你们！但是，到那时候，五十多岁老姊姊只怕更惹不起这群更小的小伙子了。

以上十月廿二日写

致梁思永

［1926年12月10日］

思永：

得十一月七日信，喜欢之极。李济之现在山西非陕西。乡下，正采掘得兴高采烈，我已立刻写信给他，告诉以你的志愿及条件，大约十日内外可有回信。我想他们没有不愿意的，只要能派你实在职务，得有实习机会，盘费、食住费等等都算不了什么大问题，家里景况，对于这点点钱还担任得起也。

你所问统计一类的资料，我有一部分可以回答你，一部分尚须问人。我现在忙极，要过十天半月后再回你，怕你悬望，先草草回此数行。

我近来真忙，本礼拜天天有讲演。城里的学生因学校开不了课，组织学术讲演会，免不了常去讲演。又著述之兴不可遏，已经动手执笔了。半月来已破戒，亲自动笔。还有司法储才馆和国立图书馆都正在开办，越发忙得要命。最可喜者，旧病并未再发，有时睡眠不足，小便偶然带一点黄或粉红，只须酣睡一次，就立刻恢复了。因为忙，有好多天没有给你们信，只怕十天八天内还不得空。你这信看完后立刻转给姊姊他们，免得姊姊又因为不得信挂心。

十二月十日　爹爹

你娘娘身子很好，“小无名氏”非常之乖，食、睡、哭都有一定时候。细婆天天催要他的名字，我还不得空。

致孩子们

［1926年12月20日］

孩子们：

寄去美金九十元作压岁钱，大孩子们每人十元，小孩子们共二十元，可分领买糖吃去。

我近来因为病已全愈，一切照常工作，渐渐忙起来了。新近著成一书，名曰《王阳明知行合一之教》，约四万馀言，印出后寄给你们读。

前两礼拜几乎天天都有讲演，每次短者一点半钟，多者继续至三点钟，内中有北京学术讲演会所讲三次，地点在前众议院，法大第一院。听众充满全院，约四千人。在大冷天并无火炉，学校穷，生不起火。讲时要很大声，但我讲了几次，病并未发，可见是全愈了。

前几天耶路大学又有电报来，再送博士，请六月廿二到该校，电辞极恳切，已经覆电答应去了。你二叔不甚赞成，说还要写信问顺儿以那边详细情形，我想没有什么要紧的，只须不到唐人街，不到西部。不上杂碎馆，上落船时稍为注意，便够了。我实在想你们，想得很，借这机会来看你们一躺，最好不过，我如何肯把他轻轻放过。

时局变迁非常剧烈，百里联络孙、唐、蒋的计画全归失败，北洋军阀确已到末日了。将此麻木不仁的状态打破，总是好的，但将来起的变症如何，现在真不敢说了。

希哲的生活方向现真成了问题，北京政府看着是要塌了，使领经费绝对的不会有办法。顾少川虽然在那里打主意，我想都不会成功。从前欠薪，恐怕也没甚希望，似此赔累下去，如何能久？若不能调到有收入的地方，便须另走一条路。国内混乱状态未知所极，生意是无从做起的。除非在海外想方法，此虽非一时立决之事。但不能不早为之备，请注意为幸。

去年，徽音有明年二月归国之说，不知现在已改变否？我想大可以不必。现在回来北京是无用的，徒增伤心，福州现亦在混乱时代，回来恐省亲之愿亦不易达到，何苦跋涉呢？只要学费勉强可以支持，等到和思成一齐归来最好。这句话我屡次写信都忘了，今补说。

思庄近来还常常想家吗？我看你的来信及你给姊姊的信最高兴。我最希望你特别注重法文，将来毕业后最少也留法一年，你愿意吗？

思忠来信叙述入学后情形，我和你娘娘都极高兴。你既学政治，那么进什么团体是免不了的，我一切不干涉你，但愿意你十分谨慎，须几经考量后方可加入。在加入前先把情形告诉我，我也可以做你的顾问。

思永回来的事，李济之尚未回信，听说他这回采掘很有所得，不久也要回京一次。

小老白鼻有了名字了，我看他的面孔很像大同的“同”字，就叫他做思同，胖的那脸成个正方形，眼孔小小的，连眉毛像一画，张开口像个口字。我不大理会他，比老白鼻那时候差多了。

十二月二十日　爹爹

致孩子们

［1927 年 1 月 2 日］

孩子们：

今天总算我最近两个月来最清闲的日子，正在一个人坐在书房里拿着一部杜诗来吟哦。思顺十一月廿九、十二月四日，思成十二月一日的信，同时到了，真高兴。

今天是阳历年初二，又是星期，所有人大概都进城去了。我昨天才从城里回来。达达、司马懿、六六三天前已经来了。今天午饭后他们娘娘带他们去逛颐和园，老郭、曹五都跟去，现在只剩我和小白鼻看家。

写到这里，他们都回来了。满屋子立刻喧闹起来，和一秒钟以前成了两个世界。

你们十个人，刚刚一半在那边，一半在这边，在那边的一个个都大模大样，在这边的都是“小不点点”，真是有趣。

相片看见了，很高兴。庄庄已经是个大孩子了，为什么没有戴眼镜？比从前漂亮得多。思永还是那样子。思成为什么这样瘦呢？像老了好些。思顺却像更年轻了。桂儿、瞻儿那幅不大清楚，不甚看得出来。小白鼻牵着冰车好顽极了，老白鼻绝对不肯把小儿子让给弟弟，和他商量半天，到底不肯，只肯把烂名士让出一半。老白鼻最怕的爹爹去美国，比吃泻油还怕。他把这小干儿子亲了几亲，连冰车一齐交给老郭替他“收收”了。

以下说些正经事。

思成信上说徽音二月间回国的事，我一月前已经有信提过这事，想已收到。徽音回家看他娘娘一躺，原是极应该的，我也不忍阻止，但以现在情形而论，福州附近很混乱，交通极不便，有好几位福建朋友们想回去也回不成。最近三几个月中，总怕恢复原状的希望很少，若回来还是蹲在北京或上海，岂不更伤心吗？况且他的娘，屡次劝他不必回来，我想还是暂不回来的好。至于清华官费，若回来考，我想没有考不上的。过两天我也把招考章程叫他们寄去，但若打定主意不回来，则亦用不着了。

思永回国的事，现尚未得李济之回话。济之三日前。已经由山西回到北京了，但我刚刚进城去，还没有见着他。他这回采掘大有所获，捆载了七十五箱东西回来，不久便在清华考古室今年新成立。陈列起来了，这也是我们极高兴的一件事。思永的事，我本礼拜内准见着他，下次的信便有确答。

忠忠去法国的计画，关于经费这一点毫无问题，你只管预备着便是。

思顺们的生计前途，却真可忧虑，过几天我试和少川切实谈一回，但恐没有什么办法，因为使领经费据我看是绝望的，除非是调一个有收入的缺。

司法储才馆下礼拜便开馆，以后我真忙死了，每礼拜大概要有三天住城里。清华功课有增无减，因为清华寒假后兼行导师制，这是由各教授自愿的，我完全不理也可以，但我不肯如此。每教授担认指导学生十人，大学部学生要求受我指导者已十六人，我不好拒绝。又在燕京担任有钟点，燕京学生比清华多，他们那边师生热诚恳求我，也不好拒绝。真没有一刻空闲了。但我体子已完全复原，两个月来旧病完全不发，所以很放心工作去。

上月为北京学术讲演会作四次公开的讲演，讲坛在旧众议院，每次都是满座，连讲两三点钟，全场肃静无哗，每次都是距开讲前一两点钟已经人满。在大冷天气，火炉也开不起，而听众如此热诚，不能不令我感动。我常感觉我的工作，还不能报答社会上待我的恩惠。

我游美的意思还没有变更，现在正商量筹款，大约非有万金以上不够，美金五千。若想得出法子，定要来的，你们没有什么意见吧？

时局变迁极可忧，北军阀末日已到，不成问题了。北京政府命运谁也不敢作半年的保险，但一党专制的局面谁也不能往光明上看，尤其可怕者是利用工人鼓动工潮。现在从汉口、九江，大大小小铺子，什有九不能开张，车夫要和主人同桌吃饭，我想他们到了北京时，我除了为党派观念所逼，不能不亡命外，大约还可以勉强住下去，因为我们家里的工人老郭、老吴、曹五三位，大约还不至和我们捣乱，你二叔那边只怕非二叔亲自买菜，二婶亲自煮饭不可了。结果闹到中产阶级不能自存，而正当的工人也全部失业。放火容易救火难，党人们正不知如何以善其后也。现在军阀游魂尚在，我们殊不愿对党人宣战，待彼辈统一后，终不能不为多数人自由与彼辈一拼耳。

思顺们的留支似已寄到十一月，日内当再汇上七百五十元，由我先垫出两个月，暂救你们之急。

寄上些中国画给思永、忠忠、庄庄三人挂挂书房。思成处来往的人，谅来多是美术家，不好的倒不好挂，只寄些影片，大率皆故宫所藏名迹也。

现在北京灾官们可怜极了。因为我近来担任几件事，穷亲戚穷朋友们稍为得点缀。十五舅处东拼西凑三件事，合得二百五十元，可以实得到手。勉强过得去。你妈妈最关心的是这件事，我不能不尽力设法。其馀如杨鼎甫也在图书馆任职得百元，黑二爷在储才馆。也得三十元，玉衡表叔也得六十元。许多人都望之若登仙了。七叔得百六十元，廷灿得百元，和别人比较，其实都算过份了。

细婆近来心境渐好，精神亦健，是我们最高兴的事。现在细婆、七婶都住南长街，相处甚好，大约春暖后七叔或另租屋住。

老白鼻一天一天越得人爱，非常聪明，又非常听话，每天总逗我笑几场。他读了十几首唐诗，天天教他的老郭念，刚才他来告诉我说："老郭真笨，我教他念《少小离家》，他不会念，念成'乡音无改把猫摔'！"他一面说一面抱着小猫就把那猫摔下地，惹得哄堂大笑。他念："两人对酌山花开，一杯一杯又一杯。我醉欲眠君且去，明朝有意抱琴来。”总要找一个人和他对酌，念到第三句便躺下，念到第四句便去抱一部书当琴弹。诸如此类每天趣话多着哩。

我打算寒假时到汤山住几天，好生休息，现在正打听那边安静不安静。我近来极少打牌，一个月打不到一次，这几天司马懿来了，倒过了几回桥。酒是久已一滴不入口，虽宴会席上有极好的酒，看着也不动心。写字倒是短不了，近一个月来少些，因为忙得没有工夫。

十六年一月二日　爹爹

致梁思永

[1927 年 1 月 10 日]

思永读：

今天李济之回到清华，我给他商量你归国事宜，那封信也是昨天从山西打回头他才接着，怪不得许久没有回信。

他把那七十六箱成绩平平安安运到本校，陆续打开，陈列在我们新设的考古室了。今天晚上他和袁复礼是他同伴，学地质学的。在研究院茶话会里头作长篇的报告演说，虽以我们门外汉听了，也深感兴味。他们演说里头还带着讲“他们两个人都是半路出家的考古学者，济之是学人类学的。真正专门研究考古学的人还在美国——梁先生之公子”。我听了替你高兴又替你惶恐，你将来如何才能当得起“中国第一位考古专门学者”这个名誉，总要非常努力才好。

他们这回意外的成绩，真令我高兴。他们所发掘者是新石器时代的石层，地点在夏朝都城——安邑的附近一个村庄，发掘得的东西略分为三大部分，(一) 陶器，(二) 石器，(三) 骨器。此外，他们最得意的是得着半个蚕茧，证明在石器时代已经会制丝。其中陶器花纹问题最复杂，这几年来，民国九年以后。瑞典人安迪生在甘肃、奉天发掘的这类花纹的陶器，力倡中国文化西来之说，自经这回的发掘，他们想翻这个案。

最高兴的是，这回所得的东西完全归我们所有，中华民国的东西暂陈设在清华。美国人不能搬出去，将来即以清华为研究的机关，只要把研究结果报告美国那学术团体便是，这是济之的外交手段高强，也是因为美国代表人卑士波到中国三年无从进行，他初到时我还请他吃过一顿饭。最后非在这种条件之下和我们合作不可，所以只得依我们了。这回我们也很费点事，头一次去算是失败了，我曾有两封信给阎锡山，此外还有好几位的信。第二次居然得意外的成功。听说美国国务总理还有电报来贺卑士波成功哩。

他们所看定采掘的地方，开方八百亩，已经采掘的只有三分——一亩十分之三——竟自得了七十六箱，倘若全部掘完，只怕故宫各殿的全部都不够陈列了。以考古学家眼光看，中国遍地皆黄金，可惜没有人会捡，真是不错。

关于你回国一年的事情，今天已经和济之仔细商量。他说可采掘的地方是多极了，但是时局不靖，几乎寸步难行，不敢保今年秋间能否一定有机会出去，即如山西这个地方，本来可继续采掘，但几个月后变迁如何，谁也不敢说。还有一层，采掘如开矿一样，假使另觅一个新地方的话，也许失败，白费几个月工夫，毫无所得。你老远跑回来，或者会令你失望。但是有一样，现在所掘得七十六箱东西，整理研究便须莫大的工作，你回来后看时局如何，还有安迪生所掘得的有一部分放在地质调查所中，也要整理。若可以出去，他便约你结伴，若不能出去，你便在清华帮他整理研究，跟着李、袁两人同做工作，一定很有益。两者任居其一也，断不至白费这一年光阴云云，你的意思如何？据我看是很好的，回来后若不能出去，除在清华做这种工作外，我还可以介绍你去请教几位金石家，把中国考古学的常识弄丰富一点，再往美两年，往欧一两年，一定益处更多。城里头几个博物院你除看过武英殿外，故宫博物院、历史博物馆都是新近成立或发展的，回来实地研究所益亦多。

关于美国团体出川资或薪水这一点，我和济之商量，不提为是。因为这回和他们订的条件是他们出钱我们出力，东西却是全归我们所有。所以这两次出去一切费用由他们担任，惟济之及袁复礼却是领学校薪俸，不是他们的雇佣，将来我们利用他这个机关的日子正长，这机关钱极多，济之说他的名字，我不懂英文，写不出来。犯不着贬低身份，受他薪水，别人且然，何况你是我的孩子呢？只要你决定回来，这点来往盘费，家里还拿得出，我等你回信便立刻汇去。

至于回来后，若出去便用他的费用，若在清华便在家里吃饭，更不成问题了。

我们散会已经十一点钟。这封信第二叶以下都是点洋蜡写的，我因为极高兴，写完了才睡觉，别的事都改日再说罢。

济之说要直接和你通信，已经把你的信封要去，想不日也到。

十六年一月十日　爹爹

老白鼻这几天闹牙痛，娘娘昨天带他到北京拔了一个牙，只怕还要拔第二个，好不令人心疼。

使馆经费或者有点办法，替思顺稍为放心一点。

致孩子们

［1927年1月13日］

你们又没有中国月份牌，都不知道自己是那一天生日了。现在将你们的生日照阳历都算出来，从今年起都改定罢。我自己也算定是二月二十三日，以后便永远拿此日作生日。今年和旧历只差提前。四天，去年、明年却都差十几天了。

一月十三日　爹爹

致孩子们

［1927 年 1 月 18、25、26 日］

孩子们：

思顺十二月十八、思永十二月十二的信，内夹思成十二月十日给思顺的信。昨天同时到。张主事未到。思成、思庄的信也是前几天到的，思忠信亦到了不久。像已经覆过了。

二五附加税实行后，每年定拨使馆经费二百万元，若军阀们果真不提用，据说如此，只怕靠不住。那么思顺稍得救济，大概将使馆大加裁减后，二百万勉强够敷衍。智利使馆大约也在裁减之列。但事实如何变迁，谁也不敢说，只好再看罢。

前几天替思顺垫出三个月留支七百五十元寄去，想已收。今日叫银行再汇美金五百元，已去买汇票，两三天内寄。给思庄本学期学费，成、永们要零用，就随时分些去。过三几个月再寄些来便是。

我游美之举，朋友们反对的太多，而且游费也不容易筹，只怕未必能成行。

思永回国一年，我极赞成。前信已详细说过。现在思成离开彭大，又发生回国与否的问题。这问题要分两点讨论：第一是回来后于学业进益有无帮助。若为看中国旧建筑起见，恐怕除了北京外，很少地方可以通行；若为看些中国美术品倒还可以；故宫博物馆可看的较多。若欲做什么工程，怕不是时候，我也不愿你如此速成，谅来你更是不愿的。第二是徽音回来与否的问题。这话我连两信都曾提起，就怕是回不了福州，他心里更难过，这件事请你们细细斟酌罢。若不回来，为什么不径转学校，要做一年工干什么呢？若有别种理由便再商量，若专为学费问题——为徽音学费问题，那末我本来预备三千元在这里，因为你们勉强支持得住，故留起作留欧之用，若要用时，只要来信我便寄去。

思永来信所讲的政治谭，这种心理无怪其然，连我都有点如此，何况你们青年呢？打倒万恶的军阀，不能不算他们的功劳，我们想做而做不到，人家做了，当然赞成，但前途有光明没有呢？还是绝对的没有。他们最糟的是鼓动工潮，将社会上最坏的地痞流氓一翻，翻过来做政治上的支配者，安分守己的工人们的饭碗都被那些不做工的流氓打烂了。商业更不用说。现在汉口、武昌的商店几乎全部倒闭，失业工人骤增数万，而所谓总工会者每月抽勒十馀万元供宣传费。养党人。近来有业工人之怨恨日增一日，一般商民更不用说了。

从前在广东出发的军队，纪律的确不坏，也因为有钱。现在收编烂军队，日日加增，纪律已大不如前。军队既增，欠饷之弊一如北方，江西、福建骚扰与北军无异，两湖有唐生智的较好。将来真不知何法收拾。所谓人心云者，从前厌恶北军已极，故不期而然的都欢迎党军，恐怕这种心理不久将起大反动。换一个方面看，北方有力的军阀并没有一毫觉悟，原不能望他们有觉悟。他们的举动只有增加民众的厌恶和反动。以上是一月十八日晚写的。这一段还未写完，电灯灭了便睡去。

十九日一起来就进城，因为清华已经放寒假，可以不上堂，而司法储才馆正在开学，事情很忙，所以我在城里一住数日，直到廿五日才回校。王姨也是十九日带着老白鼻等返天津，今天早车带着达达回京，下午同返学校。司马懿、六六再过三天才放假。廿五日晚写。

我一个礼拜没有回学校，昨天回来，学生围绕着，忙个不了，还有好几篇文章等着要做，这封信不赶紧写完，恐怕又要耽搁多天才能发了，所以抽空再写几句寄去。

思永问我的朋友何故多站在孙传芳那边？这话很难说。内中关系最重要者，是丁在君、蒋百里二人，他们与孙的关系都在一年以前，当时并没有孙、蒋对抗的局面。孙在北洋军阀中总算比较的好，江浙地方政象亦总算比较的清明，他们与孙合作并不算无理由，既已与人发生关系，到吃紧时候舍之而去，是不作兴的。直到最近两个月，孙倒行逆施，到天津勾结二张，和丁、蒋等意见大相反，他们方能老老实实的和他脱离关系。中间这一段诚然是万分不值，既有今日，何必当初！然在一年前他们的梦想原亦很难怪。如丁在君刻意欲在上海办一较良的市政，以渐进手段收回租界。至于我呢？原来不甚赞成他们这类活动，近数月来屡次劝他们自拔。但我们没有团体的严整组织，朋友们总是自由活动，各行其是，亦没有法子去部勒他们，也从未作此想。别人看见我们的朋友关系，便认为党派关系，把个人行动认为党派行动，既无从辨白，抑亦不欲辨白。我之代人受过，总是免不了的，亦自甘心。但因此颇感觉没有团体组织之苦痛。朋友中有能力的人确不少，道德学问和宗旨都是对的，但没有团体的一致行动，不惟不能发挥其势力，而且往往因不一致之故，取消势力，真是可痛。

万恶的军阀，离末日不远了，不复成多大的问题，而党人之不能把政治弄好，也是看得见的。其最大致命伤，在不能脱离鲍罗庭、加伦的羁绊——蒋介石及其他一二重要军人屡思反抗俄国势力，每发动一次辄失败一次，结果还是屈服。——国民党早已成过去名辞，党军所至之地，即是共产党地盘，所有地痞流氓一入党，即为最高主权者，尽量的鱼肉良善之平民。现在两湖之中等阶级中国本无资本阶级。已经绝对的不能生存，全国生产力不久便须涸竭到底，前途真不堪设想。若我们稳健派不拿起积极精神往前干，非惟对不起国家，抑亦自己更无立足地了。

我看现在国内各党派中惟有“国家主义青年团”一派最有希望，近来我颇和他们为交谊的接洽。但其中主张亦不一致，内中有一派主张意大利莫索里尼式者，结果还是一党专制，还是剥夺人的自由，我们绝对的不能赞成。但这一派人最有朝气，最能奋斗，将来希望他们能稍折衷以归于中庸，才有合作馀地。

留美学生中，此团体发达状况何如？听说从前是不甚多。你们不特随时留意，恐怕将来要救中国，还是要看这一派的发展运用如何。

政谈姑止于此。

我现在所担任的事业，要以北方时局比较的安宁为前提。若变动剧烈，当然一切拉倒。但现在责任所在，只能在职一天便努力一天，现在也把大概情形告诉你们。

司法储才馆已经开学了，余越园任学长，等于副馆长。本来是林宰平，宰平谓治事之才彼不如越园，故让之。学生二百二十馀人，青年居多，尚可造就，但英文程度太低，而本馆为收回法权预备起见，特注重此点。现在经甄别后特设英文专班，能及格者恐不满五十人，此为令我最失望之一端。我自己每星期六下午担任一堂功课，题目为“人生哲学”。此外每星期五、六两日，各有两点钟为接见学生时期。我的时间费在此馆者大约如此。馆内会计、庶务等由你二叔总管，万分放心。会计一切公开，将来可为各机关模范。内中最奇怪者黑二爷，十分得力，薪水已加至四十元了，在他真喜出望外。

国立京师图书馆经费，俟二五附加税实行后，当可确定且扩充。现在我要做的事在编两部书：一是《中国图书大辞典》，预备一年成功；二是《中国图书索引》，预备五年成功。两书成后，读中国书真大大方便了。关于编这两部书，我要放许多心血在里头才能成。尤其是头一年训练出能编纂的人才，非我亲自出马不可。

现在清华每日工作不轻，又加以燕大，再添上这两件事，真够忙了。但我兴致勃勃，不觉其劳。

通例上年纪的人睡眠较少，我却是相反，现在每日总要酣睡八个钟头，睡足了便精神焕发，思成说对于我的体子有绝对信仰，我想这种信仰是不会打破的。

我昨日亲自到照相馆去照相，专为寄给你们之用，大约一礼拜后便可寄出，你们看了一定很安慰很高兴。

今日王姨带达达往协和割痔疮去了，剩我和老白鼻看家。细婆喜欢小老白鼻极了，我还是不大理会他，专一喜欢大老白鼻。

一月廿六日　爹爹

李济之给思永的信寄去。

致孩子们

［1927 年 1 月 27 日］

孩子们：

昨天正寄去一封长信，今日又接到内夹成、永信。思顺十二月廿七日、思忠廿二日信。前几天正叫银行待金价稍落时汇五百金去，至今未汇出，得信后立刻叫电汇，大概总赶得上交学费了。

寄留支事已汇去三个月的七百五十元，想早已收到。

调新加坡事倒可以商量，等我打听情形再说罢。调智利事幸亏没有办到，不然才到任便裁缺，那才狼狈呢！大抵凡关于个人利害的事只是“随缘”最好，若勉强倒会出岔子。希哲调新加坡时，若不强留那一年，或者现在还在新加坡任上，也未可知。这种虽是过去的事，然而经一事长一智，正可作为龟鉴。所以我也不想多替你们强求。若这回二五附加税项下使领经费能够有着落，便在冷僻地方——人所不争的多蹲一两年也未始不好。

顺儿着急和愁闷是不对的，到没有办法时卷起铺盖回国，既已打定这个主意，便可心安理得。凡着急愁闷无济于事者，便值不得急他愁他，我向来对于个人境遇都是如此看法。顺儿受我教育多年，何故临事反不得力，可见得是平日学问没有到家。你小时候虽然也跟着爹妈吃过点苦，但太小了，全然不懂。及到长大以来，境遇未免太顺了。现在这种困难境遇，正是磨炼身心最好机会，在你全生涯中不容易碰着的，你要多谢上帝玉成的厚意，在这个档口做到"不改其乐"的工夫，才不愧为爹爹最心爱的孩子哩。

近来耳目所接，都是不忍闻不忍见的现象。河南、山东人民简直是活不成，湖南、江西人民也简直活不成，在两种恶势力夹攻之下，全国真成活地狱了。将来我们受苦日子多着哩，现在算什么，我们只有磨炼身心，预备抵抗，将来还可以替国家做点事业，教小孩子们也要向这条苦路进行。

不惟唐生智头痛，连蒋介石们也头痛，总而言之，共产党受第三国际的训练，组织力太强了，现在真是无敌于天下。我们常说"他们有组织，我们没有组织"，谁知陈铭枢给他的朋友的信我亲看见的。说的也正是这两句话。现在倒蒋、陈，倒唐之声大盛于两湖、江西，李济深在广东想自己练些非共产的军队，四师。到底被他们破坏，练不成功。蒋、唐他们自己安慰自己，说道："好在军队不在他们手里。"不错，现在南方军人确非共产派，但他们将来必倒在共产派手上无疑。现在南方只是工人世界。"知识阶级"四个字已成为"反革命"的代名词，两湖、江西大小公私学校完全封闭，以改组名义封闭，但开学总不会有期。而所谓工人又全是不做工的痞子流氓，看着生产事业都要停止，真是〈受〉不了。

忠忠的信很可爱，说的话很有见地，我在今日若还不理会政治，实是对不起国家，对不起自己的良心。不过出面打起旗帜，时机还早，只有密密预备便是。我现在担任这些事业，也靠着他可以多养活几个人才。内中固然有亲戚故旧，勉强招呼不以人才为标准者。近来多在学校演说，多接见学生，也是为此——虽然你娘娘为我的身子天天唠叨我，我还是要这样干——中国病太深了，症候天天变，每变一症，病深一度，将来能否在我们手上救活转来，真不敢说。但国家生命、民族生命总是永久的，比个人长的。我们总是做我们责任内的事，成效如何，自己能否看见，都不必管。

庄庄很乘，你的法文居然赶过四哥了，将来我还要看你的历史学等赶过三哥呢。

思永的字真难认识，我每看你的信，都很费神，你将来回国跟着我，非逼着你写一年九宫格不可。

达达昨日入协和，明日才开刀，大概要在协和过年了。我拟带着司马懿、六六们在清华过年，先令他们向你妈妈相片拜年。元旦日才入城，向祖宗拜年，过年后打算去汤山住一礼拜，因为近日太劳碌了，寒假后开学恐更甚。

每天老白鼻总来搅局几次，是我最好的休息机会。他又来了，又要写信给亲家了。

我游美的事你们意见如何？我现在仍是无可无不可，朋友们却反对得厉害。

一月廿七日　旧历十二月廿四日　爹爹

致梁思顺

［1927年1月30日］

顺儿：

这一礼拜内写信真多，若是同一水船到，总要够你们忙好几点钟才看完。

昨天下午才返清华，今日下午又有事入城，可巧张主事上午来南长街，没有见着他，过了新年定要找他谭谭，打听你们的状况。

我昨天才给老白鼻买了许多灯来，已经把他跳得个不亦乐乎。今日把你带来的皮包打开，先给他穿上那套白羊毛的连衫带裤带袜子，添上手套，变成一个白狗熊。可惜前几天大雪刚下过了——一连下了四天，民国以来没有之大雪，现在还未化尽——不然叫他在雪里站着真好顽极了。穿了一会脱下换上那套浅蓝的，再被上昨年寄他的外套，他舍不得脱，现在十点钟了还不肯去睡。可巧前三天刚带他照过一幅相，等过了新年再叫他穿齐照一幅，你们看着才知道他如何可爱呢。

谢谢希哲送我的东西，真合用，我也学老白鼻样子立刻试用起来了。坐汽车时尤为合用。细婆的提包等年初一带进城去，只怕把他老人家的嘴也笑得整天合不拢来。细婆近两三个月哀痛渐忘，终日很快乐样子，令我们十分高兴。他老人家喜欢小同同极了，尤其希罕的是他一天到晚不哭一声。

我三日前亲自去照相馆，照得幅相，现在只将样本拿来，先寄你和庄庄各一张——成、永、忠处过几天直接分寄——你们看着一定欢喜得连觉也睡不着，说道："想不到爹爹这样胖，这样精神！"

达达现在关在协和医院，原来他的病不是痔乃是漏，幸亏早医，不然将来身子将大吃亏，一定会残废夭折，好在还很轻，他前天割了，只用局部麻醉，一点不觉痛，一个礼拜便可出院了。却是他种种计画说：新年如何如何的顽，现在不能不有点失望了。

六六的喉咙本来也要同时割，因为他放学迟，只好过年再说。

我前天看见刘瑞恒，他说已经把我的诊断书寄给你了，收到没有？但现在已经过时，谅来你也不着急了。

麦机路的汉文科如此规模宏大，真可惊羡，张君劢去当教授，当然最好，也许可以去，待我和他商量，研究院学生中却也有一两位可充此职，等下次信再详细说罢。

昨天电汇去五百美金，想已收到。暑假时庄庄去美国，是我最喜欢的，只管打定主意罢。庄庄今年尚须用多少钱，除这五百金外。我等你信就寄来。

这几天学堂放假，我正在极力顽耍，得你的信助，我不少兴致。

丙寅腊不尽二日　一月三十日　爹爹

致孩子们

［1927 年 2 月 6、10、15、16 日］

孩子们：

旧历年前写了好几封信，新年入城顽了几天，今天回清华，猜着该有你们的信。果然，思成一月二日、思永一月六日、忠忠十二月三十一日的信同时到了——思顺和庄庄的是一个礼拜前已到，已回过了。

我讲个笑话给你们听。达达入协和受手术，医生本来说过，要一礼拜后方能出院，看着要在协和过年了，谁知我们年初一入城，他已经在南长街大门等着。原来医院也许病人请假，医生也被他磨不过放他出来一天，到七点钟仍旧要回去。到年初三他真正出院了，现已回到清华，顽得极起劲。他的病却不轻，医生说割得正好，太早怕伤身子，太迟病日深更难治。这样一来，此后他身体的发育连智慧也有影响。可以有特别的进步，真好极了。

我从今天起，每天教达达、思懿国文一篇，目的还不在于教他们，乃是因阿时寒假后要到南开当先生了，我实在有点不放心。所以借他们来教他的教授法，却是已经把达达们高兴到了不得了。

以上二月六日写

前信未写完，昨天又接到思顺一月四日、八日两信，庄庄一月四日信，趁现在空闲，一总回信多谈些罢。

庄庄功课样样及格，而且副校长很夸奖他，我听见真高兴。就是你姊姊快要离开加拿大，我有点舍不得你独自一人在那边，好在你已成了大孩子了，我一切都放心。你去年的钱用得很省俭，也足见你十分谨慎。但是我不愿意你们太过刻苦，你们既已都是很规矩的孩子，不会乱花钱，那么便不必太苦，反变成寒酸。你赶紧把你预算开来罢！一切不妨预备松动些，暑假中到美国旅行和哥哥们会面是必要的。你总把这笔费开在里头便是，年前汇了五百金去，尚缺多少？我接到信立刻便汇去。

张君劢愿意就你们学校的教职，我已经有电给姊姊了，他大概暑期前准到。他的夫人是你们世姊妹，姊姊走了，他来也和自己姊姊差不多。这是我最替庄庄高兴的事。却是你要做衣服以及要什么东西，赶紧写信来，我托他多多的给你带去。

思顺调新加坡的事，我明天进城便立刻和顾少川说去。若现任人没有什么特别要留的理由，大概可望成功吧。成与不成，此信到时当已揭晓了。使领经费仍不见靠得住，因为二五附加税问题很复杂，恐怕政府未必能有钱到手。你们能够调任一两年，弥补亏空，未尝不好。至于调任后有无风波，谁也不敢说，只好再看罢。

以上二月十日写

前信未写完便进城去，在城住了三天，十四晚才回清华。顾少川已见着了，调任事恐难成。据顾说现在各方面请托求此缺者，已三十人，只好以不动为搪塞，且每调动一人必有数人牵连着要动，单是川资一项已无法应付，只得暂行一概不动云云，升智利事亦曾谈到，倒可以想法，但我却不甚热心此着。因若使领经费有着，则留坎亦未尝不可，若无着则赔累恐更甚，何必多此一举呢？附加税问题十天半月内总可以告一段落，姑且看一看再说罢。

少川另说出一种无聊的救济办法，谓现在各使领有向外国银行要求借垫而外交部予以担保承认者，其借垫额为薪俸与公费之各半数，手续则各使领自行与银行办妥交涉，致电或函。请外交部承诺，不知希哲与汇丰、麦加利两银行有交情否？若有相当交情，不妨试一试。

以上二月十五日写

这几张可由思成保存，但仍须各人传观，因为教训的话于你们都有益的。

思成和思永同走一条路，将来互得联络观摩之益，真是再好没有了。思成来信问有用无用之别，这个问题很容易解答，试问唐开元、天宝间李白、杜甫与姚崇、宋璟比较，其贡献于国家者孰多？为中国文化史及全人类文化史起见，姚、宋之有无，算不得什么事，若没有了李、杜，试问历史减色多少呢？我也并不是要人人都做李、杜，不做姚、宋。要之，要各人自审其性之所近何如，人人发挥其个性之特长，以请献于社会，人才经济莫过于此。思成所当自策厉者，惧不能为我国美术界作李、杜耳。如其能之，则开元、天宝间时局之小小安危，算什么呢？你还是保持这两三年来的态度，埋头埋脑做去便对了。

你觉得自己天才不能副你的理想，又觉得这几年专做呆板工夫，生怕会变成画匠。你有这种感觉，便是你的学问在这时期内将发生进步的特征，我听见倒喜欢极了。孟子说："能与人规矩，不能使人巧。"凡学校所教与所学总不外规矩方面的事，若巧则要离了学校方能发见。规矩不过求巧的一种工具，然而终不能不以此为教、以此为学者，正以能巧之人，习熟规矩后，乃愈益其巧耳。不能巧者，依着规矩可以无大过。你的天才到底怎么样，我想你自己现在也未能测定，因为终日在师长指定的范围与条件内用功，还没有自由发摅自己性灵的馀地。况且凡一位大文学家、大美术家之成就，常常还要许多环境与及附带学问的帮助。中国先辈屡说要“读万卷书，行万里路”。你两三年来蛰居于一个学校的图案室之小天地中，许多潜伏的机能如何便会发育出来？即如此次你到波士顿一躺，便发生许多刺激，区区波士顿算得什么，比起欧洲来真是“河伯”之与“海若”，若和自然界的崇高伟丽之美相比，那更不及万分一了。然而令你触发者已经如此，将来你学成之后，常常找机会转变自己的环境，扩大自己的眼界和胸次，到那时候或者天才会爆发出来，今尚非其时也。今在学校中只有把应学的规矩，尽量学足，不惟如此，将来到欧洲回中国，所有未学的规矩也还须补学，这种工作乃为一生历程所必须经过的，而且有天才的人绝不会因此而阻抑他的天才，你千万别要对此而生厌倦，一厌倦即退步矣。至于将来能否大成，大成到怎么程度，当然还是以天才为之分限。我生平最服膺曾文正两句话：“莫问收获，但问耕耘。”将来成就如何，现在想他则甚？着急他则甚？一面不可骄盈自慢，一面又不可怯弱自馁，尽自己能力做去，做到那里是那里，如此则可以无入而不自得，而于社会亦总有多少贡献。我一生学问得力专在此一点，我盼望你们都能应用我这点精神。

思永回来一年的话怎么样？主意有变更没有？刚才李济之来说，前次你所希望的已经和毕士卜谈过，他很高兴，已经有信去波士顿博物院，一位先生名罗治者和你接洽，你见面后所谭如何可即回信告我。现在又有一帮瑞典考古学家要大举往新疆发掘了，你将来学成归国，机会多着呢！

忠忠会自己格外用功，而且埋头埋脑不管别的事，好极，好极。姊姊、哥哥们都有信来夸你，我和你娘娘都极喜欢。西点事三日前已经请曹校长再发一电给施公使，未知如何，只得尽了人事后听其自然。你既走军事和政治那条路，团体的联络是少不得的，但也不必忙，在求学时期内，暂且不以此分心也是好的。

旧历新年期内，我着实顽了几天，许久没有打牌了，这次一连打了三天也很觉有兴。本来想去汤山，因达达受手术，他娘娘离不开，也没有去成。

昨日清华已经开学了，自此以后我更忙个不了，但精神健旺，一点不觉得疲倦。虽然每遇过劳时，小便还带赤化，但既与健康无关，绝对的不管他便是了。

阿时已到南开教书。北院一号只有我和王姨带着两个白鼻住着，清静得很。

相片分寄你们，都收到没有？还有第二次照的呢！过几天再寄。

二月十六日　爹爹

思成信上讲钟某的事，很奇怪。现在尚想不着门路去访查，若能得之，则图书馆定当想法购取也。

Lodge 此人为美国参议院前外交委员长之子，现任波士顿博物院采集部长。关于考大学事拟与思永有所接洽。毕士卜已有信致彼，思永或可直往访之。

致孩子们

［1927 年 2 月 23 日］

孩子们：

我猜着你们今天会有贺寿电，果然到了，然而生日到底没有在今天举行。因为今日是星期三，学校里有讲课，而旧历正月廿六恰是星期日，全家人都主张还是那天在城里热闹一下，我也只得从众了。你们贺电到时，我叫老白鼻代表姊姊、哥哥们拜寿，他一连磕了几十个响头，声明这是替亲家的，替二哥、三哥乃至六姊的，我都生受你们了。

老白鼻好顽极了，最爱读书，最爱听故事，听完了就和老郭讲去，近来又加上和他的小弟弟讲，我书房里有客便不进来，有学生便进来。他分别得出那些人是客，那些是学生。学生来谈话时他便站在旁边听，一声也不言语，可以听到半点钟之久。他保护他的小弟弟比什么人都亲切，有时要灌小弟弟泻油，他先自哗的哭起来了。那小的却嗳嗳有声。

小白鼻也还好顽，各人都喜欢他极了，放年假时达达们回来起他一个绰号叫做李太白，说他长得太白了。其实他的脸也红的像两个平果。他真乖，从来没有哭过，他娘娘晚上没有因为他累得不能睡，常常成天价进城，把他放在家里。但我到底没有什么特别喜欢他，直到今日还没有抱过一回哩！我想他若是个女孩子，也许我便格外爱他。

今日我格外的忙，下午讲了两个钟头，晚上又讲了两个半钟头，现在也有点疲倦了，下次再谈吧。

二月廿三日　爹爹

致孩子们

［1927 年 2 月 28 日、3 月 1 日］

孩子们：

今年还是过旧历的生日，因为那天是星期。在城里热闹一两天，今日旧正月廿七。才回到清华。却是这两天有点小小的不幸，小白鼻病得甚危险，这全然为日本医生所误，小白鼻种痘后有点着凉不舒服，已经几天了，廿五日早上同仁医院医生看过，还说绝不要紧，许是吃的药错了，早上还好好的。到晚上十一点钟时病转剧，电召克礼来，已说太迟了，恐怕保不住，连夜由王姨带去医院住，打了无数的药针来“争命”，能否争得回来，尚不可知。但今天已比前天好得多了。因此生日那天，王姨整天不在家，家里人都有些着急不欢样子。细婆最甚，因为他特别喜欢小白鼻。今日王姨也未回清华，倘若有救，怕王姨还要在城里住一两礼拜才行哩。

我在百忙中还打了两天牌，十四、五舅姑丈们在一块顽很有趣，但我并没有吃酒，近一年来我的酒真算戒绝了，看着人吃，并不垂涎。

过两天细婆、二婶、大姑们要请我吃乡下菜，各人亲自下厨房，每人做两样，绝对不许厨子动手，菜单已开好出来了，真有趣。本来预备今日做，一因我在学校有功课，定要回来；二因王姨没有心神，已改到星期五了，今日是星期一。只要那时小白鼻病好，便更热闹了。

回来接着思顺一月廿六、忠忠一月十九的信和庄庄一月十一日给阿时的信，知道压岁钱已收到了。前几个月我记得有过些时候，因功课太忙，许久没有信给你们，难怪你们记挂。最近一两个月来信却像是很多，谅来早已放心了。总之，我体子是好极了，近来精神尤为旺盛，倘使偶然去信少些，也不过是因为忙的缘故，你们万不可以胡猜。

使领经费有无着落，还要看一个月方能定，前信说向外国银行借垫，由外交部承认的办法，希哲可以办到不？目前除此恐无他法。

君劢可以就坎大学之聘，我曾有电报告，并问两事：一问所授科目，君劢意欲授中国哲学。二问有中国书籍没有，若没有请汇万元来买。华银。该电发去半月以上了，我还把回电的十个字。电费都付过，至今尚未得回电，不知何故。

忠忠信上说的话很对，我断不至于在这个档口出来做什么政治活动，亲戚朋友们也并没有那个怂恿我，你们可以大大放心。但中国现在政治前途，像我这样一个人绝对的消极旁观，总不是一回事，非独良心所不许，事势亦不容如此。我已经立定主意，于最近期间内发表我政治上全部的具体主张，现在先在清华讲堂上讲起，分经济制度问题、政治组织问题、社会组织问题、教育问题四项。每礼拜一晚在旧礼堂讲演，已经讲过两回，今日赶回学校，也专为此。以这两回听讲情形而论，像还很好。第二次比前一次听众增加，内中国民党员乃至共产党员听了，研究院便有共产党二人，国民党七八人。像都首肯。现在同学颇有人想自组织一精神最紧密之团体，周传儒、方壮猷等。一面讲学，一面作政治运动，我只好听他们做去再看。我想忠忠听着这话最高兴了。

庄庄给时姊的信，时姊去南开教书了。娘娘看见了很高兴。娘娘最记挂的是你，我前些日子和他说笑话，你们学校要请我教书，我愿意带着他和老白鼻们去，把达达们放在家里怎么样？他说很愿意去一年看看你，却是老郭听着着急到了不得，因为舍不得离开老白鼻，真是好笑。

从讲堂下来，不想用心，胡乱和你们谈几句天，便睡觉去了。

二月廿八日　旧正月廿七日　晚十一时　爹爹

今天打电话往城里问，小白鼻的病转剧，恐怕不会好，只得听其自然。

三月一日下午

致梁思成

［1927年3月1日］

思成：

杨廷宝回来已见过两次，报告你们情形，甚为安慰。徽音近来心境如何？我因太忙不能特别写信给他，给你们的信谅来他也常常看见，只怕因为你们父子间之愉乐倒触增他的悲感耳。总之他现在以学业成就为报答亲恩的唯一法门，还是把思亲之念稍为按捺，在学问方面告一段落为安，我爱他和爱思庄差不多，常常替他的身子担忧，他总要格外自己保重才好，你告诉他这点意思。

三月一日　爹爹

今日见着一位奉军旅长，其人现住在王怀庆花园中，据言林叔遇难前，天天见面，还有最后的笔迹，他爱护保存着，他所谭那时情形甚详，我也不忍多讲，免触徽音伤心。

致孩子们

［1927 年 3 月 9 日］

孩子们：

有件小小不幸事情报告你们，那小同同已经死了。他的病是肺炎，在医院住了六天，死得像很辛苦很可怜。这是近一个月来京、津间的流行病，听说因这病死的小孩，每天总有好几个，初起时不甚觉得重大，稍迟已无救了。同同大概被清华医生耽阁了三天，一起病已吃药，但并不对症。克礼来看时已是不行了。我倒没有什么伤感，几乎一点也没有，除却他病重时去看他，觉得不忍。我自始对于他便没有特别爱惜，不知何故。他娘娘在医院中连着五天五夜，几乎完全没有睡觉，辛苦憔悴极了。还好他还能达观，过两天身体与及心境都完全恢复了，你们不必担心。

当小同同病重时，老白鼻也犯同样的病，当时他在清华，他娘在城里，幸亏发见的早，立刻去医，也在德国医院住了四天，现在已经出院四天，完全安心了。克礼说若迟两天医也很危险哩。说起来也奇怪，据老郭说，那天晚上他做梦，梦见你们妈妈来骂他道：“那小的已经不行了，老白鼻也危险，你还不赶紧抱他去看，走！走！快走！快走！”就这样的把他从睡梦里打起来了。他明天来和我说，没有说做梦，这些梦话是他到京后和王姨说的。老白鼻夜里咳嗽得颇厉害，但是胃口很好，出恭很好，谅来没什么要紧罢。本来因为北京空气不好，南长街孩子太多，不愿意他在那边住，所以把他带回清华。我叫到清华医院看，也说绝不要紧，到底有点不放心，那天我本来要进城，于是把他带去，谁知克礼一看，说正是现在流行最危险的病，叫在医院住下。那天晚上小同便死了。他娘还带着老白鼻住院四天，现在总算安心了。你们都知道，我对于老白鼻非常之爱，倘使他有什么差池，我的刺激却太过了，老郭的梦虽然杳茫，但你妈妈在天之灵常常保护他一群心爱的孩子，也在情理之中。这回把老白鼻救转来，老郭一梦，实也功劳不小哩。

使领经费看着丝毫办法没有，真替思顺们着急，前信说在外国银行自行借垫，由外交部承认担保，这种办法希哲有方法办到吗？望速进行，若不能办到，恐怕除回国外无别路可走。但回国也很难，不惟没有饭吃，只怕连住的地方都没有。北京因连年兵灾，灾民在城圈里骤增十几万，一旦兵事有变动，看着变动很快，怕不能保半年。没有人维持秩序，恐怕京城里绝对不能住。天津租界也不见安稳得多少，因为洋鬼子的纸老虎已经戳穿，那里还能靠租界做避世桃源呢？现在武汉一带，中产阶级简直无生存之馀地，你们回来又怎么样呢？所以我颇想希哲在外国找一件职业，暂行维持生活，过一两年再作道理，你们想想有职业可找吗？

前信颇主张思永暑期回国，据现在情形，还是不来的好，也许我就要亡命出去了。

这信上讲了好些悲观的话，你们别要以为我心境不好，我现在讲学正讲得起劲哩，每星期有五天讲演，其馀办的事，也兴会淋漓，我总是抱着“有一天做一天”的主义，不是“得过且过”，却是“得做且做”。所以一样的活泼、愉快，谅来你们知道我的性格，不会替我担忧。

三月九日　爹爹

致孩子们

［1927 年 3 月 10 日］

昨信未发，今日又得顺儿正月卅一、二月五日、二月九日，永儿二月四日、十日的信，顺便再回几句。

使领经费看来总是没有办法，问少川也回答不出所以然，不问他我们亦知道情形。二五附加税若能归中央支配，当然那每年二百万是有的，但这点钱到手后，丘八先生那里肯吐出来。现在听说又向旧关税下打主意——五十万——若能成功，也可以发两个月，但据我看，是没有希望的。你们不回来，真要饿死，但回来后不能安居，也眼看得见。所以我很希望希哲趁早改行，但改行不是件容易的事，我也很知道，请你们斟酌罢。

藻孙是绝对不会有钱还的，他正在天天饿饭，到处该了无数的账，还有八百块钱是我担保的，他没有方法还起。我看他借贷之路，亦已穷了，真不知他将来如何得了。我现在也不能有什么事情来招呼他，因为我现在所招呼的都不过百元内外的事情。但是现在的北京得一百元的现金收入，已经等于从前的五六百元了，所以我所招呼的几个人，别人已经看着眼红。你二叔在储才馆当很重要的职务，不过百二十元，一天忙得要命。鼎甫在图书馆不过百元，十五舅八十元。算是领干薪不办事。藻孙不愿回北京，他在京也非百元内外可够用，所以我没有法子招呼他，他的前途我看着是很悲惨的，其实那一个不悲惨，我看许多亲友们一年以后都落到这种境遇。你别要希望他还钱罢。

我从前虽然很愿意思永回国一年，但我现在也不敢主张了，因为也许回来后只做一年“避难”生涯，那真不值得了。我看暑假后清华也不是现在的局面了，你还是一口气在外国学成之后再说罢。——你的信，我过两天只管再和李济之商量一下，但据现在情形，恐怕连他不敢主张了。

思永说我的《中国史》，诚然是我对于国人该下一笔大账，我若不把他做成，真是对国民不住，对自己不住。也许最近期间内，因为我在北京不能安居，逼着埋头三两年，专做这种事业，亦未可知。我是无可无不可，随便环境怎么样，都有我的事情做，都可以助长我的兴会和努力的。

电灯要灭了，再谈罢。

续寄一批相片去，老白鼻的最多，分寄你们各人的，你们看着一定喜欢。

三月十日　爹爹

那小同同却是连一个相片也没有留下，老白鼻像他那么大时，已经照过好几张了，可见爹爹偏爱。

致孩子们

［1927 年 3 月 21 日］

孩子们：

今日正写起一封短信给思顺，尚未发，顺的二月十八、二十两封信同时到了，很喜欢。

问外交部要房租的事，等我试问问顾少川有无办法，若得了此款，便能将就住一年倒很好，因为回国后什么地方能安居，很是渺茫。

今日下午消息很紧，恐怕北京的变化意外迅速，朋友们多劝我早为避地之计，上海那边如黄炎培及东南大学稳健教授都要逃难。因为暴烈分子定要和我过不去，是显而易见的。更恐北京有变后，京、津交通断绝，那时便欲避不能。我现在正在斟酌中。本来拟在学校放暑假前作一结束，现在怕等不到那时了。

在这种情形之下，思永回国问题当然再无商量之馀地，把前议完全打消罢。

再看一两星期怎么样，若风声加紧，我便先回天津；若天津秩序不乱，我也许可以安居，便屏弃百事，专用一两年工夫，做那《中国史》；若并此不能，那时再想方法。总是随遇而安，不必事前干着急。

南方最闹得糟的是两湖，比较好的是浙江。将来北方怕要蹈两湖覆辙，因为穷人太多了，浙江一般人生活状况还好，所以不容易赤化。我总感觉着全个北京将有大劫临头，所以思顺们立刻回来的事，也不敢十分主张。但天津之遭劫，总该稍迟而且稍轻。你们回来好在人不多，在津寓或可以勉强安居。

还有一种最可怕的现象——金融界破裂，我想这是免不了的事。很难挨过一年，若到那一天，全国中产阶级真都要饿死了。现在湖南确已到这种田地，试举一个例：蔡松坡家里的人已经饿饭了，现流寓在上海。他们并非有意与松坡为难，他们很优待他家。但买下那几亩田没有人耕，迫着要在外边叫化，别的人更不消说了。

恐怕北方不久也要学湖南榜样。

我本来想凑几个钱汇给思顺，替我存着，预备将来万一之需，但凑也凑不了多少，而且寄往远处，调用不便，现在打算存入连兴业的透支可凑万元。花旗银行，作一两年维持生活之用。

这些话本来不想和你们多讲，但你们大概都有点见识，有点器量，谅来也不至因此而发愁着急，所以也不妨告诉你们。总之，我是挨得苦的人，你们都深知道全国人都在黑暗和艰难的境遇中，我当然也该如此，只有应该比别人加倍，因为我们平常比别人舒服加倍。所以这些事我满不在意，总是老守着我那“得做且做”主义，不惟没有烦恼，而且常时兴会淋漓。

电灯要灭了，睡觉去，再谈。

三月廿一晚　爹爹

致孩子们

［1927年3月29日］

孩子们：

这几天上海、南京消息想早已知道了。南京事件真相如何，连我们也未十分明白，也许你们消息比我还灵通。外人张大其词，虽在所不免，然党军中有一部分人有意捣乱，亦绝无可疑。蒋介石辈非共产党，现已十分证明，然而他们压制共党之能力何如，恐怕连他们自己也不敢相信。现在上海正在两派肉薄（搏）混斗中，形势异常惨淡。若共产派胜利，全国人真不知死所了。

北京正是满地火药，待时而发，一旦爆裂，也许比南京更惨。希望能暂时弥缝，延到暑假。暑假后大概不能再安居清华了。天津也不稳当，但不如北京之绝地，有变尚可设法避难，现已饬人打扫津屋，随时搬回。司马懿、六六们的培华，恐亦开不成了。中西、南开也是一样。

现在最令人焦躁者，还不止这些事。老白鼻得病已逾一月，时好时发，今日热度很高，怕成肺炎，我看着很难过。

我十天前去检查身体一次，一切甚好，血压极平均，心脏及其他都好，惟“赤化”不灭。医生说：“没有别的药比节劳更要紧。”近来功课太重，几乎没有一刻能停，若时局有异动，而天津尚能安居，倒于养生不益哩。

顾少川说汇点钱给你们，不知曾否汇去，已再催他了。思永回国事，当然罢议。思顺们或者还是回来共尝苦辛罢。

三月廿九日　　爹爹

致孩子们

［1927年3月30日］

老白鼻病利害极了！昨天早上还是好好的，说笑跳玩，下午忽然发起烧来，夜里到三十九度四！现在证明是由百日咳转到肺炎，很危险！拟立刻送到城里去入协和医院。还不知协和收不收，清华医生正在打电话去问。只望他能脱度危关，我们诚心求你妈妈默佑他。

我现在心很乱，今日讲课拟暂停了，正在靠临帖来镇定自己。

三月三十日　爹爹

现在我立刻入城去。

致梁思顺

［1927年4月2日］

顺儿：

前三天因老白鼻病着急万分，你们看信谅亦惊皇，现在险象已过，大约断不至有意外。现又由协和移入德院，因协和不准亲人在旁，以如此小孩委之看护妇，彼终日啼哭，病终难愈也。北京近两月来死去小孩无数，现二叔家的李妹妹两个又都在危险中，真令人惊心动魄。气候太不正了，再过三天便是清明，今日仍下雪，寒暑表早晚升降，往往相差二十度，真难得保养也。

我受手术后刚满一年，因老白鼻入协和之便，我也去住院两日，切实检查一番，今日上午与老白鼻同时出院。据称肾的功能已完全回复，其他各部分都很好，“赤化”虽未殄灭，于身体完全无伤，不理他便是。他们说惟一的药，只有节劳，克礼亦云然。此亦老生常谈，我总相当的注意便是。

前得信后，催少川汇款接济，千五百美金。彼回信言即当设法。又再加信催促，属彼汇后复我一信，今得信言三月廿七已电汇二千三百元。又王荫泰亦有信来，今一并寄阅。部中大权全在次长手，我和他不相识，所以前致少川信问候他，他来信却非常恭敬。此款谅已收到，你们也可以勉强多维持几个月了。

我大约必须亡命，但以现在情形而论，或者可以挨到暑假。本来打算这几天便回天津，现在拟稍迟乃行。

老白鼻平安，真谢天谢地，我很高兴，怕你们因前信担心，所以赶紧写这封。

四月二日　爹爹　南长街发

致孩子们

［1927 年 4 月 19 日］

出院后一长函，想收。日来甚安好，小便尚偶尔带红，细验似由走动所致，两次皆因散步稍久。大抵仍是微丝血管破裂，只须不磨擦便可平复也。我近来真是无所用心，每日卧床时间总在十二个钟头以上，欲照此办法一两月看如何。

前书言派代表往领耶鲁学位事，顷查耶鲁向无派代表例，或明年来美一顽要亦大佳耳。都中情状剧变，四日前四城紧闭，现每日仍仅开一两次，每次半个钟头耳。幸我早数日出院，否则王姨不免两头担心矣。

此与孩子们。

四月十九　爹爹

致孩子们

［1927 年 4 月 19、20 日］

孩子们：

近来因老白鼻的病，足足闹了一个多月，弄得全家心绪不宁，现在好了，出院已四日了。

二叔那边的孪妹妹，到底死去一个，那一个还在危险中。

达达受手术后身体强壮得多，将来智慧也许增长哩。

六六现又入协和割喉咙，明天可以出院了。据医生说道也于智慧发达极有关系，割去后试试看如何。你们姊妹弟兄中，六六真是草包，至今还不会看表哩！他和司马懿同在培华，司马连着两回月考都第一，他都是倒数第一，他们的先生都不信他两个是同怀姊妹。

我近来旧病发得颇厉害，三月底到协和住了两天，细细检查一切如常，但坚嘱节劳，谓舍此别无他药。今将报告书寄阅。本来近日未免过劳，好在也快到暑假了。暑假后北京也未必能住，借此暂离学校，休养一下也未尝不好，在学校总是不能节劳的。

清明日我没有去上坟，只有王姨带着司马懿去，达达在天津，老白鼻在医院。细婆和七叔也去。我因为医生说最不可以爬高走路，只好不去。

南海先生忽然在青岛死去，前天我们在京为位而哭，好生伤感。我的祭文，谅来已在《晨报》上见着了。他身后萧条得万分可怜，我得着电报，赶紧电汇几百块钱去，才能草草成殓哩。我打算替希哲送奠敬百元。你们虽穷，但借贷典当，还有法可想。希哲受南海先生提携之恩最早，总应该尽一点心，谅来你们一定同意。

四月十九日写

近来时局越闹得八塌糊涂，谅来你们在外国报纸上早看见了，有许多情形，想告诉你们，今日太忙，先把这信寄了再说罢。

四月二十日　爹爹

六六今日下午已经出院了。王姨今日回天津去料理些家事。

第二次所寄相片想收到了，司马懿、六六、老白鼻合照的那一张好顽吗？共产党本来预定本月十七烧天津，十九烧北京，若不是把俄使馆机关搜检，昨日北京已成齑粉了。现在大概可苟安三几个月，我决意到放暑假才出京去，要说的话真太多，下次再写罢。

致梁思永

［1927年4月21日］

永儿：

前两封信叫你不必回来，现在又要叫你回来了。因为瑞典学者斯温·哈丁——他在中亚细亚、西藏等地过了三十多年冒险生涯，谅来你也闻他名罢——组织一个团体往新疆考古，有十几位欧洲学者和学生同去，到中国已三个多月了。初时中国人反对他、抵制他——十几个学术团体曾联合发表宣言，清华研究院、国立图书馆也列名。但我自始即不主张这种极端排外举动——直到最近才决定和他合作，彼此契约。今天或明天可以签字了，中国方面有十人去——五位算是学者，馀五位是学生，其中自然科学方面只有清华所派的一位教授。袁复礼，他和李济之同去山西，我们研究院担任他这回旅行的经费，不用北京学术团体的钱。去的人我是大大不满意的——我想为你的学问计，这是千载难逢的机会，若错过了，以后想自己跑新疆沙漠一躺，千难万难。因此要求把你加入去，自备资斧——因为犯不着和那些北京团体分这点钱钱少得可怜——今日正派人去和哈丁接洽，明后日可以回信，大约十有九可望成功的。他们的计划：时间一年半到两年，研究范围本来是考古学、地质学、气象学三门。后来因为反对他们拿古物出境，结果考古学变成附庸，由中国人办，他们立于补助地位——能否成功，就要看袁君和你的努力了其他的人都怕够不上——我想你这回去能够有大发见固属莫大之幸，即不然，跟着欧洲著名学者作一度冒险吃苦的旅行，学得许多科学的研究方法，也是于终身学问有大益的。所以我不肯把机会放过，要求将你加入。他们预定一个月内大约须一个月后。便动身，你是没有法子赶得上同行了。但他们沿途尚有逗留，你从后面赶上去，就令赶不上第一站，迪化。总可以赶得上第二站哈密——不同行当然是很麻烦的，但在迪化或哈密以东，我总可以托沿途地方官照料你——我明天入城和哈丁交涉妥洽，把路程日期计算清楚之后，也许由清华发电给监督处及哈佛校长，要求把你提前放假。果尔，则此信到时，你或者已经动身了。若此信到时还未接有电报，那么或是事情有变动，或是可以等到放暑假才回来还赶得上，总之，你接到这封信时便赶紧预备罢！

我第二封信跟着就要来的，最多三天后。你若能成行——无论提前放假或暑假时来——大约到家只能住一两天便须立刻赶路。我和他们打听清楚，该预备什么东西，一切替你预备齐全，你回来除见见我和你娘娘及一二长辈，及上一上坟之外，恐怕一点不能耽阁了。我想你一定赞成我所替你决定的计画，而且很高兴吧！别的话下次再说。

四月廿一日　爹爹

这封信本来想直寄给你，因为怕电报先到，你已动身，故仍由姊姊处转。

致梁思永

［1927年4月25日］

永儿：

今日接你三月廿九日信。那两幅画你竟如此喜欢，很有点诧异，你喜欢送人，随便拿去送便是。

昨天有一长信，寄给你姊姊那里转，说叫你去新疆作冒险考古的事业。想已收到。今日我和李济之、袁复礼两君商量，结果已经决定不发电报叫你提前放假了，却是还主张你暑假回国，理由略述如下：

新疆之游并没有打销，但无论如何你到底赶不上和大帮人同行，既赶不上，那么一个人赶路却困难极了。我要过几天和斯温·哈丁切实研究一番到底可能不可能，因为那边道路不靖，恐怕单独一人是绝对行不得的。要和盗贼、猛兽及气候作战！

假使勉强可行，我还是愿意你冒险前去，但是也不必提前放假，因为他们在迪化很有耽阁，大概本年十月还在迪化。若赶得上同行，当然提前放假最好，既无论如何总赶不上，故不争一两个月。你便放暑假回来——若还可以行的话——尽可以在十月前赶到迪化。

假使新疆不能去，你还是照三个月以前原定计划回来便是了，决不会白费你一年光阴，我中间有两封信，叫你中止回来的计画。因为时局剧变，怕下半年我不能住北京，连清华也有变动，怕你回来扑一个空，但据现在情形，北京也许有年把可以苟安——我下半年再来清华与否却未定，这事另信再谈——而李济之再到山西采掘的计画亦已大略决定。总算决定了，因为经费所需不多，已有着落。你本来的意思，不外想到外边采掘，回来时若能到新疆固好，不然即山西亦何尝不好呢！所以我还是主张你照依最初计画，一放暑假便立刻起程回来。

你若想买些东西需钱用时，问姊姊在庄庄学费内挪用些，便是我不久当再汇点钱到姊姊那里去。

这封信若到在前两天所寄那封之前，你看着一定莫名其妙。但不久你姊姊就会把前信寄到了。

你来信所讲的中国时局，大半是隔靴搔痒，不知真相，我过几天打算再写一封长信告诉你们。

四月廿五日　爹爹

你娘娘回天津去一个礼拜了，明天当回京，老白鼻的病全好了。

致梁思永

［1927 年 4 月 27 日］

永儿：

这是第三封信，我很不愿意写的。因为要报告你以失望消息。

我今天会着斯温・哈丁了。他极高兴得你做同伴，然而事实上绝对办不到，因为他们三个礼拜内就动身了。你无论如何赶不上同行，然而单独行断断乎不可，从包头京绥路终点。到哈密约摸要骑三个月骆驼。那条路大概自玄奘以后，没有单人独马走过的，这回这个冒险队，中外人连夫役合共六十一人，带机关枪一架，手枪二十多枝，饶是这样，还要和那边的马贼疏通好，花了不少的保镖钱才能成行。你一人赶上去万万来不得的，哈丁说盼望你从西伯利亚铁路赶到迪化去。但这事谭何容易。无论钱要化得很多，而且中俄邦交已断，在俄国找护照也找不出。这事完全绝望了，令我白高兴几天。若早两个月发动，当然赶得上，但这并不是我怠慢，因为我们和哈丁的协定，昨天才签字，我在签字前五天已经打主意了，所以我并没有一点可懊悔处。其实难怪，本来第一封信原是我一相情愿的话，完全没有把实际情形研究清楚，你前后几天工夫连接我三封信，前头所讲的话立刻取消，你们谅也觉得好笑。不过，这也算是我替你们学问前途打算的一段历史！我这几天的热心计划和奔走，我希望在你将来学问的生涯中也得有相当的好印象。

这回失望并不必灰心，因为我和哈丁谈话的结果又得了新希望，他们这回大举旅行，我探问他的费用，也不过预备三十万元便够两年。这点钱我们中国也不至拿不出来。这回我们加入那团体原稍为带一点监督的意思——怕他们把古物偷运出境——也带有跟着学习的意思。所以我和袁复礼说情，他将这回作为我们独立探险考古的预备，细细留意那些地方可以采掘，而且学得些经验，采掘和旅行两种经验。预备第二次自己来，那时你或者够上当一员发起人也未可知哩！

这事既不成，李济之却是还盼望你回来和他合作。据他说，山西的希望也许比新疆还大，他这回所以不肯加入哈丁团体，本来我们清华要派他的。就因为舍不得山西。他说，无论如何今年总要出去。打算七月底就到山西，在那边等着你，所以我还是愿意你回来的，来不来请你斟酌罢，若回来要钱用可问姊姊要。

既已不赶新疆的路，那么虽回来也不必赶忙了，还是卒业后从从容容、摇摇摆摆回来就是，我在北戴河等着你。

四月廿七日　爹爹

致梁思顺

[1927 年 5 月 4 日]

顺儿：

我有封长信给你们，内关于忠忠想回国的事。写了好几天，还没有完，现在有别的事，先告诉你。

现在因为国内太不安宁，大有国民破产的景象，真怕过一两年，连我这样大年纪也要饿饭，所以我把所有的现钱凑五千美金汇存你那里，请你们夫妇替我经理着，生一点利息，最好能靠这点利息供给庄庄们的学费，本钱便留着作他日不时之需。你去年来信不是说那边一分利以上事业，还很有机会吗？请你们全权替我经营。虽亏本也不要紧，凡生意总不能说一定有盈无亏的。总之，我全权托你们就是。过一两月，若能将所有股票之类卖些出去，我还想凑足美金一万元哩！你说好不好？

久大本已定期发息，广告早已出来了，因汉口将所有商民现金一概没收，久大便去了四十多万，今年不能发息了。此外无论何种事业都受影响。简单说，稍为有点萌芽的工商业，这次都一扫而空了，党人只是和本国人过不去，专门替帝国主义者造机会罢了。

李柳溪回信寄上。

你们外交官运气也真坏，外交部好容易凑得七万五千美金，向使领馆稍为点缀点缀，被汇丰银行中国帐房倒帐，只怕连这点都落空了。

其馀改天再谈。

五月四日　爹爹

五千美金有一千由北京通易公司汇，有四千由天津兴业汇，想不久当陆续汇到。

致孩子们

［1927年5月5日］

孩子们：

这个礼拜寄了一封公信，又另外两封内一封由坎转。寄思永，一封寄思忠，都是商量他们回国的事，想都收到了。

近来连接永、忠的信，思想一天天趋到激烈，而且对于党军胜利似起了无限兴奋。这也难怪，本来中国十几年来，时局太沉闷了，军阀们罪恶太贯盈了，人人都痛苦到极，厌倦到极，想一个新局面发生，以为无论如何总比旧日好，虽以年辈很老的人尚多半如此，何况青年们！所以你们这种变化，我绝不以为怪，但是这种希望，只怕还是落空。

我说话很容易发生误会，因为我向来和国民党有那些历史在前头。其实我是最没有党见的人，只要有人能把中国弄好，我绝不惜和他表深厚的同情，我从不采那“非自己干来的都不好”那种褊狭嫉妒的态度。平心而论，这回初出来的一部分党军，的确是好的——但也只是一部分。可惜在江西把好的军队损伤不少，现存好的计不过二三万人——但行军以外的一切事情，都被极坏的党人把持，所以党军所至之地，弄得民不聊生。孟子有几句话说：“……箪食壶浆，以迎王师，岂有他哉？避水火也。如水益深，如火益热，亦运而已矣。”这几句话真可以写尽现在两湖、江、浙人的心理了。受病的总根原，在把社会上最下层的人翻过来，握最高主权。我所谓上层下层者，并非指富贵贫贱等阶级而言，乃指人的品格而言。贫贱而好的人，当然我们该极端欢迎他。今也不然，握权者都是向来最凶恶阴险龌龊的分子，质言之，强盗、小偷、土棍、流氓之类，个个得意，善良之人都变了俎上肉。这种实例，真是举不胜举，我也没有恁么闲工夫来列举他。“党军可爱，党人可杀”，这两句早已成为南方极流行的格言，连最近吴稚晖弹劾共产党的呈文上都已引及。但近来党人可杀的怨声虽日日增加，而党军可爱的颂声却日日减少，因为附和日多，军队的素质远不如从前了。总而言之，所谓工会、农会等等，整天价任意宣告人的死刑，其他没收财产等更是家常茶饭。而在这种会中，完全拿来报私怨，他们打的是“打倒土豪劣绅”旗号，其实真的土豪劣绅，早已变做党人了，被打者只是无告的良民。主持的人，都是社会上最恶劣分子。报上所记几次妇女裸体游行的事的确是真的，诸如此类之举动，真举不胜举。半年以来的两湖，最近两个月的江西，今年年底两湖人非全数饿死不可，因为田已全部没有人耕，工商业更连根拔尽。凡是稍为安分守己的人，简直是不容有生存之馀地。今日见着一位湖南人，说他们家乡有两句通行语，说道：“今年湖南人没有饭吃，只怕明年湖南便没有人吃饭。”这句真一点不错。其他各省受害程度，虽有浅深，然这种现象实日日有蔓延之势。本来军事时代，未遑建设，我们原可以为相当的原谅，但他们完全不是走的想要好的路，简直是认作恶为天经地义，所有一切关于国计民生的建设，他们固然没有怀抱，也并没有往这条路上着想。

这种罪恶当然十有九是由共产党主动，但共产党早已成了国民党附骨之疽——或者还可以说是国民党的灵魂——所以国民党也不能不跟着陷在罪恶之海了。原来在第三国际指挥之下的共产党，他们唯一的目的就是牺牲了中国，来做世界革命的第一步。在俄国人当然以此为得计，非如此他便不能自存，却是对于中国太辣手了。近来南北两方同时破获共产党机关——即俄使馆及领馆，发现出那些文件，现在发表的还不到十分一。真真可怕，真真可恨。现在国内各种恐怖情形完全是第三国际的预定计画，中国人简直是他们的机械。即如这回南京事件，思永来信痛恨美国报纸造谣。不错，欧美人免不了有些夸大其词，把事情格外放大些。然而抢领事馆等等，类似义和团的举动谁也不能否认。据说被奸淫的外国妇女至少有两起，还有些男人被鸡奸，说起来真是中国人的耻辱。这种事的确是预定计画，由正式军队发命令干的。为什么如此呢？就是因共产党和蒋介石过不去，要开他顽笑，毁他信用。共产党中央执行会的议决，“要在反对派势力范围内，起极端排外运动，杀人放火、奸淫抢掠手段，一切皆可应用”。这个议案近来在俄使馆发现，已经将全文影印出来了。俄人阴谋本来大家都猜着许多分，这回破获的文件其狠毒，却真意想不到，大家从前所猜还不到十分之二三哩。他们本来要在北方这样闹，但一时未能下手。蒋介石当然也是他们的“反对派”，所以在南京先试一下。他们最盼望帝国主义者高压中国，愈高压则他们的运动愈顺利。自五卅惨案以来，英国完全上了他们的当，简直是替他们做工作。他们的战略真周密极了，巧妙极了，但到他们计画全部实现时，中国全部土地变成沙漠，全部人民变成饿殍罢了。

共产党如此，国民党又怎么样呢？近年来的国民党本是共产党跑入去借尸还魂的。民国十二、三年间，国民党已经到日落西山的境遇，孙文东和这个军阀勾结，西和那个军阀勾结——如段祺瑞、张作霖等——依然是不能发展。适值俄人在波兰、土耳其连次失败，决定“西守东进”方针，倾全力以谋中国，看着这垂死的国民党，大可利用，于是拿八十万块钱和一大票军火做钓饵。那不择手段的孙文，日暮途远，倒行逆施，竟甘心引狼入室。孙文晚年已整个做了苏俄傀儡，没有丝毫自由。孙文病倒在北京时，一切行动都在鲍罗庭和汪精卫监视之下，凡见一客都先要得鲍的许可，每天早半天鲍或鲍妻在病榻前总要两三点钟之久，鲍出后孙便长太息一声，天天如是。此是近来国民党人才说出来的，千真万真。自黄埔军官成立以来，只有共产党的活动，那里有国民党的活动？即专以这回北伐而论，从广东出发到上海占领，那一役不是靠俄人指挥而成功者？说来真可耻，简直是俄人来替我们革命。党中口号皆由第三国际指定，什么打倒帝国主义，打倒资本阶级等等，那一句不是由莫斯科的喊筒吹出来？除了这些之外，国民党还有什么目标来指导民众？所以从国党中把共党剔去，这几天五一节、五四节等，不惟北方销声匿迹，即党军所在地，也奄奄无生气，可以窥见此中消息。国党简直是一个没有灵魂的躯壳了。近来蒋介石们不堪共党的压迫，已经翻过脸，宣言“讨赤”，而且残杀的程度比北方利害多少倍。同时共党势力范围内也天天残杀右派。前面那几张纸都是十天以前陆续写的，现在情形天天剧变，很有些成了废话了。据各方面的报告，最近三个礼拜内双方党人杀党人——明杀暗杀合计——差不多一万人送掉了，中间多半是纯洁的青年。可怜这些人胡里胡涂死了，连自己也报不出帐，一般良民之入枉死城者，更不用说了。尤可骇怪者，他们自左右派火并以来，各各分头去勾结北方军阀：蒋介石勾孙传芳，唐生智勾吴佩孚，都是千真万真的事实。双方又都勾张作霖。北军阀固然不要脸，南党阀也还像个人吗？既有今日，何必当初？可见所谓什么为主义而战，都是骗人，现在揭开假面孔，真形毕露了。现在军事上形势，蒋派似颇有利，其实他们党的内部，早已是共产党做了主人翁，共党也断不肯抛弃“国党”这件外套。最后的胜利，只怕还是共党。共党也不能得真的胜利——不会像俄国那样，但是这种毒菌深入社会，把全国搅到一塌糊涂，人民死一大半，土地变成砂漠，便算完事。现在南方大多数人都天天盼望外国人来收拾。这种卑劣心理之可耻可痛，自无待言。其实外国人又何能收拾，只有增加扰乱的成分，把垂死的国命民命，更加上些痛苦罢了。

在这种状态之下，于是乎我个人的出处进退发生极大问题。近一个月以来，我天天被人却没有奉派军阀在内。包围，弄得我十分为难。简单说许多部分人太息痛恨于共党，而对于国党又绝望，觉得非有别的团体出来收拾不可，而这种团体不能不求首领，于是乎都想到我身上。其中进行最猛烈者，当然是所谓“国家主义”者那许多团体，次则国党右派的一部分人，次则所谓“实业界”的人。次则无数骑墙或已经投降党军而实在是假的那些南方二三等军阀。这些人想在我的统率之下，成一种大同盟。他们因为团结不起来，以为我肯挺身而出，便团结了，所以对于我用全力运动。除直接找我外，对于我的朋友、门生都进行不遗余力。研究院学生也在他们运动之列，因为国家主义青年团多半是学生。我的朋友、门生对这问题也分两派：张君劢、陈博生、胡石青等是极端赞成的，丁在君、林宰平是极端反对的。他们双方的理由，我也不必详细列举。总之，赞成派认为这回事情比洪宪更重大万倍，断断不能旁观；反对派也承认这是一种理由，其所以反对，专就我本人身上说，第一是身体支持不了这种劳苦，第二是性质不宜于政党活动。

我一个月以来，天天在内心交战苦痛中。我实在讨厌政党生活，一提起来便头痛。因为既做政党，便有许多不愿见的人也要见，不愿做的事也要做，这种日子我实在过不了。若完全旁观畏难躲懒，自己对于国家实在良心上过不去。所以一个月来我为这件事几乎天天睡不着，却是白天的学校功课没有一天旷废，精神依然十分健旺。但现在我已决定自己的立场了。我一个月来，天天把我关于经济制度多年来。的断片思想整理一番。自己有确信的主张，我已经有两三个礼拜在储才馆和清华两处讲演我的主张。同时对于政治上的具体办法，虽未能有很惬心贵当的，但确信代议制和政党政治断不适用，非打破不可。所以我打算在最近期间内把我全部分的主张堂堂正正著出一两部书来，却是团体组织我绝对不加入，因为我根本就不相信那种东西能救中国。最近几天，季常从南方回来，很赞成我这个态度。丁在君们是主张我全不理政治，专做我几年来所做的工作，这样实在对不起我的良心。我再过两礼拜，本学年功课便已结束，我便离开清华，用两个月做成我这项新工作。煜生听见高兴极了，今将他的信寄上，谅来你们都同此感想吧。

思永来信说很表同情于共产主义，我看了不禁一惊，并非是怕我们家里有共产党，实在看见像我们思永这样洁白的青年，也会中了这种迷药，则全国青年之类此者何限，真不能不替中国前途担惊受怕。因此越发感觉有做文章之必要。你们别要以为我反对共产，便是赞成资本主义。我反对资本主义比共产党还利害。我所诊断现代的经济病态和共产同一的“脉论”，但我确信这个病非“共产”那剂药所能医的。我倒有个医方，这方子也许由中国先服了，把病医好，将来全世界都要跟我们学。我这方子大概三个月后便可以到你们眼边了。思永不是经济学专门家，当然会误认毒药为良方，但国内青年像思永这样的百分中居九十九，所以可怕。等我的方子出来后看可以挽回多少罢。

以下的话专教训忠忠。

三个礼拜前，接忠忠信，商量回国，在我万千心事中又增加一重心事。我有好多天把这问题在我脑里盘旋。因为你要求我秘密，我尊重你的意思，在你二叔、你娘娘跟前也未提起，我回你的信也不由你姊姊那里转。但是关于你终身一件大事情，本来应该和你姊姊、哥哥们商量，因为你姊姊、哥哥不同别家，他们都是有程度的人。现在得姊姊信，知道你有一部分秘密已经向姊姊吐露了，所以我就在这公信内把我替你打算的和盘说出，顺便等姊姊、哥哥们都替你筹画一下。

你想自己改造环境，吃苦冒险，这种精神是很值得夸奖的，我看见你信非常喜欢。你们谅来都知道，爹爹虽然是挚爱你们，却从不肯姑息溺爱，常常盼望你们在困苦危险中把人格力磨练出来。你看这回西域冒险旅行，我想你三哥加入，不知多少起劲，就这一件事也很可以证明你爹爹爱你们是如何的爱法了。所以我最初接你的信，倒有六七分赞成的意思，所费商量者，就只在投奔什么人——详情见前信，想早已收到——我当时回你信过后，我便立刻找蒋慰堂，叫他去商量白崇禧那里，又找林宰平商量李济深那里。你的秘密我就只告诉这两个人。前天季常来问起这事，我大吃一惊，连你二叔都不知道，他怎么会知道呢？原来是宰平告诉他，宰平也颇赞成。现在都还没有回信——因为交通梗塞，通信极慢——但现在我主张已全变，绝对的反对你回来了。因为三个礼拜前情形不同，对他们还有相当的希望，觉得你到那边阅历一年总是好的。现在呢？对于白、陈[1]两人虽依然不绝望——假使你现在国内，也许我还相当的主张你去——但觉得老远跑回来一趟，太犯不着了。头一件，现在所谓北伐，已完全停顿，参加他们军队，不外是参加他们火拼，所为何来？第二件，自从党军发展之后，素质一天坏一天，现在已迥非前比。白崇禧军队算是极好的，到上海后纪律已大坏，人人都说远不如孙传芳军哩。跑进去不会有什么好东西学得来。第三件，他们正火拼得起劲——李济深在粤，一天内杀左派二千人，两湖那边杀右派也是一样的起劲——人人都有自危之心，你们跑进去，立刻便卷在这种危险漩涡中，危险固然不必避，但须有目的才犯得着冒险。像这样不分皂白切葱一般杀人，死了真报不出帐来。冒险总不是这种冒法。这是我近来对于你的行止变更主张的理由，也许你自己亦已经变更了。我知道你当初的计画，是几经考虑才定的，并不是一时的冲动。但因为你在远，不知事实，当时几视党人为神圣，想参加进去，最少也认为是自己历练事情的唯一机会。这也难怪，北京的智识阶级，从教授到学生，纷纷南下者，几个月以前不知若干百千人，但他们大多数都极狼狈、极失望而归了。你若现成在中国，倒不妨去试一试，他们也一定有人欢迎你。长点眼识，但老远跑回来，在极懊丧、极狼狈中白费一年光阴，却太不值了。

至于你那种改造环境的计画，我始终是极端赞成的，早晚总要实行三几年，但不争在这一时。你说："照这样舒服几年下去，便会把人格送掉。"这是没出息的话！一个人若是在舒服的环境中会消磨志气，那么在困苦懊丧的环境中也一定会消磨志气。你看你爹爹困苦日子也过过

[1] "陈"，疑"李"之误。

多少，舒服日子也经过多少，老是那样子，到底志气消磨了没有？——也许你们有时会感觉爹爹是怠惰了，我自己常常有这种警惧。不过你再转眼一看，一定会仍旧看清楚不是这样——我自己常常感觉我要拿自己做青年的人格模范，最少也要不愧做你们姊姊弟兄的模范。我又很相信我的孩子们，个个都会受我这种遗传和教训，不会因为环境的困苦或舒服而堕落的。你若有这种自信力，便“随遇而安”的做现在所该做的工作，将来绝不怕没有地方、没有机会去历练，你放心罢。

你明年能进西点便进去，不能也没有什么可懊恼，进南部的“打人学校”也可，到日本也可，回来入黄埔也可，假使那时还有黄埔。我总尽力替你设法。就是明年不行，把政治经济学学得可以自信回来，再入那个军队当排长，乃至当兵，我都赞成。但现在殊不必牺牲光阴，太勉强去干。所以无论宰平们回信如何，我都替你取消前议了。你试和姊姊、哥哥们切实商量，只怕也和我同一见解。

这封信前后经过十几天，才陆续写成，要说的语还不到十分之一。电灯久灭了，点着洋蜡，赶紧写成，明天又要进城去。

你们看这信，也该看出我近来生活情形的一斑了。我虽然为政治问题很绞些脑髓，却是我本来的工作并没有停。每礼拜四堂讲义都讲得极得意，因为《清华周刊》被党人把持，周传儒们不肯把讲义笔记给他们登载。每次总讲两点钟以上，又要看学生们成绩，每天写字时候仍极多。昨今两天给庄庄、桂儿写了两把小楷扇子，每天还和老白鼻顽得极热闹，陆续写给你们的信也真不少。你们可以想见爹爹精神何等健旺了。

五月五日　爹爹

致梁思顺

［1927年5月11日］

麦机路送我学位，我真是想去，但今年总来不及了。谅来总是在行毕业礼时。明年你若还留坎京，我真非来不可。到那时国内情形又不知变成怎样，或者我到美国无甚危险，亦不可知。受他招待倒没有什么不可。他们若再来问时，你便告诉他说："明年若国内无特别事故，当可一来。"因为我来看你们一趟之后，心里不知几多愉快，精神力量都要加增哩。

北京局面现在当可苟安，但隐忧四伏，最多也不过保持年把命运罢了。将来破绽的导火线，发自何方，现在尚看不出。大概内边是金融最危险，外边是蒙古边境最危险。南方党军已到潮落的时候，其力不能侵北，却是共产党的毒菌在社会传播已深，全国只有一天一天趋到混乱，举国中无一可以戡定大难之人，真是不了。多数人——尤其是南方的智识阶级，颇希望我负此责任，我自审亦一无把握，所以不敢挑起担子。日来为这大问题极感苦痛，只好暂时冷静看一看再说罢。

再过两礼拜，我便离开学校，仍到北戴河去，你们来信寄天津或北戴河便得。

汇去五千美金，想先后收到，你们的留支，过十天八天再寄罢。

五月十一日 爹爹

致梁思顺

［1927年5月13日］

顺儿：

我看见你近日来的信，很欣慰。你们缩小生活程度，暂在坎挨一两年，是最好的。你和希哲都是寒士家风出身，总不要坏自己家门本色，才能给孙子们以磨练人格的机会。生当乱世，要吃得苦，才能站得住。其实何止乱世为然。一个人在物质上的享用，只要能维持着生命便够了。至于快乐与否，全不是物质上可以支配。能在困苦中求出快活，才真是会打算盘哩。何况你们并不算穷苦呢？拿你们比你们两个人的父母，已经舒服多少倍了，以后困苦日子，也许要比现在加多少倍，拿现在当作一种学校，慢慢磨练自己，真是最好不过的事，你们该感谢上帝。

你好几封信提小六还债事，我都没有答覆。我想你们这笔债权只好算拉倒罢。小六现在上海，是靠向朋友借一块两块钱过日子，他不肯回京，即回京也没有法好想，他因为家庭不好，兴致索然，我怕这个人就此完了。除了他家庭特别关系以外，也是因中国政治太坏，政客的末路应该如此。八百猪仔，大概都同一命运吧。古人说："择术不可不慎"，真是不错。但亦由于自己修养工夫太浅，所以立不住脚，假使我虽处他这种环境，也断不至像他样子。他还没有学下流，到底还算可爱，只是万分可怜罢了。

我们家几个大孩子大概都可以放心，你和思永大概绝无问题了。思成呢？我就怕因为徽音的境遇不好，把他牵动，忧伤憔悴是容易销磨人志气的。最怕是慢慢的磨。即如目前因学费艰难，也足以磨人，但这是一时的现象，还不要紧，怕将来为日方长。我所忧虑者还不在物质上，全在精神上。我到底不深知徽音胸襟如何，若胸襟窄狭的人，一定抵当不住忧伤憔悴，若忧伤憔悴影响到思成，便把我的思成毁了。你看不至于如此吧！关于这一点，你要常常帮助着思成注意预防。总要常常保持着元气淋漓的气象，才有前途事业之可言。

思忠呢，最为活泼，但太年轻，血气未定，以现在情形而论，大概不会学下流，我们家孩子断不至下流，大概总可放心。只怕进锐退速，受不起打击。他所择的术——政治、军事——又最含危险性，在中国现在社会做这种职很容易堕落。即如他这次想回国，原是一种极有志气的举动，我也很夸奖他，但是发动得太孟浪了。这种过度的热度，遇着冷水浇过来，就会抵不住。从前许多青年的堕落，都是为此。我对于他这种志气，不愿高压，所以只把事业上的利害慢慢和他解释，不知他听了如何？这种教育方法，很是困难，一面不可以打断他的勇气，一面又不可以听他走错了路，走错了本来没有什么要紧，聪明的人会回头另走，但修养工夫未够，也许便因挫折而堕落。所以我对于他还有好几年未得放心，你要就近常常察看情形，帮着我指导他。

今日没有功课，心境清闲得很，随便和你谈谈家常，很是快活，要睡觉了，改天再谈罢。

五月十三日　爹爹

你们的留支稍为迟点再寄去，因为汇去美金五千，此间已无馀钱，谅来迟一两个月还不碍事吧。

致孩子们

［1927 年 5 月 26 日］

孩子们：

我近来寄你们的信真不少，你们来信亦还可以，只是思成的太少，好像两个多月没有信来了，令我好生放心不下。我很怕他感受什么精神上刺激苦痛，我以为一个人什么病都可医，惟有“悲观病”最不可医，悲观是腐蚀人心的最大毒菌。生当现在的中国人，悲观资料太多了。思成因有徽音的联带关系，徽音这种境遇尤其易趋悲观，所以我对思成格外放心不下。

关于思成毕业后的立身，我近几个月来颇有点盘算，姑且提出来供你们的参考——论理毕业后回来替祖国服务，是人人共有的道德责任。

但以中国现情而论，在最近的将来，几年以内敢说绝无发展自己所学的馀地，连我还不知道能在国内安居几时呢！并不论有没有党派关系，一般人都在又要逃命的境遇中。你们回来有什么事可做呢？多少留学生回国后都在求生不能求死不得的状态中，所以我想思成在这时候先打打主意，预备毕业后在美国找些职业，蹲三两年再说。这话像是“非爱国的”，其实也不然，你们若能于建筑美术上实有创造能力，开出一种“兼综中西”的宗派，就先在美国试验起来，若能成功，则发挥本国光荣，便是替祖国尽了无上义务。我想可以供你们试验的地方，只怕还在美国而不在中国。中国就令不遭遇这种时局，以现在社会经济状况论，那里会有人拿出钱来做你们理想上的建筑呢？若美国的富豪在乡间起平房的。别墅，你们若有本事替他做出一两所中国式最美的样子出来，以美国人的时髦流行性，或竟可以哄动一时，你们不惟可以解决生活问题，而且可以多得实验机会，令自己将来成一个大专门家，岂不是“一举而数善备”吗？这是我一个人如此胡猜乱想，究竟容易办到与否，我不知那边情形，自然不能轻下判断，不过提出这个意见备你们参考罢了。

我原想你们毕业后回来结婚，过年把再出去。但看此情形，指的是官费满五年的毕业。你们毕业时我是否住在中国还不可知呢！所以现在便先提起这问题，或者今年暑假毕业时便准备试办也可以。

因此，连带想到一个问题，便是你们结婚问题。结婚当然是要回国来才是正办，但在这种乱世，国内不能安居既是实情。你们假使一两年内不能回国，倒是结婚后同居，彼此得个互助才方便，而且生活问题也比较的容易解决。所以，我颇想你们提前办理，但是否可行，全由你们自己定夺，我断不加丝毫干涉。但我认为这问题确有研究价值，请你们子细商量定，回我话罢。

你们若认为可行，我想林家长亲也没有不愿意的，我便正式请媒人向林家求婚，务求不致失礼。那边事情有姊姊替我主办，和我亲到也差不多，或者我特地来美一趟也可以。

问题就在徽音想见他母亲，这样一来又暂时耽阁下去了，我实在替他难过。但在这种时局之下回国，既有种种困难，好在他母亲身体还康强，便迟三两年见面也还是一样，所以也不是没有商量的馀地。

至于思永呢，情形有点不同。我还相当的主张他回来一年，为的是他要去山西考古。回来确有事业可做，他一个人跑回来便是要逃难也没有多大累赘。所以回来一趟也好，但回不回仍由他自决，我并没有绝对的主张。

学校讲课上礼拜已完了，但大考在即，看学生成绩非常之忙，今年成绩比去年多，比去年好。我大约还有半个月才能离开学校，暑期住什么地方尚未定。旧病虽不时续发，但比前一个月好些，大概这病总是不要紧的，你们不必忧虑！

五月廿六日　爹爹

致孩子们

［1927 年 5 月 31 日］

孩子们：

本拟从容到暑假时乃离校，这两天北方局变（势）骤变，昨今两日连接城里电话，催促急行，乃仓皇而遁，可笑之至。好在校阅成绩恰已完功，本年学课总算全始全终，良心上十分过得去。

今日一面点检行李，因许多要紧书籍、稿件拟带往津。下午急急带着老白鼻往坟上看一趟，因为此次离开北京，也许要较长的时日才能再来。整夜不睡，点着蜡结束校中功课及其他杂事，明日入城，后日早车返津。

今日接思永信，说要去西部考古，我极赞成，所需旅费美金二百，即汇去，计共汇中国银一千二百元，合美金多少未知。内七百五十元系希哲四、五、六三个月留支，先垫出一个月。馀四百五十元即给永旅费，顺收到美金多少，即依此数分配便是。若永得到监督处拨款，此数四百五十元。即留为庄学费。

津租界或尚勉强可住，出去数日看情形如何，再定行止，不得已或避地日本，大约不消如此。外兵屯集之下，靠此保障，可痛可怜。我本身无特别危险，只要地方安宁，便可匿迹销声，安住若干时日。

北京却险极，恐二叔也要逃难。

五月三十一日天将亮　爹爹

致孩子们

［1927年6月14、15日］

孩子们：

三个多月不得思成来信，正在天天悬念，今日忽然由费城打回头相片一包——系第一次所寄者，阴历新年。合家惊皇失措。当即发电坎京询问，谅一二日即得覆电矣。你们须知你爹爹是最富于情感的人，对于你们的爱情，十二分热烈。你们无论功课若何忙迫，最少隔个把月总要来一封信，便几个字报报平安也好。你爹爹已经是上年纪的人，这几年来，国忧家难，重重叠叠，自己身体也不如前，你们在外边几个大孩子，总不要增加我的忧虑才好。

我本月初三离开清华，本想立刻回津，第二天得着王静安先生自杀的噩耗，又复奔回清华，料理他的后事及研究院未完的首尾，直至初八才返到津寓。现在到津已将一星期了。

静安先生自杀的动机，如他遗嘱上所说：“五十之年，只欠一死，遭此世变，义无再辱。”他平日对于时局的悲观，本极深刻。最近的刺激，则由两湖学者叶德辉、王葆心之被枪毙。叶平日为人本不自爱，学问却甚好。也还可说是有自取之道。王葆心是七十岁的老先生，在乡里德望甚重，只因通信有“此间是地狱”一语，被暴徒拽出，极端箠辱，卒致之死地。静公深痛之，故效屈子沉渊，一瞑不复视。此公治学方法，极新极密，今年仅五十一岁，若再延寿十年，为中国学界发明，当不可限量。今竟为恶社会所杀，海内外识与不识莫不痛悼。研究院学生皆痛哭失声，我之受刺激更不待言了。

半月以来，京、津已入恐慌时代，亲友们颇有劝我避地日本者，但我极不欲往，因国势如此，见外人极难为情也。天津外兵云集，秩序大概无虞。昨遣人往询意领事，据言意界必可与他界同一安全。既如此，则所防者不过暴徒对于个人之特别暗算。现已实行“闭门”二字，镇日将外园铁门关锁，除少数亲友外，不接一杂宾，亦不出门一步，决可无虑也。

以上六月十四写

十五日傍晚，得坎京复电，大大放心了。早上检查费城打回之包封，乃知寄信时神经病的阿时将住址写错——错了三十多条街，难怪找不着了。但远因总缘久不接思成信，我一个月来常常和王姨谈起，担心思成身子。昨日忽接该件，王姨惊慌失其常度，王姨急得去扶乩问你妈，谁知请了半点钟，竟请不来，从前不是说过三年后便不来吗？恐怕真的哩！但前三个月老白鼻病时，还请来过一次，请不到的实以此次为始。只好发电一问以慰其心。你们知道家中系念游子，每月各人总来一信便好了。

我一个多月来旧病发得颇厉害，约摸四十馀天没有停止。原因在学校暑期前批阅学生成绩太劳，王静安事变又未免大受刺激。到津后刻意养息，一星期来真是饱食终日无所用心。这两天渐渐转过来了。好在下半年十有九不再到清华，趁此大大休息年把，亦是佳事。

我本想暑期中作些政论文章，蹇季常、丁在君、林宰平大大反对，说只有“知其不可而为之”，没有“知其不可而言之”。他们的话也甚有理，我决意作纯粹的休息。每天除写写字、读读文学书外，更不作他事。如此数月，包管旧病可全愈。

十五舅现常居天津，我替他在银行里找得百元的差事，他在储才馆可以不到。隔天或每天来打几圈牌，倒也快活。

我若到必须避地国外时，与其到日本，宁可到坎拿大。我若来坎时，打算把王姨和老白鼻都带来，或者竟全眷俱往，你们看怎么样？因为若在坎赁屋住，多三几人吃饭差不了多少，所差不过来往盘费罢了。麦机利教授我也愿意当，但唯一的条件，须添聘思永当助教。翻译。希哲不妨斟酌情形，向该校示意。

以现在局势论，若南京派得势，当然无避地之必要；若武汉派得势，不独我要避地，京、津间无论何人都不能安居了。以常理论，武汉派似无成功之可能。然中国现情，多不可以常理测度，所以不能不作种种准备。

广东现在倒比较安宁些，专指广州言，若潮汕则共产党们极猖獗，民不聊生。那边当局倒还很还我的面子。两月前新会各乡受军队骚扰，勒缴乡团枪枝，到处拿人，茶坑亦拿去四十几人，你四叔也在内。你四叔近来很好，大改变了。乡人函电求救，情词哀切。我无法，只好托人写一封信去，以为虽未必发生效力，不过稍尽人事罢了。谁知那信一到，便全体释放，邻乡皆不如是。枪枝也发还，且托人来道歉。我倒不知他们对于我何故如此敬重，亦算奇事了。若京、津间有大变动时，拟请七叔奉细婆仍回乡居住，倒比在京放心些。

前月汇去美金五千元，想早收到。现在将中国银行股票五折出卖，买时本用四折，中交票已领了七八年利息，并不吃亏。卖去二百股得一万元，日内更由你二叔处再凑足美金五千元汇去，想与这信前后收到。有一万美金，托希哲代为经营，以后思庄学费或者可以不消我再管了。

天津租界地价渐渐恢复转来，新房子有人要买。我索价四万五千，若还到四万，打算也出脱了，便一并汇给你们代理。

忠忠劝我卫生的那封六张纸的长信，半月前收到了。好啰苏的孩子，管爷管娘的，比先生管学生还严，讨厌讨厌！但我已领受你的孝心，一星期来已实行八九了。我的病本来是“无理由”，而且无妨碍的，因为我大大小小事，都不瞒你们，所以随时将情形告诉你们一声，你们若常常啰苏我，我便不说实话，免得你们担心了。

夜深了，下次再谈。

六月十五晚　爹爹

老白鼻已复原，天天自己造新歌来唱，有趣得很。

暑期中替达达们聘得一位先生专教国文，其人系研究院高才生。

致梁思顺

［1927年6月23日］

顺儿：

一星期前由二叔处寄去美金五千想收，今再将副票寄上。十九日接思永信，言决廿一日离美返国，因京、津间形势剧变，故即发电阻止。思永此次行止屡变，皆我所致，然亦缘时局太难捉摸耳。

我现在作暑期后不复入京之计画，又打算非到万不得已时不避地国外，似此倒觉极安适。旬日来实行休息，病又将全愈。佳象为近三个月所无。近虽著述之兴渐动，然仍极力节制，决俟秋凉后，乃着手工作。顷十五舅在津，每日来家晚饭，饭后率打牌四圈至八圈。饭菜都是王姨亲做。老吴当二把刀。达达等三人聘得一位先生专教国文，读得十二分起劲。据他们说，读一日，比在校中读三四日得益更多也。那先生一面当学生，也高兴到了不得。

六月廿三日　爹爹

老白鼻这几天的新歌一首代写出；“我有两个名字，一个叫老白鼻，一个叫梁思礼。”他专做韵文，隔几天便换一首，也没有人教他。他总是在那里哼哼。

致梁思顺*

［1927 年 7 月 3 日］

顺儿：

这几天热的很，楼上书房简直不能坐，我每天在大客厅铺张藤床，看看书，睡睡午觉，十五舅来打打牌，就过一天，真是饱食终日，胃口大好，饭量增加半碗。无所用心。却也奇怪，大半年来的病好的清清楚楚了，和去年忠忠动身后那个把月一样。这样看来，这病岂不是“老太爷病”吗？要享清福的人才配害的，与我的性格太不相容了。但是倘使能这样子几个月便断根，那么牺牲半年或大半年的工作，我也愿意的。

我现在对于北京各事尽行辞却，因为既立意不到京，决不肯拿干薪，受人指摘，自己良心更加不安。北京图书馆不准我辞，我力请的结果，已准请假，派静生代理。薪水当然归静生，我决不受。储才馆现尚未摆脱，但尽一月内非摆脱不可，清华也还摆脱不了，或者改用函授，亦勉强不辞。独有国立京师图书馆，因前有垫款关系，此次美庚款委员会

---

* 此函《梁启超未刊书信手迹》无，录自《梁任公先生年谱长编（初稿）》“民国十六年丁卯，五十五岁”。

以我在馆长职为条件，乃肯接济，故暂且不辞。几件事里头，以储才馆最为痛心。我费半年精神下去，成绩真不坏，若容我将此班办到卒业，必能为司法界立一很好的基础，现在只算白费心力了。北京图书馆有静生接手，倒是一样。清华姑且摆在那里再说。我这样将身子一抖，自己倒没有甚么，不过每月少去千把几百块钱收入。却苦了多少亲戚朋友们了。二叔、七叔咧、十五舅咧、赵表叔咧、廷灿咧、黑二爷咧，都要受影响，二叔中国银行事还在，倒没有甚么，但怕也不能长久。十五舅现在只有交通银行百元了。但也顾不得许多了。其实为我自己身子计，虽没有时局的变迁，也是少揽些事才好。所以王姨见我摆脱这些事，却大大高兴，谅来你们也同一心理。

前几天写一封信，搁了许多天未寄，陆续接到六月一日、九日两封长信，知第一次之五千元已收到了……第二次由二叔处汇去美金五千，想又收到。希哲意先求稳当，最好以希哲的才干经理这点小事，一定千妥万妥的。你也不必月月有报告，你全权管理着就是了。我还想将家里点点财产，陆续处分处分，得多少都交你们替我经营去。

七月三日　爹爹

致孩子们

［1927年8月29日］

孩子们：

一个多月没有写信，只怕把你们急坏了。

不写信的理由很简单，因为向来给你们的信总在晚上写的，今年热得要命，加以蚊子的群众运动比武汉民党还要利害，晚上不是在院子外头，就是在帐子里头，简直五六十晚没有挨着书桌子，自然没有写信的机会了。加以思永回来后，谅来他去信不少，我越发落得躲懒了。

关于忠忠学业的事情，我新近去过一封电，又思永有两封信详细商量，想早已收到。我的主张是叫他在威士康逊把政治学告一段落，再回到本国学陆军。因为美国决非学陆军之地，而且在军界活动，非在本国有些“同学系”的关系不可以，所以“打人学校”决不要进。至于国内何校最好，我在这一年内切实替你调查预备便是。

思成再留美一年，转学欧洲一年，然后归来最好。关于思成学业，我有点意见。思成所学太专门了，我愿意你趁毕业后一两年，分出点光阴多学些常识，尤其是文学或人文科学中之某部门，稍为多用点工夫。我怕你因所学太专门之故，把生活也弄成近于单调，太单调的生活，容易厌倦，厌倦即为苦恼，乃至堕落之根源。再者，一个人想要交友取益，或读书取益，也要方面稍多，才有接谈交换或开卷引进的机会。不独朋友而已，即如在家庭里头，像你有我这样一位爹爹，也属人生难逢的幸福。若你的学问兴味太过单调，将来也会和我相对词竭，不能领着我的教训，你全生活中本来应享的乐趣，也削减不少了。我是学问趣味方面极多的人，我之所以不能专精有成者在此，然而我的生活内容异常丰富，能够永久保持不厌不倦的精神，亦未始不在此。我每历若干时候，趣味转过新方面，便觉得像换个新生命，如朝旭升天，如新荷出水，我自觉这种生活是极可爱的，极有价值的。我虽不愿你们学我那泛滥无归的短处，但最少也想你们参采我那烂漫向荣的长处。这封信你们留着，也算我自作的小小像赞。我这两年来对于我的思成，不知何故常常像有异兆的感觉，怕他渐渐会走入孤峭冷僻一路去。我希望你回来见我时，还我一个三四年前活泼有春气的孩子，我就心满意足了。这种境界，固然关系人格修养之全部，但学业上之薰染陶镕，影响亦非小。因为我们做学问的人，学业便占却全生活之主要部分。学业内容之充实扩大，与生命内容之充实扩大成正比例。所以我想医你的病，或预防你的病，不能不注意及此。这些话许久要和你讲，因为你没有毕业以前，要注重你的专门，不愿你分心，现在机会到了，不能不慎重和你说。你看了这信，意见如何？徽音意思如何？无论校课如何忙迫，是必要回我一封稍长的信，令我安心。

你常常头痛，也是令我不能放心的一件事。你生来体气不如弟妹们强壮，自己便当自己格外撙节补救，若用力过猛，把将来一身健康的幸福削减去，这是何等不上算的事呀！前在费校功课太重，也是无法，今年转校之后，务须稍变态度。我国古来先哲教人做学问方法，最重优游涵饫，使自得之。这句话以我几十年之经验结果，越看越觉得这话亲切有味。凡做学问总要"猛火熬"和"慢火炖"两种工作循环交互着用去。在慢火炖的时候，才能令所熬的起消化作用，融洽而实有诸己。思成，你已经熬过三年了，这一年正该用炖的工夫。不独于你身子有益，即为你的学业计，亦非如此不能得益。你务要听爹爹苦口良言。

庄庄在极难升级的大学中居然升级了，从年龄上你们姐妹弟兄们比较，你算是最早一个大学二年级生，你想爹爹听着多么欢喜。你今年还是普通科大学生，明年便要选定专门了，你现在打算选择没有？我想你们弟兄姊妹，到今还没有一个学自然科学，很是我们家里的憾事，不知道你性情到底近这方面不？我很想你以生物学为主科，因为它是现代最进步的自然科学，而且为哲学、社会学之主要基础，极有趣而不须粗重的工作，于女孩子极为合宜，学回来后本国的生物随在可以采集试验，容易有新发明。截到今日止，中国女子还没有人学这门，男子也很少。你来做一个"先登者"不好吗？还有一样，因为这门学问与一切人文科学有密切关系，你学成回来可以做爹爹一个大帮手，我将来许多著作，还要请你做顾问哩！不好吗？你自己若觉得性情还近，那么就选他，还选一两样和他有密切联络的学科以为辅。你们学校若有这门的好教授，便留校，否则在美国选一个最好的学校转去，姊姊、哥哥们当然会替你调查妥善，你自己想想定主意罢。

专门科学之外，还要选一两样关于自己娱乐的学问，如音乐、文学、美术等。据你三哥说，你近来看文学书不少，甚好，甚好。你本来有些音乐天才，能够用点功，叫他发荣滋长最好。

姊姊来信说你因用功太过，不时有些病。你身子还好，我倒不十分担心。但做学问原不必太求猛进，像装罐头样子，塞得太多太急，不见得便会受益。我方才教训你二哥，说那“优游涵饫，使自得之”，那两句话，你还要记着受用才好。

你想家想极了，这本难怪，但日子过得极快，你看你三哥转眼已经回来了，再过三年你便变成一个学者回来帮着爹爹工作，多么快活呀！

思顺报告营业情形的信已到[①]。以区区资本而获利如此其丰，实出意外，希哲不知费多少心血了。但他是一位闲不得的人，谅来不以为劳苦。永年保险押借款剩馀之部及陆续归还之部，拟随时汇到你们那里经营。永年保险明年秋间便满期，现在借款认息八厘，打算索性不还他，到明年照扣便了。又国内股票公债等，如可出脱者，只要有人买。打算都卖去，欲再凑美金万元交你们。只怕不容易。因为国内经济界全体破产即在目前，旧物只怕都成废纸了。

我们爷儿俩常打心电，真是奇怪。给他们生日礼一事，我两月前已经和王姨谈过，写信时要说的话太多，竟忘记写去，谁知你又想起来了。耶稣诞我却从未想起。现在可依你来信办理。几个学生都照给他们压岁钱、生日礼、耶稣诞各二十元。桂儿姊弟压岁、耶稣各十元，你们两夫妇却只给压岁钱，别的都不给了，你们不说爹爹偏心吗？

我数日前因闹肚子，带着发热，闹了好几天，旧病也跟着发得利

---

① 此函开头至“思顺报告营业情形的信已到”，因手迹缺失，录自《梁任公先生年谱长编（初稿）》“民国十六年丁卯，五十五岁”。

害。新病好了之后，唐天如替我制一药膏，方服了三天，旧病又好去大半了。现在天气已凉，人极舒服。

这几天几位万木草堂老同学韩树园、徐君勉、伍宪子都来这里共商南海先生身后事宜，他家里真是八塌糊涂，没有办法。最糟的是他一位女婿。三姑爷。南海生时已经种种捣鬼，连偷带骗，南海现在负债六七万，至少有一半算是欠他的。他串同外人来盘剥。现在还是他在那里把持，二姨太是三小姐的生母，现在当家，惟女儿女婿之言是听，外人有什么办法。君勉任劳任怨想要整顿一下，便有"干涉内政"的谤言，只好置之不理。他那两位世兄和思忠、思庄同庚，现在还是一点事不懂，远不及达达、司马懿。活是两个傻大少。人当不坏，但是饭桶，将来亦怕变坏。还有两位在家的小姐，将来不知被那三姑爷摆弄到什么结果，比起我们的周姑爷和你们弟兄姊妹，真成了两极端了。我真不解，像南海先生这祥一个人，为什么全不会管教儿女，弄成这样局面。我们公同商议的结果，除了刊刻遗书由我们门生负责外，盼望能筹些款，由我们保管着，等到他家私花尽，现在还有房屋、书籍、字画等所值不少。能够稍为接济那两位傻大少及可怜的小姐，算稍尽点心罢了。

思成结婚事，他们两人商量最好的办法，我无不赞成。在这三几个月当先在国内举行庄重的聘礼，大约须在北京，林家由徽的姑丈们代行，等商量好再报告你们。

福鬘来津住了几天，现在思永在京，他们当短不了时时见面。

达达们功课很忙，但他们做得兴高采烈，都很有进步。下半年都不进学校了，良庆在南开中学当教员。给他们补些英文、算学，照此一年下去，也许抵得过学校里两年。

老白鼻越发好顽了。

爹爹　八月廿九日

两点钟了，不写了。

致孩子们

［1927 年 10 月 11 日］

孩子们：

我在协和住了十二日，现在又回到天津了。十二日的结果异常之好，血压由百四五十度降到百〇四度，小便也跟着清了许多，但医生声明不是吃药的功效，全由休息及饮食上调养得来。现回家已十日，生活和在医院差不多，病亦日见减轻。若照此半年下去，或许竟有复原之望。

思永天天向我唠叨，说我不肯将自己作病人看待。我因为体中并无不适处，如何能认做病人。这次协和详细检查，据称每日所失去之血，幸而新血尚能补上，故体子不致大吃亏。但每日所补者总差些微不足，例如失了百分，补上九十九分。积久下去，便会衰弱，所以要在起居饮食上调节，令其逐渐恢复平衡。现在全依医生的话，每天工作时间极少，十点钟便上床，每晚总睡八小时以上，食物禁蛋白质，禁茶、咖啡等类。酒不必说，绝不入口。半月以来日起有功了。

思永主张在清华养病，他娘娘反对。在清华的好处是就医方便，但这病既不靠医药，即起居饮食之调养，仍是天津方便得多。而且我到了清华后，节劳到底是不可能的。所以讨论结果，思永拗不过他娘娘。现在看来幸亏没有再搬入京，奉、晋开战后，京中人又纷纷搬家了。

思永原定本月四日起程考古，行装一切已置备，火车位已定妥了，奉、晋战事于其行期三日前爆发，他这回回国计画失败大半了。若早四五日去，虽是消息和此间隔绝，倒可以到他的目的地。幸亏思忠没有回来，前所拟议的学校，现在都解散了。生当今日的中国，再没有半年以上的主意可打，真可痛心。

现在战事正在酣畅中，胜负何如，十日后当见分晓，但无论何方胜，前途都不会有光明，奈何！奈何！

要说的话很多，严守医生之训，分作两三次写罢。

双十节后一日　爹爹

有我写的字和余越园写的画裱好了，寄给你们打扮打扮你们的小书房。

致孩子们

［1927年10月29、31日，11月15日］

孩子们：

又像许久没有写信了，近一个月内连接顺、忠、庄好多信，独始终没有接到思成的，令我好生悬望。每逢你们三个人的信到时，总盼着一两天内该有思成的一封，但希望总是落空。今年已经过去十个月了，像仅得过思成两封信，最多三封。我最不放心的是他，偏是他老没有消息来安慰我一下，这两天又连得顺、忠的信了，不知三五天内可有成的影子来。

我自从出了协和、回到天津以来，每日在起居饮食上十二分注意，食品全由王姨亲手调理，睡眠总在八小时以上，心思当然不能绝对不用，但常常自己严加节制。大约每日写字时间最多，晚上总不做什么工作，“赤化”虽未能骤绝，但血压逐渐低下去，总算日起有功。

我给你们每人写了一幅字，写的都是近诗，还有余越园给你们每人写一幅画，都是极得意之作。正裱好付邮，邮局硬要拆开看，认为贵重美术品要课重税，只好不寄，替你们留在家中再说罢。另有扇子六把，希哲、思顺、思成、徽音、忠忠、庄庄各一。已经画好，一两天内便写成，即当寄去。

思成已到哈佛没有？徽音又转学何校？我至今未得消息，不胜怅望。你们既不愿意立即结婚，那么总以暂行分住两地为好，不然生理上、精神上或者都会发生若干不良的影响。这虽是我远地的幻想，或不免有点过忧。但这种推理也许不错，你们自己细细测验一下，当与我同一感想。

我在这里正商量替你们行庄重的聘礼，已和卓君庸商定，大概他正去信福州，征求徽音母亲的意见，一两星期内当有回信了。届时或思永、福鬘的聘礼同时举行亦未可知。

成、徽结婚的早晚，我当然不干涉。但我总想你们回国之前，先在欧洲住一年或数月，因为你们学此一科，不到欧洲实地开开眼界是要不得的。回国后再作欧游谈何容易。所以除了归途顺道之外，没有别的机会。既然如此，则必须结婚后方上大西洋的船，殆为一定不易的办法了。我想明年暑假后你们也应该去欧洲了，赶紧商议好，等我替你们预备罢。

还有一段事实不能不告诉你们——若现在北京主权者不换人，你们婚礼是不能在京举行的，理由不必多说，你们一想便知，若换人时，恐怕也带着换青天白日旗。北京又非我们所能居了，所以北京恐怕到底不是你们结婚的地点。

忠忠到维校之后来两封信，都收到了。借此来磨练自己的德性，是再好不过的了，你有这种坚强志意真令我欢喜，纵使学科不甚完备，也是值得的，将来回国后，或再补入国内。某个军官学校都可以。好在你年纪轻，机会多着呢。

你加入政治团体的问题，请你自己观察，择其合意者便加入罢。我现在虽没有直接作政治活动，但时势逼人，早晚怕免不了再替国家出一场大汗。现在的形势，我们起他一个名字，叫做“党前运动”——许多非国民党的团体要求拥戴领袖作大结合，大概除了我，没有人能统一他们。

我认为时机未到，不能答应，但也不能听他们散漫无纪。现在办法，拟设一个虚总部秘密的——不直接活动而专任各团体之联络——大抵为团体，公开的。如美之各联邦，虚总部则如初期之费城政府，作极稀松的结合，将来各团事业发展后，随时增加其结合之程度。你或你的朋友也不妨自立一“邦”，和现在各“邦”同暗隶于虚总部之下，将来自会有施展之处。我现在只能给你这点暗示，你自己斟酌进行罢。

以上十月廿九日写

昨日又得加拿大一大堆信，高兴得我半夜睡不着，虽然思成信还没有来，知道他渐渐恢复活泼样子，我便高兴了。前次和思永谈起，永说：“爹爹尽可放心，我们弟兄姊妹都受了爹爹的遗传和教训，不会走到悲观沉郁一路去。”果然如此，我便快乐了。

寒假把成、徽两人的溜到阿图和顽几天，好极了。他们得大姊姊温暖一度，只怕效力比什么都大。

庄庄学生物学和化学，好极了，家里学自然科学的人太少，你可以做个带头马，我希望达达以下还有一两个走这条路，还希望烂名士将来也把名士气摆脱些，做个科学家。

思永出外挖地皮去不成功，但现在事情也很够他忙了。他所挂的头衔真不少——清华学校助教、古物陈列所审查员、故宫博物院新改组。审查员——但都不领薪水，故宫或者有些少。他在清华整理西阴遗物，大约本礼拜可以完功，他现在每礼拜六到古物陈列所，过几天故宫改组后开始办事。他或者有很多的工作，他又要到监狱里测量人体，下月也开始工作，只怕要搬到城里住了。我出医院回津后，就没有看见他。过几天是他生日，要把他的溜回家顽一两天。

希哲替我经营，一切顺利，欣慰之至。一月以来，由二叔处寄汇两次，共三千美金，昨天又由天津兴业汇二千美金，想均收到。前后汇寄之款，皆由变卖国内有价证券而来，一部分是保险单押出之款陆续归还者。计卖去中国银行股票面二万，七年长期票面万八千，馀皆以半价卖出——但不算吃亏。因为几年前买入的价格都不过三折馀，已经拿了多次利息了——国内百业凋残，一两年后怕所有证券都会成废纸，能卖出多少转到美洲去，也不至把将来饭碗全部摔破。今年内最多只能再寄美金一千，明年下半年保险满期，当可得一笔稍大之款，照希哲这样经营得三两年，将来食饭当不至发生问题了。

以上十月三十一日写

这封信写了多天未成，又阁了多天未寄，意在等思成一封信，昨天等到了，高兴到了不得，要续写话又太多，恐怕更阁下去，就把前头写的先寄罢。

昨天思永"长尾巴"叫他回家顽三两天，越发没有工夫写信了。你们千万别要盼我多信，因为我寄你们的信都是晚上写的，我不熬夜便没有信了，你们看见爹爹少信，便知爹爹着实是养病了。

我这一礼拜小便非常非常之好，简直和常人一样了。你们听见，当大大高兴。

十一月十五日　爹爹

致孩子们

［1927 年 11 月 23、24 日，12 月 5 日］

孩子们：

有顶好消息报告你们。我自出了协和以来，真养得大好而特好，一点药都没有吃，只是如思顺来信所说，拿家里当医院，王姨当看护，严格的从起居饮食上调养。一个月以来，“赤化”像已根本扑灭了，脸色一天比一天好，体子亦胖了些。这回算是思永做总司令，王姨执行他的方略，若真能将宿病从此断根，他这回回家，总算尽代表你们的职守了。我半月前因病已好，想回清华，被他听见消息，来封长信说了一大车唠叨话，现在暂且中止了。虽然著述之兴大动，也只好暂行按住。

思顺这次来信，苦口相劝，说每次写信便流泪。你们个个都是拿爹爹当宝贝，我是很知道的，岂有拿你们的话当耳边风的道理。但两年以来，我一面觉得这病不要紧，一面觉得他无法可医，所以索性不理会他，今既证明有法可医，那么我有什么不能忍耐呢？你们放下十二个心罢。

却是因为我在家养病，引出清华一段风潮，至今未告结束。依思永最初的主张，本来劝我把北京所有的职务都辞掉，后来他住在清华，眼看着惟有清华一时还摆脱不得，所以暂行留着。秋季开学，我到校住数天，将本年应做的事，大略定出规模，便到医院去。原是各方面十分相安的，不料我出院后几天，外交部有改组董事会之举，并且章程上规定校长由董事中互选，内中头一位董事就聘了我。当部里征求我同意时，我原以不任校长为条件才应允，虽然王荫泰对我的条件没有明白答覆认可。不料曹云祥怕我抢他的位子，便暗中运动教职员反对，结果只有教员朱某一人附和他。我听见这种消息，便立刻辞职。他也不知道，又想逼我并清华教授也辞去，好同清华断绝关系。于是由朱某运动一新来之研究院学生年轻受骗。上一封书匿名。说，院中教员旷职，请求易人。老曹便将那怪信油印出来寄给我，讽示我自动辞职。不料事为全体学生所闻，大动公愤，向那写匿名信的新生责问，于是种种卑劣阴谋尽行吐露，学生全体跑到天津求我万勿辞职。并勿辞董事。恰好那时老曹的信正到来，我只好顺学生公意，声明绝不自动辞教授，但董事辞函却已发出，学生们又跑去外交部请求，勿许我辞。他们未到前，王外长的挽留函也早发出了。他们请求外部撤换校长及朱某，外部正在派员查办中，大约数日后将有揭晓。这类事情，我只觉得小人可怜可笑，绝不因此动气。而且外部挽留董事时，我复函虽允诺，但仍郑重声明以不任校长为条件，所以我也断不至因这种事情再惹麻烦，姑且当作新闻告诉你一笑罢。

我近来最高兴的是得着思成长信，知道你的确还是从前那活泼有春气的孩子，又知道身体健康也稍回复了——但因信中有“到哈佛后已不头痛”那句话，益证明我从前的担心并非神经过敏了。你若要我绝对放心，务要在寒假期内找医生精密检查，看是否犯了神经衰弱的病，若有一点不妥，非把他根本治好不可！你这样小小年纪，若得了一种痼疾，不独将来不能替国家社会做事，而且自己及全家庭都受苦痛。这件事我交给思顺替我监督着办，三个月后我定要一张医生诊断书看着才放心的。

思成的《中国宫室史》当然是一件大事业，而且极有成功的可能，但非到各处实地游历不可——大抵内地各名山、唐宋以来建筑物全都留存的尚不少，前乎此者也有若干痕迹——但现在国内情形真是一步不可行，不知何时才能有这种游历机会。思永这回种种计画都成泡影，恐以后只有更坏，不会往好处看，你回来后恐怕只能在北京城圈内外做工作，好在这种工作也够你做一两年了。

十二点过了，王姨干涉了好几次了，明天再写吧。

以上十二月廿三日

你来信说武梁祠堂，那不过是美术史上重要资料罢了。建筑上像不会看出什么旧型，你着手研究后所得如何？只怕失望罢。

若亲到嘉祥县去，实地用科学方法调查废址，也许有所得。

以上仍是廿三日

你们回国后职业问题大不容易解决，现在那里有人敢修房子呢？学校教授也非易，全国学校除北京外，几乎都关门了，但没法之中也许还是在当教书匠上想法，那么教的什么东西，不能不稍预备，我想你们在西洋美术史上多下一点工夫，何如？

我想你们这一辈青年，恐怕要有十来年——或者更长，要挨极艰难困苦的境遇，过此以往却不是无事业可做，但要看你对付得过这十几二十年风浪不能。你们现在就要有这种彻底觉悟，把自己的身体和精神十二分注意锻炼、修养，预备着将来历受孟子所谓“苦其心志，劳其筋骨，饿其体肤，空乏其身，行拂乱其所为”者，我对于思成身子常常放心不下，就是为此。

以上仍廿三晚写，写到此被王姨捉去了

思成开美术书单甚好，一年内外北京图书馆只能以万元华币。购美术书，最好在此数目范围内开单，你若能代买更好，便把款汇给你。书单来后，便寄款。我现虽辞去馆长职，但馆中事还常常问我主意。

以上廿四日写

这封信写了前头那几张纸，一搁又搁下十二天了，这没有什么奇怪，因为王姨不许我晚上执笔。你们猜我晚上做什么事呢？每天吃完晚饭总是和达达、司马懿“过桥”一点钟，十五舅凑脚，他每天总输两三角钱。他们上课后，八点钟上夜课。再和十五舅、王姨打“三人麻雀”一点钟，约摸十点多便捉去睡觉，但还是睡不着的时候多，因为有许多心事不外政治问题或学问问题，也常常想起你们。在床上便想起，大抵十天中有两三天到床便睡着，仍有七八天展转反侧或到很夜深也不定。但每天总睡足八个钟头，偶然一天不够八钟，小便便变色。早睡着便早起，晚睡着便晚起。所以身子保养得异常之好，一个月以来“赤焰”几乎全熄了。

这回写信真高兴，因为接连得着思成两封长信，头一封还没有详细回答，第二封今天到。又来了。这几天常常在我脑子里转的就是思成们结婚问题。结婚当然是回国后才办最好，这是不消说的。在徽音固然他娘娘只有他一个，应该在跟前郑重举行。即以思成论，虽然姊妹弟兄很多，但你是长子，我还不是十二分不愿意如此盛典不在我跟前看着办吗？前几天我替南开大学一位教授研究院毕业生。主婚，他们夫妇都是云南人，没有一个亲属在此。我便充当两边的家长，很觉得他们冷清清的，同时想起我的思成，若在美结婚，只怕还赶不上他们热闹哩！心里老大不自在。但是为你们学业计，非到欧洲一游不可。回国后想在较近期间内再出去，实属千难万难。这种机会如何可以错过呢？你今天来信说的徽音从太平洋先归省亲，虽然未尝不可，但徽音虽曾到过欧洲，经过这几年学业后，观察眼光当然与前不同，不去再看一趟，到底是可惜。况且两个人同游同看，彼此观摩，当然所得益处比一个人独游好得多。这种利益不消我多说，你们当然都会想到了。还有一层，你们虽然回国结婚，婚礼也很难在北京举行，因为林家一时不会全眷移回北京，然则回来后，不是在天津办就是在福州办，还不是总不能十分圆满吗？所以，我替你们打算，还是在美办的好，徽音乖孩子，采纳我的主张罢！林家长亲完全和我同一主张，想也有信去了。

我替你们出主意，最好是在阿图和办——婚礼即在那边最大的礼拜堂里举行。林叔叔本是基督教信徒，我虽不喜教会，但对于基督当然是崇拜的。既然对于宗教没有什么界限，而又当中国婚礼没有什么满意的仪式的时候，你们用庄严的基教婚仪有何不可呢？一面希哲夫妇用“中国国家代表”的资格参列，再请上该地官长和各国外交官来观礼，也很够隆重的了。你们若定了采用这办法，可先把日期择定，即刻写信回来，或怕赶不上则电告。到那天我和徽音的娘当各有电报给你们贺喜并训勉，岂不是已经相当的热闹和郑重了吗？

有一件事要告诉你们。你们若在教堂行礼，思成的名字便用我的全名，用外国习惯叫做“思成梁启超”，表示你以长子资格继承我全部人格和名誉。

你的腿能够跪拜否？若能，则结婚后第二天新夫妇同到领事馆向两家祖宗及父母双双遥拜，若不能屈膝，则双双鞠躬亦得，总之行最恭敬礼便是了。

婚礼只要庄严，不要奢靡，不独在外国如是，即回本国举行也不过如是，相当的衣服首饰、婚礼约指等，姊姊当然会斟酌着办。

我这几天正在忙着和你们行聘礼，大约定期在本月十八日——若聘物预备未齐，则改迟三两日，我们请的大宾是林宰平先生，林家请的大约是江翊云先生或陈仲恕先生。我们的主要聘仪是玉佩，可以佩在项间者，其佩以翡翠一方，碧犀红色。一方，缀以小金环联结而成，约费四百元左右，系由陈仲恕先生和你二叔商量购制。我尚未看见，据来信说是美丽极了。林家的主要本定翊云，后来林家因他续婚，拟接换人。聘仪是玉印一方，也有翡翠，听说好极了。又据说该玉印原有两方，我不好意思请林家全买，打算我们把那一方也买来添上去。庚帖是两家公请卓君庸先生写，因为他堂上具庆，夫妇齐眉，字又写得极好，合式极了。聘礼行过后，我便请林家将双方聘物一齐汇寄到坎领事馆，要赶上你们婚期。庚帖便存在两家家长处，等你们回来才敬谨收藏。

你们结婚后的行程，我也大略一想，在坎住数日后即渡欧归途，从西伯利亚路先回天津谒祖，我们家郑重请一次客，在津住一个月内外，思成便送徽音回福州谒祖，在福州住一个月内外，徽音若想在家多住些日子，思成便先回津跟着我做学问及其他事业。

我现在有一个小计画，只要天津租界还可以安居大约可以。时，等思成回来，立刻把房子翻盖，重新造一所称心合意的房子，为我读书娱老之用。将新房子卖出，大约可值四万五乃至五万，日内拟便托仪品公司代卖，卖去时将来全部作为翻盖新房用，先将该款寄坎，托希哲经营，若能多得些赢利更好。总而言之，这部份款项全交思成支配，专充此项之用。思成，你先留心打个腹稿，一回来便试验你的新学问吧！

思成职业问题，一时还没有什么把握，但也不必多忧虑。好在用不着你们养家，你们这新立的小家庭极简单，只要徽音愿意在家里住，尽可以三几年内不用分居。王姨是极好处的，你们都知道。在南开当一教授，功课担任轻些，每月得百把块钱做零用，用大部分光阴在家里跟着我做几年学问，等时局平静后，学问也大成了，再谋独立治生机会也多着哩。

思永每次回家和我谈谈学问，都极有趣。我想再过几年，你们都回来，我们不必外求，将就家里人每星期开一次“学术讨论会”，已经不知多快乐了。

十一点了，王姨要来干涉了，快写！快写！

你们猜思永干什么？他现在住在监狱里！却是每礼拜要进皇宫三次或两次！你们猜他干吗？

好了，不写了。

许多别的话要讲，留待下次罢。先把这十几张纸付邮，不然又怕要耽阁多少天了。

十二月五日　爹爹

致孩子们

［1927年12月上旬］

孩子们：

有一捆字画及扇子七把寄给你们，收到没有？那画都是余越园在我们家里画的，用的是康熙纸、乾隆墨，共有多幅，却是被达达、司马懿们五抢六夺，还有阿时、廷灿夹在里头。硬要落他们的款，内中思顺、思成两幅还是我替你们争回来的。忠忠、庄庄却落空了。我写的字是自作的诗，用的也是乾隆纸、乾隆墨，扇子又是隔了一个多月出医院后。写的，内中徽音那把写得最得意。你们看着便知爹爹近来的精神如何活泼强健了。

另有三把扇子给桂儿姊弟，请人画些好玩的动物，猫之类。润笔已送去，尚未画来，大约十天半月后或可寄出。

这一张不记是那天写的了，但总在十几天以前。

十二月十九日记

致孩子们

［1927年12月12日］

孩子们：

这几天家里忙着为思成行文定礼，已定本月十八日阳历。在京寓举行。日子是王姨托人择定的。我们虽不迷信，姑且领受他一片好意。那天恰是星期。因婚礼十有八九是在美举行，所以此次文定礼特别庄严郑重些。晨起谒祖告聘，男女两家皆用全帖遍拜长亲，午间宴大宾，晚间家族欢宴。我本拟是日入京，但（一）因京中近日风潮正恶，（二）因养病正见效，入京数日，起居饮食不能如往，恐或再发旧病，故二叔及王姨皆极力主张我勿往，一切由二叔代为执行，也是一样的。今将告庙文写寄，可由思成保藏之作纪念。

聘物我家用玉佩两方，一红一绿，林家初时拟用一玉印，后闻我家用双佩，他家也用双印，但因刻玉好手难得，故暂且不刻，完其太璞。礼毕拟将两家聘物汇寄坎京，备结婚时佩带，惟物品太贵重，深恐失落，届时当与邮局及海关交涉，看能否确实担保，若不能，则仍留两家家长处，俟婚后归来，乃授与宝存。

在美婚礼，我远隔不能遥断，但主张用外国最庄严之仪式，可由希哲、思顺帮同斟酌，拟定告我。惟日期最盼早定，预先来信告知，是日仍当在家里行谒祖礼，又当用电报往贺也。

婚礼所需，思顺当能筹画，应用多少可由思顺全权办理。另有三千元，华币。我在三年前拟补助徽音学费者，徽来信请暂勿拨付，留待归途游欧之用，今可照拨。若“捣把”有馀利，当然不成问题，否则在资本内动用若干，亦无妨，因此乃原定之必要费也。

思成请学校给以“留欧”费一事，现曹校长正和我闹意见，不便向他说项，前星期外部派员到校，查办风潮起因，极严厉，大约数日内便见分晓。好在校长问题不久便当解决，曹去后大约由梅教务长代理，届时当为设法。

我的病本来已经全愈了二十多天，便色与常人无异，惟最近一星期因做了几篇文章，实是万不能不做的，但不应该接连着做罢了。又渐渐有复发的形势。如此甚属讨厌，若完全叫我过“老太爷的生活”，我岂不成了废人吗？我精神上实在不能受此等痛苦。

晚饭后打完了“三人六圈”的麻雀，时候尚很早，抽空写这封信，尚有许多话要说，被王姨干涉，改天再写罢。

十二月十二日　爹爹

庄庄：那位前辈同学的信收到了，我自己实在开不出书单来，已转托清华一教授代开，等他回信时便寄上。

致梁思顺

［1927年12月13、21日］

思顺：

十一月份营业报告收到，希哲真能干，怎么几个月工夫已经弄到加倍以上的利。还除了庄庄一笔学费等等不计。照这样下去，若资本丰富一点，经营三两年岂不成了富翁吗？我现在极力撙节，陆续还寄些去。若趁希哲在外的机会，弄到美金五万，寄回来便是十万，我真可以不必更卖气力找饭吃，家里经济问题完全解决了。

保险单明年七月便满期，保的是三万元，但十五年间所纳费已在三万七八千元内外，若只得三万，岂非我们白亏了七八千元，还有复息不在内，这不太吃亏吗？不知保险公司章程何如？若只有三万，则除去借款一万五千并利息外，明年所收不过一万三千馀了。该公司总部设在加拿大，保险单也押存在总公司，若期满后展转赎回，乃能领款，又须经几个月。我想和公司交涉，一满期便将该款在坎京拨交希哲收。请希哲日内便与总公司交涉，应需何等手续，尽半年内可以办妥，也省得许多事。

思成、徽音婚礼及游欧费所需，只好请希哲努力变把戏变些出来，若利息所入不敷，即动些资本，亦无不可，有三千华币给徽音，合以思成在学校所领，或亦已勉强够用罢，我知道他们是不会乱花钱的，你斟酌着不可令他们太刻苦便是。

你自己的生计怎么样？月月赔垫这些钱都是从那里出？从前的积蓄究竟赔去多少？你下次来信把大概情形告诉我，令我安心一点罢。

你再过三四年才回家，绝不要紧，一个月内总有一两封信，也和见面差不多，我的体气底子本来极强，这点小病算什么。况且我已经绝对采用你们的劝告，把养病当一件大事了，你们还有什么不放心呢？

你虽是受父母特别的爱，其实也不算特别，我近来爱弟妹们也并不下于爱你。但你的报答也算很够了。妈妈几次的病，都是你一个人服侍，最后半年多衣不解带的送妈妈寿终正寝。对于我呢，你几十年来常常给我精神上无限的安慰喜悦，这几年来把几个弟弟妹妹交给你，省我多少操劳，最近更把家里经济基础由你们夫妇手确立，这样女孩儿，真是比别人家男孩还得力十倍。你自己所尽的道德责任，也可以令你精神上常常得无限愉快了。所以我劝你不必思家着急，趁这在外的机会，把桂儿、瞻儿的学业打个深厚的基础。只要私人生计勉强维持得下去，外交部又不调动你们，你便索性等到我六十岁时才回来祝寿也不迟哩。

你们在坎虽清苦，但为桂儿姊弟计，比在斐律宾强多了。第一是养成节俭吃苦的习惯，第二是大陆的教育，到底比殖民地好得多。至于所做帮助我们家里的种种工作，其利益更是计算不出来了。据此说来，很该感谢王正廷的玉成，你们同意吗？

近来著述之兴大动，今晚本又想执笔，被王姨捣乱干涉，只好和你闲谈开开心，便去睡觉。

十二月十三日　爹爹

这些信零零碎碎写了好多天了，若不寄出，又不知要耽阁几时，许多许多要说的话下次再谈吧！

十二月廿一日

前三个礼拜内，兴业汇去二千美金想已收，昨日又续汇去一千，大概以后半年未必有力再汇了。

中原公司你们认股四百元已交去。

廿一日

致梁思成

［1927年12月18日］

思成：

这几天为你行聘礼，我精神上非常愉快，你想，从抱在怀里“小不点点”还经过千灾百难的。一个孩子盘到成人，品性、学问都还算有出息，眼看着就要缔结美满的婚姻，而且不久就要返国，回到我的怀里，如何不高兴呢？今天北京家里典礼极庄严热闹，天津也相当的小小点缀，我和弟弟妹妹们极快乐的顽了半天。想起你妈妈不能小待数年，看见今日，不免起些伤感，但他脱离尘恼，在彼岸上一定是含笑的。除在北京由二叔正式告庙外，思永在京跟着二叔招呼一切。今晨已命达达专在神位前默祷达此诚意。

我主张你们在坎京行礼，你们意思如何？我想没有比这样再好的了。你们在美国两个小孩子自己实张罗不来，且总觉太草率，有姊姊代你们请些客，还在中国官署内行谒祖礼，婚礼还是教堂内好。才庄严像个体统。

婚礼只要庄严不要侈靡，衣服首饰之类，只要相当过得去便够，一切都等回家再行补办，宁可撙节下点钱作旅行费。

你们由欧归国行程，我也盘算到了。头一件我反对由西伯利亚路回来，因为野蛮残破的俄国，没有什么可看，而且入境出境，都有种种意外危险。到满洲里车站总有无数麻烦。你们最主要目的是游南欧，从南欧折回俄京搭火车也太不经济，想省钱也许要多花钱。我替你们打算：到英国后折往瑞典、那威一行，因北欧极有特色，市政亦极严整有新意，新造之市，建筑上最有意思者为南美诸国，可惜力量不能供此游，次则北欧特可观。必须一往。由是入德国，除几个古都市外，莱因河畔著名堡垒，最好能参观一二。回头折入瑞士看些天然之美。再入意大利，多耽阁些日子，把文艺复兴时代的美彻底研究了解。最后便回到法国，在玛赛上船。到西班牙也好，刘子楷在那里当公使，招呼极方便。中世及近世初期的欧洲文化实以西班牙为中心。中间最好能腾出点时间和金钱到土耳其一行，看看回教的建筑和美术，附带着替我看看土耳其革命后政治。关于这一点，最好能调查得一两部极简明的书（英文的）回来讲给我听听。

思永明年回美，我已决定叫他从欧洲走。但是许走西伯利亚路，因为去比来的危难较少。最好你们哥儿俩约定一个碰头地方，大约以使馆为通信处最便。你们只要大概预定某月到某国，届时思永到那边使馆找你们便是。

从印度洋回来，当然以先到福州为顺路，但我要求你们先回京、津，后去福州。假使徽音在闽预定仅住一月半月，那自然无妨。但我忖度情理，除非她的母亲已回北京，否则徽一定愿意多住些日子，而且极应该多住，那么必须先回津，将应有典礼都行过之后，你才送去。你在那边住个把月便回来，留徽在娘家一年半载，则双方仁至义尽。关于这一点，谅来你们也都同意。

十二月十八日　爹爹

致梁思顺

［1927 年 12 月 19 日］

达达、司马懿半年来进步极速。六六亦有相当进步。当初他们的先生将一年功课表定了来问我，我觉得太重些，他先生说可以。现在做下去，他们兴味越来越浓。大概因为他先生教法既好，又十二分热心，所以把他们引上路了。他们——尤其是达达，对于他的先生又恭敬又亲热，每天得点零碎东西吃，总要分给先生。先生偶然出门去，便替他留下。看达达样子，像觉得除爹爹、娘娘外，天下可敬可爱之人没有过他的先生了。以上几行是十一月廿五日写的。

这几行写了二十多天，还没有寄，今日得空闲谈，还继续这方面的话。

今年偶然高兴，叫达达们在家读书，真是万幸，不然达达早已等于失学了。南开中学有七八个共产党，专为捣乱高一、高二两班捣得最厉害，达达今年若入校，正在高一。而入校。秋季开学后一个月便捣起，一直捣到如今。初时在班上搅局，专叫先生教不成，学生听不成。前两个月大举起来以"反对旷课扣分"可骇不可骇！的旗号，鼓动多数懒学生罢课，迫得张伯苓辞职。闹了将近一个月，好容〈易〉才得伯苓承认复职了。复职不到半个月，又闹起来。前礼拜学校革除他们，算是最后手段了。谁知他们竟赖着不走，至今尚无办法。半年来的南开，功课就这样消磨完了。稍为血气不定的学生，在这种环境之下，倒不在乎党不党。还有不学坏的吗？现在党军势力范围下，各省的学校既已全部关门，其馀地方也是这种现象。照这样下去，现在的学龄儿童非全数变成盲牛不可。党人万恶滔天，此恶真为万恶之首了。我初意本叫达达们在家学一年，明年再进校。照此情形，明年怕未必有校可进，便有，我也不愿叫他们去。好在他们既得着一位这样好先生，那先生又是寒士，梦想去日本留学而不得。我的意思想明年暑假后或寒假后，请那先生带着他们到东京去。达、懿两人补习一年或两年便可望考进大学，六六便正式进中学。这种办法你们赞成吗？回信务陈意见。

司马懿非常聪明，逼着和达达同一样功课，英文不同。居然跟得上。达达自受手术后，身体比从前好多了，没有病过一次，记性也加增。六六当然在弟兄姊妹中算是个饭桶，但自从割了喉咙后也很见进步，这都是可以令你们高兴的新闻。

思永说你们都怪爹爹信中只说老白鼻不说别的弟妹，太偏心，这次总算说了一大段了。

他们先生真好玩，完全像家里子弟一样了，出了书房便和他们淘气，一进书房便板着面孔，他羡慕我们的家庭到极点了，常和他的同学说要学先生，须从家庭学起，但是谈何容易。

以上十二月十九日写

致梁思顺

［1927 年 12 月 24 日］

顺儿：

得前次书，已猜着几分你有喜信，这回连接两书知道的确了，我和王姨都极欢喜。王外长对我十二分恭敬，我倒不好意思为这点小事直接写信给他。他和吴柳隅极熟，今日已写一封极恳切的信给柳隅，看有办法没有，能有最好。万一不能，就在营业款项上挪用些，万不可惜费，致令体子吃亏。须知你是我第一个宝贝，你的健康和我的幸福关系大著哩。好孩子，切须听爹爹的话。

北方局面看着快要完了。希哲倒没有十分难处，外面使领馆很多，随众人的态度为态度便是。你一时既不能上路，便安心暂住那边，最多是到时把总领事头衔摔下，用私人资格住到能行时为止。这都是等临时定局。目下中国事情谁也不能有半年以上的计画，有也是白饶。

营业方针，本来是托希哲全权办理，我绝不过问的，既是对于分裂之股，你们俩人意见不同，那么就折衷办理，留一半，售去一半，何如？

我日来颇想移家大连，将天津新旧房全部售去，在大连叫思成造一所理想的养老房子。那边尚有生意可做，我想希哲回来后，恐怕除了在大连开一个生意局面外，别的路没有可走，但这是一年后的话，现在先说说罢了。

思永明年回到哈佛，或者把庄庄交给他，你的行动便可以自由，这也是后话，那时再说。

范静生昨晨死去，可伤之至。他是大便失血太多，把身子弄虚弱了，偶得感冒小病，竟自送命。一年以来，我们师徒两人见面，我两次入协和时，他也在那里。彼此都谆劝保养。但静生凡事看不开，不会自寻娱乐，究竟算没有养到。半年来我把图书馆事脱卸交给他，也是我对不住他的地方。他死了，图书馆问题又回到我身上，但我无论如何，只好摔下。别的且不说，那馆在北海琼华岛上，每日到馆要上九十三级石梯，就这一点我已断断乎受不住了。现在事又渐繁，馆长非常到馆不可。

这几次写信都没有工夫特别和忠忠、庄庄两人说话，但每想起他们，总是欢喜的。

十二月廿四　爹爹

致孩子们

［1928年1月22日］

孩子们：

我这封信叫思永写的，你们不要奇怪，为什么我自己不写，因为才从医院出来，要拿笔怕你们干涉，所以口讲叫思永写。又因为我就想著一本小书，口述叫思永写，现在练习试试。

你们这些孩子真是养得娇，三个礼拜不接到我的信就撅嘴了，想外面留学生两三个月不接家信不算奇怪。我进医院有三个礼拜了，再不写信，你们又不知道怎么报怨了，所以乘今天过年时，和你们谈谈。

这回在医院里经过的情形，思永已报告过了。本来前四天已要退院，忽然有点发烧，被医生留着，昨天还是像前年达达那样要求医生放假出来过年，因为热度没有十分退，不过出来很好，坐火车后，热度反退了一度，一直到今天，人非常精神。这回住医院的结果，他们治疗的方针很有点变更，专注重补血。自从灌了两回血之后，很有功效，我最高兴的是他们不叫我吃素了，连鸡蛋都一天给我两个吃了。但是他们虽说蛋白质可吃，却劝不要吃太多，却是算来在家里所吃的肉品比在医院里还少，所以往后养病，对食品没有什么克苦，还与从前一样。

医生说工作是可以做的，不过要很自由的，要放下就放下，但是有固定的职务的事，是不相宜的，所以我决计把清华都辞脱了。以后那就依着医生的话，要做什么工作，高兴一天做三两点钟。总之，极力从“学懒”的方面来做，虽然不甘心当这“老太爷的生活”，只好勉强一年几个月再说。

我想忠忠和庄庄两人要格外撅嘴，因为我前几封几乎完全讲关于思成的事，完全没有理会到他们。不过这封信还是从思成他们的事说起。

思成、徽音婚礼的事，定了没有？我希望还是依我前头几封信那样办。思成这回的信说是要五千国币或三千美金，我可以给他。前头寄去给思顺的钱，通共一万六千，现在把最末的一千提出来，剩下一万五千做资本就是了。过一两天我再寄一千美金去，共二千，还有一千就请希哲变把戏，谅来他总有本事可以变出来！至于庄庄今年的学费，不久我这边还可筹资本过来，大概两三个月内，或者再汇一二千添上资本去。到下半年保险费也来了，得到手之后，也要全部寄希哲经理的，谅来虽然现在提开二千美金，我看希哲有办法了得了罢。

思成这回去游欧洲，是你的学问上一部份很重要的事业，所以我无论怎样困难，你们的游费总想供给得够才行。这回之后，我做爹爹的义务就算尽完了。我想你到去的地方，除了美、德、法之外，是北部的瑞典、挪威，南部的西班牙、土耳其。只要能去，虽然勉强，我还是希望你到这几个地方看看。回来的时候，不要搭西伯利亚铁路，总是走印度洋的好。因为由俄国来的。入境时青年男女极危险的，所以这笔钱是省不了的。你们细细打听，做通盘预算，看要用多少钱。我想有了三千，再加清华一千，你们旅行中要过苦点的日子，或者可以够了。若是徽音家里，依着成的信，可以贴补点钱，那是更好了，就是不能，勉强这四千何如？实在不够时我再勉力，我看也未常不可以罢。

北京图书馆要买的书，我已叫他们把书单和支票赶紧寄加拿大总领事馆了。钱在伦敦银行才可以支。我想这些书大多在欧洲买，而且钱到时，你们已快离美洲了，美洲的书不用买了。书单是三个人开来的，只是供你参考，最后的你还是你决定。我的意思，以买美术基本常识的书为主，或者希见难得的书碰机会买些。总而言之，以买基本书为主，无论英、法、德文都可以。

希哲真能干，他若是依着思顺来的信，在那边三年，我们家里以后的生计问题都可以解决了。股份的去留都完全由他，无须写信来问，问了我也不清楚。

思顺，你现在在有身的时候，要自己格外保养，因为前一回的时候，你妈妈可以跑去，现在你一个在外面，我同王姨都很担心。你来信说希哲很管你，我说很该。你说老白鼻和你，爹爹是不会骂的，不过老白鼻最怕爹“瞪眼”，你以后要不听希哲话，他写信来告你时，我也要“瞪眼”哩！

庄庄，你胖到这样怎么了？我们现在都想象你的身圆溜溜的样子。前几天娘娘还给你寄些衣服去，你穿得穿不得？你现在功课比从前忙多了。过了暑假后，也渐渐格外专门，怕比从前更忙。你的体子本来还好，我也不十分担心，不过也要节制。每日要拿出几点钟来，每礼拜拿出天罢来玩玩。因为做学问，有点休息，从容点，所得还会深点，所以你不要只埋头埋脑做去。

暑假后，你若想到美国去，三哥也已回去了，跟着你三哥也很好，若是你觉得你们这学校很好，不愿离开，或者你学校的先生们都愿你在那儿毕业，就在那儿读完也可以的。因为想来你姊姊一两年内不会离开加拿大。这样，你或留坎留美，在那边开个家庭会议决定罢。

忠忠挨打想该挨完了罢？你到底预备在维校几年？我想你在威校学的政治，总要弄到毕业才好。维校完了之后，还回去威校一年，你的意思怎样？我不久就要出一本小册子，讲我政治上的主张，其中讲军事的也很多，大概在暑假前后就可以出来，你看见之后一定加增许多勇气，还可以指导你一条路。你要的书，因为灿哥在北京的时候多，没有交他寄去，以后看见这些书时，给你寄去就是了。

好几年都是在外边过的“野年”，今年可算是在家过年，险些儿被医院扣留了。现在回到家很高兴，孩子们这边这半。得了压岁钱，十分高兴，不过“过了几回桥”，又给我得回来不少，还要赶绵羊，老白鼻做庄，输了钱，大声哭起来了。

桂儿，你们孟城好玩不好玩？老白鼻有一天问公公说：“我的干姑娘为什么用我做干爹？”这是老白鼻自己的话。公公实在答不出来，你写封“安禀”来，详细的把理由告诉他罢。

瞻儿，我听说你在学校里，老把第一把交椅把着不肯让给别人，公公高兴得很。你每天在学校里出来多玩回罢，不然以后真要变成书呆子了。

斐儿，我听说你会弹琴了。你快弹一个，用无线电打回来，公公这里有收音机，我同老白鼻也要听听。

公公

爹爹思永代笔　正月二十二日

这封虽然是我写的，却是里边的话几乎一个一个字都是爹爹。这就的记下来的诺尔德（note），懒得再抄一遍，请你们对付着看罢。

思永

致梁思达*

［1928年1月］

达达：

本想今日出院，因为治疗有效，医生劝多住几天，看进步如何，大约下礼拜五、六乃出，总之必回家过年。

这几天的好处，第一是心脏缩小，第二是血球增加，至于小便仍常常带红，但亦有时甚清。

前后灌了两次血，大抵灌血功效极大，以后或者每月灌一回。

前几天专叫我吃肝，牛肝、羊肝。说是最补血，但这两天又停了，说是补得太多也不好。隔天吃一顿鸡，每天吃一次鸡汤煮挂面，其余都是吃素，但咖啡、茶等已不禁了，豆类也常吃。

在医院没有什么不好，只是睡觉不均匀，每晚八九点钟便迷糊睡着，两三点便醒，常常到天亮不再睡，每睡不好，小便必红。

初进院时发烧，医生不许下床，近三日已不禁止了，但我仍终日睡在床上，没有到过客厅一次。

这封信给娘娘看过后，便写信给姊姊们看，因为我懒得写信给他们，你并告诉姊姊说外交部前几天电汇二千美金给他们，他收到没有？

这两天姊姊们有信来，可寄来协和，若再过两三天，便不必寄了，

---

* 此函《梁启超未刊书信手迹》无，录自《梁任公先生年谱长编（初稿）》“民国十七年戊辰，五十六岁”。

等我回家再看。老白鼻要什么东西，叫他自己写信来要。

爹爹

致梁思顺

［1928 年 2 月 2 日］

思顺：

平果、橙、鱼都收到了，生受你们夫妇的孝心。在协和时，隔天便给沙门鱼吃，想是最适于我的卫生，水果更不消说是最合式的了。

昨日又寄去美金千元，此款专给思成们结婚旅行之用，并将前此寄去之万六千元中划出千元给他们。营业资本只留万五千元整数便得。此外，若能在营业馀利上再筹千元给他们最好，若不能，只好让他们撙节着用了。自汇去这千元后，家中存款已罄，本月便须在兴业透支。但最近两三个月内各公司利息当可得三四千元，商务书馆版税亦可得二千元内外，尚不至甚窘。惟下半年思永由欧往美，尚拟给他旅费千元，本年费用已稍觉吃力了。

外部给你们电汇二千元已到否，你们经济不至太窘吧！

二月二日　爹爹

致梁思成

［1928 年 2 月 12 日］

思成：

得姊姊电，知你们定三月行婚礼，想是在阿图和吧？不久当有第二封信了。故宫委员事，等第二电来再定办法。

国币五千或美金三千可以给你，详信已告姊姊。在这种年头，措此较大之款，颇觉拮据。但这是你学问所关，我总要玉成你，才尽我的责任。除此间划拨那二千美金外，剩下一千，若姊姊处凑不出这数目，你们只好撙节着用，或少到一两处地方罢了。我前几封信都主张你们从海道回国，反对走西伯利亚铁路，但是若为省钱计，我也无可无不可。若走西伯利亚，要先期告我，等我设法，令你们入境无阻滞。

你脚踏到欧陆之后，我盼望你每日有详细日记，将所看的东西留个印象，凡注意的东西都留他一张照片。可以回来供系统研究的资料。若日记能稍带文学的审美的性质，回来我替你校阅后可以出版，也是公私两益之道。

今寄去名片十数张，你到欧洲往访各使馆时可带着投我一片，问候他们，托其招呼，当较方便些。你在欧洲不能不借使馆作通信机关，否则你几个月内不会得着家里人只字了。

你到欧后，须格外多寄些家信，明信片最好。令我知道你一路景况。

此外，还有许多话叫思永告诉你，想已收到了。

二月十二日　爹爹

致梁思永

［1928年4月3日］

思永：

复信收到。你再留学机会万不容失掉，因为你所学还未大成哩。不知延迟一年能否再得清华官费，若能，倒不妨。因为你年纪尚轻，迟一年算不了什么。若过了今年便失官费，则只好把广西之行牺牲了。若想去几个月，仍赶上今年放洋，我猜是决办不到的，徒两失之。我的意思如此。

你将情形调查清楚后，自己决定罢。

头晕接连两日，呕吐只一次，今日已全愈了。原因是在四五日前，精神太好，著述兴味太浓，一时忘了形，接连两晚破戒，许久没有打牌，因为打牌兴味为著述兴味所夺，前天被你娘娘干涉，才打了几圈。晚上也做些工作，以致睡不着，而早上又已起早惯了，因此睡眠不足，胃的消化力便弱起来。头晕全是胃的关系。昨天放下一切，睡了大半天，今晨又精神焕发了。现在每日上半天在小书房坐，朝阳从窗牖透进，极明丽可喜。将窗户打开约一点钟。

此信仍寄姊姊们阅，因为我到底没有写信给他们，自从前次寄你那信以后到今日。他们只怕已盼得眼黑眼白了。

四月三日　爹爹

致梁思成、林徽音

［1928年4月26、28日］

思成、徽音：

我将近两个月没有写“孩子们”的信了，今最可以告慰你们的，是我的体子静养极有进步，半月前入协和灌血并检查，灌血后红血球竟增至四百二十万，和平常健康人一样了。你们远游中得此消息，一定高兴百倍。

思成和你们姊姊报告结婚情形的信，都收到了，一家的冢嗣，成此大礼，老人欣悦情怀可想而知。尤其令我喜欢者，我以素来偏爱女孩之人，今又添了一位法律上的女儿，其可爱与我原有的女儿们相等，真是我全生涯中极愉快的一件事。

你们结婚后，我有两件新希望：头一件，你们俩体子都不甚好，希望因生理变化作用，在将来健康上开一新纪元。第二件，你们俩从前都有小孩子癖气，爱吵嘴，现在完全成人了，希望全变成大人样子，处处互相体贴，造成终身和睦安乐的基础。这两种希望，我想总能达到的。近来成绩如何？我盼望在没有和你们见面之前，先得着满意的报告。

你们游历路程计画如何？预定约某月可以到家？归途从海道抑从陆路？想已有报告在途。若还未报告，则得此信时，务必立刻回信详叙，若是西伯利亚路，尤其要早些通知我，当托人在满洲里招呼你们入国境。

你们回来的职业，正在向各方面筹画进行，虽然未知你们自己打何主意。一是东北大学教授，东北为势最顺，但你们去也有许多不方便处，若你能得清华，徽音能得燕京，那是最好不过了。一是清华学校教授，成否皆未可知，思永当别有详函报告。另外还有一件“非职业的职业”——上海有一位大藏画家庞莱臣，其家有六朝唐画十馀轴，宋元画近千轴，明清名作不计其数，这位老先生六十多岁了，我想托人介绍你拜他门，已托叶葵初。当他几个月的义务书记，若办得到，倒是你学问前途一个大机会。你的意思如何？亦盼望到家以前先用信表示。

你们既已成学，组织新家庭，立刻须找职业，求自立，自是正办，但以现在时局之混乱，职业能否一定找着，也很是问题。我的意思，一面尽人事去找，找得着当然最好，找不着也不妨，暂时随缘安分，徐待机会。若专为生计独立之一目的，勉强去就那不合式或不乐意的职业，以致或贬损人格，或引起精神上苦痛，倒不值得。一般毕业青年中大多数立刻要靠自己的劳作去养老亲，或抚育弟妹，不管什么职业得就便就，那是无法的事。你们算是天幸，不在这种境遇之下，纵令一时得不着职业，便在家里跟着我再当一两年学生，在别人或正是求之不得的。也没什么要紧。所差者，以徽音现在的境遇，该迎养他的娘娘才是正办，若你们未得职业上独立，这一点很感困难。但现在觅业之艰，恐非你们意想所及料，所以我一面随时替你们打算，一面愿意你们先有这种觉悟，纵令回国一时未能得相当职业，也不必失望沮丧。失望沮丧，是我们生命上最可怖之敌，我们须终身不许他侵入。

《中国宫室史》诚然是一件大事业，但据我看，一时很难成功，因为古建筑什九被破坏，其有现存的，因兵乱影响，无从到内地实地调查，除了靠书本上资料外，书本上资料我有些可以供给你，尤其是从文字学上研究中国初民建筑，我有些少颇有趣的意见，可惜未能成片段，你将来或者因我所举的例继续研究得有更好的成绩。只有北京一地可以着手。幸而北京资料不少，用科学的眼光整理出来，也很够你费一两年工作。所以我盼望你注意你的副产工作——即《中国美术史》。这项工作，我很可以指导你一部分，还可以设法令你看见许多历代名家作品。我所能指导你的，是将各派别提出个纲领，及将各大作家之性行及其时代背景详细告诉你。名家作品家里头虽然藏得很少，也有些佳品为别家所无。但现在故宫开放以及各私家所藏，我总可以设法令你得特别摩挲研究的机会，这便是你比别人便宜的地方。所以我盼望你在旅行中便做这项工作的预备。所谓预备者，其一是多读欧人美术史的名著，以备采用他们的体例，关于这类书，认为必要时，不妨多买几部；其二是在欧洲各博物馆、各画苑中见有所藏中国作品，特别注意记录。

回来时立刻得有职业固好，不然便用一两年工夫，在著述上造出将来自己的学术地位，也是大佳事。

你来信总是太少了，老人爱怜儿女，在养病中以得你们的信为最大乐事，你在旅行中尤盼将所历者随时告我，明信片也好。以当卧游，又极盼新得的女儿常有信给我。

四月廿六日　爹爹

清华教授事或有成功的希望，若成功，新校长已允力为设法。则你须要开学前到家，届时我或有电报催你回来。

廿八日又书

致梁思顺

［1928年4月28日］

思顺：

两个月没有亲笔写“孩子们”的信，你们只怕望眼将穿了。好在思永、达达们的信不少，你们对于我的体子，当可放心。现在最好的消息，是血球已增至四百二十万，便血虽未全止，比从前总是清得很多。此外精神极旺盛，胃口极好，不必多说。

报告婚礼情形各信都收到了，在不丰不俭之间，办得极庄严极美丽，正合吾意。现在又预备新人到家谒祖时的热闹了，届时再报告你们。

这回经济上的筹画供给，全亏了希哲，只是太劳苦他了。我真是当了老太爷，你这些弟弟妹妹们，得着这样的姊夫姊姊，也太便宜了。

你来信说从七月起将家用全部担任，这却不必。以现在情形论，本年内家用尚很有敷馀，现在家用折中尚存四千元左右，一两月内尚有其他股息可收，商务印书馆售书收入亦尚有，所以一直到本年年底，还用不着你们接济。若将钱寄回来，倒无稳妥。安放之处，不如留在外边生利。我的意思最好是你们将所拟寄回接济家用之款留起来，算借给你们作为资本，例如你预备每月寄回二百金，你便按月将这二百金另款存储，算是借给你们，不用计息，将来把本钱归还便是。如此则半年内你们也得千二百金资本，一年得二千四百资本，岂不是可以帮补许多吗？你们也借此作些少营业，弥补在外的亏空，如此一举两得，岂非最好？将来若家里须要接济时，预先一两个月告诉你们便得了。

保险费全数只有三万三千元，还不能得回所纳费之原数。除扣除借款外，只有一万六千八百馀元，收到后当即汇来，所汇只能有美金八千。

外交部索欠事，已函罗钧任，尚未得复。此次恐怕无效，因为最近各机关收入都归所谓“政费委员会”者管理，外部还能否有特别通融之路，殊不敢知。

庄庄暑期内特别用费可即付，以后凡这类事，你全权办理，不必来问，徒费时日，或者我懒得写信时，便耽误了。总之，我的孩子个个都不会浪费，你做姊姊的，尤其会斟酌支配，你瞧着该怎么办便怎么办，我无不同意，何必常常来麻烦我呢？

这信到时，计算着你快要分娩了，我正天天盼平安喜电哩，我也极望添一个孙女儿，得电后即命名寄去。

要说的话很多，一时想不起来，先把这几张纸写去罢。

四月廿八日　爹爹

致梁思成

［1928 年 5 月 4 日］

思成：

你的清华教授闻已提出评议会了，结果如何，两三天内当知道。此事全未得你同意，不过我碰有机会姑且替你筹画，你的主意何在？来信始终未提。因你来信太少，各事多不接头。论理学了工程回来当教书匠，是一件极不经济的事，尤其是清华园，生活太舒服，容易销磨志气。我本来不十分赞成，朋友里头丁在君、范旭东都极反对，都说像你所学这门学问，回来后应该约人打伙办个小小的营业公司，若办不到，宁可在人家公司里当劳动者，积三两年经验，打开一条生活新路。这些话诚然不错，以现在情形论，自组公司万难办到。恐必须亏本。亏本不要紧，只怕无本可亏。且一发手便做亏本营业，也易销磨志气。你若打算过几年吃苦生涯，树将来自立基础，只有在人家公司里学徒弟。这种办法你附带着还可以跟着我做一两年学问，也很有益。若该公司在天津，可以住在家里，或在南开兼些钟点。但这种办法为你们计，现在最不方便者是徽音不能迎养其母。若你得清华教授，徽音在燕大更得一职，你们目前生活那真合式极了。为我计，我不时到清华，住在你们那里也极方便。只怕的是“晏安鸩毒”，把你们远大的前途耽误了。两方面利害相权，全要由你们自己决定。不过我看见有机会不能放过，姑且替你预备着一条路罢了。

东北大学事也有几分成功的希望，那边却比不上清华的舒服，徽音觅职较难。却有一样好处——那边是未开发的地方，在那边几年情形熟悉后，将来或可辟一新路。只是目前要挨相当的苦。还有一样——政局不定，这一着虽得清华也同有一样的危险。或者到那边后不到几个月便根本要将计画取销。

以上我只将我替你筹画的事报告一下，你们可以斟酌着定归国时日。

五月四日　爹爹

致梁思顺

［1928 年 5 月 4 日］

思顺：

三日前一短信，想收到，外部索欠恐绝对的无办法，因为这一两年来外部全靠船钞收入挹注，现在船钞已由南方截留净尽，部中已干瘪，你们别要再指望罢。

关于思成职业问题，你的意见如何？他有点胡闹，我在几个月以前，已经有信和他商量，及此他来信一字不提，根本就来信太少。因此我绝不知他打何主意，或者我所替他筹画的事，他根本不以为然，我算是白费心了。这些地方，他可谓少不更事，朋友们若是关心自己的事，替自己筹画，也应该急速回信给他一个方针，何况尊长呢？他不愿以自己的事劳我的思虑，也是他的孝心，但我既已屡屡问及他，总要把他意旨所在告诉我才是。我生性爱管闲事，尤其是对于你们的事，有机会不能不助一臂之力。但本人意思如何，全未明白，那真难着手了。你去信关于这些地方，应该责备他，教导他一下。

五月四日　爹爹

致梁思顺

［1928 年 5 月 5 日］

思顺：

婚礼照片今日收到，阖家争观，皆大欢喜。新郎、新妇皆光彩动人，思成自照一片，丰腴俊秀，尤令我观之不厌，前此对于彼体子之忧念销释大半了。但你何以忽然苍老到如此，你照相时像是动了一下。令我有一点点不大高兴。此信到时，计正在你免身前后，切盼你十二分善养，以慰老怀。

庄庄很丰泽可爱，但样子大变，几乎认不得了。

三个孙子都极有趣，斐儿酷像他爸爸，瞻儿和新郎一比真是“外甥似舅”了。桂儿越长越美了，他们三个那种高兴样子，像是比新人还得意。

五月五日　爹爹

致梁思成

［1928 年 5 月 8 日］

思成：

昨日杨廷宝来，言东北大学事，该大学理科学长高介清亦清华旧同学，该大学有建筑专系，学生约五十人，秋后要成立本科，前是预科。曾欲聘廷宝，渠不能往，渠在基泰公司。荐汝自代，薪俸月二百八十元，总算甚优。廷宝谓奉天建筑事业极发达，而工程师无一人，汝在彼任教授，同时可以组织一营业公事房，立此基础，前途发展不可限量。渠甚望汝先往开辟，渠将来尚思与汝打伙云云。津、沪等处业此者多，难与竞争。我虽未得汝同意，已代汝应允矣。惟该系既属创办，汝之职或即是该系主任，故开学前应有许多准备，故盼汝最迟能以阳历八月十号前到家乃好。已别发一电促归。今日寄清华，叫思永英译。恐不明白，故急发此信。

清华事亦已提出评议会，惟两事比较，似东北前途开展之路更大，清华园是“温柔乡”，我颇不愿汝销磨于彼中，谅汝亦同此感想。

归期既如此匆促，则非走西伯利亚铁路不可，车期定后务必发一电来，我当托哈尔滨祖生在哈尔滨，或托彼往。中国银行或浙江兴业银行特派一人往满洲里招呼入境。电中须声明日期。我或在北戴河车站迎汝。

我身子极好，便血几将肃清，勿念。

五月八日　爹爹

致梁思顺

［1928 年 5 月 8 日］

不能和思成直接通信，真是着急，别信可急寄去或撮举大意再发电告彼。

时局益加混沌，但京、津间或尚可苟安若干时日。

我清华事到底不能摆脱，我觉得日来体子已渐复元，虽不能摆脱，亦无妨，因为我极舍不得清华研究院。思永大不以为然，大大的撅嘴。

别的话改天再谈。

五月八日　爹爹

致梁思顺

［1928 年 5 月 13 日］

顺儿：

昨日电汇美金八千，又另一电致思成，想皆收。

保险费只得三万三千，除去借款外，万六千馀恰好合八千金寄坎，营业资本拟即从此截止。此后每月尚有文化基金会还我从前保单押款五百元，至明年二月乃满，但此款暂留作家用，不寄去了。

在寄去资本总额中，我打算划出三千或五千金借给你们营业，俾你们得以维持生活，到将来营业结束时，你们把资本还我便是了。因为现在思成婚礼既已告成，美中无须特别用款，津中家用现在亦不须仰给于此，有二万内外资本去营业，所收入已很够了。你在外太刻苦，令我有点难过，能得些贴补，少点焦虑，我精神上便增加愉快。

此信到时，计算你应该免身了，我正在天天盼望平安喜电哩。你和忠忠来信，都说“小加儿”，因此我已经替他取得名字了，大名叫做“嘉平”，小名就叫“嘉儿”，不管是男是女，都可用。若是男孩，外国名可以叫做“查理士”。新近有人送我一方图章，系明末极有名的美术家蓝田叔《桃花扇》中有他的名字。所刻“嘉平”两字，旁边还刻有《黄庭经》五句，刻手极精，今随信寄去，算是公公给小嘉儿头一封“利是”。

思成目前。职业问题，居然已得解决了。清华及东北大学皆请他，两方比较，东北为优，因为那边建筑事业前途极有希望，到彼后便可组织公司，从小规模办起，徐图扩充，所以我不等他回信，径替他作主辞了清华，清华太舒服，会使人懒于进取。就东北聘约了，你谅来也同意吧。但既已应聘，九月开学前须到校，至迟八月初要到家，到家后办理庙见大礼，最少要十天八天的预备，又要到京拜墓，时日已不大够用了。他们回闽省亲事，只怕要迟到寒假时方能举行。

庄庄今年考试，纵使不及格，也不要紧，千万别要着急，因为他本勉强进大学，实际上是特别提高了一年，功课赶不上，也是应该的。你们弟兄姊妹个个都能勤学向上，我对于你们功课绝不责备，却是因为赶课太过，闹出病来，倒令我不放心了。

看你们来信，像是觉得我体子异常衰弱的样子，其实大不然。你们只要在家看见我的样子，便放下一千万个心了。你们来信像又怕我常常有忧虑，以致损坏体子，那更是误看了。你们在爹爹膝下几十年，难道还不知爹爹的脾气吗？你们几时看见过爹爹有一天以上的发愁，或一天以上的生气？我关于德性涵养的工夫，自中年来很经些锻炼，现在越发成熟，近于纯任自然了。我有极通达、极健强、极伟大的人生观，无论处何种境遇，常常是快乐的，何况家庭环境，件件都令我十二分愉快。你们弟兄姊妹个个都争气，我有什么忧虑呢？家计虽不宽裕，也并不算窘迫，我又有什么忧虑呢？

此次灌血之后，进步甚显著，出院时医生说可以半年不消再灌了。现在实行“老太爷生活”，大概半年后可以完全复原，现在小便以清为常态，偶然隔十天八天小小有点红，已成例外了。你们放一万个心罢。

时局变化甚剧，可忧正多，但现在也只好静观，待身子完全复原后，再作道理。

北戴河只怕今年又去不成，也只好随缘。天津治安秩序想不成问题，我只有守着老营不动。

五月十三日　爹爹

忠忠要小嘉儿做干孩子，和老白鼻商量不通，他说他是海军大将，要四个小兵，正缺短一个，等着小嘉儿补缺呢！

致梁思成、林徽音

［1928 年 5 月 14 日］

思成、徽音：

近日有好几封专给你们的信，由姊姊那边转寄，只怕到在此信之后。

你们沿途的明信片尚未收到。巴黎来的信已到了，那信颇有文学的趣味，令我看着很高兴。我盼望你们的日记没有间断。日记固然以当日做成为最好，但每日参观时跑路极多，晚间疲倦，欲全记甚难，宜记大略，而特将注意之点记起，用一种特别记忆术。备他日重观时得以触发续成，所记范围切不可宽泛，专记你们最有兴味的那几件——美术、建筑、戏剧、音乐便够了，最好能多作“漫画”。你们两人同游有许多特别便利处，只要记个大概，将来两人并着覆勘原稿，彼此一谭，当然有许多遗失的印象会复活，许多模糊的印象会明了起来。

能做成一部“审美的”游记，也算得中国空前的著述。况且你们是蜜月快游，可以把许多温馨芳洁的爱感，迸溢在字里行间，用点心做去，可成为极有价值的作品。

东北大学和清华都议聘思成当教授，东北尤为合式，今将孝同来书寄阅——杨廷宝前几天来面谈所说略同。关于此事，我有点着急，因为未知你们意思如何？多少留学生回来找不着职业，所以机不宜失。但机会不容错过，我已代你权且答应东北，清华拟便辞却。等那边聘书来时，我径自替你收下了。

时局变化剧烈，或者你们回来时两个学校都有变动也未可知，且不管他，到那时再说，好在你们一年半载不得职业也不要紧。

但既就教职，非九月初到校不可，欧游时间不能不缩短，很有点可惜。而且无论如何赶路，怕不能在开学前回福州了，只好等寒假再说。关于此点，我很替徽音着急。又你们既决就东北，则至迟八月初非到津不可。因为庙见大礼万不能不举行，举行必须你们到家后有几天的预备才能办到。庙见后你们又必须入京省墓一次，所以在京、津间最少要有半个月以上的工夫。

赶路既如此忙迫，不必把光阴费在印度洋了，只好走西伯利亚吧。但何日动身，何日到本国境，总要先二十来天发一电来，等我派人去招呼，以免留滞。

我一月来体子好极了，便血几乎全息，只是这一个多月过“老太爷生活”，似乎太过分些，每天无所事事，恰好和老白鼻成一对。

今天起得特别早，太阳刚出，便在院子里徘徊，“绿阴幽草胜花时”，好个初夏天气也。

五月十四日　爹爹

致梁思成

［1928 年 6 月 10 日］

思成：

昨日得电问清华教什么，清华事有变动，前信已详，计日内当到，所以不覆电，再用信补述一下。

前在清华提议请你，本来是带几分勉强的，我劝校长增设建筑图案讲座，叫你担任，他很赞成，已经提出评议会。闻会中此类提案甚多，正付审查未表决，而东北大学交涉已渐成熟。我觉得为你前途立身计，东北确比清华好，所差者只是参考书不如北京之多。况且东北相需甚殷，而清华实带勉强。因此我便告校长，请将原案撤回。他曾否照办，未可知，但现在已不成问题了。清华评议会许多议案尚未通过，新教习聘书一概未发，旧教习契约满期者亦尚未续发。而北京局面已翻新，校长辞职，负责无人，下学期校务全在停顿中。该校为党人所必争，不久必将全体改组，你安能插足其间？前议作罢，倒反干净哩。

现在剩下的是东北问题。那方面本来是略已定局的，但自沈阳炸弹案发生后，奉天情形全在浑沌中，此间也不能得确实消息，恐怕奉天不能安然无事的。下学期东北能否开学，谁也不敢说，现在只得听之。大约一个月内外，形势也可判明了。当此乱世，无论何种计画都受政治波动，不由自主，你回来后职业问题有无着落，现在也不敢说了。这些情形，我前信早已计及，想你也已有觉悟和准备。

东北大学情形如何虽未定局，但你仍以八月前赶回最好。那时京、奉交通现在不通。能否恢复，未可知。你若由铁路来，届时绕大连返津，亦无不可。

在国境上若无人往接，你到哈尔滨时，可往浙江兴业银行或中国银行接洽。

北京图书馆寄去买书费，闻只五十镑，甚为失望。该款寄伦敦使馆交你，收到后即复馆中一信北海公园内北京图书馆，非松馆也。为要。

六月十日　爹爹

致梁思顺

［1928年6月19日］

思顺：

这几天天天盼你的安电，昨天接到一封外国电报以为是了，打开来却是思成的，大概三五天内，你的好消息也该到哩。思成那里我直接寄过好几封去，都是商量他的事，但他来信极少。

天津这几天在极混乱极危急中，但住在租界里安然无事，我天天照常的读书顽耍，却像世外桃源一般。

我的病不知不觉间已去得无影无踪了，并没有吃药及施行何种治疗，不知怎样竟自自己会好了。中间因着凉，右膀发痛，也是多年前旧病。牵动着小便也红了几天。膀子好后，那老病也跟着好了。

近日最痛快的一件事，是清华完全摆脱。我要求那校长在他自己辞职之前先批准我辞职，已经办妥了。在这种形势之下，学生也不再来纠缠我，从此干干净净，虽十年不到北京，也不发生什么责任问题，精神上很是愉快。

思成回来的职业，倒是问题，清华已经替他辞掉了，东北大学略已定局，惟现在奉天前途极混沌，学校有无变化，殊不可知，只好随遇而安罢，好在他虽暂时不得职业，也没甚要紧。

你们的问题，早晚也要发生，但半年几个月内，怕还顾不及此，你们只好等他怎么来怎么顺应便是了。

我这几个月来生活很有规则，每天九时至十二时、三时至五时做些轻微而有趣的功课，五时以后照例不挨书桌子，晚上总是十二点以前上床，床上看书不能免，有时亦到两点后乃睡着，但早上仍起得不晚。

以上两纸几天以前写的，记不得日子了。

十九日记

三天前得着添丁喜安电，阖家高兴之至，你们盼望添个女孩子，却是王姨早猜定是男孩子，他的理由说是你从前脱掉一个牙，便换来一个男孩，这回脱两个牙，越发更是男孩，而且还要加倍有出息，这些话都不管他。这个饱受“犹太式胎教”的孩子，还是男孩好些，将来一定是个陶朱公。

这回京、津意外安谧，总算万幸。天津连日有便衣队滋扰，但闹不出大事来，河北很遭殃，曹武家里也抢得精光。租界太便宜了。

思永关在北京多天，现在火车已通，廷灿、阿时昨今先后入京，思永再过两三天就回来，回来后不再入京，即由津准备行程了。

王姨天天兴高采烈的打扮新房，现在竟将旧房子全部粉饰一新了，全家沾新人的光。这么一来，约也花千元内外。

奉天形势虽极危险，但东北大学决不至受影响，思成聘书已代收下，每月薪金二百六十五元。系初到校教员中之最高额报酬。那边建筑事业将来有大发展的机会，比温柔乡的清华园强多了。但现在总比不上在北京舒服，不知他们夫妇愿意不？尚未得他信，他来信总是很少。我想有志气的孩子，总应该往吃苦路上走。

思永准八月十四由哈尔滨动身，九月初四可到波士顿，届时决定抽空来坎一行。

家用现尚能敷衍，不消寄来，但日内或者须意外之费五千元，亦未可知。因去年在美国赔款额内补助我一件事业，原定今年还继续一年，若党人不愿意，我便连去年的也退还他。若需用时，电告你们便是。

我的旧病本来已经好清楚了两个多月，这两天内忽然又有点发作，但很轻微。因为批阅清华学生成绩，一连赶了三天，便立刻发生影响，真是逼着我做纯粹的老太爷生活了。现在功课完全了结，对本年的清华总算全始全终。再好生将养几天，一定会复元的。

六月十九日　爹爹

致梁思顺

［1928年6月23日］

思顺：

三天前有封长信分给你们三人的，想已收。

思永昨天回到天津了，今天过节。今日正发一电，由巴黎使馆转思成，叫他务必尽七月底到家，赶着筹备他的学校新班，东北大学。他若能如期赶到，还可以和思永聚会几天哩。

北京一万多灾官，连着家眷不下十万人，饭碗一齐打破，神号鬼哭，惨不忍闻。别人且不管，你们两位叔叔、两位舅舅、一位姑丈都陷在同一境遇之下，除七叔外，七叔比较的容易另想办法。个个都是五六十岁的人，全家十几口，嗷嗷待哺，真是焦急煞人。现在只好仍拼着我的老面子去碰碰看，可以保全得三两个不？我本来一万个不愿意和那些时髦新贵说话，说话倒不见得定会碰钉子。但总不能坐视几位至亲就这样饿死，只好尽一尽人事。廷灿另为一事，他是我身边离不开的人，每月百把几十块钱，我总替他设法。若办不到，只好听天由命，劝他们早回家乡，免致全家作他乡馁鬼。

你二叔大概有些少积蓄，可勉强支持一两年。十四舅大约可坐食一年。七叔倒好，他有打算，他这两年内居然积下一千多，回家去歇年把，没有职业也还可以。十五舅和姑丈最不了，手边一文俱无，孩子却都成打。

你前几次来信，都说从你那边招呼家用，本来是用不着的，但现在计划下来，很要几项特别支出：其一是思永盘费一千元，本来早在预算内的；其二福鬘在燕京大学还有两年或三年，十四舅是断不能供给了，我只好担起，打算趁思永未放洋以前交他；其三若七叔、姑丈、十五舅他们回家乡，连盘费也没有，到万不得已不能不借（送）给他们，或许要千金也不定；其四现在修理房子，不知不觉也用去千元。这样东一笔西一笔下来，今年家用怕有点不敷了。希哲能多费点心血找三几千元弥补弥补，便不至受窘了。但现时也用不着，找得后存在你们那里听信便好。

我自己零用呢，很节省，用不着什么，除了有些万不得已的捐助借贷外，就只爱买点书，我很想平均每月有二百元平常若没有特别支出，每月尚可腾出此数。的买书费，对于我的读书欲也勉强充足了，若实不够用时，此项费暂省也得。

京、津间气象极不佳，四五十万党军屯聚畿辅，北京城圈内也有十万兵，这是向来所无的现象。所谓新政府者，不名一钱，不知他们何以善其后。党人只有纷纷抢机关，抢饭碗，京、津间每个机关都有四五伙人去接收。新军阀各务扩张势力，满街满巷打旗招兵。嘴里却个个都说要裁兵。你想这是何等景象，恐怕过八月节时，不全像端节的和平哩。

全家都去看电影，我独自一人和你闲谈这几张纸。

六月廿三日　爹爹

思成他们在家十几天真快乐，中间入京两次，真正享家庭快活，不过两礼拜内外。除了陪我闲谭外，大抵他们总是和十来年惯例一样，以王姨的卧房当俱乐部，在那里瞎谈家常。他们最喜欢拉老郭谈，每晚把我催眠之后，便叫老郭嚼牙根嚼到一两点钟。顺儿听见这种生活，想也恨不得快点飞回家吧！

致梁思顺*

［1928年8月22日］

新人到家以来，全家真是喜气洋溢。初到那天看见思成那种风尘憔悴之色，面庞黑瘦，头筋涨起，我很有几分不高兴。这几天将养转来，很是雄姿英发的样子，令我越看越爱。看来他们夫妇体子都不算弱，几年来的忧虑，现在算放心了。新娘子非常大方，又非常亲热，不解作从前旧家庭虚伪的神容，又没有新时髦的讨厌习气，和我们家的孩子像同一个模型铸出来。所以全家人的高兴，就和庄庄回家来一般，连老白鼻也是一天挨着二嫂不肯离去。

我辞了图书馆长以后，本来还带着一件未了的事业，是编纂《中国图书大辞典》，每年受美国庚款项下津贴五千元。这件事我本来做得津津有味，但近来廷灿屡次力谏我，说我拖着一件有责任的职业，常常工作过度，于养病不相宜。我的病态据这大半年来的经验，养得好便真好，比许多同年辈的人都健康，但一个不提防，却会大发。一次发起来虽无妨碍，但经两三天的苦痛，元气总不免损伤。所以我再四思维，已

---

* 此函《梁启超未刊书信手迹》无，录自《梁任公先生年谱长编（初稿）》“民国十七年戊辰，五十六岁”。

决意容纳廷灿的忠告，连这一点首尾，也斩钉截铁的辞掉。本年分所领津贴已经退还了，七月起。去年用过的五千元，因为已交去相当的成绩。论理原可以不还，但为省却葛藤起见，打算也还却。现在定从下月起，每月还二百元，有馀力时便一口气还清。你们那边营业若有馀利时，可替我预备这笔款，但不忙在一时，尽年内陆续寄些来便得。

爹爹

致梁思顺

［1928年9月2日］

顺儿：

十天前在礼目上写了一大堆话，当信寄去，想已收。十天内连得你两封信，极高兴。

果然不出你所料，思成到家后第二天，我的病又发了，发得很利害，血块比前两回都多，好在时间短，不到一天已好了。虽然有小小发烧，睡了两天，却没有误了庙见吉期，那天的欢喜热闹，前信都讲过了。

你七月三十日信谈到你们的事，依我看只要你们不走，政府不会换人的。若是在马尼剌或星加坡便不敢说，你们那地方没有人打主意，纵令政府另派人，他连川资也拿不出来给人，那人也断不会自掏腰包跑去。还有一层，纵使有新人来接替你们，房子是自己的，顶多把领事馆挂牌卸下来，让他自找房子。你们爱在坎京住多时便住多时，不过把天津的二百五十元留支没有了而已。此外更无他事，有什么难解决呢？南京政府乱七八糟，一年内外决不会谈到换领事等事。尤其是没有收入的领事馆。我绝将的不愿意和你们现在的长官说话，这人再讨厌可鄙没有了。连间接托人说也不愿意，你们最好是当作没这回事，一切还是照自己原定计画做去便得了。

我太爱替亲爱的人管闲事、担忧虑，生性如此，无可如何！你二叔的事大抵可以麻麻糊糊，蝉联下去钱现在是照常领。若干时，但我真有点怄他的气，五十多岁的弟弟要老哥哥领他几手，像领老白鼻一样，自己什么事都不动，以下该如何打出一条生路，本来很难，但虽难也不得不想法。他也不去努力，我真是爱莫能助了。七叔没有多大问题，或者南开中学就可得一席，不然等几个月也不相干。姑丈靠你妈妈十几年替他积存得几千块钱，现在倒真是救命了。

希哲回来做生意，没有第二个地方比东三省再好了。思成已经先在那边栽下一个根子，你们将来更方便了。在未回以前倒有些可以预备的事，他们□局现在决意开放门户，招纳外资，但须避免日本的捣乱，不能不想“暗度陈仓”那法子。现在他们决意办垦务，先从北满办起。想和美国人借农具，因为开垦最主要的资本就是农具。那边是大农制度，与美国从前情形同。借钱会惊动小鬼耳目，赊农具却没有话说，赊得几百万块钱的农具，合同可以定宽些，头一年二三百万便得，还可以递年加增，若干年后本息全还。局面便立刻成立了。若有人好生接洽美国的农具工厂，谅来没有不欢迎。他们正要办这件事，昨天晚上罗钧任从奉天来才和我谈起。我想希哲在那边若有门路不妨兜揽这件事，目前既可以得相当的佣钱，以后和垦务发生关系，发展的机会更不知多少。还有北满的森林，若有材木公司想合办，也是有办法的。这些话我告诉你们留意，你们若能找着投资的人，我这边总有法介绍。东三省现在决定采不管关内的方针，照此下去十年，生产力发达不可限量，这些话不妨替他宣传。

奉天又打我的主意，想设一个国学研究院，规模比清华大多了。找我主办，可惜我现在的身体是不能答应的。就令我高兴，你们也未必许我去，只盼望一年后能完全复原，脱离现在的“老太爷生活”才好。再谈。

思成入京十日，今晨才回。

思永现时想已在大西洋船上了。

九月二日　爹爹

致梁思顺

［1928年10月12日］

顺儿：

九月六日、九日书同日到。九日的却早到几点钟。希哲那位贵长官竟自有这一手，也颇出我意外。再一想他是要替新贵腾星加坡缺，潮尾卷到坎拿大亦毫不足怪。李骏谅未必肯来，别派人，若那人耳目稍灵，知是赔钱地方，亦当裹足不前，你们还是爱住多少时，便住多少时也。我一星期前正去信劝希哲和贵部长断绝来往，关起大门，料理自己的事。你九日来信所言正不谋而合，只管去一信索盘费，索不着以后可绝对的不理会矣。现在所谓国民政府者，收入比从前丰富得多，尤其关税项下。不知他们把钱弄到那里去了，乃至连使领馆员留支都克扣去。新贵们只要登台三五个月，就是腰缠十万，所谓廉洁政府，如是如是。希哲在这种政府底下做一员官，真算得一种耻辱，不过一时走不开，只得忍耐。他现在撵你们走，真是谢天谢地。

写到这里，阿永由坎发来的信也到了，忠忠也有一封信来。阿永伦敦信和给八爷的信片也是昨天到。两天内连接五六封信，真高兴。

我平常想你还自可，每到病发时便特别想得利害，觉得像是若顺儿在旁边，我向他撒一撒娇，苦痛便减少许多。但因为你事实上既未能回家，我总不愿意说这种话。现在好了，我的顺儿最少总有三五年依着我膝下，还带着一群可爱的孙子——小小白鼻接上老白鼻——常常跟我玩。我想起八个月以后家里的新生活，已经眉飞色舞了。

你们回来，何必急急于在津买房子呢？卖了斐岛房产，当然该用来添做资本去另辟你们的新路。新房子现租给中原公司，几乎连半价的租钱——百二十元——都纳不起，工部局却要照三百六十元收营业税。常常拖欠一两个月，我们早已决意要收回了。催搬不下十数次，王搏沙只是死赖着，交情上只得放松时日。他本来答应年内必搬出，拟和他再切实订明，再不能过明年三月了。收回后却是不能租给别家，因为许多书放在房内，所以横竖总是空着。你们回来在那边住，不是最合式吗？我早打算那新房子，留着给你们姊妹弟兄——已结婚的——回来省亲的轮流着住，有时两个以上同时回来，也可以够住。将来那边常有人住，不空着，便是我最大的快乐。你当老姊姊的，便做带头马，先住他三两年，岂不好极吗？思成他们回家，自有他们现在收拾得很好那两间房子。希哲性情是闲不住的，回来不到两三个月，怕就要往外跑——为营业计，也该早去觅机会——跑出去做生意。只怕一年到头在家的时候也不能多，你带着几个孩子，何必另起炉灶，又费钱又费事呢？

回来后生意托给信托公司处分最好，一切由你们全权办理便得。最好是你们动身以前这几个月中，若有机会，把庄庄来年学费和永、庄两人回国川资都弄妥，交给他们。但数目太大，一时怕弄不够，那么交给信托公司办理，亦未尝不可。一切由你们斟酌自定。

今年家用略为差点，能有二三千回来便极好，否则我自有法子对付过去。

前信曾谈及怕生意闪手，现在风浪已过，大放心了，想七、八月间，你们很着急罢。

思成说你们吃得太坏，我和全家人都不以为然。宁可别的节省，吃得坏会伤身子，于孩子尤不相宜。虽只有几个月，希望你们还是改良些。

姑丈全家。已回南了，二叔事情可挨到年底，以后一点办法没有。七叔在南开教书，倒甚好，十四舅还是闲着，常常要我设法子，我实在爱莫能助，奈何？

十月十二日　爹爹

致梁思成

［1928 年 10 月 17 日］

思成：

这回上协和一个大当。他只管医痔，不顾及身体的全部，每天两杯泻油，足足灌了十天，临退院还给了两大瓶，说是两礼拜继续吃，若吃完了，非送命不可。把胃口弄倒了。也是我自己不好，因胃口不开，想吃些异味炒饭、腊味饭，乱吃了几顿，弄得胃肠一塌糊涂，以致发烧连日不止。前信言感冒，误也。人是瘦到不像样子，精神也很委顿。现由田邨医治，很小心，不乱下药，只是叫睡着。睡得浑身骨节酸疼。好容易到昨今两天热度才退完，但胃口仍未复原，想还要休息几日。古人谓“有病不治，常得中医”。到底不失为一种格言了。好在还没有牵动旧病。每当热度高时，旧病便有窃发的形势，热度稍降，旋即止息，像是勉强抵抗相持的样子。

姊姊和思永、庄庄的信都寄阅。姊姊被撵，早些回来，实是最可喜的事。我在病中想他，格外想得厉害，计算他们到家约在阳历七月，明年北戴河真是热闹了。

你营业还未有机会，不必着急，安有才到一两月便有机会找上门来呢？只是安心教书，以馀力做学问，再有馀力，腾出些光阴。不妨在交际上稍注意，多认识几个人。

我实在睡床睡怕了，起来闷坐亦殊苦，所以和你闲谈几句。但仍不宜多写，就此暂止罢。

十月十七日　爹爹

徽音的信，我懒得回他了。你去信最要紧叫他到上海时电告船期，塘沽登岸无人接，甚是不妥。

南长街54号梁氏函札

[1904年4月18日至1928年]

南长街54号梁氏档案中有很多函札，其中不少是梁启超写给他弟弟梁启勋的，“南长街54号”就是梁启勋的旧居。

梁启勋跟随梁氏历时甚久，从这些函札中，可以考察梁氏行踪、交谊，还可看到他在晚清、民初“家事、党事、国事无不令人气尽”的感受。

档案中有很多梁启超的读书札记，也有他为写专著而作准备的提纲。

中华书局曾将这批档卷编成《南长街54号梁氏档案》，分为上、下两册，于2012年10月影印出版，其中上册除少量康有为、汤觉顿的函札外，都是梁启勋所藏梁启超写给他的函札。中华书局经整理，写出释文，极费心力。这里所录函札，就是根据中华书局所编次序并参改释文转入的。

致梁启勋*

［1904年4月18日］

仲弟鉴：

叠来书悉。兄于正月廿三起程返港，又在船过生日。到港住二十日，连澳门。各同门皆见。

到澳亦十日，日与大人欢言甚乐也。三姑、伯姊皆来，达建诸兄、东初侄亦到。族人到见者尚十数。为大人预祝寿辰，极一时之乐。贵和侄聪明婉娈，过于其姊，兄甚爱之。最妙者家中小孩，多云不记我面目，惟启雄、贵和则云认得，殊可笑也。兄日抱彼二人坐东洋车买玩物、食物。兄临行时二人必要随我同来，大闹了一场。兄又与合家人影相，又携和侄同影一幅，现尚未晒好，迟日当寄弟也。大人醉了几回，醉时甚可惊也。东初娶亲，我辈不久便做亚公了，为此事合家人皆回乡。兄起行后即往，且过清明也。东初姻毕后亦即来东游学，现谋官费不至得否？此为"掴"主义起见，不得不多用子弟也。业顽劣犹昔，兄归家数日，大约亦以骂彼占强半日子，真败兴也！大人醉后则更不得了矣。我初到之日。彼竟偷我银二百余金，此事大人不知，伯姊见其形状诡异，且买金表，知必为彼所偷也。然待查出时，彼已遁回家，故亦无从追之，且恐张扬，伤大人心，故听之而已。此子如此，真是家孽，可叹也。现竟无法处置之，但欲流之于墨西哥而已。此事较鲍炽之外甥，尤为难处也。廷璋亦来省视，此子弱质如此，真可虑。兄此行带启森、启文出

---

* 此函末署"三月三日"，当1904年4月18日。用八行"景福笺"，四叶。大人，指梁启超父亲梁莲涧。孝怀，周善培。觉顿，汤睿。长者，康有为。君勉，徐勤。子良，薛笃弼。楚卿，狄葆贤。

来。森在报馆佣工，月求数金耳；文则医病也，文脑筋极钝，极不知何故，待医后或有望耳。以上言家事竟。

兄见长者数日，长者以二月六日行，先往南洋，后至澳洲，将来欲由澳而欧，由欧而美，此亦无可如何也。同行者鲍炽也，长者以全力欲再举办此事，然成否殊难料耳。

港局现由君力、季雨、君勉同主持，条理颇改良。商股现收得者，尚不及三十万。

广智近由擎一主持，条理秩然，以后可无虑。惟前此借款太巨，今难猝还耳。存书银得值十万，原价也，若售价则廿余万矣。真可吃惊。其实前此慧、荫两人亏空皆不巨。荫之亏空，则在临交代时也，亏五千余。然荫数目糊涂极，依其所报告，则第一年尚须亏本，此必无之事矣。彼每月所费总须二三百，不取于局为何？取则其真亏空者实不少，彼五千不过其表面者耳。但前事即亦不必复问，此后则用三权鼎立法，擎一总理，有潘某先生所荐。为管银，孝高核数，此后必稳矣。现在只卖旧书，并无新印，然正、二两月，每月亦售书二千余金，每月赢余六七百元也，更得数仲佳书，必恢复矣，可无念。

福生泰不佳，然未告大人。兄现迁至报馆三楼居住，每岁亦可省费千数也。罗昌处现已改作广东官费生，可以稍轻本党之负担，甚善！甚善！

兄至粤，岑督幕中人皆来见，张鸣岐岑所最亲用者。且以云阶之命来询治粤方略，然千疮百孔，从何补救，实无可言也。孝怀在幕极有权，彼等皆来，谈了两日夜也。

党顿无用之极。时敏学堂现全入本党势力范围。子良为总教习，重俨所监督其余各人，皆来拜门，甚可喜。

香港《商报》现已销二千份，压过《中国报》，亦意外也。孝实、研诒二人主持之。孝高已搬机器到沪，沪报尚四月乃能出报，必甚佳也。兄到沪已十日，被擎一、楚卿辈监禁，不许出门见人，苦不可言。欲逃遁而又久无船位。因战事，日本船不行。直至今日犹在沪，尚须待三日乃能行也。百事不如意者须多，可慰者亦不少。弟在彼处既能求学，则亦宜安之，不可思逃遁他处，求适宜之校殊不易，此不可不察也。宜多学话，至要。

任顿首　三月三日由上海

致梁启勋*

［1905年4月25日］

所爱念之仲弟鉴：

清明节来书悉，久不得书，手此甚慰也。弟译书事可速从事，此次寄上美金一百元，请往收。条复如下：启文常使我脑筋暴跳如雷，今亦欲如弟所云置诸度外矣。

罗昌事却全非出自佛意，昌求我，我自为彼致书于其父耳，佛尚未知也。据昌言虽有成言，然尚未立契约，口话无凭，或可挽救也。弟前日之书久已烧去矣，无从复以寄家中。顾兄之不欲寄者，非惧大人之怒，弟实惧大人之自恼而已。我兄弟远在万里，不能一日承欢，则亦已矣，何忍更增堂上之怒耶？此意弟想能鉴之。惟家中诸子弟性质日下，

---

* 此函末署“三月廿一”，内谓“公度逝矣”。查黄遵宪卒于光绪三十一年乙未二月二十三日（1905年3月28日），则此书当写于1905年4月25日。三叶。罗昌，梁启超弟子，妻康同璧，康有为次女。《时报》，1904年6月12日在上海创刊。《商报》，1904年创刊于香港，徐勤负责编务。《外交报》，清光绪二十七年十一月十四日（1902年1月4日）创刊。公度，黄遵宪。秉三，熊希龄。

其原因实如弟所云云。兄尚欲作禀几谏，兄言之胜于弟言之也。惟启文之顽状，竟不敢禀大人，仍往往作为喜慰之词，真无法也。大人顷来两书，今以寄上。

启业前书亦已觅得，一并寄上。彼自寄此书后，亦并无第二书来，想恶性终难改耳。化学书实尚未寄，因前日托皇后船之一崽仔带，而彼意未来，故至今各书仍存德猷森。手也。今即补寄上电学书，日间访购便是。程斗事托程耀父助之最妙，兄加一书想必更有力，但今已忘其住址，故写一书托耀寄去社，转托彼可也。《新小说》实不能出版，不关弟之悬望也。《秘史》第二编则竟是德猷之误耳。德猷在此甚得力。今想已补寄耶。第三编不日又出版了。

《时报》一日千里，最为快意，现每日总添数十份，现已实销至七千二百余份，在上海为第二把交椅矣。《新闻报》第一。《中外》前此六千余，今跌至三千余。豚子恨我辈入骨髓，治外法权即驳中外也。日日谋所以相倾陷者，但求无隙为彼所持耳。德国领事最可恶，其心殆，欲尽封禁我国报馆，而尤切齿于《时报》。江督周馥亦恨《时报》入骨。因骂之。而《新闻报》亦妒我。《新闻报》者，福开森为东家，一则妒我之进步，二则因铁路档案恨我。故《时报》今亦在四面楚歌中，惟步步谨慎而已。《时报》之无龙象告白者，乃大喜事，弟未知耶？前此初开无告白，故不得不以自己的塞纸，今则告白充斥辐辏，私家的反无地可容矣。《商报》亦大起色，在香港已占第一家之位置矣。年来此两事总算成功也。

近编《国史》，诚大得意，发明许多新境界，常有手舞足蹈之乐。然呕（怄）气处亦不少，呕（怄）者谁？即前此史家是也，勿论他人，即孔二先生已呕（怄）我不少矣。彼将前史许多删去，又任意去取证以他书，彼造谣说谎之处，不知多少，真乃误人！然兄所编已到战国时代，自此以后，不必和二先生呕（怄）气，殆又要和阉人呕（怄）气矣。

兄近日在《丛报》之文多属史学的，弟观之自见。《时报》无作新告白，亦一好现象也。前此与各书局订特别条约，登便宜告白，二三折之间耳。今告白充斥，不能容彼等也。老猷与作新断绝关系久矣。《丛报》并非受一般冷视，徒因出版太过自由耳。现最畅销者《政艺通报》、《外交报》因出版依期也。

公度逝矣，以今之时局失此人真可痛哭，秉三方全力运动得数要人，欲保公度出，当日俄外交之冲，今忽得噩电，嗒然若丧也。弟闻之谅亦悲苦耶。

匆匆作复，即问

学安。

兄顿首　三月廿一

致梁启勋*

［1905年10月14日］

仲弟鉴：

久不寄书，弟当想念甚苦矣。今拉杂书告：

一、译稿已到，即日发印。此稿大好，弟文学亦长进矣。今拟改名《血史》，添注一行云，原名《世界著名暗杀案》。弟谓好否？

一、今寄上美国银二百元，其汇单即写弟名。请弟照每千四元计

---

* 此函末署“九月十六日”，当1905年10月14日。四叶。《丛报》，指《新民丛报》。《血史》，原名《世界著名暗杀案》，梁启勋、程斗译，广智书局1906年1月19日出版。

算，应给北高多少，由弟给之便是。寄弟妇之五十金，日间当寄去。弟处现尚存学费几何耶？希早告，俾得续汇去。

一、兄及汝嫂见弟能译从西文。尔许大部书，喜而不寐，告知大人当更喜也。

一、现在东京开一支店，名曰“中国书林”，生意大好。因现有学生八千余人矣，尔森哥在该店司事，森近极长进，任事有条理、有耐力，同人无不赞叹之。彼在《丛报》一年，极称职，彼凑得资本一百元，兄代彼出一百元，即作为入“中国书林”之股。共股本二千元。彼在店中每月薪水十五元，另有花红，大约年可获数百金。二伯母闻之，喜可知矣。大人闻其如此勤谨有用，亦深慰，言出意外也。

一、伯姊既将临蓐，膨胀异常。通身皆肿。据医者言，殆双胎也。以此之故，甚苦辛，寸步不能移。姊日夜忧泣，惧将死，然医生云必无妨。但双胎之说不敢告彼，恐其惊皇，只得敷衍之。彼自觉其异常，故便忧也。

一、澳门前月大地震，连震十三日，其最甚者自午后九点钟震至明晨六点钟，真是前此所未闻。广东各地皆震，但不如澳门之甚耳。屋倒塌了甚多家，大惊慌，全家。回乡居住。大人乡居一月余，捕匪、禁赌，风行雷厉，邻乡帖然云。邑城学堂又请大人为总理，老怀当稍欣洽。

一、思顺今年功课颇进，但不能来欧美，则明年须入东京，苦无佳校耳。思成在幼稚园，俨然有学长之资格。思永已牙牙学话。今将三人合照之相寄上。

一、伯姊每见弟信辄问弟何时可卒业归国，大人亦同此情怀，宜常以书慰之。

此次所寄正票也，副票下次寄上。

兄名心叩　九月十六日

致梁启勋*

[1905年10月20日]

仲弟鉴：

昨日得汝八月二十日来信，呜呼！仲弟汝犹问伯姊耶？痛哉！痛哉！我等亲爱之伯姊竟于一昨夕弃我等随母大人于地下矣。

初，姊有身，医者及产婆屡诊视，皆决其为双胎。我等闻之皆抱忧虑，然不敢以语。姊临产一两月间，姊自觉甚苦痛，常惧死，每日夕与诸弟相对辄作不祥语。然屡问医者皆曰无伤，亦稍安心。惟姊语气之间皆甚怪异，近十日来，无论向何人，皆若作遗嘱语者。前日早晨，九月二十日。我尚未起，姊与思顺语，忽抱之大哭，而嘱其常劝我勿太用心，善保身体云云。由今思之，知其噩机已动矣。是晚十二点半九点作动。产一人，姊望男子甚急，同人皆知其情已相戒，苦非得男则暂秘勿语之。乃彼性急，必自取视，视之女也既失望。再阅二十分钟，复产其一，仍女也。时彼已甚苦痛。再索观不与之，彼殆知之矣。自作动至双产，不过历三点钟之久，两胎俱下。阖家皆以手加额矣，不意经半点之久，胎衣不下，而通身出冷汗，汝嫂大惊。急召医生。医至，言脉甚微而乱极危险，遽施医治，而经两点钟之久，胎衣仍不下，至两点半钟乃下，以为无事矣。而呼痛之声甚剧，医者坚嘱勿喧叫，恐失血更甚，同人苦劝其暂忍，乃不过再历半点钟之久，声息俱绝，一瞑而逝矣。呜呼痛哉！痛哉！

昨日下午四点钟含敛出殡，衣衿棺槨，尚不十分草草，除四女

---

* 此函末署“九月二十二日”，当1905年10月20日。五叶。

外，翠琼未随来。有弟三人、侄三人送殡，朋友送者亦数十人。德猷在东京，不及侍病榻，明晨以电话赶彼出来送殡耳。料此难既终不可免，苟非来此，则姊丈既不在侧，我等更无侍疾之理，此较起来，亦差胜于在家耳。呜呼痛哉！孰料姊之来乃与我等了此一段姻缘耶？现在阿莲、阿时两甥茕茕无依，两幼女呱呱待哺，真是惨极，赶紧觅乳母养之，今尚未得当也。

姊辛苦一生，未尝得一日安闲。自来滨后，彼常与姊嫂言自己命苦，不能享福，今此数月较之前此有天堂地狱之别，窃恐非福，恐衣禄遂尽矣。兄常笑嗤之，不意其果应此言也。即彼到此后，因怀妊之故，未尝一度出游，又医者言有胃病，不许乱吃东西，实亦未尝得一日享用也。姊念弟甚至，前日见弟译稿，知弟能从西文译尔许大书，欢喜无量，惟日望弟归甚切耳。呜呼！孰料姊竟不复能见弟一面而遂瞑耶。计此次病源，本缘前此诸胎产后失调养，血气已亏，又经数年久疟，疟根到此乃断。身子实已虚弱，在此数月，终日未尝离药炉。而此次复系双胎，当下两胎时气力已竭，成强弩之末，以胎衣久不下，故良血下泄，瘀血上升，是以及此，医者非不尽力，药治亦非失时，人力已尽，竟不能救，呼天而已。

兄接弟信时，送殡正归，读信中问伯姊一语，复不禁一号恸也。姊屡言欲作信与弟，惟病奄奄，打不起精神，常言产后必作书，而今已矣。

弟在万里外闻此，必当哀痛欲绝，兄欲告不忍，欲不告又不忍，今晨挥泪写此。呜呼我弟，汝当知汝孤身远客，父兄念汝甚至，许汝得书一恸以尽爰，情却切，勿久戚戚，以增汝兄一重忧思也。言尽于此，他事续陈。

兄功启超　九月二十二日

前寄汇票一张，美金二百元，今复将副票寄上。

致梁启勋*

[1905年11月16日]

今日方发一信，晚间接到弟来交仁猷、芹甫、思顺同拆之信，实深骇异，料美洲或有他种谣言，弟又或于魂梦间有何凶征，是以惊皇若此。而兄久不通信，致弟想念，兄之过也。计一月前寄思顺姊妹三人相片，谅弟发此信后一二日内必到。又前报伯姊凶耗之信亦当已达，弟之疑，当可以释矣。犹恐信或有失，故今晚随即发一电，文曰“姑仔安”，发此电时，令我又触悲伤。盖呼此两字之人今弃我适盈一月矣。因弟来函所约如此，勉书此以慰弟也。弟当止哀，无令我远念。至弟何为忧我，中国待我之事甚多，我何敢死也。弟一味安心，务期成学可耳。以太之感实属奇异，计弟来信正值此间办丧事时，料弟必有心惊肉跳等种种异征耶，不然何为如是。今日所寄信，乃交账房寄，后询彼等，知其乃写寄芝加高会所者。恐弟不收到，故补寄此。谅尚有他件在会所，弟可往一询。班本再寄上一通。

两浑　十月二十日

致梁启勋**

[1909年7月12日]

仲弟鉴：

五月二日书收，兄竟百余日不致弟书耶？似不尔尔，或内有遗失

---

* 此函末署“十月二十日”，当1905年11月16日。两叶。末署“两浑”。

** 此函末署“五月廿五日”，当1909年7月12日。用“饮冰室启事笺”，六叶。觉顿，汤睿。周公，摄政王载沣。《财政学》一书，指《财政原论》。雪公，徐勤。铭三，谭莹。

矣。此数月间兄大从事于著述以疗饥，且与觉顿、娴儿同学德文，弟闻之当吃一惊，我已读第二册读本矣。每日有一定功课，亦翛然有以自乐也。此间得家书亦至稀，于家事亦不甚了了，惟知业已得子，文已娶妇耳，来者相逐，我辈安得不速老哉！

开禁之议，近复大炽，闻将由常熟、义宁以及六君子，最后乃逮生者云。大约此事终办到，然痛快之举恐不可见。周公固贤，然英断似非先帝，比其视我，当亦寻常一时髦耳。兄年来于政治问题研究愈多，益信中国前途非我归而执政，莫能振救，然使更迟五年，则虽举国听我，亦无能为矣，何也？中国将亡于半桶水之立宪党也。顾此事自关四万万人之福命，乌可强耶？我亦求其在我者而已。

若非有聘莘顾隆之诚，决高卧不漫起也。近为《财政学》一书，可得百万言，洵疗国之秘方，恐未必见用耳。以作稻粱谋，或可以凌饥于一时邪？

弟曷为非宣统五年后不能归？舍学问外尚有它故否？抑何事不堪语兄也？兄诚不期弟以速成，但颇思一合并尔。若仅为学问计，则不如以此数年之功转游德国。德之学远优于美，而费亦省于美，弟有意否耶？

近尚有填词否？前寄示数阕，意态雄杰，远过初次所寄，惟琢句尚有疵类，宜稍治“梦窗”以药之。兄废此半年，近两旬颇复有所怅触，拉杂成数章，诗多，词仅二耳。辄录以相娱悦。党事诚不欲问，风波稍静，亦足慰耳。雪公不能复居港，行将与弟相见也。承复

即请

学安。

启超顿首　五月廿五日

铭三书似尚未作复，荒唐之至，实则此种拂意事不欲语，一执笔则头涔涔然也。乞以此书并视之，且为我致意，更言我与觉顿在此忍饥相

对，滋味正复隽永也。

致梁启勋*

［1909年9月8日］

仲弟鉴：

秋后三日一片，并《解连环》词，悉收。词中下半阕第三句“乱鸦无限”，“鸦”字失律，此处必当用仄声也。弟四句之“忆旧游处处堪伤”，游字虽可勉强用平，然仍以仄为是。弟词已精进，前次所寄数阕，煞有可诵者，但总不免剽滑之病，句未能炼，意未能刻入。此事诚难，兄虽知之而不免自犯此病，大约此事千秋无我席矣。弟若嗜此，当下一番刻苦工夫，非可率尔图成。今寄上《梦窗全集》一部，以资模仿，希察收。兄年来颇学为诗，而词反不敢问津。前月寄怀吾弟之二律，海内二三名家颇传诵以为佳。兄诗近专学动荡隽远一派，想弟或不以为然耶。来片有“孟哥代笔书”一语，可谓奇极，孟哥并不在日本，何从为兄代笔？且兄致弟之书，亦何至倩人耶？兄三月以来，颇效曾文正，每月必学书二纸，宜弟之不复能认吾墨迹也。

雪广想已入美，人心如何，尚乞见告。内地事别详雪函，可视后妥寄去。兄真不欲作出山想，此亦聊徇师友之意而已。前寄上大人手谕，想已达。大人念弟殊切，弟必当即上一长禀，织缣故人，亦不可不尝置怀抱，须知怨旷之情不以贤愚杀也。

《王荆公》已收到否？弟若欲得中国文学旧籍，希告我，尚当相寄。

---

* 此函末署“七月廿四日”，当1909年9月8日。用“饮冰室启事笺”，四叶。《梦窗全集》，宋吴文英撰。雪广，徐勤。《王荆公》，梁启超1908年所著。

新凉中人顺时自爱，不一一。

专承

大安。

启超顿首　七月廿四日

致梁启勋*

［1909年10月21日］

仲弟鉴：

八月五日书，内附家书一、君勉书一，并收。前屡缄，属将学校课程寄上，为图官费之用，何久不见到耶？弟现在学者共几门，兄亦欲知之也。

弟果渴思得国文书否？所欲者为何类，乞见告，兄尚能以此间所有者择寄。

顷每日与顺儿讲文，亦致有兴味也。昨日成一诗唱阿庄，幼女名，弟已知之否？寄上以发一噱，敬承兴居。

兄启超　重阳前一日

弟两月前有一片来云："孺博代笔之书已到"云云，真可发笑。我寄弟一书乃起稿后寄往上海，叫孟哥写好，再寄来付邮耶？吾近日每日必临右军二百字，已非吴下阿蒙矣。弟见我近函又谓何人代笔耶。

---

* 此函末署"重阳前一日"。查1909年"重阳"，当10月22日，则此函写于10月21日。孺博、孟哥，麦孟华。

致梁启勋*

［1909年11月5日］

《唐多令》二词，乃大佳。三次所寄，一次佳似一次，不能不令老夫生畏矣。惟嫌习见语尚多，虽佳，而若在何人集中曾见之者，若能更趋奇警刻入，意境求奇警，语句求刻入。期可渐希名家也。惟以秋霜满面，至可严惮之。老二乃日絮絮作儿女子语向人，岂不令人失笑耶？娴儿昨诘我以阿叔何故作此，我只得嗔之曰：《楚词》美人、香草，汝叔之寄托深远矣。娴儿苦求索解，老夫无奈，只得又将时事一一附会，乃知古今来为《锦瑟》华采作郑笺者，大率类是也，一笑。兄近日贫乃彻骨，拂逆之事更亹亹不知所届，然心境之旷怡，乃过于前，不知学道有进耶？抑疲于忧患而不复觉为忧患也。

比月来因节家费，乃至德文教习亦不得不停，最为可惜。然方并力以著射利之书，中学国文教科也。无意中反使娴儿获大益，彼固甚愿乃翁之长食贫矣。吾近年觉词之趣味又不如诗，弟亦有意学此否耶？拉杂奉复，以当言面。

两浑　九月廿三

代拟申请书**

［1909年］

留学美国西北大学第二年级学生ΔΔΔ谨禀：

为学费不继援例，恳请咨给津贴事。

---

* 此函末署“九月廿三”，当1909年11月5日。用“新会梁子达诚奉书笺”，共两叶。末署“两浑”。《唐多令》，词牌名，或作《糖多令》、《南楼令》。

** 此申请书系代拟。末署“宣统元年□月□日”，当写于1909年。用“新民建言笺”，凡三叶。

窃生以菲材弱质，幼习国学，徒胶故见，窃念当此交通大开之世，非求新识于寰瀛，不足以效涓埃于祖国。乃以光绪二十九年自备资斧，负笈美洲。经在济仁市立中学校毕业后，以光绪三十二年考入美国伊里奈省之芝加高大学为豫科生，三十四年升为正科生，专习政治经济科。宣统元年，转入同省之西北大学，为第二年级正科生。惟是生家本寒素，自留学迄今六年，所费太巨，家中借贷俱穷，势不能继续，势将中止。学屠龙于三年，敢云致用？亏为山于一蒉，良用自伤。伏查学部新章，凡自费生考入外国著名大学，私费不足者，得禀请量给津贴，而日本留学生凡考入官立大学者，且例得补官费，今生所入西北大学为伊里奈省公立，程度颇高，揆诸部章似尚符合，为此沥陈下情，具禀宪鉴，伏乞咨照学部循例，给以津贴。俾得安心就学，免废半途，实为德便，为此邮禀粘附履历。钦宪大人台鉴施行。宣统元年□月□日禀。其红字红点乃别抄副本，呈学部时所改也。弟所用但照原文，便令。

梁次荪，广东省新会县人，年三十一岁，光绪三十四年即西历一千九百零八年考入美国伊里奈省芝加高大学政治经济科正科生，宣统元年即西历一千九百零九年转入同省西北大学同科第二年级正科生。

致梁启勋*

［1910年5月28日］

仲弟鉴：

今年诚未有一书与弟，无怪弟之觖望。兄诚忙，然不能以忙自解，

---

* 此函末署“四月二十日”，有“《国风报》现销四千内外”，查《国风报》于1910年2月20日（宣统二年正月十一日）在上海创刊，编辑兼发行人是何国桢，实际主持人是梁启超，此函写于1910年“四月二十日”，当5月28日。两叶。

纯是疏懒之咎而已。弟之寿词倒果为因，而兄所许弟者，正不知能否复践诺责，盖入春以后，实万难更有馀力及此也。

《国风报》现销四千内外，然收款甚难，衣食之困仍不减于昔，惟负债四千已还其半，稍苏息耳。今寄美金百元与弟，有得当续寄也。

家事、党事、国事无不令人气尽，启业又逃走，不知去向，大人缘此生病两次，未知轻重何如。庇能米绞被封，南佛日忧槁饿，北京政局更不可问。一言蔽之，则视牝朝之腐败更甚数倍而已。大约此数月内，萧墙之变必作，而各省一切物价腾踊如沸，举国人民无所得食，殆皆饿死。大乱之起，决不能出两年以外，恐四万万人死去一半，然后新机局乃开耳。将来收拾残山剩水，责任终在我辈。此时沉几观变，强学待用，亦未始非福也。愿弟亦勿馁而已。

即请

学安。

兄起超顿首　四月二十日

锦琴有片来祝吾寿，殊不敢当，希为我谢之。仙洲尚在德否？极有欲知其消息，望有心告我。

致梁启勋*

［1910 年 8 月 17 日］

两月不得吾弟书矣。前曾寄金两次，距今已七十五日，不审达否？自闻绝粮，自侪傭保，心痛如割。思顺念叔尤甚，语辄涕零。岂弟有意报复我半年无书之罪耶？愿勿复恶作剧矣。数夕以来相思，辄感噩梦，

---

* 此函末署“七月十三日”，当 1910 年 8 月 17 日。一叶。末署“兄启超”。铭三，谭莹，湖南安仁人。

愿弟必以一纸相慰也。因屡徙居，恐书不达，故托铭三转。一月以后，或兄忽然来与弟握手，亦未可知。第事太渺茫，姑作此幻想耳。

仲弟省览。

兄启超　七月十三日

致梁启勋 *

［1912 年］

即付叔向书，可知此怪事所关不小。弟或直见杨尹，或与张分权等商办之法，吾因此亦暂不出游。

两浑　七早

致梁启勋 **

［1913 年］

《张迁》全通已写就，惟弟与廷灿竭两日之力布算，而所打格乃仅敷写十一条，尚馀六格，可笑之至。亏我临时胡诌一篇短跋，否则只好曳白一纸矣。顺等廿四晚乃到，弟若守候，当急杀矣。三五日内入京，届时再报。护照事，灿已复耶。

此上

仲弟。

超　廿七

---

* 此函无月日，写于 1912 年。一叶。

** 此函末署“廿七”，写于 1913 年。一叶。末署“超”。

致梁启勋*

［1914年］

前书言顺儿姻事者亦已收阅，苟如是，是亦足矣。吾与汝嫂意已决，吾有两妙语于此曰：戴君主只求木偶，择女婿不要英雄，弟谓然否？若如我辈者，父母万不可有此子，妻妾万不可有此夫也。弟又谓何如？亦曾禀命堂上，经以全权付吾夫妇。此子于数月前归南洋省亲，吾今方有事，中原须彼驱策，已电召之，不日将至，便欲行文定礼也。知念并告。别函寄君勉，或令布各埠亦可也。彼极好学，能受我教，事事能助我，一日离我侧，则我不安。吾于群儿中偏爱顺儿独至，十年前已然，今乃益甚。此子实未甚足为耦，然度其可令顺儿终身无苦也，弟谓何如？

致梁启勋**

［1915年4月17日］

来书今日乃由荷庵交至，自闻蜕公之丧，怳怳若有所失。自伯姊物故后，刺激之剧，此其最矣。昨有挽诗八章寄孝觉、瘿公，弟已见否？未见可索观之。此间闻变，即向中国银行借五百电去，今弟手复电二百，治丧绰有余裕矣。思顺来书言电去一百，不知即弟书所指否？抑又别电耶？意欲集一二千金，除治丧外，更抚其孤。秉三函来言送二百，兄已属交，弟收之后，即存之可也。伯唐、松坡皆当有赠，后事非俟公立书来不能确定也。吾拟归家过生日，并闻。此致仲弟。

启超　四日

---

* 此函无月日，写于1914年。一叶。

** 此函末署“四日”，写于“三月四日”，当1915年4月17日。两叶。末署“启超”。荷庵，汤觉顿。瘿公，罗瘿公，康有为弟子。秉三，熊希龄。伯唐，汪大燮。松坡，蔡锷。

致某*

［1915年6月19日］

往杭住三日，十七日返沪，时局既希望断绝，家事复变故百出，心绪之恶，不可言喻，幸吾尚能日宽解耳。一时不能北归，汝当安心持家，家中存款，汤家汇桂林款，当时即发函电，想中途浮沉，可即还之。尚足支几时？可告我。别纸，即寄二叔。

冰　十九日

上大总统书**

［1915年9月1日］

大总统钧鉴敬肃者：

启超偶撄秋暑，卧病兼旬，久阙觐瞻，空劳孺恋。近顷变更国体之论，沸腾中外，启超愚戆之见，以为兹事本已极危极，时机尤最宜审择，今之谬倡异论者，徒见其利，未计其害，轻于发难，实恐摇及大局。窃不敢有所瞻忌，辄为一文，拟登各报相与商榷匡救，谨先录写，敬呈钧览。启超当此文属稿之时，痛楚不能自制，废然思辍者屡矣。独念受我大总统知遇之深，若心所谓危而不以告，殊乖古人以道事上之义。孟子曰："齐人莫如我敬王"，启超此文，窃附斯义而已。伏希我大总统宵旰之余，俯垂披览，若其间有一二可采，乞凭睿虑，以定群疑。则启超虽糜顶及躯，岂云报称？扶病掬悃，言与泪俱。

敬请

---

* 此函末署"十九日"，当1915年6月19日。一叶。末署"冰"。

** 此函末署"九月一日"，当1915年9月1日。用"任公集琅邪刻石残字制揃"，两叶。

钧安。伏惟

矜鉴。

启超拜肃　九月一日

附文稿一篇呈鉴。

致梁启勋*

［1915年］

昨书悉。蹇、汤力言，请裁缺之不可，实断无此办法也。弟呈宜勿上，若欲南游，得间辞职可耳。俟吾到京一商。

仲弟。

超顿首

致梁启勋**

［约1915年］

《庸言》旧定单已告阿林，检出后，《中华》频相促也。擎一事已函伯初及松坡，想得一当耶！

仲弟。

启超

---

* 此函无月日，写于1915年。蹇，蹇念益（季常）。汤，汤睿。

** 此函无月日，函言《庸言》，查《庸言》创刊于1912年12月1日，由梁启超主办；又言《中华》，指《大中华杂志》，创刊于1915年1月，中华书局发行，梁启超任主笔，每卷十二期，1916年停刊。此条或写于1915年。末署“启超”。

致梁启勋 *

［约1915年］

书悉。今日此间例战之期，群客在坐，未能属草，但吾以为兹事殊可不汲汲，今日谁能免于赏饭吃耶？彼若有意裁则待其裁，何为不可？俟更询蹇、汤意见乃复。

仲弟。

启超

致梁启勋 **

［约1915年］

来书所言觉顿、季常皆大不谓然，谓断无此办法，自请辞职则可，请裁缺则不可，人将谓借此出风头，否则亦谓借以探口气也。此等地位不能久居，诚在意中，只有听彼摆布而已。此论兄甚同意，弟前议可置之。

此致

仲弟。

启超

致梁启勋 ***

［约1915年］

两书悉。

---

*　**　***　此函无月日，约写于1915年。一叶。末署“启超”。

桂电吾能解，盖言战必胜，桂电合销万部也。擎一事已函伯初，更当函松坡。

此复

仲弟。

启超

致梁启勋*

［约1915年］

今日擎一行后，旋得秉均书，若得当则不必他求矣。伯唐书已悉，日内当更与仲仙接洽。今日黄雾又回塞，使人憯惕，心绪殊恶也。交涉事所闻如何？吾乃极悲观，不自知何故。

仲弟。

启超

致梁启勋**

［约1915年］

前后得三书，未报为歉。荷至悉一切，吾之踔厉，宜弟深虑，当力自节制耳。北山处仅见两面。殆同告绝近，想恨入骨矣，只得听之。大人已四书劝游港，且汇五百往，惟迄未得复示，甚悬甚悬也。

仲弟。

---

* 此函无月日，约写于1915年。一叶。末署“启超”。

** 此函末署“廿一日”，无月份，约写于1915年。末署“知名”。

知名　廿一日

上父书 *

[1916年3月18日]

父亲大人膝下敬禀者：

儿现在海防，明日便入广西，应陆将军之招也。初八日过香港，因行踪须密，故不登岸。又虑大人惊忧，故不先禀告，今儿不久到广东矣，侍奉之日在即，谨先以数语报平安，借纾慈念。

肃此，敬请

福安。

儿宏叩禀　阳历三月十八日

上父书 **

[1916年4月15日]

父亲大人膝下：

儿现在梧州行营，约明后日便下肇庆。粤中各界，虽竭诚欢迎，然人心难测，惟有节节进取，必须俟前队兵力巩固，始行前进。自闻海珠之变，此间益加慎重，必不至立于险地，请纾慈注。

肃此，敬请

---

* 此函末署"阳历三月十八日"，当1916年3月18日。本函及下函详情，可参见本部分"上父书[1916年5月23日]"题注中的梁启勋跋语。

** 此函末署"四月十五日"，当1916年4月15日。一叶。

福安。

儿启超叩禀　四月十五日

致梁启勋*

[约1916年4月29日]

典虞廿九日开丧，宜送一幛一联，幛出吾两人名，联则专出吾名，托孱盦代撰代书，请即办。秉三处要求必送礼，当并列弟名耳。
仲弟左右。

冰

致梁启勋**

[1916年5月8日]

仲弟鉴：

兄以粤局关系重要，袁逆方以全力相图，不宜更生内讧，且四乡秩序，亦须速谋规复。故孑身来城，小住数日，明晨即返肇庆，数日后更经港往沪。初时本欲极求秘密，但外间既已周知，恐大人不免忧虑，特此驰告，余事询棠郇便悉。

兄超　五月八日

---

* 此函无月日，约写于1916年4月29日。一叶。末署“冰”。

** 此函末署“五月八日”，当1916年5月8日。用“广东都督府用笺”，一叶。末署“兄超”。

致梁启勋*

［1916年5月16日］

海珠之惨，百身何赎。粤事自此，益无着手处，大军顷进据三水，开严重谈判，终欲以口舌屈之，免此涂炭耳。吾今在肇，东下期未定，总须俟谈判结果如何，来否盖未可知耳。哀痛之极，便欲逃世，或非久遂在沪相见也。

仲弟。

冰　十六

吾一切自重，望禀老人千万安心。

上父书**

［1916年5月18日］

父亲大人膝下敬禀者：

儿在军中一切安善，请纾慈念。粤事纠纷，颇难解决。日内或遂旋军返桂，不复来粤矣。儿无论在何处，皆知谨慎。在桂军中，万无一失。务乞安心。

此请

福安。

儿宏叩禀　十八号

---

* 此函末署“十六”，当1916年5月16日。两叶。末署“冰”。

** 此函末署“十八号”，当1916年5月18日。一叶。

上父书*

[1916 年 5 月 23 日]

父亲大人膝下：

儿十八日由港起行，廿一晨到沪，途间甚安。现住处尚未定，仍暂借寓友人家耳。日内须一游日本，或往浙江。现事势日顺，大局或便为解决。儿一切起居饮食，皆格外慎重，望纾慈念。

此请

福安。

儿启超叩禀　五月廿三日

致乐斋**

[1916 年 5 月 24 日]

乐斋先生鉴：

别后惘惘。廿一抵沪，小野同行，本拟小住三日即东渡。既至，乃审此间人所相视者何如，盖不问派别，万喙一声，同尼其行，因此旅沪。日人亦生疑沮。仆非敢负公诺责，然事势既不许，耿耿而已。要之，仆千万死罪，在既钻营作都参谋，又钻营作政

---

* 此函末署“五月廿三日”，当 1916 年 5 月 23 日。一叶。此后附信二，一为“舍弟仲策亲启，广东都督府缄”，一为“香港永乐街同德安宝号梁仲策先生启”，末有梁启勋记录如下：

“右八纸并两信封，乃在护国军中发，时未闻丧，故所上先君子之四纸亦入余手，时余则奔丧在港也。蒋百里题攒泪帖所谓每见仲兄落笔写‘父亲大人膝下’数字，辄不忍睹而亟避去者，即此四纸矣！壬申十月廿三日发箧得之，汇存于此。启勋志。”

** 此函末署“五月廿四日”，当 1916 年 5 月 24 日。用“上海九华堂厚记制笺”，三叶。

务委员长，犹不知足，复钻营办外交，怙权贪位如此，罪浮于袁世凯宜也。

仆之志事，数月来不肯语人。前在广州鸿门宴席上，发愤之极，无意流露谓我氏名三字苟利用焉而可以有益于国家者，随在可供人利用，无所顾惜。若虑吾操夺某人某处之实权、实利，请千万放心，吾非惟志愿不及此，即才力亦不逮此也，此言印泉在席间亲闻之。吾在肇庆鑽营此两美缺之丑态，肇庆诸贤亦共见之，今袁逆已确成冢中枯骨，灭亡在旦夕，胸中孤愤亦已略泄。担当国事自有人在，仆可以从此辞矣。蓄志办一中学校，久而未成，今当着手。惟袁逆一日未去国，则我氏名三字仍一日甘供利用，决不肯爱惜毛羽而授敌以瑕，此所以报国亦所以酬公也。

公为万流所宗，行矣自爱，翘言南望，缱绻何极。

启超叩头　五月廿四日　诸贤同候

致梁启勋*

［1916年5月］

吾十八日内即往沪，但日期务请极秘。欲觅旧厨子老吴带往，又并带廷灿去，可而令在港预备相候。

仲弟。

冰

* 此函无月日，写于1916年5月。用“两广都司令部用笺”，一叶。末署“冰”。

致梁启勋*

［1916年10月20日］

昨晨抵港，即日叩谒殡宫。去春音容梦寐如见，今惟抚棺永恸。悠悠苍天，曷其有极。前用广东漆极粗率，今拟刮去，改用闽漆，垫以瓷灰，明日动工。大约三个月乃能竣工。拟监督漆三次乃行，惜山庄太远，只能间日一诣耳。建猷兄已来，细婆明后日亦当至。家人之意，咸不以合葬为然。卜地既甚难，且堪舆术又非所习，吾意欲在小东门外息鞭亭附近。购一爽垲之小丘，就造坟园，略仿西式，以塞门德土建冢。祖父现尚权厝，未永奉安，即移奠一园中，使魂魄永相依。或亦先人遗志，弟谓何如？此议棠郕最赞成，现已托往相地矣。吾日内当不免往省一行。拟俟瓷灰上后，加第一次漆时偷空上省数日。但朱、陆异同，日益剧烈，吾实视此为畏途也。来仅二日，客已沓至，大率什九皆求事者。天生吾辈，似以替人谋饭碗为唯一义务，冤哉，冤哉！非为大事在躬，此地殆不能一日居也。德猷事已了，无甚问题，而彼有余款存公安者，又生波折，人情诪张，真可畏也。吾于中国客之外，尚不能不充外国官场。明日须往拜港督，又须拜日领，可厌之至。朱、陆又各来诉冤，若责我调停裁判，直是毫无办法。欲耳根清净，除非去国耳。心绪万劣，辄报一二，余续陈。

此问

仲弟，儿曹同读。

饮冰　十月二十日

---

* 此函末署“十月二十日”，当1916年10月20日。六叶。末署“饮冰”。

致华帅*

［约1916年12月］

华帅惠鉴：

王君叔鲁由宁返沪，具述我公忧国之诚，虑事之周，钦迟无既。今日国命若涉大川而遇暴风，且触处皆礁石，惟赖我公与段芝老，一持针盘，一把船柁，精心定力，不摇不懈，庶或有济。两公诚肯任此巨艰，贯彻初终，则启超所能助者，决当惟力是视也。本当即趋宁承教，但守制百日，屡向人宣言，忽有他行，反滋疑议，仍须一月后始克奉谐，遗憾何如！徐君佛苏、陈君国祥，皆生平挚友，而于政党情形最熟，能代表稳健派之势力。佛苏尤为东海所器重，今特托偕叔鲁来谒，商榷大计，望推诚接洽。两君所言皆启超所欲言也。

手此奉白，即请莅安，不宣。

制　启超手启

致梁启勋**

［1916年］

前函八纸，可登报，俾亲朋及国人得知我在外情状，题目即标《□□□先生家书》，由弟自加小序数语可也。新得子，拟命名思均何如？仲弟再鉴。

启超

---

* 此函无月日，约写于1916年12月。用“上海九华堂实记制笺”，四叶。

** 此函无月日，用铅笔写，写于1916年。末署“启超”。思均，梁启超六子，早丧。

致梁启勋*

［1916 年］

今日大权来，乃知德猷亏空银行六七万，东初恐亦有染。真死有余辜。大人积累千余，尽被花去，此不用说了。现在直是无办法，只得听之，然牵累恐无已也。弟在行，亦复无颜面，可恨可恨！自今以往，真不敢妄引乡下一人矣。

吾本拟日间北行，因两造决斗，风云正急，只得罢议。或往港一视灵柩耳。

两浑

致梁启勋**

［1916 年］

仲弟鉴：

在粤月余，竟未一见吾弟，殊可怜也。顷已抵沪，时局锐变，非久当成一段落。吾侪亦可借此卸肩，不复作此烦恼艰险之生活矣。顷住所尚未定，或尚须一诣他处，然总暂以沪为营窟也。弟能一来亦大佳。欲觅二三人专司守夜者，乡间能得其人否？朴愿而有膂力者即合格。老人心境近如何？希见告。

此问

侍祺。

名心叩　廿三

---

* 此函无月日，写于 1916 年。一叶。末署“两浑”。

** 此函末署“廿三”，无月份，写于 1916 年。一叶。

致梁启勋*

［约 1916 年］

书悉。百里处已函松坡。若果贤惠，吾竭诚为弟祷其必成也。达诠所言云何，能详述一二否？唐家姻事，吾颇属意，若见孝觉，可再细问一切，取进止。

两浑　十六夕

致梁启勋**

［约 1916 年］

娇客十六晚车由沪动身，计十八下午或三点或六点必到。弟宜最迟。以其日早车来，或并约观察作陪尤佳。并望梦芸。

此上

仲弟。

超　十六

致某***

［约 1916 年］

廿四书悉。文卿来此已见，似尚无他，惟气味则诚如来书云云也。

---

* 此函末署“十六夕”，无月份，约写于 1916 年。一叶。末署“两浑”。

** 此函末署“十六”，无月份，约写于 1916 年。一叶。

*** 此函末署“廿七”，无月份，约写于 1916 年。末署“两浑”。

智若电奇极，吾绝未知，顷智、觉皆已行，吾派觉往斡卿处。无从闻讯，然似此举动，实太不为我地。甚矣，人之难相与也。吾避世之想益浓矣。松明日到，闻病甚不轻，到后当悉实情。以贵国气运推之，此子不应久于人世也。

两浑　廿七

致汤觉顿*

［约1916年］

昨午得佛苏电报公归矣，初不之信，入夜仲策继报，乃审不谬，且承趋时示疾，夫子其毋乃有蓬之心也耶。且求体力何似？所苦乃不损不？极当遂造维摩丈室，惧增劳顿，辄手启取消息，若任宴坐谭笑者，晡后更当瞻奉耳。未间惟倍倍慎摄，不一一。

荷广足下。

启超

致梁启勋**

［1917年］

书悉。弟前交来之纸有联三副，皆无款识。

日来临阁帖，即以用去，究竟谁氏之纸，希即查告，当别补耳。此外尚有它纸未写者耶？乞并查，代支款，待帖装成再算还。比写阁帖如

---

*　** 此函无月日，写于1917年。一叶。“阁帖”，北宋汇刻丛帖之宋拓本，又称“淳化阁帖”。

有所得，弟视此笺何如？

仲弟左右。

制 超

致梁启勋 *

[1917 年]

得顺儿书，称弟病颇剧，乃至两日水米不进，忧骇何极，比复何如？医不可缓，切勿自恃。弟体素非壮实也。

棠村寄来纸，迄未见，当再查。

仲弟鉴。

制 超 初七日

致梁启勋 **

[1917 年]

制中断不能预庆事，届时别以函述意可也。

仲弟。

超

---

* 此函末署“初七日”，无月份，写于 1917 年。用“涵芬楼笺”，一叶。

** 此函无月日，写于 1917 年。用“九华堂宝记制笺”，一叶。末署“超”。

致梁启勋 *

［1917年］

先人生忌在迩，宜修祭，届时可挈思顺归来。吾日来沉醉阁帖耳，他无所事。

仲弟。

致梁启勋 **

［1917年］

书悉，支票可在京往取。若须签名盖印等等不便，则寄来亦可。尚有应还公立买碑帖款约二百余，请即付，数目已忘却，可先交二百。即属公立函询曼宣可也。

日来除写字、斗叶外，更无所事，时事只可傍观，亦不必太着急也。

两浑

致梁启勋 ***

［1917年］

晤仲恕时，请询其与公府收支处人有交否？能属其将前月津贴交弟

---

* 此函无月日，写于1917年。一叶。

** 此函无月日，写于1917年。一叶。末署“两浑”。曼宣，指麦仲华。公立，麦孟华四弟。

*** 此函无月日，写于1917年。一叶。末署“两浑”。

处最妙，若不便，则置之可耳。翰文斋碑帖请将有点者代购。

两浑

致梁启勋*

［1917年］

公立来书告急，吾于孺博犹未尽情，宜常周之，可致二百元。刚父想甚困，亦致二百元。尚有应佽助者否？请弟酌之。深念擎一也。致仍珠书可往取，所馀即存弟处。

敬上

仲弟。

冰　三十日

致梁启勋**

［1917年］

松寿事饬司查后，所言如是，可属其子具呈。

此致

仲弟。

超

---

* 此函末署“三十日”，无月份，写于1917年。用“龙门山失名唐造像笺”，一叶。末署“冰”。孺博，麦孟华。刚父，曾习经。擎一，何擎一。

** 此函无月日，写于1917年。一叶。末署“超”。

致梁启勋*

[1917 年]

支票二纸奉呈，望告少垣即汇津。又，公府收支处前月津贴曾否送弟处？乞复。

仲弟鉴。

冰　七日

中银股份收条望向公权索取。

致梁启勋**

[1918 年 7、8 月间]

得棠郇书，叔华未归，由美寄家书请延期，然则无复问题矣。吾为群童讲演已月余，颇有对牛弹琴之感，尚余一来复，学术源流吾所讲却与南海有不同。卒业矣。来复二将讲“前清一代学术”，弟盍来一听？当有趣味也。

两浑　来复六夕

---

* 此函末署“七日”，无月份，写于 1917 年。一叶。末署“冰”。袁世凯死后，黎元洪延请梁启超为总统府秘书长，邀其入京，7 月起每月支 2 000 津贴。“中银”，中国银行。公权，张嘉璈。

** 此函末署“来复六夕”，当写于 1918 年 7、8 月间。一叶。末署“两浑”。叔华，凌叔华。

致梁启勋*

［1918年8月12日］

日医今日来诊，兴会飙举，谓病全由此六日内锐退，前此与病苦斗，勉强支持而已。其所谓肋膜中积水，六日前实未尝少退也，言外极自诩其治效之神。此公将终身以此为得意之作，而不复自知矣。天下事之可笑，毋乃多类此。写博吾弟一噱耳。

两浑　十二日

思衡日佳，此后总以不许食杂物为第一义。

致梁启勋**

［1918年8月26日］

示悉。十金一斤之旧墨，不买何待？请为我致五十斤内外可耳。本月津贴当尚有发，届时留弟处备支用。二马远征已闻之，他无顾虑，惟改岁后火神庙之游，恐不能遂，奈何？日来校碑，沉湎已极，可笑。

仲弟安善。

超　廿六日

* 此函末署“十二日”，当1918年8月12日。两叶。末署“两浑”。思衡，梁启勋之子。

** 此函末署“廿六日”，当1918年8月26日。一叶。末署“超”。

致梁启勋*

[1918年9月3日]

思顺十三日首途，双十节清华群童归来送行，弟届时亦能来否？仲弟鉴。

超　三日

致梁启勋**

[1918年9月15日]

叔通、希陶两书呈阅，弟宜覆之。病可谓已全愈，但山行却未可，现仍未下楼也。每日读书颇多，心境殊畅适，勿念。

敬上

仲弟。

启超　十五日

致梁启勋***

[1918年9月23日]

天如昨复来相视，更服两剂，便可止药，自由完全起复矣。日来上

---

* 此函末署“三日”，当1918年9月3日。用“集汉大风歌碑笺”，一叶。

** 此函末署“十五日”，当1918年9月15日。一叶。叔通，陈叔通。希陶，刘显治。末署“启超”。

*** 此函末署“廿三”，当1918年9月23日。一叶。末署“两浑”。天如，唐天如，广东新会人，曾任吴佩孚秘书长。《香山诗》，《白香山诗集》。

午读《庄》、《列》，《列子》已批注一过。下午读《香山诗》，殊与病躯相适，诗兴渐发，或遂有所造也。

两浑 廿三

致梁启勋 *

［1918 年 9 月 24 日］

书悉。廷灿秋节假归。陈述各情，思别为安顿。乃函周髯设法，髯复书言彼中苦寒，可勿往，畀以名誉文牍职，月馈三十元，本以此数予之。拟以十二元畀灿，以十八元畀伟，灿仍留塘沽学艺，似甚妥。韵珂奁仪既不能却，可用三妹名义存入银行。存一年半定期。天如前日复来珍视，今日便止药，除著书、饮酒两事外，一切皆复我自由。午间将出门与季常同饭也。

敬复

仲弟。

超 廿四日

致梁启勋 **

［1918 年 9 月 25 日］

书悉，款收。谭广识何忽奄逝？何病致此？甚可悼惜也。今日《津

---

* 此函末署“廿四日”，当 1918 年 9 月 24 日。两叶。末署“超”。廷灿，梁廷灿，梁启超侄。天如，唐天如。季常，蹇念益。

** 此函末署“廿五”，当 1918 年 9 月 25 日。一叶。末署“超”。志先，蓝公武。

报》载志先被逮，说然耶？否耶？

敬问

仲弟。

超　廿五

致梁启勋*

［1918 年 9 月 30 日］

书悉。不楼居已三日，似已告弟，竟未耶。顷决意仍暂辍著述，一月后乃图赓续。每日常课，晨七时起，负曝于思顺书房中，即以其时诵《楞严》、《圆觉》两经，欲使成诵。九时写经，《圆觉》。十一时读《孟子》，加眉批。一时半午睡，三时读《唯识论述记》，五时静坐，六时读苏诗，晚游竹林，游讫，静坐中间。常散步庭中，习深呼吸，所谓体操者，即此耳。下楼以前，尝批《列子》一部，圈点《白香山诗》一部，此外仍常有笔记，似此事业亦不为鲜矣。弟何时能一来耶？

两浑　三十日

致梁启勋**

［1918 年 10 月 8 日］

昨有一书托胡石青带上，乃由弟面交吴世缃。领取国务院藏书者，

---

* 此函末署“三十日”，当 1918 年 9 月 30 日。两叶。末署“两浑”。

** 此函末署“八日”，当 1918 年 10 月 8 日。用“元题句酒芬楼制笺”，一叶。胡石青，胡汝麟，1918 年梁氏任财政总长时，任全国烟酒专卖局总办、教育部次长。擎一，何擎一。

其情节已面告擎一，现在进行何如？若交涉办妥后，可由弟与擎一亲往点收。收得后即运天津，待由此间再一检点，乃寄沪也。弟久有志译占士心理学，何不即着手预备，作终身一大业耶？有人读与否不必问。

两浑　八日

致梁启勋*

［1918 年 10 月 13 日］

书悉。铭三事当即致书陆润生，顷欲带廷伟往法，令其且工且学，弟又谓何如？有人从陇上寄来唐人写经四卷，以一卷赠弟，由藻玉堂老王带上，已收否？

仲弟鉴。

超　十三日

致梁启勋**

［约 1918 年 10 月 18 日］

思静居然复生，其病全有日医耽搁，大前晚来诊，言无伤。前晨仍言无伤，午后自察其甚重，再急召诊，则云甚重，恐难救。是大奇事。昨午已为备一切后事矣。医法乃割断其气官，以机械接气，割气官时，已失知觉，并未用麻药，而不感苦痛。而涤其肺胃，殊足咋舌也。顷大致可必无碍，惟元气当益伤矣。家人除

---

* 此函末署“十三日”，当 1918 年 10 月 13 日。一叶。末署“超”。铭三，谭莹，曾参加“公车上书”，湖南安仁人。陆润生，陆宗舆。廷伟，梁廷伟，梁启超之侄。

** 此函末署“十八日”，当 1918 年 10 月 18 日。两叶。末署“启超”。溥泉，朱溥泉，北京琉璃厂闻光阁经理。君劢，张嘉森。

老夫外，无一不传染，启雄、廷伟、王姨亦无恙。楼上病人鱼贯眠也。吾道力坚定，决不为群魔所扰，惟欲求耳根清净，终以避地为宜。一来复后拟必行，但所适尚未定耳。《圆觉》已写成，明日托溥泉带往装潢。《列子》批本乞速向君劢索还。款已收。

敬复

仲弟。

启超　十八日

致梁启勋*

［1918年10月23日］

书悉。平和会吾决不加入，已别作一文，明日当见《国民公报》。此事谢绝后，或不复避地也。季常明晨当到，并闻。

仲弟鉴。

超　廿三

致梁启勋**

［约1918年12月12日］

观察带来各物及昨寄支票均已收，顷欲得《南海游记》全份备参考，请询澄一、公立诸君代为搜集。弟何日来耶？

---

* 此函末署“廿三”，当1918年10月23日。一叶。末署“超”。平和会，熊希龄等人发起组织。《国民公报》，国会请愿同志会的机关报。季常，蹇念益。

** 此函末署“十二日”，当1918年12月12日。一叶。末署“启超”。《南海游记》，指康有为《欧洲十一国游记》。澄一，何擎一。公立，麦孟华四弟。

仲弟鉴。

启超　十二日

致梁启勋 *

［约 1918 年底］

书悉。罗安既如此，依弟书作罢便了。昨函振飞交弟八百元，可以五百还公权，余三百留支杂项。如闻光阁各项。又前交鼎甫五百，本为二人治装分用，罗既不行，则以三百予鼎甫，余二百请交公立，为我赠孺博遗孤今年家费。又尊处存有《海关通志》两册，请即邮来。

两浑

致梁启勋 **

［1918 年］

闻泉来，知所苦已大损，想遂复元耶？刚父贫甚，闻几不能举火，可取百元并书送去。

敬上

仲弟。

启超　廿八

---

* 此函无月日，约写于 1918 年底。一叶。末署“两浑”。罗，罗普，康有为弟子。振飞，徐新六。公权，张嘉璈。闻光阁，北京琉璃厂古字画店。鼎甫，杨维新。公立，麦孟华四弟。孺博，麦孟华。

** 此函末署“廿八”，无月份，写于 1918 年。一叶。末署“启超”。刚父，曾习经，1926 年卒后，梁氏撰《曾刚父诗集序》。

致梁启勋 *

［1918 年］

由铭三托杨千里刻石印，润笔四十六元，请代交去。又印昆代买金石拓本一百六十二元，请并交。

仲弟鉴。

饮冰

胡信写去。又有邓慕鲁来求作书，可并交之，余不尽。

致梁启勋 **

［1918 年］

欲得银朱数方，请属溥泉觅购佳者。如有五色墨，亦不妨更购一份。又请定制五紫五羊、三紫、七羊笔各五枝。

仲弟鉴。

启超　三十日

致梁启勋 ***

［1918 年］

书悉。可为好营宫室者戒，乃兄一年后或亦尔尔。

---

* 此函无月日，写于 1918 年。

** 此函末署“三十日”，无月份，写于 1918 年。一叶。末署“启超”。

*** 此函无月日，写于 1918 年。三叶。伯荃，李伯荃，梁启超三妹夫，“新人”，亦指李伯荃，他与梁氏三妹于 1921 年 7 月完婚。

伯荃来谭甚久，诸事略有结束，待彼南归后何如耳？吾颇劝其将新房设在我家，纯为彼家节省起见。彼行后细思，此或非彼家所欲。弟与言时，可勿坚持此说，实则届时在客寓中如大同公寓之类。租一院落，京中客寓多有别院。所费亦有限，增置家具亦不过百数十金耳。吾再入都，实欲住吾弟之大厦。北京饭店极可厌。且家人全来无住所，亦大不便，新人入京时须别住，实亦不便。不如将新房作为办事房也。弟见彼时，可径以此意告之，免谓吾家强人入赘也。

仲弟。

潜夫颇醉，不记何事何日。

致梁启勋*

［1918 年］

弟前夕之言，字字有味也。吾盛怒不省，昨已释然。既令顺儿相闻，想已达。今日复属稿十一叶，得意之极，恨弟不即读。弟可知其泰适矣。

溥泉绪拓，细审数过。“仙妃”最佳，“房元（玄）龄”次之，余亦不恶。内八种已有者，且较传本为优，不复留。其余交上发裱。“仙妃”精裱，余可稍粗。若可裱册页，总以册页为适。其不能者，乃裱单张，乞与溥商。“房玄龄”无须复裱，便留此耳。

两日来果来客麇至，不能谢绝，费我黄金时刻不少，然吾道力至坚，魔亦弗能扰也。外国魔亦不少。粤中两书来，述李家意欲在港办喜事，吾总望迟两年，若实不能，则亦决在港。此间现时局面自不宜也，惟果

---

* 此函末署“廿六”，无月份，写于 1918 年。三叶。末署“潜夫”。溥泉，朱溥泉，北京琉璃厂闻光阁经理。

尔，则弟须送亲耳。

裱成诸件即交来，五色墨需之甚急。碑额交来一阅，当为弟题之。

仲弟鉴。

潜夫　廿六

致梁启勋*

［1918年］

玉衡在印刷局供职，地似甚远，恐不能在弟处同居，若稍可者，弟宜留之，亦亲亲之道也。三妹喜事决在粤办，弟谓何如？今日自劳，固宜大醉，大醉后补写此。弟得此书后宜一醉贺我。

三日十一时，又泐。

致梁启勋**

［1918年］

棠郇、仲麟书寄上。吾廿一日本拟来，因含沙射影且多，只得在家致心敬而已。一月来为儿曹讲“学术流别”，思顺所记讲义，已裒然成巨帙，《史稿》仅续成八十余叶耳。惜能领解者少耳。疾已愈，勿念。

两浑　十八日

---

* 此函末署“三日十一时”，无月份，写于1918年。玉衡，梁氏表叔。梁氏三妹于1921年7月与李伯荃结婚。一叶。

** 此函末署“十八日”，无月份，写于1918年。一叶。末署“两浑”。仲麟，李仲麟。《史稿》，指《国史稿》，述中华民族之同化过程。

致梁启勋 *

［1918 年］

书悉。前日因自劳而过醉，翌日乃病酒，自此且思节饮矣。

两日来未属稿，缘搜集资料而整齐之，非数日之功不可，大抵每卷皆如是也。而《战国》尤艰，《国策》之颠倒纰缪不可究诘，《秦策》开卷苏秦、张仪两篇，所言皆仪、秦以后事，他可推。《史记》亦矛盾漏略百出，每读使人疾首，恐此卷非旬日可就也。稿在都，钞殊不便，因随时校改者甚多，且须触得即改，稍纵逝矣。第一卷应改者甚多，或须全篇别构也。今仍令思顺、廷伟任此，或钞成一通后更在京录副耳。

魔已不侵，勿更念。公府款不至，听之可耳，卖鱼人尚何足挂齿。

两浑　六日

吾欲购两书而羞出诸口。其书维何？曰《策学备纂》、《策府统宗》也，虽《兔园》之册，然省日力多矣。弟试为我求之，恐政不易得耳。

致梁启勋 **

［1918 年］

书悉。孝觉凶问，昨晨瘿公书来已报，世法无常，我佛不我欺也。

---

* 此函末署“六日”，无月份，写于 1918 年。三叶。末署“两浑”。“吾欲购两书”以下，另叶起。

** 此函末署“二日”，无月份，写于 1918 年。两叶。末署“两浑”。孝觉，黄文开，南海人，曾任教育厅长。瘿公，罗瘿公。曼宣，麦仲华。

死者解脱，生者难为怀耳。不审其家景况如何，妻子可免冻馁否，瓔当略知耶？可询之。旅葬若有需，我当任也。

为群儿讲“学术流别”，三日后当了，更拟为讲《孟子》，非随文解释，讲义略同学案也。彼辈如何能解，不过予以一模糊之印象，数年以后，或缘心理再显之作用，稍有会耳。吾每日既分一半光阴与彼辈，亦致可惜。弟能来听极善，但讲《孟子》亦总须两旬乃了，弟安能久住耶？曼宜有书画等托孝觉带来，若沪上有人来，能了此，亦佳。请告瓔。

两浑　二日

致梁启勋*

［1918 年］

闻有多人欲来寿我，皇恐无似。方在忧中，万万不能宴客。且昨今忽病，已禁食两日矣，惫殊甚。因连夜失眠，宿食积胃，觅消化药服之，转似更剧，小饮啖即欲呕，作此书未满五行，呕已二次。望普告诸君，切勿枉过，若必来者，吾惟有入医院相避耳。顷已命阍者廿五、廿六两日不为客通。知有谁欲来者，必恳告之。望速遍达，毋使开罪也。

仲弟鉴。

潜夫新以此自号

服日人药，大不妙。可怪，已止药矣。

---

* 此函无月日，写于 1918 年。两叶。末署“潜夫”。

致梁启勋*

[1918年]

溥泉两次所购之碑，今分别付裱。内退还三种，皆已复者。所谓册裱者，即前与溥泉面言之式样也。所谓衬纸折裱者，整张衬一厚折折叠之，叠成后，加一签备标题也，挂轴裱者备悬挂也。别有旧藏诸品，一并付裱，其应特别裱法者皆批明，未批者则皆册裱也。若内有不便册裱者，改折裱便是。可告溥泉将纸数细点一过，乃交裱匠，免失落也。

此致

仲弟。

潜夫　廿八日

致梁启勋**

[1918年]

书悉。叔问词稿请付精装，所需两事，得便当带去。吾今日已开始作《志略》，弟再来时，眼福更当逾前也。

两浑　九日

屏甫事，顷翊云复书云即当办，翊方辞职，彼在职中当了此也。钧衡所在地为吉为黑已不记，若吉当为一言，黑则不愿闻矣。仲荃托写字已成数幅，日内当清此债。

冰又言。

---

* 此函末署“廿八日”，无月份，写于1918年。末署“潜夫”。溥泉，朱溥泉，北京琉璃厂闻光阁经理。二叶。

** 此函无月日，写于1918年。两叶。上一条末署“两浑，九日”，下一条末署“冰”。

致梁启勋 *

［1918年］

示悉。为吾别赠一联，托甥广完全捉刀可也。

仲弟。

冰

无名氏已有名，曰“思聪”，仲麟兄所命也。小舅舅拟命名曰“思贤”。

致梁启勋 **

［1918年］

得出欢跃，当告先灵，专复相贺。

此上

仲弟。

超　即刻

致梁启勋 ***

［1918年］

《策学备纂》，《统宗》亦勿买。顷在故书堆中竟得一部，可勿再购。购

---

* 此函无月日，写于1918年。一叶。末署“冰”。

** 此函无月日，写于1918年。一叶。末署“超”。

*** 此函无月日，写于1918年。一叶。末署“两浑”。

《辒山集》于名誉无伤，此则太可耻矣。

两浑

致梁启勋*

［1918年］

书悉。松华斋来，可付以百元。五月六日，母亲忌日，弟来否？归后所成至少，入京数日，心遂放，亦因季常在此。可畏也，顷已敛矣。

敬复

仲弟。

超

伯茎处有复音否？

致梁启勋**

［1918年］

李禄带返各件点收，不误。溥泉代购墨及拓片皆可留，双钩三册，宜用精裱，且制绸套，乞告溥。

两浑　廿一日

---

* 此函无月日，写于1918年。一叶。末署“超”。松华斋，北京琉璃厂刻制笺纸店。季常，蹇念益。伯茎，李伯茎，梁氏三妹夫。

** 此函末署“廿一日”，无月份，写于1918年。一叶。末署“两浑”。溥泉，朱溥泉，北京琉璃厂闻光阁经理。

致梁启勋*

［1918年］

玉衡来，可在弟处暂住，再作道首理。

仲弟鉴。

潜

致梁启勋**

［1918年］

溥泉不必客气，公估其值，否则吾甚难处也。调印泥之簪记代致。本月公府津贴收到后暂留弟处，应支各款，暂现支之。《左传》想已开卷耶?

潜夫

致梁启勋***

［1918年］

昨函言溥泉诸碑者有误，另包言退还八种，实七种耳。内“房彦谦”一种，厚册者是。既溥所代购，无退理，但加两夹板乃可。又，已留此间无须重裱者，除“房玄龄”外，尚有“张迁”也。诸碑请（中缺）两书悉，前因姚一鄂怂恿以拼命忍痛四字相聒，忽有此豪举，今不复尔

---

* 此函无月日，写于1918年。一叶。末署“潜”。

** 此函无月日，写于1918年。一叶。末署“潜夫”。

*** 此函末署“十七日”，写于1918年。两叶。末署“两浑”。溥，朱溥泉。

矣。日来仍每晨六时必起，前两日能日成三千余言，近因所著之篇《春秋》。头绪太复，昨今所成殊少也。五色墨望速致，颇需此也。

两浑　十七日

致梁启勋*

[1918年]

瘿来书言，“文叔问”手写词册交至弟处，望即交鉴古为绝精之装潢。衬纸数页备题跋。瘿并未携艳而来，亦匪我思存也。

两浑　八日

《战国纪政》三部，今日当可毕业，弟又当浮白也。

致梁启勋**

[1918年]

吾昨书似云购墨四五十斤，是否？即为子孙计，亦无须尔尔。“十”字乃衍文耳。默庵实无他作用，然亦别有所谓，晤时再言也。思顺比何如？岂怀中乃老聃耶？

敬上

仲弟。

超

---

* 此函末署“八日”，无月份，写于1918年。一叶。末署“两浑”。瘿，罗瘿公，康有为弟子，曾任总统府秘书、国务院参议。《战国纪政》，梁氏拟撰《通史稿》篇目。

** 此函无月日，写于1918年。一叶。末署“超”。

今日发愤检理藏书，稍肃清矣。

致梁启勋*

[1918 年]

前夕醉后，尚病酒一日，殊狼狈。默庵忽复来，且刻苦学官话，亦一段奇事。两日来校碑益勤，昨夜竟几达旦也。
仲弟。

超　廿五

思顺久未免身，何耶?

致梁启勋**

[1918 年]

书悉。千元久收，殆偶忘作复耳。董、王书已寄公立处。夷庵处必作佳札，惟非俟睹此尤物后不能著笔也。
仲弟鉴。

超

---

* 此函末署“廿五”，无月份，写于 1918 年。末署“超”。

** 此函无月日，写于 1918 年。一叶。末署“超”。夷庵，似指罗复堪，康有为弟子，民初曾在财政部泉币司任职。

致梁启勋*

［1918年］

得观翁书，知彼已到京，稍慰。顷已为彼别谋位置，惟须半月后方能确定。财部咨文可缓办，不争此数日也。吾意欲彼来津同居，为我点检书籍，钞写文件，吾设法为彼谋百元内外之干脩，当必可得，为彼计，省得自行开囊，亦较得也。回法部亦太无味矣。吾前屡促彼返，谓可为设法者实在此，惜彼久蹉跎不来，故今闻其确来之信，始为谋耳，望即将此意转达。

两浑　九日

致梁启勋**

［1918年］

有寿诗一首，裱成送与梁众异者，望于明晚必送去。擎一书请代交。久不得弟书，顷何作为耶？

两浑

萼广见赠《兰亭》可交书贾王某鉴古旧件。带来，当别函彼来取也。

又　顿首

---

* 此函末署“九日”，无月份，写于1918年。两叶。末署“两浑”。观翁，蒋智由。

** 此函无月日，写于1918年。一叶。末署“两浑”。梁众异，梁鸿志，曾任北洋政府秘书长。擎一，何擎一。

致梁启勋*

[1918 年]

殿书，可属其下午四点后。到部，当一见之。彼来时并非拒绝，奈皆值不在家，则无如何耳。保险公司总董不便担任，宪广现在公府尚有津贴，可请少安。海关调亦不易，督军老爷们纷纷荐人，纷纷挡驾也。

此复

仲弟。

冰

致梁启勋**

[1918 年]

书悉。《广雅丛书》鉴古堂所有者，开一目录来，似甚备，索值八十元。大约照其价单八折便得。弟所见者，若种数多于此而廉于此，则请告鉴古勿送来，别购彼本，若略相当，则乃留鉴古者可耳。

溥泉书之有言，何君代觅三段碑，得葛姓者一本，是葛德三否？吾曾见彼家一本拓，不甚佳也，顷方托在粤觅，觅不得当再商耳。曾见葛家有千字未损本，《礼器》拓极精，惟索直昂，不敢问津。何君若与葛有旧，不妨一问之，勿言我求也。棠村处当电曼宣代制祭幛。《船山遗书》可购之，家中无有也。

两浑

---

* 此函无月日，写于 1918 年。两叶。末署“冰”。

** 此函无月日，写于 1918 年。三叶。末署“两浑”。

致梁启勋*

［1918年］

欲得马氏《绎史》、《读史方舆纪要》、《汉魏丛书》三书，请代购。迟日汝嫂归时，交仆人带还。又，溥泉代装诸碑，若装就，以其时带还最善。

两浑　廿一日

致梁启勋**

［1918年］

欲购《玉函山房辑佚书》一部，请代致。

冰言

致梁启勋***

［1918年］

因包房曲折，遂不来，实则行意本不坚耳。制碱公司章程再寄上数本，可约李伯荃来一谭，请其寄彼尊甫商之。

此致

仲策。

冰　六日

---

* 此函末署“廿一日”，无月份，写于1918年。一叶。末署“两浑”。

** 此函无月日，写于1918年。一叶。末署“冰言”。

*** 此函末署“六日”，无月份，写于1918年。一叶。末署“冰”。

致梁启勋*

[1918年]

示悉。墨单圈出，以意为之而已。悦古发笺随意购数张可也，不知大小，无从悬断。溥泉来必见，尚有事托彼也。

仲弟鉴。

冰　廿九

致梁启勋**

[1918年]

溥泉代购碑数张，除《大兴国寺》、《李琮》两种已有，今退还外，迟日由李福带上。余悉留下，请代付值。

此致

仲弟。

冰　二十日

致梁启勋***

[1918年]

望告溥泉，有旧宣纸及高丽纸，乞随时物色代致。日来耆欲程度愈趋愈高，恐非以此荡产焉而不止也。

---

* 此函末署“廿九”，无月份，写于1918年。一叶。末署“冰”。

** *** 此函末署“十四日”，无月份，写于1918年。一叶。末署“冰”。

敬上

仲弟。

冰　十四日

致梁启勋*

［1918年］

啜粥三日，所患已去，勿念。弟何日来耶？

仲弟。

潜夫　三日

致梁启勋**

［1919年2月11日］

海行恰一月有半，舟今在伦敦港外三十里，顷刻登陆矣。中间惟大西洋遇风三日，吾健饭如故也。舟中百无睹闻，觉飘飘有出尘想，登陆后无复此乐矣。岱杉曾言，在监署为筹万金，可托秉三促之，收到后即存弟处，待我有电乃汇来。别有厚生应交大达公司红利，亦托交弟处，收到后即寄往津，充家费可也。舟中得诗十数章，别纸录呈，可以见行人情绪，各报如欲登者，可抄给之。

仲弟鉴。

启超　二月十一日　横滨丸舟中

---

* 此函末署“三日”，无月份，写于1918年。一叶。末署“潜夫”。

** 此函末署“二月十一日”，当1919年2月11日。一叶。末署“启超”。写于“横滨丸舟中”。岱杉，张弧。秉三，熊希龄。厚生，刘恒。

致汪大燮、林长民*

［1919年7月1日］

汪、林总长请转南北当局诸公：

和约拒署表示国民义愤，差强人意。然外交方益艰巨，全国一致对外，犹惧不济，若更扰攘分崩，不亡何待？启超在欧数月，每遇彼都人士，以内乱情形相质，则若芒在背，不知所对。外交失败以来，相爱者感冀我因此刺激，速弭内讧，以图外竞，庶助我者得以张目。今沪议杳无续耗，大局愈趋混沌，循此以往，岂惟今兹所失，规复无期，窃恐有人借口保安，称兵相压，爱我者亦无能为助。中国今日如重洋遇飓，远援无补，出死入生，纯恃自力。若更操戈舟中，只有同归于尽。当此存亡俄顷，有何嫌怨之不可捐，有何权利之复可恋，诸公之明，宁见不及此？伏望本热诚交让之精神，快刀断麻，迅谋统一，合全国智力，谋对外善后，则失马祸福，盖未可知。若长此为意气之争，结果只同归于自杀，国家固已矣，诸公亦何乐焉？万里惊魂，垂涕而道，伏惟矜察，以惠我民。

梁启超叩　七月一日自伦敦

致梁启勋**

［1919年12月6日］

本拟半年后乃归，因振飞事忽变计，一切询子楷便悉。顷计行程或可

---

* 此函末署“七月一日自伦敦”，当1919年7月1日。用英文信笺，两叶，钢笔写。末署“梁启超”。汪，汪大燮，任代理国务总理。林，林长民。

** 此函末署“十二月六日”，当1919年12月6日。一叶。末署“任公”。振飞，徐新六，徐珂之子。子楷，刘崇杰，曾与梁氏一同赴欧洲考察。

在津度可遣仆来沪相迎。正月廿六也，颇盼。弟将新居为我布置周洽，俾一归便得享用。两月来生活完全恢复须磨旧状，读书著述固多，然昼夜又已易位矣。相见不远，不复缕缕。此书到后，弟尚可得我一二十邮片也。

仲弟。

任公　十二月六日

致梁启勋*

［1920年6月15日］

汇上讲学社款二千，请察收。尚有尚志学会一千，可催翊云交来。娇客计程明后日必到，弟盍以明日来耶？

两浑　十五

致梁启勋**

［约1920年6月16日］

昨寄社款二千想达。展览券弟来时可带返，俾别设法。今日复收到商务印书馆五千，现存兄处，请先发下收条，俾转寄。此款殆可暂不动用，欲以生息，请商季常、百里应投诸何处。元年公债似不妥，其他须商。曜东书可亲往索取。

两浑

---

* 此函末署“十五”，当1920年6月15日。一叶。末署“两浑”。翊云，江庸。

** 此函无月日，约写于1920年6月16日。一叶。末署“两浑”。季常，蹇念益。百里，蒋百里。

致梁启勋*

［1921 年 3 月 29 日］

顷启雄来言，五月二十日正各人考试之期，启雄于十九日考完。三妹亦正考试未毕，四妹亦然，计思成等亦都在考试中，最好请改迟一星期云云。可即向伯荃商，速发一电往问，若能改最善，否则各孩子皆不能参与盛典，殊扫兴也。各帖请俟电复后乃发。又海军联欢社各司令不知已出京否？可再打听。若实不能借，则江西馆亦可也。

两浑　廿九

致梁启勋**

［1921 年 5 月 26 日］

想已从汤山返耶，此所患何似？能全愈不？可告伯荃，能催叔华早日来为妙，因我家亦要送彼礼服也，并可问彼要西服抑要国服，我家礼服即由我做，开单或不送礼服，改送常服数套亦可。交彼便是。并问伯荃彼家预备此次喜事，约共费若干，俾可从各方面通盘筹画。彼云欲送饼单等物，殊可不必，徒费而无用也。伴娘除镜芙女公子外，思和、阿时皆可。棠郛似不能来，若尔，则请孝高何如？平甫当然居其一。慕韩证婚已面请，得其允许。日内可发一全帖往请，由两家主婚出名可也。同乡熟人中有欲送礼者，可微示意，最好若干人合送些新房陈设品之类，万不可多费，但求见意足矣。又最好各家送礼互相知照，免重复无用。此可告

---

* 此函末署“廿九”，当 1921 年 3 月 29 日。两叶。末署“两浑”。启雄，梁启超七弟。

** 此函末署“廿六”，当 1921 年 5 月 26 日。用红色信纸，两叶。末署“两浑”。

藻孙、鲁庵等通知各方面。

两浑 廿六

致梁启勋 *

［1921 年］

书悉。各事一切照办，证婚人请帖想已发耶？余由观察面述及启雄函详，现存弟处之款即拨出五百元为在京办各事之用。现时如受礼敬使之用，如零星添买各物用，先拨若干交彼等手，随支随记账。可委解俊或鸿材等，常川一人在宅料理，吾家应备酒席，每日按排者略如下：

一、送妆日两席。请证婚人及大媒，可在水榭等地方。

一、结婚之前晚一席。为姑小姐饯行。

一、结婚日一席。新郎亲迎时请之，此席不过仪式上，实在不吃也，菜照例便得。

一、回门兼会亲，三席或四席。

以上酒席或先定妥尤妙，汝嫂约廿二三来，我约廿五亲送姑小姐来。

两浑

李家十一嫂丧礼请送一幛，另送奠敬廿元。似是阴历廿一，请电问藻孙。

致梁启勋 **

［1921 年］

请帖已印就否？三妹因中途退学，恐该校有麻烦，拟为彼命一字琬宜。何如？帖中即以其字行。若未印，请照办。日期已近，发帖似不容迟矣。送新郎礼物有笔墨各两匣，请在琉璃厂办，须有匣装潢也。又叔

---

* 此函无月日，写于 1921 年。两叶。末署“两浑”。

** 此函无月日，写于 1921 年。一叶。伯荃，李伯荃，梁启超三妹夫。

华有庶母几人？彼系嫡出抑庶出？可询伯荃，俾得预备贽礼。棠郕来电，改期七日乃行，想明后日可到也。

致梁启勋*

［约 1921 年］

所存款请交曹五带回四百元，余存弟处，随时支零用。前月所购公债，似无甚利益，拟托公权仍售出，易取现款，请酌办。

两浑

致梁启勋**

［约 1921 年］

李家又延婚期，此固甚佳，但衣服等皆已置备，两年后恐不复合用耳。弟心绪似不甚佳，然耶？文卿书乞饬送去，因不审其居址也。

仲弟鉴。

超　廿三

致梁启勋***

［约 1921 年］

书悉。思衡何故如此，顷服何人药耶？棠郕已有书来，言喜事决在北办。李家长亲不来，独棠挈叔华来耳。廿一日为循若周忌祭，是日所费可由

---

* 此函无月日，约写于 1921 年。一叶。末署“两浑”。

** 此函末署“廿三”，无月份，约写于 1921 年。一叶。末署“超”。

*** 此函末署“十四”，无月份，约写于 1921 年。一叶。末署“超”。思衡，梁启勋子。

我担任，望告季常，季经办也。即由弟处支取可也。吾顷感冒发热，颇狼狈。

此上

仲弟。

超　十四

致梁启勋 *

［约 1921 年］

思衡病已愈否？阖家皆甚念也。检所藏书画三事，用贺弟新居。若尚需者，弟自来检可耳。画一轴，不审佳否？请询诸鉴藏家，若果佳，仍思索回，以他为易，此间画盖至希也。

敬上

仲弟。

潜夫　六日

致梁启勋 **

［约 1921 年］

墨床、笔架二事已觅得未？能得稍大者尤佳。笔洗尤思得一极精者。昨有票托公权转售现款，售得即交弟处，数目如干再报来。

仲弟鉴。

超　廿三

---

* 此函末署“六日”，无月份，约写于 1921 年。一叶。末署“潜夫”。

** 此函末署“廿三”，无月份，约写于 1921 年。一叶。末署“超”。公权，张嘉璈。

致梁启勋*

[约1921年]

棠郁书今午由思顺寄上，想达。既尔尔，则只得听其蜜月后高唱新婚别。惟仍欲在此办理，今更致伯荃一书，请与商。弟谓无谓否？若不能，则弟预备送亲旅行可耳。本月公府费若到，请还公权此次所借者。京钞二百元，余暂存，不购公债矣，颇闻公债非甚有利也。

两浑　廿九日

致梁启勋**

[约1921年]

卖字议可即作罢，此间老段发起，即席得十万以上，究竟军阀阔也。叔华印刷局公事已到否？同时得两事可称意外之获，虽未必能久，亦慰情聊胜无。一昨曾在此之叔华言，若交通有所得，请其分出若干畀玉衡及廷灿。因此三人生计。同为我所应负之责任，我不便以三人之名分头觅事，随便用一人名耳。计印局、交部两处所得应在四百以上，则分出百元，衡、灿各半，最为平允。若将来有变动，则停止可耳。此意请告三妹夫妇。

敬复

仲弟。

超　七日

---

* 此函末署“廿九日”，无月份，约写于1921年。一叶。末署“两浑”。

** 此函末署“七日”，无月份，约写于1921年。用“饮冰室用笺”，三叶。

岱杉复书，于房事一字不提，听之可也。

致梁启勋 *

［1922 年 2 月 15 日］

两日来所闻燕孙举动，煞是可人，想弟亦有闻耶？惟大燮恐亦在即，天津将为大活动场，吾非避地不可，昨今两日来客已不断。否则又卷入漩涡矣。观察事已有一处回信，月七十元，尚有一处，数亦略同，必可得当也。

两浑　十五

致梁启勋 **

［1922 年 7 月 25 日］

公府庶务司来书及复书寄上，请即往收，并继续办理。收得后请送天如百元，余四百汇来备南行旅费，以下收到即暂存弟处。

此上

仲弟。

超　廿五夕

庄大略已愈，一星期内可出院，惟达达体极弱，尚屡病。

---

* 此函末署“十五”，当 1922 年 2 月 15 日。一叶。末署“两浑”。燕孙，梁士诒。大燮，汪大燮。

** 此函末署“廿五”，当 1922 年 7 月 25 日。用“饮冰室用笺”，一叶。末署名“超”。庄，梁思庄。达达，梁思达。

致梁启勋*

［1922年11月25日］

得弟一书后，迄未有续报，想大事已竣，无他故障耶。家事处分何如？弟何日北归？弟行后次日，我婴疾数日，顷已全愈。阳历正月半必归津。知念，特闻。

此上

二弟

超　廿五日

致梁启勋**

［1924年3月14日］

属曹武带上百元，为随时代支之用，希哲调加拿大，想已知。思顺来电云月杪归省，非久当至也。昨周养庵彼言扇面未收。在卧佛寺附近看得坟地五处，请弟与彼约一时日先往一看。认为可用者，或径下些定钱。将来我一自看乃购可耳。近来拼命写隶书，成绩盈簏，弟若不要，被人劫尽矣。阿时、思和已拐得不少，廷灿更不用说。

此上

仲弟。

启超　十四日

---

* 此函末署“廿五日”，当1922年11月25日。用“饮冰室用笺”，一叶。末署“超”。

** 此函末署“十四日”，当1924年3月14日。一叶。末署“超”。周养庵，清季画家。

致梁启勋*

［1924年4月19、22日］

收条一纸，请盖社章后寄与振飞转交前途。其款请弟与百里、志摩算帐，振飞函附阅。

此上

仲弟。

超　十九

廿二日，我带许多孩子来吃面，独有阿庄庄要求你迟两天出世，你问思顺便悉。

致梁启勋**

［约1924年6月6日］

书悉。廷灿昨已行。已携去五百元。本来从前年年底起，汝嫂已说定，每月给彼廿元。另折为彼存下，彼坚不愿领，谓只作为借款。此孩子有点呆气，只得随他，将来再说可耳。近两文何如？明知无益，尽心写已耳。两日来颇为小词，暇当写寄。今日作题画四首，颇有趣。

此复

仲弟。

兄　端午

---

* 此函末有“十九”、“廿二日”，当1924年4月19、22日。用“饮冰室用笺”，一叶。末署“超”。

** 此函末署“端午”，当6月6日，约写于1924年。一叶。末署“兄”。

致梁启勋*

[1924年12月3日]

醵资刻瘿公遗诗，吾任百元，款由幼伟汇存，希即交去。

此上

仲弟。

超　十二月三日

汪莘叔耕《方壶词》，佳绝，不可不读。词在《彊邨丛书》中。

致梁启勋**

[1924年12月13日]

祭文撰成，请即。属敷堪写一通用四幅行书便得。并裱好张挂之。备来祭者观览。弟别写一通，备祭时宣诵，何如？

此致

仲弟。

兄　十三日夜分

致梁启勋***

[约1924年底]

阁帖景本一套，请饬送伯唐。弟亦有一本，但未题，将来到津自携可

---

* 此函末署“十二月三日”，当1924年12月3日。用“饮冰室用笺”，一叶。末署“超”。瘿公，罗惇曧。“汪莘叔耕”云云，为附叶，用“饮冰室用笺”。

** 此函末署“十三日夜”，当1924年12月3日。用“饮冰室用笺”，一叶。

*** 此函无月日，约写于1924年底。一叶。末署“超”。“灯节”，即元宵节。

耳。篆、隶各一小幅寄上，近颇感非用力于篆，则隶不能工，三日来日必课篆矣。思顺大约灯节前后可到。现京、津车如此挤拥，弟新年可勿来，待顺到时作一团聚可耳。字不患抢尽，日有新制，数日便复盈簏矣。孩子们不惟不出润笔，反要替他们代裱，一月来裱工已去十余金，可笑之至。

此复

仲弟。

超

单已收，笔未送到，明日当饬往李家索取。

致梁启勋*

［约1924年底］

上海船车两绝，船无舱位。思顺辈久困彼间，昨始来电，十七日搭福建丸经青岛来，大约阴历二十九乃能到。谨闻。

此上

仲策。

超　十四

致梁启勋**

［约1924年底］

此次新定造之笔，内有大屏笔，仅造一枝者，大而短，极笨者。顷试

*　**　此函末署“廿九”，无月份，约写于1924年底。一叶。末署“超”。

用，佳极，欲再照造四枝，请告戴月轩。

敬上

仲弟。

超　廿九

致梁启勋*

［约 1924 年底］

书悉。吾隶乃得此于朋友，受宠反惊矣。人情孰不好谀，诸君所索，当踊跃输将耳。日来写张表，专取其与楷书接近，一月之后，请弟拭目观我楷书之突飞也。年假期内，督课群童，自老七以下至阿庄。每晚辄聚讲，读书声出金石，群童乐不可支，彼等日日读史，诵诗词，写隶楷，阿时且作可许多打油诗。但旷我著作常课亦不少矣。阿时、阿忠终日摇头摆尾，高唱入云，可称水底笙歌蛙两部。澄一诸君欲来，仍希力沮之。来两三日，合计所费足可敷合家一个月窝窝头之费，今何时耶，尚堪如此浪费耶？但若必不能阻，则颇盼曼宣、孝高、观察等能来供绑票耳。

敬复

仲弟。

任　五日

顺等今日应当上海，但尚未有电来。彼辈在家小住约一月，已定三月廿三日俄国皇后船放洋，庄庄同行。

---

* 此涵末署“五日”，无月份，约写于 1924 年底。两叶。末署“任”。

致梁思永*

［1924年后］

思永：

你娘娘或须用手术，用后情形如何，来信详报。手术后万不可忙着出院，必须静养到完全复原乃可。老白鼻甚乖，今晨比我起得还早，我精神亦日旺。

二十日　爹爹

致梁启勋**

［1925年7月19日］

书悉。葬期总在阴历九月阴历。内，请告伯修任择一日可耳。四妹独行诚可怜，交通梗隔，尤不放心。老七辈尚无书来，可想行路之难耳。

此复

仲弟。

兄　十九日

此间房子已万元买过来，可谓豪举，但其房子已值万元，家具亦值三千，地价约值一万外。因此地太可爱。顷拟与思顺平分，若彼不能，则以保险单押借耳。

---

* 此函末署“二十日”，无月份，约写于1924年后。

** 此函末署“十九日”，当1925年7月19日。一叶。末署“兄”。

致梁启勋*

［1925年7月20日］

十八书悉。新图布置极善，请即照办。一昨扶箕亦不主迁古冢也。开工后弟可不须常住彼间耶，抑借此山居或亦不恶也。拟自作一小墓志铭，有便乞询购不刻石等事。季常极窘，拟赠与二百元，入城时望交去。

此复

仲弟。

超 廿日

致梁启勋**

［约1925年8月1日］

两书悉。工程一切如弟所计画最好，汽车告窆等事已命藻孙赶办。五日决入京，一切俟面谭。

此致

仲弟。

兄 一日

---

* 此函末署“廿日”，当1925年7月20日。一叶。末署“超”。

** 此函末署“一日”，似为1925年8月1日所写。一叶。末署“兄”。

致梁启勋*

[1925 年 8 月 2 日]

书悉。工程单及图样已细阅一过，仅两石门而费加一倍以上，殊可不必，请从省可耳。虽非必从墨氏之教，但似此亦聊厚不为薄矣。此间仅放晴三日，比复大雨，兹行真可不必。但数日海浴已觉加健矣。

手此敬复

仲弟。

兄 二日

致梁启勋**

[1925 年 8 月 7 日]

书悉。已即函博渊，并函谢许修直矣。此间数日来，天气极佳，日日下海。各人皮肤已黑若古铜矣。

敬复

仲弟。

超 七日

---

* 此函末署“二日”，当 1925 年 8 月 2 日。一叶。末署“兄”。

** 此函末署“七日”，当 1925 年 8 月 7 日。一叶。末署“超”。博渊，朱深，段祺瑞部。

致梁启勋*

[1925年8月7日]

六日书悉。价廉物美乃至如此，真出意外。博渊处已去函矣。星期日拟来山一省视。弟想一时不进城耶?

此上

仲弟。

兄　七日

志先亦住见心斋，曾见否?此公神经极错乱，颇不易操。

致梁启勋**

[1925年8月8日]

七日书悉。再致博渊一函，请弟亲持往交涉，能特许最善，否则只好改期开工。因红契非王姨亲去不能取出，去则全眷俱去矣。顷拟廿一、二间便全家归去也。

此复

仲弟。

兄　八日

或并托翊云向博渊一言。

---

* 此函末署“七日”，当1925年8月7日。用“清华学校用笺”，一叶。末署“兄”。志先，蓝公武。

** 此函末署“八日”，当1925年8月8日。一叶。末署“兄”。翊云，江庸。

致梁启勋*

［1925年8月14日］

（任志清嫁侄女，请代我送去添妆品约值十元至十五元，可并列弟名同送。）

书悉。生年开上点穴时，想已预备双冢耶。穴定后一面筑墙。望即经营造冢，拟全部用士敏土，惟贴地处留数孔通地气，请询伯修兄谓何如。支票仍暂存弟处，俟秋间入京时交我。

此复

仲弟。

兄　十四日

弟须住香山否？若须当即致书秉三。

致梁启勋**

［1925年9月22日］

前言星期六来山，但监工外行，来亦无益。若弟谓不须者，拟不复来。但遣车相迓，来此午饭后，弟自入城何如？银行事曾托人与托季常言便可，咏白若在京，则托其与赞侯言，不在，则我直接言之。仍珠、公权言否？宜早办。弟入城住一晚即了此事，何如？

此与

仲弟。

兄　廿二

---

* 此函末署“十四日”，当1925年8月14日。一叶。末署“兄”。任志清，原名文灿。

** 此函末署“廿二”，当1925年9月22日。用“清华学校用笺”。末署“兄”。

致梁启勋 *

［约1925年］

忠忠今日已有复禀，看其情形，大约不至上当，可释念。数日来诗兴大发，做了两首长古，颇自喜。

敬上

仲策。

超　十一日

致梁启勋 **

［约1925年］

北戴房已借得，昨遣曹武往布置，如无故障，明晚便往，到彼后看情形如何，再函约弟也。扇三把交季常处，秉三函寄上。

此致

仲弟。

兄　十九

致梁启勋 ***

［约1925年］

书悉。诸馆复函请饬送去，已别函知会博生矣。北戴借屋又生问

---

* 此函末署“十一日”，无月份，约写于1925年。一叶。末署“超”。忠忠，梁启超四子。

** 此函末署“十九”，无月份，约写于1925年。一叶。末署“兄”。秉三，熊希龄。

*** 此函末署“七日”，无月份，约写于1925年。用“饮冰室用笺”，两叶。末署“兄”。

题，往否尚未定也。再看风色如何亦好。《樵歌》四印斋有不完本，其完本则在朱古微之《彊邨丛书》，此丛书为古微所裒刻，宋元词凡数十种，洋洋大观。弟有意词学，不可不置一部也。近忽发词兴，除昨寄之思庄手卷外，更有数首，别纸写呈。

此复

仲弟。

兄　七日

致梁启勋 *

［约 1925 年］

顷电想达。铭三之丧，请代送赙敬五十元，并传我语告其家人，请面告其妇。谓物力艰难，此后彼家中生活可危实甚，丧事万不可铺张糜费。天如、厚生、在君若来游，弟能同行否？并约季常。来此一周，只得一日晴，数日后想有以相偿耳。此间已为弟腾出一房，但再有两三人来，床铺亦尚敷用，惟须各带毡褥一份耳。在君函附呈。

仲弟。

超　廿八

致梁启勋 **

［1926 年 3 月 20 日］

今日连接加拿大来四五封信，思顺也是三月十六日受手术，子宫因前年一

---

* 此函末署“廿八”，无月份，约写于 1925 年。一叶。末署“超”。

** 此函末署“廿日”，当 1926 年 3 月 20 日。用“清华学校用笺”，一叶。末署“两浑”。

跌歪了，又有痔疮。可谓咄咄怪事。据思庄续来信，他也极平安，两礼拜就可出院，想此间安电到彼时，彼尚在院中也。吾此两日内禁止散步，觉极好，殆同常人矣。郊外民房悉被军队侵占，清华成了西郊避难所。百物掳掠殆尽。恐数日后校中便绝粮，或须全家就食城中，或须返津，皆未可定也。

两浑　廿日

致梁启勋*

［1926年4月19日］

日来尚好，小便偶一两次微红耳，其原因似由走动所致。有两次皆因散步过久。卧床便极好，久坐偶走亦尚可，大抵仍是微丝血管破也。颇欲再请桃三制丸，弟谓如何？稍迟亦可。爱吾庐联语，解释真妙绝。北京经此惊扰，以后殆可永安枕矣。

两浑　十九日

致梁启勋**

［1926年6月30日］

书悉。尿色转深，全由劳顿失眠所致。归津后燕息两日，即复趋淡矣。天如仆仆蓁劳，似不必再来诊脉，因在北戴河服汤药亦不便。即请处方制丸药寄来可耳。日内奇热，已决七月二日赴海滨矣。永年债项余六千，历年最近所付在三月间。利息都已付过，大约息钱不过数十元耳。今开上二千元支票一纸，希送去。

---

* 此函末署“十九日”，当1926年4月19日。用“清华学校用笺”，一叶。末署“两浑”。

** 此函末署“六月三十日”，当1926年6月30日。一叶。末署“启超”。

此复

仲弟。

启超　六月三十日

致梁启勋*

［1926年上半年］

京书悉。刚父处送二百元，已函托叔通代垫，并有信往候。弟可持往亲致问讯，日来政客星散，心境乃大清静。读书作字，终日不辍，惟比趋奢侈，所作率皆宣纸方格，竟不多，稍积得后当寄三子者。

仲弟鉴。

制超　廿二

致梁启勋**

［1926年7月6日］

到此四日，早睡早起，呼纳清空，神志为畅，但旧恙迄未稍减，不审何故。仍请告天如早制丸药寄来为佳，来时将用款交中国银行。迄今该行尚无人至，在此不名一钱，狼狈可叹。

此上

仲弟。

启超　七月六日

---

* 本函末署"廿二"，当写于1926年上半年。用"商务印书馆制笺"，一叶。末署"超"。刚父，曾习经。叔通，陈叔通。

** 此函末署"七月六日"，当1926年7月6日。一叶。末署"启超"。

致梁启勋*

［1926年7月11日］

两书悉。近子华依旧，余皆无恙。天如来时，弟偕行否？来时可向戴月轩购松禅遗制及仿乾隆紫毫各两枝带来。

仲弟。

超　十一日

保险款殆不误，望告亦侯即代办，余款日内寄支票来补足。

致梁启勋**

［1926年7月26日］

腹疾后发热，狼狈经旬。昨日始起床，今日无事矣。惟赤祸因牵动复剧作，极可厌。天如药膏今日制成，当虔服，希收效耳。

此上

仲策。

超　廿六

致梁启勋***

［1926年8月13日］

仲弟：

书悉。病状详天如函，一进一退，真可厌也。弟齿痛何似？四妹颇

---

* 此函末署“十一日”，当1926年7月11日。一叶。末署“超”。

** 此函末署“廿六”，当1926年7月26日。用“饮冰室用笺”，一叶。末署“超”。

*** 此函末署“十三”，当1926年8月13日。一叶。末署“启超”。

剧，已入医院，想闻之耶？

启超　十三日

致梁启勋*

［1926年8月16日］

归津后乃大佳，想是海滨有某种不适，令药力无从发挥耶？归后服彼第一次药方，即无丹皮者。乞告天如释念。四妹病不甚剧，医言半月可出院，细婆以看护为乐，只得由他。

此上

仲弟、七弟。

兄　十六日

致梁启勋、梁启雄**

［1926年8月17日］

二弟、七弟鉴：

病谅来可算彻底澄清了，真足庆幸。天如日内想入京耶，当深谢之。阿时事自然极好，但吾恐其不胜任，人以学问渊博目之，能无悚惧？将贻笑柄。拟令彼切实预备一年，此一年中指定若干部书，若干篇文，令彼研究，明年就职或可不坍台耳。已以此意复喻廛涧，《记》曰“陈力就

---

* 此函末署“十六日”，当1926年8月16日。一叶。末署“兄”。

** 此函末署“十七日”，当1926年8月17日。一叶。末署“兄”。天如，唐天如，通医术。阿时，梁启超侄女。

列”，初出茅庐之信用，不可不谨也。

十七日　兄

致梁启勋*

［1926 年 8 月 17 日］

返津服药状况大佳，赤焰净尽，其清若镜，味甘如醴矣。现仍赓续服之。若清华开学前不再发，天下将自此大定耶。四妹热度仍未达降退时，想尚须历三四日也。

两浑　十七日

致梁启勋、梁启雄**

［1926 年 8 月 18 日］

顷荐林栋如往南开中学，大约薪水亦不过六十元内外，问彼愿就否？即复。阿时决意令其预备一年，俾将来可以长久，弟等谓何如？观翁到极窘时，只好将贮蓄款之利息给之，随时更略为设法可耳。近两日便色愈佳，简直是无病人矣。天如真神医也。日来强细婆享用，所谓物资文明者——坐汽车吃大餐之类，颇甚欢也。

此致

两弟。

兄　十八

---

* 此函末署“十七日”，当 1926 年 8 月 17 日。一叶。末署“两浑”。

** 此函末署“十八”，当 1926 年 8 月 18 日。一叶。末署“兄”。

致梁启勋*

［1926 年 8 月 21 日］

十九书悉。大愈特愈，豪无疑义。日来更以种种试验，畴昔每为增病源因者，今悉无害。前日曾饮麦酒一大瓶，昨晨与黄溯初剧谭三小时，昨夕在俄公园步行一小时，而清莹如故，比已停药两日，或自兹竟可勿药矣。最奇者当服药前两日，正最剧之时，一举而赤贼全歼，似特以此彰神医功用也。司铎说无所闻，日人多反对，想当局不致贸然也。

两浑　廿一日

致梁启勋、梁启雄**

［1926 年 8 月 22 日］

四妹热度已降，据医言，两礼拜决可出院，请勿念。七婶并无大病，彼日日跑医院是其孝心，不过王姨恐其感时行症，孩子未断乳，大人病则孩子立病。属彼注意耳，亦勿念。栋如来信，似不满意于南开，还梦想什么教育部秘书上办事，殊不知孝高以实缺秘书，方且极力求近。在今日得六十元现款，包膳宿费，从那里可得？彼若就，可速将应聘书直寄去，还如约于九月四日前到校，且在校用心尽职求进益，将来尚是可靠的职业，若专想吃便宜饭，非饿死不可也。此子不受抬举如此，此后勿再向我求事也。

---

* 此函末署“廿一日”，当 1926 年 8 月 21 日。两叶。末署“两浑”。黄溯初，原名冲，字旭初，早年留学日本，曾拥护蔡锷反时袁世凯复辟。

** 此函末署“廿二”，当 1926 年 8 月 22 日。一叶。末署“兄”。

此上

两弟。

兄　廿二

致梁启勋*

［1926年8月24日］

书悉。伟款请照给。吾病确全愈，数日来绝无再发痕迹，痛快之至！四妹病已入转机，赵氏子常到医院，两情似深相印也。

此复

仲弟。

超　廿四

致梁启勋、梁启雄**

［1926年8月27日］

四妹病忽剧变，大便。血不止，盖由不守医戒，胡乱翻身，致肠一部分破裂也。现医亦无甚把握，且看能否将血止住再说耳。本欲以电话相告，但吾辈既非医生，干着急亦无用耳。下午看情形如何。顷已专雇一看护妇，又雇一老妈替细婆回来，因细婆害怕也。若有急或电，老七一来以慰细婆耳。吾因昨日君劢来谭太久，今日又有点焦急，便色复见微红，已再服药，谅可平复。

---

* 此函末署“廿四”，当1926年8月24日。一叶。末署“超”。

** 此函末署“廿七”，当1926年8月27日。用“涵芬楼制笺”，一叶。末署“兄”。

此上

二弟、七弟。

兄　廿七

致梁启勋*

[1926年8月28日]

四妹今晨四点钟去了，想肠溃已非一日。昨日始决裂，不可救。吾昨下午四时往，彼神气已昏，但见我犹能呼大哥也。痛哉！痛哉！吾病自昨日复发，已服药两剂，无甚效。想非待此刺激过去后，药不能有力也。老七想已来耶？

此上

仲弟。

超　廿八日

致梁启勋**

[1926年10月2日]

藻孙来书，言家里着实饿饭，乞借百五十元，无法，只将许之。请托鼎甫交其妹，名“满满”者收可也。吾病自昨日起渐见转，今日色极淡矣。今日仍服头一次药方，似是彼方最适也。吾决六号早车来。

此致

---

* 此函末署“廿八日”，当1926年8月28日。用“涵芬楼制笺”，一叶。末署“超”。

** 此函末署“二日”，当1926年10月2日。末署“超”。

仲弟。

超　二日

致梁启勋*

［1926年10月3日］

天如、钧任两书请阅后交去，天如处即汇百元，若今日银行不办事，则请先将原信寄去，另由弟附一纸说明理由，言改日即汇可也。钧任书连改定之章程原稿一齐送去最好。弟亲自一往，问彼国史馆事款项作何着落也。

此致

二弟。

兄　十月三日

致梁启勋**

［1926年10月24日］

前书因懒未复，希白所言，在得信前早已谢绝矣，勿念。日来精神益旺，而小相如故。想信如舒东所谓不可治，可不治耳。此间本国游客极少，到此后仅晤一人耳。天如能一来固甚佳，否则俟一月后亦无妨。弟能来小聚最盼。

此致

---

* 此函末署“十月三日”，当1926年10月3日。一叶。末署“兄”。

** 此函末署“廿四”，当1926年10月24日。一叶。末署“兄”。

仲弟。

兄 廿四

致梁启勋*

[1926年11月23日]

书悉。兹事决无效，钧在税处，尚且不援引一人，况此贫瘠之机关耶？曾勉为曼宣致一书，亦未得复。殆必不复，彼前曾面言也。明知无效，何必喋喋取厌？请以此意直告利民可耳。黑二爷亦来书，同一请求，未复之。渠若来见，并以此告之。

此复

仲弟。

超 十一月廿三日

致梁启勋**

[1926年]

与细婆谭家事，多足喜慰。赵家二舅已见，自是佳子弟，所言当无不可，但嫌齿稍稚耳。

今日未服药，天如令隔天一服。便色视昨较浊，但视一月来则天渊矣。

七日下午

---

* 此函末署“十一月廿三日”，当1926年11月23日。用“涵芬楼制笺”，一叶。末署“超”。曼宣，麦仲华。

** 此函末署“七日下午”，无月份，写于1926年。一叶。未署名。

思成所要东西，尚有洋孩子要的中国图章，请托敷广代办。

致梁启勋*

[1926年]

二姊、七弟来各书悉。服天如药，其应如响，仅服一剂，数点钟后，赤帝子已成黄帝苗裔矣。天如谓隔天一服，三剂当全愈，想信然耶！

此上

仲弟。

兄　六日晚

致梁启勋**

[1926年]

今晨快信收。仍思明日返北戴，盖天如本言服汤药三剂后再作理会，且言病绝不要紧也。现诚大有效，今日晚间之便，其清异常，仅一剂已如此，三剂或竟收功矣。到时若仍未清楚，或即来京一行也。到京总不免人事纷扰，起居不节。吾不欲来以此，非愎谏也。

此复

仲弟。

超　七日晚十时

---

* 此函末署“六日晚”，无月份，写于1926年。一叶。末署“兄”。

** 此函末署“七日晚”，无月份，写于1926年。一叶。末署“超”。

致梁启勋*

［1926 年］

书悉。可即以八百元还尚志，余存通易可也。

此致

仲弟。

超　九日

致梁启勋**

［约 1926 年］

燕孙寿联，可裱一红线围之，绫用米色。裱好即送去，时日已迫。

此复

仲弟。

超　六日

致梁启勋***

［约 1926 年］

书悉。孝高股勉应之，亦甚拮据也。廿六日望坚谢同人勿来。不独

---

* 此函末署“九日”，无月份，写于 1926 年。用“饮冰室用笺”，一叶。末署“超”。

** 此函末署“六日”，无月份，约写于 1926 年。用“饮冰室用笺”，一叶。末署“超”。

*** 此函末署“十二日”，无月份，约写于 1926 年。用“饮冰室用笺”，一叶。末署“超”。

劳民伤财，且恐增病也。

此复

仲弟。

超　十二日

致某 *

［约 1926 年］

吾病不轻，但决无碍。顷入协和欲汝归侍。领馆费无著，欠赔累亦非计，调部何如？覆若归，庄宜入美电千金分给庄等。

致梁启勋 **

［约 1927 年初］

顷拟一公电，谅弟亦必赞成，请持示宰平、越园一商。能并示博生尤妙，但以速发为佳。若无甚反对，请两公对于文字代为斟酌。即送钧任代发之。仍先行录一副稿，即送博生处交通信社发各报。又录一副稿寄上海各报纸登之。

两浑　八日

---

* 此函无收信人名，无月日，约写于 1926 年。一叶。

** 此函末署“八日”，无月份，约写于 1927 年初。用“饮冰室用笺”，一叶。末署“两浑”。宰平，林志钧。越园，余绍宋。钧任，罗文干。博生，陈博生。

致梁启勋*

[约 1927 年初]

昨天晤钧任及亮俦，亮言款待。安格联将统计表编好后便来通知，不必催他。但决定不会变动云云，即如此，只好等一等，筹备处需小款支用，即请垫一下。在前次千元内。若弟处无款用，电话来，当写支票寄上。

此上

仲策。

超　二十晚

哭孺博诗已写就。

致梁启勋**

[1927 年 3 月 5 日]

玉衡事，胡霖生有复书寄上。惟彼旧事尚留，而南局亦非大可靠者，何去何从，请彼自决。以彼平日运气言之，吾恐其一去倾人国耳。黑二爷必须为位置，或先在松馆拓一席，何如？否则当令其来津作庖人耳。

此上

仲弟。

超　五日

---

* 此函写末署“二十晚”，无月份，约写于 1927 年初。亮俦，王宠惠。孺博，麦孟华。

** 此函末署“五日”，当 1927 年 3 月 5 日。用“饮冰室用笺”，两叶。末署“超”。

致梁启勋*

[1927年4月15日]

书悉。姑遣询秉三得覆再告，但以吾所闻，昭庙早为教职员住满，恐未必得当也。三军乃吴旧部，纪律尚不恶，似亦不必惊慌。全家挈避费不赀，亦谭何容易耶。日来间有微红，睡足时则清如水，想静养实唯一良药矣。

此复

仲弟。

超　十五日

致梁启勋**

[1927年5月21日]

旧师大来索照片，请将储才馆所曾悬者送去。

此上

仲弟。

启超　廿一日

乞促玉衡即来。行李俱带来，不必再入京矣。

* 此函末署“十五日”，当1927年4月15日。用“清华学校用笺”，一叶。末署“超”。

** 此函末署“廿一”，当1927年5月21日。用“饮冰室用笺”，一叶。末署“启超”。

致梁启勋*

［1927年6月15日］

（六体千文佳绝，顷已发奋学章草矣。）

秉均书寄阅，储才馆份更章程，削减预算，姚顷有书来。事前并未商略，礼意如此，不可复留矣。顷已将原件交越园看，下午当晤面，再决行期也。

此致

仲弟。

超 十五

致梁启勋**

［1927年6月22日］

顷续有书致越园，决计引退，且属倒填日子，想弟亦谓然耶？图书馆挪拨款事亦与越商及，请弟更当面细与推敲。若谓恐惹葛藤犯不著，则置之。若谓可行，则试托人与朱有济一言，何如？

两浑 廿二晚

* 此函末署“十五”，当1927年6月15日。用“饮冰室用笺”，一叶。末署“超”。姚，姚震（字次之）。越园，余绍宋。

** 此函末署“廿二晚”，当1927年6月22日。用“饮冰室用笺”，一叶。末署“两浑”。越园，余绍宋。朱有济，字作舟，曾任潘复内阁财政部次长。

致梁启勋*

[1927 年 6 月 23 日]

一昨两书寄越园，想达。顷得本日快信悉。望是越兄如此表示，固甚好。但今所当研究者：其一，据现在形势，不惟不能办至毕业，即再办足一学期，恐亦不易。若暑期开学后，不一两月便须停止，倒不如趁此告一段落时，即行摆脱，反不显狼狈痕迹。其二，都中若有他故，越兄能否不避地，若能，则精神尚不致涣散，否则人虽礼留，我辈先无以对学员。因兄于最近期间不能入都，殆为既定之事实。若并越兄亦到不能安居的境遇，恐彼时欲交代，且无从交代也。以此之故，故我弟二书有辞职公函倒填日子之议，但此举顷亦已成过去，因新长已到署，实情固彼所知也。此公世故甚深，越兄与戟所言，度彼必无甚异议。今所当速决者，若彼礼貌不衰，我辈是否仍可留，请与越兄熟商见示。既不能倒填日子，则从容数日，固自无妨。昨书言图书馆垫款事，不过一时感想，细思终犯不着惹此轇轕，请告越兄，不必置议矣。此复

仲弟。

超　廿三晚

致梁启勋**

[1927 年 7 月 1 日]

病情思永有信报告结束，想已收。算是受了两天多的罪，但现在已

---

* 此函末署“廿三晚”，当 1927 年 6 月 23 日。用“饮冰室用笺”。末署“超”。越园，余绍宋。

** 此函末署“七月一日”，当 1927 年 7 月 1 日。用“饮冰室用笺”，共五叶。末署“超”。汤定之，画家。姚茫父，姚华。

完全清楚了，病源是着凉。那天晚上和思永在院子谈到夜深，倒不是因打牌，永回家后没有打过一次牌。觉得有点发寒噤，明天遂便秘起来云云。秘了五十多个钟头，比前次还厉害。第三天到底请东亚医生用管一通，便立刻好了。其初有点不放心怕不干净或手术拙劣。东亚，总想勉强挨过去或到协和，其实东亚甚好，早知如此，总可以少受两天罪。去协和原是万不得已之所为，所以宁受罪而沉吟两天不去者，亦正如来信所述。季常之言现在当然不成问题了，至于病的远因，恐怕总是因为一个腰子，分泌力到底差些，所以易出毛病。大半年来小心谨慎，凡弟前所属付的话，无论何方面都兢兢谨守，所以养得十二分好。偶然间一点注意不到，便出岔子。经过这两次以后，又知道特别该注意之点了。好在体子本来极强，暴风疾雨一过，立刻光风霁月。请你们放下十二个心，尤其是细婆处详细报告，免得老人家惊恐。季常及诸亲友想念者，都一一告慰。

思成有覆电，决就东北大学聘了。已经两电催他务于阳历七月底到家，大抵八月初五、六间便行庙见礼，虽年头不佳，但一家冢男冢妇的大礼不能不庄严举行。现在打算外客是不请的，有三两位亲交送礼辞不掉的，临时再说。但行礼那天，一位细婆、两位叔叔、两位婶婶、两位舅舅、一位姑丈、一位大姑这些老辈子非一齐来受贺不可，京里一群孩子，连阿时、藻孙、孝同也要来助助兴。现在大家穷得见骨，届时打算问准来的人数，买火车票送去，但只能都买三等。这边住所也由家里预备。总之，这群长亲必须到，但不致因来一次而发生经济上问题才好。

新娘子初进门，娘家没有预备，当然不会有礼物孝敬尊长们，但尊长们的利是却免不了，我打算替祖宗大大的包他一封。我自己呢，给些书画手卷之类。做见面礼。叔叔婶婶们只要四块或两块钱的一封利是便好极了。你当二叔公的，若能挑得件把文房器给他们做永远纪念最好。若一时找不出来，乾折也是一样。观察那里请你和他申明约束，姑丈姑母两块钱利是是要定了，却是两块一毛钱以上，断断乎不要。因为他老人家太爱花冤钱，我们不能不预先干涉他。细婆却希望有此特别，我狠想他老人家给他们的见面礼是一对镀金的小银如意或小元宝，不盈寸的。令他们两小取个吉祥，佩带在身上。托上一辈的福荫，请你赶紧在我存款项下替细婆预备罢。

朋友们是绝对不惊动的，但至好如季常、宰平、印昆等总会知到（道），或者免不了有些点缀。这里布置新房，正缺几幅字画，极想得汤定之、姚茫父们一两幅喜丽的小条幅。不要四屏。请示意季常，若必要送礼，由他斟酌，约几位至好，分赠三几张悬挂洞房的精致小品便感激不尽了。但希望七月底以前送到。

同乡至好们能免掉最好，若实不能，则此间礼堂正需用一幅喜幛，我可以在天津代办，但希望凑份子，每人从两角钱起到五角钱止，过此以往是断断不能受的。份子收齐交到你那里了，我便照帖子上名字代办一个喜幛便是。

新愈后有点疲倦，暂写到此为止。

仲弟。

超　七月一日

致梁启勋*

［1927年7月2日］

一日书悉。方记款应如下计算：

* 此函末署“七月二日”，当1927年7月2日。用“饮冰室用笺”，三叶。末署“兄”。

直接支出九千五百十元，加孝高三百元，六月份仍请照付，作为预支。又加四、五、六三个月我名下薪水九百元之二成，共一百八十元，都共九千九百九十元，即垫款，共万元。请多交馆中十元，凑足成数，少十元耳。即以万元计八厘。息。从去年十月起至本年六月，九个月共七百六十元，是为以前垫出之总数。是否十月起息，若十一月起，则息当为六百四十元。

以后还款方法董事会已有专条规定，每月提五百元。自七月起，每月扣去五百元之息。八月份实欠本九千五百元，及此九千五百元之八厘息。九月则为九千元及其息。依此制成一表，到来年某月本息清还，可以预算每月，即以报告于董事会，试将此表制出来寄我看。丝毫不含混矣。

过去垫款细账现在除报告董事会外，无向馆员宣布之必要，其实除孝高之三百元外，其余皆无所用其秘密。惟弟与孝高知之可耳。但将来总须报教部，转咨财部。

得款即还永年，自是正办。惟据思顺来信，彼代我经营投资，可得利一分以上至二分。故颇欲将所得之款，每月汇去，永年来年即满，届时任其将本息扣还可耳。弟谓何如？弟就馆中会计，想同意，已告孝高发表矣。月薪拟百元，将灿等三人停职，预算原额并不加赠也。

编书目事亦已得款，灿即可在彼领津贴若干，前垫八百元亦可陆续扣还。

北京馆事因李仲揆辞职，既无副馆长，而馆长又不在京，无此办法。已向董事会辞职，令准给假，派静生代理。自七月起，当辞彼馆薪矣。

此复

仲弟。

兄　七月二日

致梁启勋*

［1927年7月2日］

希白来书，复以法权讨论会事为言。吾复书谓若改用聘任，不见命令，则未始不可。弟谓何如？并请一商季常。

此上

仲弟。

超　七月二日

老七到署后何如？此间关于细婆到津后一切事已分付老吴，届时老七更指挥之可耳。今日夜车赴北戴河。

致梁启勋**

［1927年7月7日］

清册阅毕，寄还。越园已到津，商定于廿一、二间若时局不剧变，或更迟三数。再提辞函。彼若于下月乃来受代。则现馆员皆发八月份薪，亦稍资接济。届时越当来京办交代也。

大抵弟必须辞玉衡等，若彼暂不更动，则挨下去再作道理。法部裁员，观翁如何？明知是鸡肋，亦颇为彼悬念也。又我欲将馆员全体发去年十二月份薪一月，或专发在十二月已奉令到馆者。但尚未与越商，弟谓可行否？请先见告。

此致

* 此函末署“七月二日”，当1927年7月2日。一叶。末署“超”。

** 此函末署“七月七日”，当1927年7月7日。用“饮冰室用笺”，三叶。末署“兄”。

仲弟。

兄　七月七日

致梁启勋*

［1927年7月11日］

十日书悉，表早已收阅。（希白言）钧任与新人甚熟，希白已函彼示意。明日当约静生一谈，但彼前言欲往北戴河，不审已去否耳？若去，约住一月。思永由沪乘船，十九日到，已有电来矣。

此复

仲弟。

兄　十一日

致梁启勋**

［1927年7月12日］

秉均书今日始发，吾以为弟已亲托之矣。其实熟人如秉均者，尽不妨自言也。静生往北戴河，董事会无从接洽，前希白函告，钧任措辞尚不失身分，听之可耳。

此致

仲弟。

启超　十二日

---

* 此函末署“十一日”，当1927年7月11日。用“饮冰室用笺”，一叶。末署“兄”。希白，孔昭焱。钧任，罗文干。静生，范源濂。

** 此函末署“十二日”，当1927年7月12日。用“饮冰室用笺”。

顷有致枚如书一函，可索阅。关系储才馆事者。

致梁启勋*

[1927年7月14日]

前有书属，开清单两份，一致教部，一致董会。今教部函可不致，但致董会属其每月开清单。汇交南长街我名收可矣。弟代签名收。

此上

仲弟。

超　十四日

致梁启勋**

[1927年7月19日]

十六书悉。即约越园来商加发一两月。薪事，颇不谓然。职员半年后加薪，未尝不可。但我辈若行，彼中必大易人，又何苦为不相干之后人作计，故不如其已也。茶役稍加润，自可行耳。越顷来一信，并寄阅。钧任屡书劝勿辞，惟仍当视新章之公布与否，在新章下决无办法也。思永明日上午九时当到，渠到后或挈往北戴河小住。连日酷暑，不可复耐，百事俱废矣。

此致

仲弟。

启超　十九

* 此函末署“十四日”，当1927年7月14日。用“饮冰室用笺”，一叶。末署“超”。

** 此函末署“十九”，当1927年7月19日。用“饮冰室用笺”，两叶。越园，余绍宋。思永，梁氏次子。

请告枚如，新章未布以前，辞函缓送未始不可。但新章倒填日子。布后之辞函，上款不必用“〇〇仁兄”字样，纯作公函式，起首用“径启者”，结衔用“此致司法总长”可耳。

此致

仲弟。

超又顿首　十九

致梁启勋*

[1927 年 7 月 20 日]

利民呈批寄回，越园已同意。思永昨晚已到家，日内当入京一谒诸尊长。

此致

仲弟。

兄　二十日

致梁启勋**

[1927 年 7 月 21 日]

今日快信悉，手折批寄，想收。辞函决迁延到月底乃发出，不过欲为穷苦馆员多支一月薪耳。盖交代若在月初，则馆员不留者，不能不给一月薪也。思永已到，戴河拟不去矣。

此致

仲弟。

超　廿一日

---

* 此函末署“二十日”，当 1927 年 7 月 20 日。用“饮冰室用笺”，一叶。末署“兄”。

** 此函末署“廿一日”，当 1927 年 7 月 21 日。用“饮冰室用笺”，一叶。末署“超”。

致梁启勋*

［1927年7月30日］

两书悉。化子眼孔手势只堪捧腹，不足介意。弟所以应付者，正甚益也。原书当留示枚如。思永明日入京，此间近状当能面陈。

此复

仲弟。

超　三十日

致梁启勋**

［1927年7月］

老七来得极不巧，正值越园、枚如在座商馆事。旋被在君拉去中饭并作戏。惟渠事细思，竟无从请托，弟试就近觅秉均一商，与熟人如秉均者言，不必我直接效力亦均也。看有办法否？展转间接恐不易耳。

致梁启勋***

［1927年8月3日］

连书具悉。月来正思尽摆脱百事，独于清华不能无眷眷，董事会之设，实多年来校中师生所奔走呼号而未得者，且其章程殆与我三年前所主张全部

---

* 此函末署“三十日”，当1927年7月30日。用“饮冰室用笺”，一叶。末署“超”。

** 此函无月日，无署名，约写于1927年7月。用“饮冰室用笺”，一叶。

*** 此函末署“三日”，当1927年8月3日。用“饮冰室用笺”，三叶。末署“启超”。

相合，见之不能不心动，已复函柳隅应允矣。不审弟及季常谓何如？思永意何如？吾意除校长决不担任外，照章校长由董事会在中国董事中互选。董事一职以历史上关系，总不能恝然也。储才馆学员名片已收，已转致越园。尚有代表二人亲来津谒见，情辞恳切可怜，只有好辞慰勉而已。留此知思，亦未始非佳事耳。思永欲谒历史博物馆馆长，弟似与熟识，可切实介绍之。并告彼云："马叔平现不在京，陈寅恪南下，待归来再为介绍。"

此致

仲弟。

启超　三日

致梁启勋*

［约1927年8月21日］

方记款尚存几许，欲再汇美金千元与思顺，不审，乞示。

此上

仲弟。

启超顿首　廿一日

致梁启勋**

［1927年8月29日］

示悉。玉衡见摈，亦意中事。久潦中涸鳞争食，死命相搏，情状固

---

* 此函末署"廿一日"，约1927年8月21日。用"饮冰室用笺"，一叶，末署"启超"。

** 此函末署"廿九"，无月份，当1927年8月29日。用"饮冰室用笺"，两叶。

应如此，况小人得志，宁可与校耶？弟事亦不敢保能有几日，然忽之无益，倒是要未雨绸缪，早作自立之计耳。玉衡现实无法可想，除是林紫垣处，但彼邀吾辈入股，至今未能如约，艰于启齿耳，空再图之。日前郭同伯来见，已切属为孝高、澄一留职，惟未及弟，只得随彼耳。越园为玉衡作一画，极自得意，其实真佳。又观翁一帧。日内有便人当带上。病已全愈，服天如药膏颇见效。

此致

仲弟。

超　廿九

思顺近信寄阅，渠所经营如此得手，颇可喜也。通易所存永年余款，不知尚足五千否？计并中银利息七百元，当满此数。请决意代我汇去。虽此边认些利息，似尚合算也。又七长之七千余元，请限价五十元卖出，日来狂涨，终是投机心理所致，不足持久，似以早脱手为妙。弟谓何如？

超又顿首　廿九

致梁启勋*

［1927年8月前］

廿三、廿四两书悉，复堪书真意外飞来之怪闻已。即复一函，言成、永早有婚约，忠以下年龄不相当，刚父生前未谈及此。我向来亦不干涉儿女结婚之自由云云，弟亦可以此意复之。扇面两把寄上，一赠弟，一赠黄秋岳。因彼两年前以伯唐已画一面之扇乞书，竟失去，故赔

---

* 此函末署“廿五晨”，无月份，当写于1927年8月前。用“饮冰室尺牍笺”，两叶。末署“超”。黄秋岳，黄濬。

偿之，仍请别具一扇，乞其写近诗。弟前书所言中银事，不便就此一信中言之，嫌近于以扇为交易。下次复彼书时当可一言，或弟送扇往时，自言之亦无不可也。许守白。其书佳极。及擎一书请交去。思永仍返国，已在舟中矣，回来亦有事可做，故不止之。止之亦无及。储才馆事如此步骤甚好，且看下回分解可耳。

此致

仲弟。

超　廿五晨

致梁启勋*

［1927年9月2日］

书悉。请先代汇美金二千元与思顺，余当续寄。它事由廷灿复。吾九月十五后当入京数日。

此上

仲弟。

启超　二日

致梁启勋**

［1927年10月15日］

请交宪子五百元，并告彼能与君勉未行前来津一会谈，尤妙。

---

* 此条末署“二日”，当1927年9月2日。用“饮冰室用笺”，一叶。末署“启超”。

** 此函末署“十月十五日”，当1927年10月15日。用“饮冰室用笺”，一叶。末署“启超”。

此致

仲策足下。

启超顿首　十月十五日

致梁启勋*

［约1927年10月31日］

书悉。君劢处尚未送礼，请即用二人名合送一幛去。又请向戴月轩定制蒙氏鹦鹉笔大小各一，写联及屏用。其仿造内府制之，不刻字而头尾镶骨者。小紫毫亦买两枝，有便人一并带下。

此上

仲弟。

启超　十月三十一日

致梁启勋**

［1927年11月2日］

保险费到期，请由通易拨付并借款一年，利息交去，想所存尚副此数耶？龙家可不必应酬，子幹书件日内当写寄。

此上

* 此函末署“十月三十一日”，约1927年10月31日。用“饮冰室用笺”，一叶。末署“启超”。

** 此函末署“十一月二日”，当1927年11月2日。一叶。末署“启超”。子幹，张伯桢，号篁溪，康有为弟子。

仲弟。

启超顿首　十一月二日

致梁启勋 *

[1927年11月6日]

书悉。支票寄上，方记尚存几何，能副纳息用否？解俊问振飞借钱，属转我帐，已告振勿理会，但未骂之。前裱件均收到，本星期思永或返津，笔亮才扇。可交彼带来。

此复

仲弟。

启超顿首　十一月六日

致梁启勋 **

[1927年11月9日]

昨书计达。君庸想已晤耶？彼来书寄阅。林家既请彼为大媒，则书庚公请李释堪请大媒宴，当然并请释堪坐第三把交椅。最好，请柬可送李处。金如意省去不办，已复书君庸，一切如所拟议矣。

此致

仲弟。

超　九日

---

* 此函末署“十一月六日”，当1927年11月6日。两叶。末署“启超”。

** 此函末署“九日”，当1927年11月9日。一叶。末署“超”。君庸，卓定谋。

致梁启勋*

[1927 年 11 月 10 日]

书悉。昨晚一书，意见正同也。纳采拜帖简单诚然，但婚礼既不在国内举行，则用拜帖仅此一次，故言彼此遍拜长亲，以示郑重耳，如何之处，请弟与同人商榷主持便是。双方聘仪拟寄往美国，备结婚时佩带。若林家同意最好，交由我处汇寄。因拟寄至阿图和总领事馆则可以免税，婚礼大约在阿图和举行。否则此重税决非彼两小所能任也。又庚帖写就后，拟照一照片寄去，原帖则两家家长保存，俟归来乃交两小收藏，如何之处，一切请商君子庸。

此复

仲弟。

兄　十日

请交五十元与思永。

致梁启勋**

[1927 年 11 月 11 日]

书悉。思成庚如下：前因托君庸写，已交彼，今再补写上。光绪辛丑年三月初二日卯时。三代系由思成计，寅斋祖妣余氏、叶氏，庶祖妣李氏。公，可不书拜帖，但徽音生母似不能不由王姨一拜。只拜主婚亦得，较省事也。双福帖如复堪写法便是。

---

* 此函末署“十日”，当 1972 年 11 月 10 日。两叶。末署“兄”。

** 此函末署“十一日”，当 1927 年 11 月 11 日。一叶。末署“超”。

此复

仲弟。

超顿首　十一日

致梁启勋*

［1927年11月14日］

书悉。两印当再搜索，先出脱二万，其余少待可耳。保险公司押款存通易者尚有几何？除六月仍给二成外。拟汇往思顺处。顷晤静生及孟禄，京师馆事或有相当办法。乞查数目示知，俾凑足成数也。宰平谢函已发，彼已复函言为我转谢前途矣。栋如来书求补郑茀庭弟之缺。但茀弟辞职时，茀别荐亲戚一人，越园来商谓拟却之，只能给以一录事耳。我既同意越之闭关主义，实不便自破其例，弟谓何如？范季美往意领署切实接洽一次，意领谓意界可保绝对安全，若临时添人守门亦未始不可。但彼认为不必云云，我意亦如是。顷实行闭门二字，来往皆走后门。安心蛰居，谨慎防卫，当可无事也。

两浑　十四日

致梁启勋**

［1927年11月14日］

书悉。细婆所记不误，我们真都该打。叶者高祖妣之氏也，曾祖妣氏、赵氏。余庚帖格式原有两种：一以结婚者为本位，二以主婚者为本

* 此函末署“十四日”，当1927年11月14日。一叶。末署“两浑”。范季美，曾任职中国银行北京总行。

** 此函末署“十四日”，当1927年11月14日。一叶。末署“启超”。释堪，李宣倜。

位。我家向来皆用第一种，实亦较合理，请商释堪仍采用之如何？日来旧恙微发，大抵因连作两文一、《〈王静安纪念号〉序》，二、《张子武〈墨经通解〉序》。之故，但甚轻，勿念。

此复

仲弟。

启超顿首　十四日

致梁启勋*

［1927年11月20日］

廷灿可恶已极，我日日等着图书辞典计划书应用，他自己又不来，又不交谢刚主带来，耽搁时日，误事不少。累日费一日工夫，另撰许多条文。得此书望即电话告灿。将计划书印本二三册及吴其昌交来之稿本切勿带来，立即送交文化基金董事会该会所已迁南长街。范静生收。因该会准二十三日开预备会，必须于开会前送到，备审查也。

此致

仲弟。

超　二十日

致梁启勋**

［1927年11月21日］

玉衡来礼早已收，思永及廷灿无他事可不必来矣。永母生忌，

* 此函末署“二十日”，当1927年11月20日。一叶。末署“超”。

** 此函末署“廿一日”，当1927年11月12日。一叶。末署“启超”。

达达等在家致祭便得，生以来日，死以往日，古人不重生忌也。卓家嫁女当应酬，惟女家贺礼以添妆为宜，送四元乃至六元之礼券可耳。

此致

仲弟。

启超 廿一日

以笺结体，颇近东熟，亦一奇也。

致梁启勋*

［1927年11月22日］

前后数书并悉。据现在形势，储才馆欲办完两学期亦不可得，不如乘弟一学期终了时即行摆脱，反得所以自处之道。已函商越园，不审弟意云何？天如书所言，虽不能尽绝，要亦极稀少，以后益当注意，绝之亦非难耳。日来此间并不寂寞，子卫、搏沙在此，偶加一人，辄复成局。又间与群孩作诗条之戏，亦颇有趣。

此复

仲弟。

兄 廿二日

同集词句联写扇子，极有趣。顷为弟写得一柄，将引起弟玩扇子之兴味。

---

* 此函末署“廿二日”，当1927年11月22日。一叶。末署“兄”。

致梁启勋*

［1927年11月30日］

书悉。灿所带去之数不误，吾本未知原数几何，但约略记忆，误以为万元耳。信笔写去。收条仍寄还待用。已再查账，又不是我记忆之误，因尚有一部分，七长押在兴业备透支，我以为全交灿带去。方记事已解决，董事会每月垫款二千五百元，以我在职为条件。保险公司款可以每月摊还若干，不至无着了，惟以后会计益复杂，非弟直接为我担任不可。前此事实上乃弟司会计，但不居其名，终有不便。储才馆早晚总须摆脱，即不摆脱，弟亦每月到方家一二次便得，盖庶务别有人管，弟但严密的管此一盘账耳。拟即函告孝高，谅弟必无异议耶。

此复

仲弟。

超　三十日

致梁启勋**

［1927年12月2、3日］

前属拨五百元与宪广，想未交去，闻渠将行，即交为幸。得灿书知大嫂险象已去，想医药费亦不赀耳。旬日后当入京为思成行文定礼。顷静养大大有效，赤焰全熄者殆两旬矣。

---

* 此函末署“三十日”，当1927年11月30日。一叶。末署“超”。

** “十二月二日”信未发，“适得二日来书”，因再于“三日”续写一条。均用“涵芬楼制笺”，共两叶。均署“超”。

此告

仲弟

超　十二月二日

书未发，适得二日来书。仲恕所代物色之件，极善。所需即请代付并深谢之。前日因卓君庸来言，有玉印一双，拟男女家各购其一。曾函仲恕，请佩若未购，请停止，今既购定，更无问题。惟托人办事，而中间忽有异议，生波折，甚觉不安。希为我多多谢过。

超又顿首　三日

致梁启勋*

［1927 年 12 月 7 日］

书悉。我亦感觉易地养病之不宜，王姨颇主张入京便借寓协和也。弟既力劝勿来，当即从弟议便是。文定礼本不必张皇，特因思成已决定在美结婚，我及思顺如此主张，彼两小未完全同意。婚仪太简率，所以想在文定礼上稍微郑重庄严一点，我既不来京，一切由弟代理便是。今将各事列后，其中有许多须与卓君庸接洽者，徽音之姑丈，即印《草诀歌》者。请弟往拜彼一次，住址问宰平便知。随时商洽可也。

一、庚帖已面请君庸书写，宰平主张者，因君庸堂上具庆、夫妇齐眉、儿女成行。可下一“全红夹单帖”正式奉请。所谓全红夹单者，用一五开之红全帖写“愚弟梁启超顿首拜”字样，可写姻愚弟，因卓家与林家至亲。另夹一单帖写“恭请书庚”四字，“恭请”二字低格写在右方，“书庚”二字顶格写在中行。用一红封套封上送去。

---

* 此函写于“十二月七日”，当 1917 年 12 月 17 日。七叶。末署“兄”。

一、大媒已请定林宰平，可用一“全红夹单”专请，单帖上写“夏历某月某日为小儿思成行文定礼恭请大宾”字样。

一、林家拜帖，其拜主婚帖即拜宗孟之弟及其弟妇者。例用双福五开全红。写“忝姻愚弟梁某某偕箴室王氏顿首裣衽拜”，封套写“林亲家二老爷、二太太”。另一帖都是五开全红。用王姨名拜徽音生母帖写“归安定箴室王氏裣衽拜”，封套写“林亲家姨太太”。其二姨太太似亦宜别下一帖。此外，林家尚有长亲几人应下帖者，请详询君庸。我家应受之帖，除彼方主婚用双福帖但此双福帖封套上对于王姨应写姨太太，不可用太太字样，请告君庸。来拜外，应给你及老七各一份，当用双福。细婆一份，封套写姨老太太字样。可详告君庸。日期以双方聘物预备齐全之时为定，此须问仲恕及君庸者。王姨请人择日择得旧历廿五日，阳历十八日，恰是星期日。若能赶上彼日最好，若赶不上则稍迟亦无妨。惟须早定，俾得下帖子请大宾。

聘物林家用一玉印，据君庸言该印本是一对，故当仲恕未购定玉佩以前，曾与君庸言两家各购其一，印文互刻新郎新妇名。今我家既已购定，本来最好是林家并购双印送我，但不便作此要求，仍由我家购其一便是。但我家所购者印文拟不刻徽音名，但刻“长宜子孙”告君庸，言预备彼夫妇可通用，故刻一吉祥语。四字阴文，请托君庸代购代刻。该印据君庸说双印共索金三百余元，今我购其一，须一百五十元内外，另刻资恐须二三十元，又托君庸代购庚帖，虽所费极微。可先拨百八十元交君庸为代购印、刻印及各杂费之用。

前曾告君庸欲双方各用一“寸许之小金如意”，但恐定制费时赶不上，免去可耳。若有现成者则不妨购，一并托君庸便是。

行礼之日，家中大门易挂一红绿绸彩，简单两段绸子便是。向祖宗神位前行告聘礼，将聘物陈在祭桌上，祭毕乃交大宾将去。另有告辞一篇别纸抄上，可用红帖写好，届时弟代我行礼，启雄或思永读告辞。

行礼最好是在上午，礼毕即在家里请大宾宴，午餐。可询君庸林家所请大宾为谁，一并先下请帖。请帖用我兄弟三人名义用红柬。不必书明为何事，但用“洁尊候教”字样便得。坐位是林家大媒首席，我家大媒次之，汝代表主人须亲自送酒定席，陪客请仲恕、君庸、周养庵、江翊云、罗敷庵等，主人则汝与老七，并令思永侍末座。我不便到京之理由，请向两大宾及君庸前道歉。

此致

仲弟。

兄　十二月七日

托周养庵代购奉天笔十枝，价十五元请即送去。

（告聘辞）用全红柬书写，祭毕焚化。

维中华民国十六年岁次丁卯仲冬之十一月辛酉朔越廿五日丙戌，填甲子。孙男启超谨以香花清酌昭告不设馔，但用稍大之红烛。于显祖考镜泉府君、显祖妣黎太夫人、显考莲涧府君、显妣赵太夫人吴太夫人暨先室李夫人之神位前，曰：长子思成学已得师，壮宜有室，缔择名门，聘于林氏，卜以今日，礼请媒妁，肃将信币，文定厥祥。伏惟府君、太夫人、夫人德裕后昆，爱钟家嗣，尚祈慈荫，俾永良缘。启超不胜欣悦祝祷之诚，谨告。

致梁启勋*

［1927 年 12 月 17 日］

书悉。期不改甚佳，此书到时或已礼成矣。为我谢诸宾，当弗以慢见罪也。白青榭诗明日当试为之。一昨又小小发烧，静眠廿余小时乃

* 此函末署“十七日”，当 1927 年 12 月 17 日。一叶。末署“启超”。

愈。老态渐露，动辄有小病，殊可厌也。

此上

仲弟。

启超顿首　十七日

致梁启勋*

［1927年12月19日］

昨日事想都办，众宾欢耶？廷灿日内若来津，则聘物可交彼带来，双方庚谱一并带出亦可。挂号寄去，不会失也。白青榭诗尚未成，我作诗本甚艰。不及赶拨所行期，但旬日内终当践约耳，希告君庸。

此致

仲弟足下。

启超　十九日

致梁启勋**

［1927年12月28日］

庚帖照片收，当即寄美，如此清晰甚难得也。玉衡返京想已见，所如辄阻，可谓数奇，以后尚不知作何安顿也。

请交二十元与细婆，为新年包利是之用。

---

* 此函末署“十九日”，当1927年12月19日。用“涵芬楼制笺”，一叶。末署“启超”。廷灿，梁廷灿。君庸，卓君庸。

** 此函末署“廿八日”，当1927年12月28日。三叶。末署“启超”。

日来因节制饮食，闹得像五台山上鲁智深馋涎常滴。欲索孝高送我年礼数事之芋头糕、马蹄糕及其他，请电话预索，俟思永返津时带来。渠阴历二十二、三当来。二婶、七婶、大姑处，皆有所索也。

松馆鬻字本年总账请告孝同一查，吾欲分总额三分之一聊助岁暮之费，原例分半。往年津、沪有所入，今年殆仅恃都中耳。

近日旧恙又有窃发之势，近来动笔虽不多，然常打腹稿，想总不相宜也。看来非加一级静养不可。颇欲寒假后将清华坚决辞去，俾精神上得彻底安帖。惟无论我辞与否，老七必须先辞，免人说闲话，此意可先告老七，令作预备。总之，不劳作的收入断不可久，亦不可贪，只有节衣缩食，是乱世自全之道耳。叶姨病如何？王姨甚忧念之，来书可一提。

此上

仲弟。

启超顿首　廿八日

致梁启勋*

［1927 年 12 月 30 日］

思顺来禀寄上，他们自己虽极清苦，替我营业却大好。除已实收到三千六百余美金在手外，所未卖出之股份，照发信时市价约值美金二万八千余，比原买价一倍以上矣。此稍足相慰者。月来公债频涨，不审弟前所损失已恢复否？颇念。吾数日来旧恙又剧发，真是“无理由”，可厌也，又欲置之不理矣。

---

* 此函末署“十二月三十日”，当 1927 年 12 月 30 日。一叶。末署“超”。

此上

仲弟。

超　十二月三十日

致梁启勋*

[1927年]

书悉。中原公司每一专店即内部所分各店，共百数十。之主任，薪工只有五十元，最高者。其副主任则三十元内外。盖薪极薄，而花红颇丰。先施等组织均如是也，不然三五十元之工金，何从能羁縻尔许伙伴耶？尚有一例，伙伴有股份者，花红亦愈丰。玉衡来，我可将五百元作为彼股，是亦一法也。清华决非长局，且彼处之四十元，实际上等于我白挖荷包耳，更非可久。彼仍速来津，与紫垣一会晤，确定为佳。再迟恐为人所夺，盖该公司开办在即，缺难久悬也。

此复

仲弟。

启超顿首　十七日

致梁启勋**

[约1927年]

尚志学会款已还去若干，请告知其未还之部分可暂缓也。吾日来眠

---

* 此函末署“十七日”，无月份，当1927年。两叶。末署“启超”。

** 此函无月日，约写于1927年，无月日。末署“超”。

食一切皆胜常，毅安所言，自察情状，万无验理耳。

此致

仲弟。

超　洋端节

书未发，适得五四书，悉一切。他且不管，都中亲旧，饭碗弟恐亦不免。俱破，最可忧耳。

致梁启勋 *

［约 1927 年］

仲弟：

十五书悉。昨一函寄弟与枚如，想达。新章姚已寄到，荒唐已极，其要点略如下：

一、削除奖学金；

二、收学费；

三、增加许多科目；亦有削减。

四、学长由部延聘。

五、馆长聘教员及任用事务员皆须经司法总长同意等等。

要之，此章若行，则馆长除吃饭、睡觉外，无复自由权，而学生必至不复有一人也。得姚书后，招越园来商，谓不能一日留，越本拟星期一入都，亦即不往，故立发书，请公等告君济办辞稿，催交代。今日阅报，知姚逢彼之怒，条例不盖印，似此不妨又观望数日，好在去志久

* 此函末署“十六日”，无月份，约写于 1927 年。两叶。末署“超”。

决，迟早不成问题也。枚如星六想必来，一切当面商定。卓轩处仍请平甫代书，用擎一所制联最好。

手此，复请

大安。

超　十六日

致梁启勋*

［约 1927 年］

季常等来狂顽数日，今日复狂睡，顷方起耳。应告事列下：

一、储才馆既办过第一步，其第二步，不妨小待，大约在暑假开学前须解决耳。俟越来当面决。

一、中行余股仍拟出脱之，图章已大索不得。请如前议，登报易章，再作处分，但仍以速为贵。

一、玉衡事已发一书，重托胡霖生，因彼已成南交通部要人也。但闻南部欠薪无异于此，恐得差亦是枉然耳。

一、灿来时属带各物如下：

越园所赠大画一轴，裱碑帖若干件，在南长街吾卧房中。

一、佛学、日文书籍若干种，在清华。

一、请代印思顺信封五十张，大号洋纸，其长度可装本函（即此函），不消叠折者。其新住寄上。

一、灿带去扇面想已收，卓君庸所赠《草诀》已收，当函谢之。

---

* 此函末署“廿八”，无月份，约写于 1927 年。用“饮冰室尺牍笺”，两大叶。末署“超”。

此上

仲策。

超 廿八

致梁启勋*

［约 1927 年］

书悉。收据寄上。

弟病已愈否？太平湖有朱九江、黎二樵遗墨各一册，有便请检还。

仲弟鉴。

冰

致梁启勋**

［约 1927 年］

师范大学有应领款百六十余元，请饬人凭收条及原信往收。

以致

仲弟。

超 十二日

---

* 此函无月日，约写于 1927 年。用“九华堂宝记制笺”，一叶。末署“冰”。

** 此函末署“十二日”，无月份，约写于 1927 年。用“饮冰室用笺”，一叶。末署“超”。

致梁启勋*

[约 1927 年]

请交五十元与玉衡。保险费已收回，请告亦侯。方记折存款尚有若干，便中查告，以后拟常存五百元内外在弟处，备都中支用。其余请拨通易我名下存折中，备此间随时调取。

此致

仲弟。

超　十二日

致罗文干**

[约 1928 年前]

钧任兄鉴：

返清华后忧心如梼，有不能已于言者。今拟一电稿，请兄一阅。若谓可发，请即饬代发之，明知无效，姑放此一炮，唤起舆论，当亦无伤耶。

手此。即请

大安。不一一。

启超　八日晚

能一商少川代为斟酌措词尤盼，但发出愈速愈妙耳。

---

* 此函末署“十二日”，无月份，约写于 1927 年。一叶。末署“超”。

** 此函无月日，约写于 1928 年前。用“饮冰室用笺”，一叶。钧任，罗文干，1927 年任大理院院长、财政总长，1928 年被聘为东北边防司令长官公署顾问。

致梁启勋*

［1928 年 3 月 6 日］

强制早睡早起已三日，病状乃大佳。中药仍隔日或两日一服，或药亦与有力，不可诬也。思成婚期尚未接电，前电但浑言三月耳。张、叶两信附呈。

此致

仲策。

超　三月六日

致梁启勋**

［1928 年 3 月 14 日］

亦侯嫁侄女有帖来，请代送礼券四元。送通易或并列弟名。另一信请交去。股息共收得多少，请以数日见告。思成廿一在加拿大结婚，已有电来。吾十日来早睡早起，甚好。中药仍间日一服。

此告

仲弟。

启超　十四

* 此函末署“三月六日”，当 1928 年 3 月 6 日。一叶。末署“超”。

** 此函末署“十四”，当 1928 年 3 月 14 日。用“饮冰室用笺大红线”，一叶。末署“启超”。

致梁启勋*

［1928年3月23日］

伯唐来书寄阅，所言谭君，即前此曾诊汝大嫂病者，吾只能致赙廿元耳，请日内即交与仲恕。吾病日见起色，惟稍觉干燥，昨今将当归抽出，或较可耶。

此上

仲弟。

超　廿三日

致梁启勋**

［1928年3月26日］

周养庵送来思成之古物陈列所谘议之公事，请留家中，不必寄来，借此为取外交护照之一工具耳。手续如何，尚须与钧任新外长。函商也。

此上

仲弟。

超　廿六日

淳菁清秘之笺纸，请交藻玉堂带来。

---

* 此函末署“廿三日”，当1928年3月23日。一叶，末署“超”。伯唐，汪大燮。仲恕，陈汉第。

** 此函末署“廿六日”，当1928年3月26日。一叶。末署“超”。

致梁启勋*

［1928年4月4日］

玉衡南下宜早来，自查船期并预备一切，彼处虽未必是活路，然株守北京总是死路也。吾病自永入京后，日益见好。勿念。
仲弟鉴。

超 初四

致梁启勋**

［1928年4月18日］

观察、玉衡、玉衡两次失南中机会，正可惜，现已无能为力。老七此间饭碗皆无复希望，宜速摒挡返粤，自图开展。勿复倚赖观望以自误，一切属灿面详。

此致
仲弟。

超 十八日

致梁启勋***

［1928年4月23日］

老七来，悉一切。乡事只好如此应付，已属老七写较详之信矣。近来作书非硬毫不欢，望即代向戴月轩定做紫豪（毫）中楷五枝，小楷十

---

* 此函末署“初四”，当1928年4月4日。一叶。末署“超”。
** 此函末署“十八日”，当1928年4月18日。一叶。末署“超”。
*** 此函末署“廿三日”，当1928年4月23日。一叶。末署“超”。

枝。告以须选佳料，若合用，当续制不少也。

此致

仲弟。

超　廿三日

致梁启勋 *

［1928年5月23日］

书悉。昨日已发振飞一长电，今日又致公权一电，看结果如何再说。现在仍以设法维持原位置为最好，改行员恐甚难，即办到恐薪俸不能及今之半也。

思成已就东北大学聘，有电促其七月底到津。

此复

仲弟。

超　廿三日

回行恐更不易，若各路走不通后再议之。届时尚需季常加一书，或可有效耳。汽车请留意碰机会售去，新贵盈城，或有过问者也。

致梁启勋 **

［1928年6月前］

代印信封，应写"北京清华学校梁缄"，勿漏"北京"二字。

---

* 此函末署"廿三日"，当1928年5月23日。一大叶。末署"超"。

** 此条无月日，写于1928年6月前。用"饮冰室用笺"，一叶。

致梁启勋 *

［1928 年 7 月 31 日］

南中交部有无欠薪，请就近问，季常或能知之。住所断不会有六十元，除去食宿即不欠，亦最多得三十耳。玉衡去否可自决，然北京现职绝不可恃，必不能久，且非所宜，实际上不过我每月给予此数耳。定是死路，不知广东尚有路否耳？

吾数日前患肠胃病，今已全愈，近数日甚好。但漏卮不塞，身体日弱，杂病易乘，极可厌。

廿六日弟可勿来，并告各亲友皆勿来，静养期间饮食游戏皆当节，多人来，一时兴动，或增病也。

仲弟鉴。

超　三十一日

致梁启勋 **

［1928 年 9 月 15 日］

伦哲如来书，称兰甫先生后人以先生手稿求售，且有《老子注》缮本，此书从未见。至可宝。比虽窘，仍必欲得之，已告彼两书共还价二百元，若前途应允，则送弟处。若送来时请弟先垫付此数，得回信后便当寄上支票也。

此上

仲弟。

超　十五日

---

* 此函末署“三十一日”，当 1928 年 7 月 31 日。一叶。末署“超”。

** 此函末署“十五日”，当 1928 年 9 月 15 日。一叶。末署“超”。

致梁启勋*

[1928年10月8日]

支票三百元寄上，除开支外，请留待杂用。疮愈什九，但仍艰于坐。昨又感冒小发热，极讨厌。有一事累次要说，辄忘却，请即代办之。通易股票存在公司，拟取出来向兴业作为抵押品，定透支五千元之契约，此事溯初在沪，吾初欲在通易押借，但用本公司股票抵押为行例所不许。已与揆初、振飞谈过，云可照办。请托季常与汪卜桑兄一交涉，交涉妥后契约能由弟代签字否则寄津签可也。最省事。

此上

仲弟。

启超　十月八日

致梁启勋**

[1928年10月25日]

昨书不以为忤耶？通易支票一纸寄上，惟不审通易存款尚有此数否？若不能照付，则当别发也。昨夜痔疮大发，顷侧身而坐，希尚不影响及小便耳。

此上

仲弟。

超　廿五日

---

* 此函末署“十月八日”，当1928年10月8日。一叶。振飞，徐新六。季常，蹇念益。汪小桑，时任兴业银行经理。

** 此函末署“廿五日”，当1928年10月25日。一大叶。末署“超”。

致梁启勋 *

[1928年]

仲麟兄来电寄阅，渠太着急，昨晨方有电来，言黄、梁未接电催，即去电。那电钱真枉费矣。去电未及善后办法，昨宰平过此，曾与面谭，大要在如何方能消弭械斗。渠云当与诸公恳陈熟商。但兹事了后，如何训督子弟，真须用力。请弟致书仲麟及诸父兄详言之。

弟本月薪水领得否？若未领，当与公权商如何领法，虽短局亦慰情胜无也。弟以后生活问题非抖擞精神，自谋打开一条血路不可。

我前存在北海之西藏佛像画可即取归，有便人来津时带来。思成聘礼玉印之玻璃盒，若犹存，亦检来。

仲弟。

超　三十日

宰平述季常病势不轻，为我专问，并将近状略告我。

致梁启勋 **

[约1928年]

图章托枚如带上，内“沧江”一枚，觅不着，又“艺蘅馆主”一枚，似非原物，原物已无觅处，任用其一。请与行交涉，改用他章，想手续虽稍啰嗦，亦易办也。

两浑

---

* 此函末署“三十日”，无月份，当写于1928年。一叶。末署“超”。宰平，林志钧。公权，张嘉璈。季常，蹇念益。

** 此函无月日，约写于1928年。用“饮冰室用笺”，一大叶。末署“两浑”。

致梁启勋*

[时间不详]

仲弟鉴：

书悉。《京报》近日论调太离奇，据此间所闻，确已受府中五万。且友仁就顾问职月八百元云，虽未敢具信，然其态度实不能不予人以可议。即使仅为一群流氓所利用，则亦危险已甚。荐柳隅未尝不可，但柳隅安能支配友仁之意思。若仅为彼作写字机器，则又何必。且前此国内外共指《京报》为我机关，而我之意见实不能支配彼。从前受累已不少，柳隅与我关系之深，天下共闻。若就此席，机关报纸之说愈征实，则代人受过无已时，不如其已也。此意已属溯初面告，弟谓何如？友仁处或令希哲稍忠告之，若彼诚干净，则劝其勿为人利用也。吾辈初非袒徐树铮，然流氓之可厌更甚。友仁若受欺，则宜以友谊忠告之，彼若悟，尚可议携手耳。吾决十五返港小住。并闻。

两浑　十一日

致孙传芳**

[时间不详]

九江孙联帅勋鉴：

久仰威名，尚虚良觌，望风怀想，与日俱长。顷阅报载有南昌心远

---

* 此函时间不详。两叶。末署“两浑”。柳隅，吴贯因。

** 此函末署“勘艳”，年月不详，“勘”、“艳”为民国时期 28、29 日电报日期代码，上有“特急”字样。傍批“代发”、“电已发奉□□□”。熊育锡，字纯如，曾任江西建设厅代理厅长。

大学校长熊君育锡因嫌被逮事，不审确否？启超与熊君交仅一面，然夙知其学问道德迥出时流，在赣尽力教育垂三十年，成就人才不少。生平专以讲学为事，从无任何党派关系，似此耆宿，礼当式其庐以示观感，若以嫌疑得罪，则为善者其惧矣。伏望我公念老成典型，迅电营救，不胜大幸。事关国家元气，不避唐突。冒昧驰闻，诸惟
鉴察。

梁启超叩　勘艳

图书在版编目(CIP)数据

梁启超家书:南长街54号梁氏函札/汤志钧,汤仁泽编注.—北京:中国人民大学出版社,2016.7
(梁启超作品系列)
ISBN 978-7-300-23075-7

Ⅰ.①梁… Ⅱ.①汤… ②汤… Ⅲ.①梁启超(1873—1929)-书信集 Ⅳ.①K825.1

中国版本图书馆CIP数据核字(2016)第152175号

梁启超作品系列
梁启超家书 南长街54号梁氏函札
汤志钧 汤仁泽 编注
Liangqichao Jiashu Nanchangjie 54 Hao Liangshi Hanzha

出版发行	中国人民大学出版社		
社 址	北京中关村大街31号	邮政编码	100080
电 话	010－62511242(总编室)		010－62511770(质管部)
	010－82501766(邮购部)		010－62514148(门市部)
	010－62515195(发行公司)		010－62515275(盗版举报)
网 址	http://www.crup.com.cn		
	http://www.ttrnet.com(人大教研网)		
经 销	新华书店		
印 刷	涿州市星河印刷有限公司		
规 格	160 mm×230 mm 16开本	版 次	2016年7月第1版
印 张	34 插页8	印 次	2019年1月第2次印刷
字 数	435 000	定 价	109.00元
